IBLICUS ET ORIENTALIS

ag des Biblischen Institutes der Universität
Schweiz
eminars für Biblische Zeitgeschichte
ersität Münster
geben von
Keel,
tarbeit von Bernard Trémel und Erich Zenger

Autor:

re Casetti (1952) studierte Philosophie, Theologie und altorienta-
e Sprachen in Freiburg/CH und Bern. Er ist seit 1977 Forschungs-
tent am Biblischen Institut der Universität Freiburg.

CASETTI · GIBT ES EIN LEBEN

ORBIS B

Im Auftr
Freiburg
und des S
der Univ
herausge
Othmar
unter M

Zum

Pier
lisch
assi

ORBIS BIBLICUS ET ORIENTALIS 44

PIERRE CASETTI

GIBT ES EIN LEBEN VOR DEM TOD?

Eine Auslegung von Psalm 49

UNIVERSITÄTSVERLAG FREIBURG SCHWEIZ
VANDENHOECK & RUPRECHT GÖTTINGEN
1982

CIP-Kurztitelaufnahme der Deutschen Bibliothek

Casetti, Pierre:
Gibt es ein Leben vor dem Tod?: eine Auslegung vom
Psalm 49 / Pierre Casetti. –
Freiburg (Schweiz): Universitätsverlag;
Göttingen: Vandenhoeck und Ruprecht, 1982.

(Orbis biblicus et orientalis; 44)
ISBN 3-7278-0254-5 (Universitätsverlag)
ISBN 3-525-53662-3 (Vandenhoeck und Ruprecht)

Veröffentlicht mit der Unterstützung des Hochschulrates
der Universität Freiburg Schweiz

MEINEM VATER
UND DEM ANDENKEN
AN MEINE MUTTER

Indem man verzweifelt, wählt man
sich selbst, nicht in seiner Unmittelbarkeit, nicht als dies zufällige Individuum, sondern man
wählt sich selbst in seiner ewigen Gültigkeit.
Sören Kierkegaard
(Entweder/Oder II 224)

INHALTSVERZEICHNIS

VORWORT

Die vorliegende Arbeit wurde im Wintersemester 1980/1981 von der Theologischen Fakultät der Universität Fribourg/CH als Doktoratsdissertation angenommen. Sie trägt denn auch viele charakteristische Merkmale ihrer literarischen Gattung:

- Man findet hier jene obligate "Objektivität", die sich nur mehr um den Preis der Verbannung des (schreibenden und folglich auch lesenden) Subjektes und seiner Probleme erkaufen lässt, seit die Wissenschaft von jedem, der sich auf sie einlässt, dasselbe verlangt wie einst die finstere Herodias: einen blossen Kopf, sauber präsentiert auf einer Schüssel.

- Man findet hier jene breit ausufernden Materialschlachten, in denen sich Autoren, bataillonsweise aufeinander gehetzt, mit Zitaten gegenseitig liquidieren und so ein ödes Schlachtfeld hinterlassen, auf dem anschliessend Verf. wie der Wind in Ez 37 einfahren kann, um vor dem ratlosen Leser aus den umherliegenden Reliquien jenes Gerippe zusammenzuflicken, das er für lebensfähig hält.

- Man findet hier jene mikrochirurgischen Sezierübungen, die oft eher der methodologischen Lust am Hantieren mit scharfen Skalpellen als der Hoffauf ein Gelingen der Operation entspringen.

- Man findet hier infolgedessen auch jene epische Breite, die man sich heute nur noch im Ziergarten der Geisteswissenschaften leisten kann und die sich für Aussenstehende wohl ziemlich seltsam ausnimmt - auf jeden Fall ernte ich in meinem Bekanntenkreis stets nur ein betretenes bis bestürztes Schütteln des Kopfes, wenn ich zugebe, dass ich zu den 21 Sätzen von Psalm 49 ganze 300 Seiten zustande gebracht habe.

Allerdings habe ich es nicht unterlassen können, auch einige gattungsfremde Elemente in diese Arbeit einzuschmuggeln - auf die Gefahr hin, die eine oder andere der Regeln zu verletzen, die momentan für wissenschaftlich-exegetische Glasperlenspiele allgemeine Anerkennung geniessen:

- So habe ich mir etwa erlaubt, auch Exegeten, die -z.T. lange- vor dem 19. Jhd. gelebt haben, zu Wort kommen zu lassen, und dies nicht etwa im Rahmen einer Auslegungsgeschichte (auf die ich verzichte, weil mir die Auslegung von Psalm 49 als eine völlig ungeschichtliche weil zyklische Odysse erscheint). Damit verstosse ich natürlich gegen eine exegetische Spielregel, die auf der gängigen Ueberzeugung gründet, die Exegese sei erst seit LUTHER existent und seit ROSENMUELLER seriös.

- Ebenso habe ich geglaubt, bisweilen doch auf etwas eingehen zu müssen, was heute gewöhnlich weit ausserhalb der Reichweite der historisch-kritischen Analyse eines Textes liegt: sein Gehalt, d.h. die Gesamtheit der allgemein-menschlichen, "philosophischen" Probleme und Lösungen, die in ihm zur Sprache kommen (vgl. W.KAISER, Das literarische Kunstwerk. Eien Einführung in die Literaturwissenschaft, Bern [13]1968, 230). Wenn ich dabei Autoren ins philologische Heiligtum einschleuse, die man sonst nicht einmal in dessen äusserem Vorhof antrifft, so möchte ich durch dieses Sakrileg den -hoffentlich recht aufgebrachten- Leser an eines erinnern: Unter dem Pflaster des philologischen Kommentars liegt der Strand des Gedichts.

- Schliesslich wird auch auffallen, dass ich nicht überall den noblen und diskreten "Dagegen-ist-doch-wohl-mit-X-und-Y-zu-fragen"-Stil anwandte, der im altehrwürdigen fachexegetischen Boudoir Mode geworden ist, und dass deswegen die Polemik bisweilen schärfer ausgefallen ist, als man es von einem gesitteten Neuling daselbst erwarten dürfte. "Doch war es mehr darauf abgesehen, den Leser bei guter Geduld zu halten, als die Autoren zu necken" - so entschuldigte sich einst REUSS in seiner satirischen Monographie "Der acht und sechzigste Psalm. Ein Denkmal exegetischer Noth und Kunst zu Ehren unserer ganzen Zunft errichtet" (Jena 1851), und er betonte dabei zurecht: "Es sind unter diesen, und zwar zum Theil unter denen, die nach meinem Urtheil am öftersten und weitesten neben das Ziel geschossen haben, viele Männer, vor denen sich jeder vor allen Dingen in Ehrfurcht neigen muss, und wenn wir weiter sehn als unsre Vorgänger so ists nur zu oft das Verdienst dieser letztern

mehr als unser eignes.... Ich stelle hier eine Erklärung von diesem Psalm auf,
die noch nie jemand versucht hat, und bin der erste, die Ehre davon, sofern
die irgend gebilligt würde, zum grössern Theile denen zu geben die ich verlassen oder bestritten haben."(8)

Für ganz eilige Leser habe ich versucht, die Auslegung des Psalmes in
der Titelei zusammenzufassen. Der Titel gibt an, auf welche Frage das ganze
Gedicht in meinen Augen eine Antwort sein will. Dabei verstehe ich die Frage
nicht sozialkritisch, wie Wolf BIERMANN, dem ich sie gestohlen habe, sondern
anthropologisch: ist Sein-zu-Tode überhaupt Sein und nicht vielmehr Nichts?
Unter welchen Bedingungen es tatsächlich nicht Nichts sein könnte, sagt das
Motto, das die Denkbewegung des Psalmes ziemlich genau nachzeichnet.

Leser, die es etwas weniger eilig haben, sowie Rezensenten, überfliegen
mit Vorteil die Uebersetzung, die Schlusszusammenfassung (8.0.) sowie die Ab-
schnitte 1.4.31-3, 3.3.51-2,4.3.24-5, S.167f, 5.1.44, 5.3.2., 6.0., 6.1.5.,
6.1.6., 6.3.3., 7.1., 7.2.6.. Das dürften gleichzeitig auch die Teile des Buches sein, die einen normalen Menschen am wenigsten langweilen.

Ausgesprochene Zeloten schliesslich beginnen auf S.15 und lesen durch
bis S. 315.

Ich möchte zum Schluss all jenen von Herzen danken, die mir beim Erstel-
len dieser Arbeit ihre Hilfe gewährt haben. Von ihnen seien im Besonderen
genannt:
- Prof. O.KEEL, der es als "Doktorvater" verstand, meine Freude am AT, die
  er einst mit dem ihm eigenen Geschick geweckt hatte, so zu kanalisieren,
  dass sie weder ausuferte noch versumpfte.
- Prof. D.BARTHELEMY, der mich -gewissermassen als "Doktoronkel"- in allen
  Fragen der Textkritik und Judaistik beriet und mir als Arbeitgeber in der
  Organisation meiner Arbeit stets soviel Freiheit liess, dass ich nie über
  mich selbst zu stolpern kam.
- P.G.SCHELBERT, der meine zahlreichen Aramäisch-Lücken mit seiner grossen
  Kompetenz wettmachte und Prof. D.VAN DAMME, der ein Gleiches für das Syri-
  sche tat.
- PD A.SCHENKER, der mich durch seine bohrenden Fragen auch dort noch weiter-
  führte, wo ich mich schon am Ziele wähnte.
- Herr F.NUVOLONE, der mich auf dem patristischen Meere mehr als einmal vor
  dem Ertrinken rettete.

- Meine Kollegen M.KUECHLER, U.WINTER, U.STAUB, U.EIGENMANN, O.NOTI, W.BACH-
MANN und C.JUNGO, die mit mir diskutierten, disputierten und nach Bedarf
auch lamentierten.
- Alle Mitglieder des Biblischen Institutes der Universität Fribourg, dessen
vierzehntägliche Versammlungen, "souper biblique" genannt, nicht ohne Folgen für die Bestimmung der Gattung von Psalm 49 bleiben sollten.
- Frau Priska WUNDERLIN, die das komplizierte Manuskript mit stoischem Gleich-
mut ins Reine schrieb.
- Die Paulusdruckerei Fribourg, in deren Atelier ich die Offset-Vorlagen um-
brechen durfte und deren Mitarbeiter -Herr J.ACHERMANN, Sr. Thérèse CUDRE
und Frau Marie-Luce RISSE- mich dabei vor grösseren Katastrophen zu bewahren wussten.
- Das Personal der Universitätsbibliotheken von Fribourg und Bern, das meine
oft skurrilen Bücherwünsche stets prompt zu erfüllen suchte.
- Der Hochschulrat der Universität Fribourg, der mir einen namhaften Druck-
kostenbeitrag gewährte.

Gewidmet ist diese Arbeit meinem Vater, der in mir schon sehr früh jene
skeptische Lebenshaltung gefördert hat, die ich -zumal in der Theologie- für
eine Tugend halte. Ich widme sie auch dem Andenken an meine Mutter, deren
früher Tod mir das erschlossen hat, was jeder Sterbliche zum Leben braucht:
"diese irre Zuversicht: es könnte ja sein, dass nichts vergangen ist" (Max
FRISCH, Triptychon).

Liebefeld, im Herbst 1981   PC

EINLEITUNG

1. BEMERKUNGEN ZU TEXT, SPRACHE, GLIEDERUNG UND EINHEITLICHKEIT VON PSALM 49

1.1. ZUM TEXT DES PSALMES

1.1.1. Die Dunkelheit von Psalm 49

Es gehört nachgerade zur Gattung einer jeden Auslegung von Psalm 49, dass man mit einem Seufzer über die Dunkelheit dieses Gedichtes einsetzt. Zu vielen Malen und auf mancherlei Weise haben die Exegeten über diesen Psalm geklagt: er bringe nicht nur die nach v.5 zu erwartende Lösung eines Rätsels nicht (STENZEL 152), sondern gebe dazu noch einige andere auf (BAETHGEN 137), sei überhaupt "ein nach Form und Inhalt gleich merkwürdiges Gedicht" (SCHMIDT 94), "einer der schwerverständlichsten [Psalmen] im Psalterium" (THALHOFER 298, ähnlich REUSS 138, HERKENNE 182, BEAUCAMP 212) - ja für einige gehört המזמר הסתום והחתום הזה (LUZZATTO 212) "unstreitig zu den schwierigsten Abschnitten nicht nur des Psalmbuches, sondern der Bibel überhaupt" (TORCZYNER 48), und ist einer der alttestamentlichen Texte, die trotz der jahrhundertealten Bemühungen der Exegeten "omnino caligine premantur" (ZSCHIESCHKE 5).

Nur gerade EWALD (251) - wen kann das verwundern - findet, "der versbau (sei), wie es sich für ein so feines lehrlied ziemt, gefällig und leicht".

Sind sich also ziemlich alle einig über die Dunkelheit von Ps 49, so gehen die Ansichten bereits wieder auseinander, wenn es darum geht, diese Dunkelheit zu erklären.

1.1.2. Textverderbnis oder ursprüngliche Dunkelheit ?

1. Am naheliegendsten scheint es zunächst, die Dunkelheit des Textes als
   Textverderbnis zu deuten: "Psalm 49 ist einer der schwierigsten wegen
   seiner vielen Textschäden." (HERKENNE 182, ähnlich GRAETZ 337, REUSS 138,
   BUDDE 112). Damit setzt man voraus, der Psalm habe in einem "unversehrten
   Zustande, ehe die vielfache Textverderbnis eintrat" (VOLZ 251[1]) über eine
   durchsichtige und klare Sprache verfügt. Das meint offenbar auch WUTZ (124),
   wenn er ausruft: "Der herrliche Koraḥ-Psalm - alle koraḥitischen Psalmen
   sind Perlen ihrer Art - ist leider entsetzlich verstümmelt..."

   Doch in solcher Ausschliesslichkeit ist diese Deutung kaum aufrecht
   zu erhalten, da ihre Voraussetzung - die ursprüngliche Existenz eines
   durchwegs klaren und (für uns heute!) verständlichen Textes - nicht zu begründen ist, am allerwenigsten durch den überlieferten Psalmtext[2].

2. Deshalb finden sich in den Kommentaren oft vorsichtigere Formulierungen,
   wie die, die Dunkelheit sei "zum Theil... sicher auf Rechnung des stark
   corrumpierten Textes zu setzen" (BAETHGEN 137, ähnlich STENZEL 152), das
   Textverständnis werde "leider auch durch die starke Zerstörung des Textes
   erschwert" (SCHMIDT 94, Hervorhebungen von mir).

   Damit ist immer auch, wenigstens implizit, zugegeben, der Psalm sei
   an sich schon immer "in der Ausdrucksweise knapp und schwer verständlich"
   (SCHULTZ 112) gewesen. Diese letzte und prinzipielle Dunkelheit und Härte
   in seiner Sprache können und dürfen dann durch keinerlei Eingriffe in den
   überlieferten Textbestand aufgehoben werden und jede "textkritische" Behandlung des Psalmes wäre hier "contrary of its nature" (EERDMANS 260,
   ähnlich PLOEG 139).

   Freilich: begründen lässt sich diese prinzipielle Dunkelheit ebensowenig wie das ursprüngliche Vorliegen eines klaren Textes. So scheint die

---

1. Explizit spricht hier VOLZ nur vom Strophenbau, doch wie seine ganze Arbeit zeigt, meint er einiges mehr, vgl. unten Anm. 339.

2. So versucht denn z.B. REUSS (138) auch eigens, "die Leser zu überzeugen,
   dass der Text sehr verderbt sein muss", indem er ihnen eine lange Liste
   von mehr oder weniger verlockenden Konjekturen vorführt. Doch weil diese
   wohl nicht einmal ihn selbst zu überzeugen vermögen, fährt er beschwörend
   fort: "...ein Schriftsteller der verstanden sein will, der nirgends eine
   mit Bildern überladene und affektierte Sprache spricht, und der im Grunde
   doch nur eine landläufige Wahrheit vorträgt, musste doch so reden, dass
   man ihn verstehen konnte." Damit verlangt zwar REUSS vom Psalmisten, der
   wahrscheinlich kaum wusste, was "man" im 19. Jhd. überladen, affektiert,
   banal oder unverständlich finden würde, etwas viel. Wenigstens hat er
   aber (als einziger!) gemerkt, dass der Schluss von einem heute für uns
   schwer verständlichen Text auf einen verderbten Text nicht so "evident"
   (OESTERLEY 264) ist, dass er ohne jede Begründung gezogen werden dürfte.

Wahl zwischen akzidenteller und prinzipieller Dunkelheit letztlich eine
Frage des Geschmackes zu sein.

1.1.3. Textkritik und "Textherstellung"

1. Immerhin empfiehlt es sich schon aus rein praktischen Gründen, das zweite (die prinzipielle Dunkelheit) anzunehmen. Denn (und das wurde immer
   wieder betont) die alten Uebersetzungen machen "die meisten Verlesungen...
   bereits mit" (WUTZ 124), sind selbst unverständlich (vgl. LESETRE 233,
   THALHOFER 298, KNABENBAUER 191) und geben "grösstenteils Sinnloses" (MOLL
   251) - ja den Text haben sie sogar "notablement obscurci ou interprêté de
   manière inéxacte" (CALES 274), "ita ut aenigmatica haec et figurata oratio
   sacra ... per istos interpretes multo etiam nunc sit intricatior" (MICHAELIS
   321)[3].

   Von den alten Uebersetzungen wird man also nicht viel mehr als "einige
   kleine dankenswerte ältere Lesungen" (WUTZ 124) erwarten können (vgl. zu
   v.8f, 12 [21]), die, so dankenswert sie sind, das Verständnis des Textes
   nicht wesentlich weiterbringen.

2. Dass die Annahme einer prinzipiellen Dunkelheit des Textes auch zumindest vorsichtiger ist, zeigt ferner ein Blick auf die verheerenden Folgen, die die Suche nach einem "klaren" Urtext in der Auslegungsgeschichte
   von Ps 49 gehabt hat: "Each word was clear enough, but the construction
   of the sentences and their mutual connection seemed inappropriate. Con-
   sequently a survey of recent explanations is a long list of emendations."
   (EERDMANS 260) In der Tat hat unter den neueren Auslegern von Ps 49 kaum
   einer der Konjektur zu widerstehen vermocht[4].

   Dabei hat das meist vollständige Fehlen einer soliden Grundlage (die
   ja überhaupt in der atl. Textkritik schon schmal genug ist) besonders zu
   Beginn dieses Jahrhunderts die "Textkritiker" erst recht zu den kühnsten
   Eingriffen in den masoretischen Text ermutigt. Im allgemeinen diente angeblich der "strophische und metrische Bau als kleines Hilfsmittel für

---

3. Angesichts dieser Einmütigkeit im Sinnlosen, die - von gelegentlichen
   offensichtlichen Erleichterungen abgesehen - die Textüberlieferung
   charakterisiert, fragt man sich, wie PERDUE (533) behaupten kann, die
   Textkritik von Ps 49 sei "a difficult problem due to the large number of
   textual variants in the major textual traditions".

4. Sogar HENFLER (88) z.B., der zunächst, mutig wie kein zweiter, verkündet:
   "Schwer ist das Lied allerdings...Aber sehr verderbt, durch Abschreiber
   entstellt, ist der Text gewiss nicht. Wir können einer jeden Konjektur
   entrathen." - sogar er konjiziert dann an den entscheidenden Stellen
   (v.6.15) ganz schamlos.

die Textherstellung" (VOLZ 251). Faktisch massgebend und leitend für diese
(wahrlich zu Recht so genannte) "Textherstellung" waren dann aber letztlich
doch nicht die "kleinen Hilfsmittel", sondern ganz bestimmte inhaltliche
Vorstellungen darüber, was in einem Psalm nicht stehen darf und was darin
gesagt sein sollte[5].

1.1.4. Texttreue und "Textaufblähung"

Heute werden im allgemeinen die "kleinen Hilfsmittel" vorsichtiger eingesetzt als zu Beginn des Jahrhunderts und die "Textherstellung" erscheint
als eine Versuchung, der man prinzipiell - was nicht unbedingt heisst:
stur (vgl. STAMM, Psalmenforschung 17f) - zu widerstehen habe. Und doch,
die Gefahr der Vergewaltigung des dunklen Textes bleibt, nur dass sie jetzt
von der entgegengesetzten Seite her droht. Denn wer einen dunklen Text als
solchen respektiert, hat ihn dadurch noch nicht verstanden (wiewohl er den
ersten Schritt dazu getan hat). Will er ihn verstehen, so wird er mit
EERDMANS (260) zugeben müssen, dass "owing to the concise manner of expressing..., no intelligible translation can be given without inserting
some words of paraphrase". Damit bedient er sich aber jener gefährlichen
Methode, dank der Texte so aufgebläht werden können, dass sie schliesslich
fast jede beliebige fremde Idee ausdrücken, und über die schon TORCZYNER
spottet, wenn er "den Kommentaren" vorwirft, den textlichen "Schwierigkeiten gerecht zu werden, indem sie die fehlenden Zusammenhänge konstruieren
und die Widersprüche durch Umdeutungen abschwächen" (49)[6].
   So erscheint die Auslegung des 49. Psalms als ein ständiges Lavieren
zwischen der Skylla der "Textherstellung" und der Charybdis der "Textauf-
blähung", was sich gerade angesichts der dem Psalm eigentümlichen Sprache
als sehr heikel erweist.

---

5. Das klarste Beispiel dafür ist die Arbeit von VOLZ, vgl. unten Anm. 339.
   Andere besonders krasse Beispiele sind - neben CHEYNE - TORCZYNER, der,
   um den Text "herzustellen" zunächst die Verse ordnet (7+12+10+14/11+8+9+
   13/15+...20b+16/17+18+19+20a+21) und sodann innerhalb der Verse die Buchstaben, und PRAETORIUS, dessen (recht sprunghaft befolgter) "Leitstern...
   die Metrik gewesen" (331) sein soll.

6. Seine eigene wörtliche Uebersetzung, "die sich streng an den Text hält und
   darauf verzichtet, durch Einschub von Konjunktionen und andere exegetische
   Mittelchen irgend etwas in den Text hineinzudeuten, was nicht darin steht",
   sollte freilich nur gerade zeigen, "wie unklar und verworren dieses Weis-
   heitslied ist" (48) und wie berechtigt deshalb seine eigene "Lösung des
   Rätsels von Ps 49" (49) sei.

1.2. ZUR SPRACHE DES PSALMES

1.2.1. Die sprachliche Härte von Ps 49

Die Härte der Sprache von Ps 49 scheint mir in der Tat eine recht eigen-
tümliche zu sein.

Sie ergibt sich zwar auch aus dem Vorliegen von hapax legomena (deren
es nur eines gibt: הגות v.4), und sehr seltenen Wörtern (חלד v.2), von un-
gewohnten Formen sonst üblicher Wörter (אדמות v.12; שתו v.15) oder von
Einzelausdrücken (עקבי v.6; נפשם v.9; קרבם v.12), Sätzen (וירדר בם ישרים לבקר
v.15) und Vorstellungen (אטה אזני v.5), die einen sonst klaren Kontext nach
unserem Verständnis "stören".

Doch viel verwirrender ist die ganz seltsame Syntax innerhalb der
Sätze (איש...אח und לא פדה יפדה v.8a; על...ב.קראו v.12c; נמשל כ v.13/21;
ולא יבין v.21; die Pronomina und Personen des Verbes in v.19-20a) und vor
allem zwischen den einzelnen Sätzen (v.4a-b/6a-b/6b-7a/7-8/8-9/9-10/11a/
13b und 21b/14a-b/19a-b/19-20a).

Diese Syntax taucht den ganzen Psalm in ein verschwommenes Halbdunkel,
in dem man zwar wenig sieht, aber doch allerhand ahnen kann. Deshalb erla-
gen hier so viele der Versuchung, zu konjizieren oder zu deuten, deshalb
auch konnten sich dabei so viele mit etwa derselben Bemerkung, die geradezu als das hermeneutische Prinzip in der Auslegungsgeschichte von Ps 49 erscheint, rechtfertigen: "Glücklicherweise reichen die Dunkelheiten, welche
an so vielen Stellen die Gedanken des Dichters verschleiern und die logische Verbindung seiner Phrasen nicht leicht erkennen lassen, nicht aus, um
das Verständnis des Ganzen unsicher zu machen. Wir wollen versuchen, uns
von diesem Rechenschaft zu geben, auf Grund der Uebersetzung, die wir vor-
gezogen haben." (REUSS 138)

Diese Ueberlegung ist ganz offensichtlich falsch: wie sollte das Ganze
verständlich sein, wenn just die Syntax dunkel bleibt? Wir wollen deshalb
versuchen, uns zunächst über die Bedeutung dieser Dunkelheit Rechenschaft
zu geben.

1.2.2. Der Stil von Ps 49

Nimmt man nun also an, dass diese ungewohnte, harte Sprache nicht primär
das zufällige und unwillkommene Produkt einer turbulenten Textgeschichte
ist, so muss man sie als den Werkstil des Psalmes bezeichnen[7].
1. Diesen Werkstil kann man zunächst mit äusseren, dem Werk vorgeordneten
Faktoren verknüpfen.

So kann man die Härte des Textes zunächst einmal einfach als Persönlichkeitsstil[8] des Autors von Ps 49 ansehen, wie es PLOEG (139) zu tun scheint,
wenn er meint, der Duktus des Autors sei "assez particulier et personnel;
à l'exception de certaines expressions de l'introduction, l'auteur n'em-
ploie pas de vrais clichés. Son style n'est point 'anthologique', on n'y
trouve pas de citations... Son choix des mots et de quelques expressions
est poétique...Il s'y trouve des hapax legomena et des tournures rares..."
Da man aber vom Autor von Ps 49 nichts weiss, führt es zu nichts, hier von
"Persönlichkeitsstil" zu reden: die Dunkelheit des Werkstils wird damit
nicht eigentlich erklärt, sondern nur wieder festgestellt. Höchstens kann
man dann noch sagen, die Sprache unseres Textes zeige "un certain nombre
d'affinités...avec le langage ou le style de Jérémie, Job, les Proverbes;
pour le reste le style du Psaume est très particulier..." (aaO 170)

Möglich wäre es auch, im Stil des Psalms einen Zeitstil zu sehen. So
meinte HITZIG (267), "der Charakter der Sprache" von Ps 49 weise "auf hohes Altertum hin" und DELITZSCH (335) war der Ueberzeugung, Ps 49 weise
sich "durch seine antike kühne Form" als davidisch aus. Ein hohes Alter
ist zwar für Ps 49 kaum anzunehmen, doch kann man durchaus erwägen, ob im
Text nicht eine bewusst antiquierende Sprache gebraucht wird (vgl. unten
Anm. 468).

7. Zu den verschiedenen Stilarten vgl. KERKHOFF, Stilistik 20ff. Ohne auf
   die unzähligen und subtilen Streitfragen der Stilistik einzugehen, kann
   man "Stil" etwa definieren als "die historisch veränderliche, funktional
   und expressiv bedingte Verwendungsweise der Sprache auf einem bestimmten
   Gebiet menschlicher Tätigkeit, objektiv verwirklicht durch eine zweck-
   entsprechend ausgewählte Gesamtheit lexikalischer, grammatischer und
   phonetischer Mittel" (LEWANDOWSKI, Lexikon 689). Ganz ähnlich verstand
   schon KOENIG (Stilistik 1f) den Stil eines Werkes als die aus psycholo-
   gischer Eigenart des Schriftstellers, unwillkürlichem Einfluss des Sprach-
   gebrauchs seiner Zeit, Gegenstand und Zweck des betreffenden Literatur-
   produktes und Wahl der poetischen Form "hervorfliessenden Charakterzüge
   der Sprachverwendung".

8. Der Persönlichkeitsstil bezeichnet nach KERKHOFF aaO 21 die Stilzüge "die
   mit dem körperlich-seelischen Habitus des Autors, seinem Lebensgefühl und
   Weltbild zusammenhängen". Im Persönlichkeitsstil vereinen sich also die
   "nicht weiter ableitbaren Komponenten aus dem ganz persönlich-menschlichen
   Bereich" eines Autors (aaO).

Ebenso wird man sich fragen müssen, ob in Ps 49 nicht ein bestimmter
Lokalstil vorliegt. So weist DAHOOD (296) darauf hin, dass "the language
is probably the most dialectal in the Psalter". Ob ein solcher Lokalstil
echt oder nur ausgesuchte Manier ist, wäre damit noch nicht entschieden.
Denkbar wäre es auch, die Härte der Sprache von Ps 49 als gattungsbedingt zu verstehen. Der seltsame Stil des Gedichtes wäre dann nichts anderes als "the concise manner of expressing sentences of wisdom" und "the
terse style of Hebrew parables and riddles" (EERDMANS 260). Auch wenn man
einmal annimmt, dass "the terse style of Hebrew parables and riddles" als
solcher schon dunkel sei, scheint diese Erklärung, so formuliert, von vornherein nicht zuzutreffen, da unser Text nicht den Eindruck hinterlässt,aus
einzelnen, knappen Weisheitssprüchen zusammengeflickt zu sein. Trotzdem
könnte die Dunkelheit unseres Textes mit seiner Zugehörigkeit zur weisheitlichen Gattung -was auch immer das heissen mag (vgl. unten 7.2.6) - zusammenhängen. Dies erhellt auch einer Betrachtung der einen Werkstil beein-
flussenden inneren Faktoren.

2. Auch innerhalb einer vorgängigen Prägung durch Persönlichkeit des Autors,
   Ort oder Zeit der Abfassung bleibt ja ein Werkstil als Verhältnis zwischen der Form und dem darin ausgedrückten Gehalt eines konkreten Werkes
stets unableitbar. Die schwere Verständlichkeit eines Werkstils kann deshalb auch innere Ursachen haben.

Diese sind eher inhaltlicher Natur, wenn der Autor die Sache, um die
es ihm ging (aus welchen Gründen auch immer) nicht klarer zur Sprache bringen wollte oder konnte, als er es getan hat, und sich deshalb mit Anspie-
lungen, rhetorischen Fragen, Ellipsen, etwas hinkenden Bildern usw. begnügte oder begnügen musste. So erklärt etwa HENFLER (88) die Härte unseres
Textes, die unausweichlich sei, "wenn von einem lebhaften Dichter Wahrheiten dieser Art vorgetragen werden". Eher formaler Natur sind diese Ursachen, wenn der Autor durch die äussere Form, die er sich (in der Regel
aus sachlichen Gründen!) auferlegte, eingeschränkt war.

Nun ist gerade in der weisheitlichen Rede eine solche auf Unzugäng-
lichkeit der Sache und besondere Virtuosität der Form zurückführende
Dunkelheit des Stils nichts Unwahrscheinliches (vgl. etwa Sir 47,15). Diese
Dunkelheit wäre damit indirekt gattungsbedingt, insofern die Gattung "weisheitliche Rede" eine Vorliebe für komplexe (äussere) Formen haben mag, die
als literarische Spiegelungen der von der Weisheit erkannten komplexen
Ordnung des Wirklichen sehr sinnvoll sind (vgl. unten 1.3.41), aber trotzdem die Sprache verdunkeln.

Da unser Psalm besonders syntaktisch schwierig ist, könnte sehr wohl
primär die äussere Form des Gedichtes die eigentliche, direkte (wiewohl bisher gänzlich verkannte!) Quelle der Schwierigkeiten des Textes sein. So
müssen wir uns nun ihr zuwenden.

1.3. ZUR GLIEDERUNG DES PSALMES

1.3.1. Auf der Suche nach einer Gliederung

Einig sind sich alle Kommentatoren von Ps 49 nur gerade über eines: der
Psalm gliedert sich in eine Einleitung (v.2-5) und in ein Hauptstück (v.6-
21). Wie dieses Hauptstück seinerseits zu unterteilen sei, darüber herrschen
die verschiedensten Meinungen.

1. Auf der einen Seite stehen jene Kommentatoren, die in v.13 und 21 einen
   Kehrvers sehen und daraus ableiten, "formell (sei) in dem Psalm...eine
gewisse Strophenbildung noch zu erkennen" (WEISER 260). Von ihnen bleiben
einige bei dieser Feststellung stehen[9].

Andere aber bemerken wie schon HITZIG (267), dass "die Einteilung...
von einer andern durchkreuzt" werde und versuchen deshalb die beiden doch
recht langen Strophen ihrerseits wieder zu gliedern.

Am häufigsten gehen sie dabei von der Einleitung und den vier letzten
Zeilen des Psalmes (v.17-20) aus und kommen so rein mechanisch zur Annahme
von Strophen "zu je zwei dreihebigen Vierzeilern" (DUHM 198)[10]. Leider
muss aber stets dem Text Gewalt angetan werden, damit er in dieses - an
sich gewiss recht ansprechende - Schema passt[11].

---

9. So unterscheidet EWALD (251) lediglich zwei "wenden" zu je 16 Gliedern
   und DELITZSCH (335) sieht "zwei Theile der Predigt". Aehnlich REUSS 138,
   KIRKPATRICK 268, STAERK 248, LINDBLOM 21, PODECHARD K I 217f, PANNIER 285,
   LAMPARTER 251, ANDERSON 374, TROMP 240.

10. DUHM zählt mit der Einleitung fünf solche Strophen: v.2-5/6-10a/10b-12/
    14-16/17-20. Jede dieser Strophen ist von der andern geschieden durch den
    Kehrvers, "der nicht...weniger als dreimal vom Abschreiber weggelassen
    ist" (aaO). DUHM folgen z.B. MINOCCHI (150) und PODECHARD (5). CALES
    (278) verwirft dagegen die Vervielfältigung des Kehrverses, bemerkt aber
    zusätzlich, "qu'il y a une coupe de sens assez nette après chaque couple
    de distiques et une beaucoup plus fermement marquée après chaque groupe
    de quatre distiques...". Aehnlich VOLZ (251), der allerdings ganz massiv
    in den Text eingreift.

11. So sieht sich z.B. DUHM (139) gezwungen, nach v.12b einen Halbvers אבד
    זכרם freihändig hinzuzudichten. Desgleichen CALES (275), noch begnadeter
    PODECHARD (13): אבד מארץ זכרם.

Eine andere beliebte Gliederungsart geht mehr von inhaltlichen Erwägungen aus (vgl. z.B. HUPFELD 659; HENGSTENBERG 458; WEISER 260). Zunächst
wird eine "Fragestellung" gesucht und in v.6-7 auch gefunden. Die Antwort
darauf geschieht dann in dreizeiligen Strophen (v.8-10 Unmöglichkeit des
Loskaufs, v.11-13 Tod als Gleichmacher, v.14-16 trostloses Ende der Stolzen und seliges Ende der Demütigen), an die sich eine "Nutzanwendung" (KALT
180) anschliesst. Unbefriedigend an dieser Gliederung ist, dass die beiden
Hauptstrophen (v.6-13 und v.14-21) so gänzlich verschieden eingeteilt werden, dass sie kaum mehr als "Strophen" gelten können, der Kehrvers seine
Bedeutung also fast ganz verliert.
2. So ist es nicht erstaunlich, dass auf der andern Seite für einige Kommentatoren "der angebliche Kehrvers" in v.13 und 21 "nur ein trügeri-
   scher Schein" ist (GUNKEL 210, vgl. unten 3.3.11).

Dank dieser Annahme können sie mit weniger Mühe als die Anhänger des
Kehrverses den "beabsichtigten, guten, gleichmässigen Strophenbau", den der
Psalm "in unversehrtem Zustand" hatte (VOLZ 251), wiederfinden. Allerdings
findet jeder etwas anderes: GUNKEL (208f) z.B. teilt den ganzen Psalm
(unter Annahme zweier Glossen, v.11 und v.16, und Versetzung von v.11c hinter v.12) in Strophen zu vier (Halb-)Zeilen ein. HERKENNE (184) sieht, dass
"bei Weglassung von v.21...das Mittelstück des Ps 49 (v.6-16) von gleichlan-
gem Eingang und Schluss zu je 4 Versen umrahmt" ist. SCHLOEGL (72f) unterscheidet (nach Versetzung von v.12c hinter v.11!!) vier Strophen (v.6-9/
11-13/14-16/17-20). PRAETORIUS verzichtet überhaupt auf eine Gliederung,
doch bei ihm ist Ps 49 "in der von Glossen gereinigten Gestalt" (336) so
kurz (14 Verse), dass es auch gar nicht mehr viel zu gliedern gibt...

1.3.2. Erste Anhaltspunkte für eine Gliederung

1. Alle bisher dargestellten Gliederungsversuche stützten sich auf metrische oder inhaltliche Erwägungen. Sie können alle als gescheitert gelten,
   denn die ersteren taten dem Text mehr oder weniger Gewalt an, die letzteren ergaben gar keine eigentlichen, regelmässigen Gliederungen.

Eine letzte Möglichkeit (die eigentlich die erste sein sollte!) besteht darin, von allen metrischen Vorurteilen und inhaltlichen Konstruktionen abzusehen und von den rein formalen Gegebenheiten des überlieferten
Textes auszugehen.

Tut man das, so springt sofort in die Augen, dass im Hauptteil des
Psalmes (v.6-21) nicht alle Verse gleich lang sind: Die ersten (v.6-10)
und letzten fünf Verse (v.16-20; v.13 und 21, die zumindest Kehrverse

sein <u>könnten</u>, bleiben vorläufig ausser Betracht) sind Distichen, die restlichen Verse Tristichen (vgl. unten 1.3.22).

2. Dieser wie man meinen sollte doch ganz evidente Sachverhalt wurde nur
   gerade durch BRIGGS beachtet, der daraus auch die - fast - richtigen
Schlüsse gezogen hat: "Str. [ophe] I is divided, as usual in fourteen-
lined Str.s (cf Ps 18), into two parts, of eight and six lines, the former
having two tetrastichs, the latter two tristichs." (407) "Str. II has the
same structure as Str. I, save that on the principle of inclusion, the
first six lines are in general correspondance with the last six lines of
Str. I." (410)

   Freilich: ganz richtig hat auch BRIGGS nicht gesehen. Denn erstens
kommt er nur auf vier statt fünf Distichen, weil er annimmt, v.9 und v.16
seien Glossen - möglich wäre das zwar schon, doch gerade die Untersuchung
der Distichen wird zeigen, dass es unwahrscheinlich ist. Zweitens sieht
BRIGGS eine "general correspondance" zwischen den Tristichen von v.11-12
und v.14-15. Doch gerade diese Uebereinstimmung springt nicht in die Augen - zumal in v.14-15 gar nicht zwei Tristichen vorliegen, sondern ein
Distichon (v.14) und ein metrisches Ungeheuer (v.15), von dem man höchstens
vermuten darf, es enthalte das dritte Glied eines in v.14 begonnenen Tristichons und dazu ein weiteres Tristichon. Doch gerade diese Hypothese gilt es
durch die Betrachtung des Aufbaus des ganzen Gedichtes zu erhärten[12].

1.3.3. Die Verwandtschaft zwischen v.6-10 und v.16-20

Will man also die Aufteilung der zwei Hauptstrophen v.6-12 und v.14-20 in
je sich entsprechende Strophen von Distichen und Tristichen nachweisen, so
muss man zunächst die zwei distichischen Strophen vergleichen. Ein solcher
Vergleich weist nicht nur eine "general correspondance" auf, sondern eine
bis ins Detail gehende Verwandtschaft:

---

12. Das Gedicht könnte ebensogut nur aus Distichen bestehen: v.15 enthielte
    deren zwei und auch v.11-12 könnte man elegant in Distichen verwandeln,
    indem man v.11c hinter v.12c setzt und wie GUNKEL (212) behauptet, dass
    "die Halbzeile 11c hier [in v.11] überschiesst und in 12 eine vermisst
    wird". Vgl. unten 3.1.41.

B	A

(1) אַךְ-אֱלֹהִים יִפְדֶּה נַפְשִׁי מִיַּד-שְׁאוֹל כִּי-יִקָּחֵנִי סֶלָה

למה אירא בימי רע עון עקבי יסובני:

(2) אַל-תִּירָא כִּי-יַעֲשִׁר כִּי-יִרְבֶּה אִישׁ כְּבוֹד בֵּיתוֹ:

הבטחים על-חילם וברב עשרם יתהללו:

(3) כִּי לֹא בְמוֹתוֹ יִקַּח הַכֹּל לֹא-יֵרֵד אַחֲרָיו כְּבוֹדוֹ:

אַךְ לֹא-פָדֹה יִפְדֶּה אִישׁ לֹא-יִתֵּן לֵאלֹהִים כָּפְרוֹ:

(4) כִּי-נַפְשׁוֹ בְּחַיָּיו יְבָרֵךְ וְיוֹדֻךָ כִּי-תֵיטִיב לָךְ:

ויקר פדיון נפשם וחדל לעולם:

(5) תָּבוֹא עַד-דּוֹר אֲבוֹתָיו עַד-נֵצַח לֹא יִרְאוּ-אוֹר:

וִיחִי-עוֹד לָנֶצַח לֹא יִרְאֶה הַשָּׁחַת כִּי יִרְאֶה:

1. In den ersten Zeilen der beiden Strophen finden wir die im ganzen Gedicht einzigen Formen der 1. Person singular. Die Verwandtschaft der
beiden Zeilen über diese 1. Person wird dadurch unterstrichen, dass sie
zwei ähnlichen Verbformen יסובני und יקחני je an der gleichen exponierten
Stelle (am Versende) anzutreffen sind. Vielleicht dürfen auch die gegensätzlichen Körperteile עקב und יד sowie die "gegenläufigen" Umstands-
bestimmungen בימי רע und מיד שאול für den Nachweis einer Verwandtschaft
der beiden Zeilen vereinnahmt werden.

In den zweiten Zeilen findet ein plötzlicher und unvermittelter Um-
schlag in eine andere Person statt, das eine Mal in die 3. Person plural
(v.7), das andere Mal in die 2. Person singular (v.17). Die beiden Wurzeln
רבב und עשר kommen (sieht man vom עשיר der Einleitung v.3 ab) im ganzen
Gedicht nur in diesen zwei Zeilen vor, einmal beide substantivisch (v.7),
das andere Mal beide verbal (v.17) gebraucht.

In den dritten Zeilen fällt besonders die genau gleich gebrauchte
Verneinung der Verben in der 3. Person auf:

$$\left.\begin{array}{c}\text{יתן}\\\text{ירד}\end{array}\right\} \text{לא} \;(\ldots) \quad \left.\begin{array}{c}\text{יפדה}\\\text{יקח}\end{array}\right\} \;(\ldots) \;\text{לא}\;(\ldots)$$

Vielleicht sind auch die ähnlichen Formen am Schluss des Verses (כבדו und
כפרו) nicht zufällig.

In den vierten Zeilen findet eventuell (vgl. unten 5.2.44) ein
Rückgriff auf die grammatische Person der zweiten Zeile statt, in A die
3. Person plural (נפשם)in B die 2. Person singular (ך). Sicher verbindet
aber das Wort נפש diese beiden Zeilen.

In den fünften Zeilen finden sich, wiederum das einzige Mal im ganzen
Gedicht, das Wort נצח und das Verbum ראה (zur Verseinteilung vgl. unten
3.1.1.), dieses beide Male verneint und mit den gegensätzlichen Objekten
שחת und אור.

Diese rein formalen Entsprechungen scheinen mir schon auffällig genug, um eine bewusste und vom Autor gewollte Parallelität der beiden distichischen Strophen v.6-10 und v.16-20 zu beweisen.

2. Ist diese Parallelität einmal gesichert, wird sie durch eine andere Art der Beziehungen zwischen diesen beiden Strophen nicht mehr widerlegt, sondern höchstens noch bestätigt.

In der Tat kann man die zunächst verwirrende Feststellung machen, dass gewisse wichtige Wörter nicht in der gleichen Zeile der beiden Strophen, sondern jeweils eine Zeile zu früh bzw. zu spät wiederholt werden.

Dieses "Nachhinken" vollzieht sich aber wie mir scheint gesetzmässig, und zwar nach folgendem Schema:

A1 ⟶ B2	:	ירא	(Versanfang)
B2 ⟶ A3	:	איש	(Versmitte)
A3 ⟶ B4	:	ל + Person	(Versende)
B4 ⟶ A5	:	Wurzel חיה	(Versanfang)
A5 ⟶ B1	:	affirmatives כי	(Versende)
[B1 ⟶ A3	:	אך/אח, פדה, אלהים	(ganzer Vers)]

Ganz eindeutig sind zwar vorläufig (vgl. aber unten 3.1.14) nur die ersten zwei Uebernahmen (ירא und איש) und die Kommentare pflegen davon nur gerade die erste wahrzunehmen, sodass sie allgemein zum Schluss kommen, der v.6 entsprechende Vers sei in der zweiten Hauptstrophe nicht v.16, sondern v.17. Einer solchen Zäsur vor v.17 fällt dann zumeist v.16 zum Opfer und wird kurzerhand zur Glosse deklariert. Doch für eine Parallelität zwischen v.6 und v.17 spricht nur gerade ein Wort (ירא), alle andern Wortwiederholungen aus v.17 (איש, עשר, רבב)stützen sie nicht.

1.3.4. Folgerungen aus dieser Verwandtschaft

1. Es ist klar, dass ein so kompliziertes System von Beziehungen zwischen zwei Strophen nur als bewusste und gewollte Konstruktion des Psalmisten verstanden werden kann.

So stellt sich die Frage, ob solche "programmierte" Gedichte, die heute recht manieriert anmuten, im AT überhaupt denkbar sind. Gerade im Bereich der Weisheitsliteratur, zu der unser Psalm gehört, kann man diese Frage ohne Zögern bejahen - man denke nur an das strenge Baugesetz von Ps 119 und an das Prinzip der alphabetischen Komposition überhaupt. Es wäre geradezu erstaunlich, wenn die Weisen die Weltordnung, um die sie sich bemühten, nicht auch irgendwie in der Sprache dargestellt hätten (vgl. oben 1.2.22).

2. Hier könnte man sich nun aber weiter fragen, ob nicht ein grosser Teil
   der sprachlichen Härten von Ps 49 die logische Folge der Einhaltung
   dieses subtilen Konstruktionsprinzipes sind. Da die Strophe v.6-10 ganz
   deutlich die dunklere ist (die Kommentar widmen denn auch den Versen 17ff
   nur ganz knappe Bemerkungen, vgl. unten 6.2.11) könnte man vielleicht sogar annehmen, bei seiner Komposition sei der Autor vorwiegend von der
   Strophe v.16-20 ausgegangen, um ihr nach seinem Plan Strophe v.6-10 an die
   Seite zu stellen.

   Es scheint mir jedenfalls ehrenwerter, die sprachlichen Härten als
Preis für die poetische Form zu verstehen, als sie durch Textmanipulationen
aus dem Weg zu räumen.

   Ein Urteil über die "Natürlichkeit" der Sprache dieser zwei Strophen
(und damit über ihren literarischen Wert) ist dadurch nicht gefällt und
kann heute schwerlich mehr gefällt werden. Eines scheint mir aber sicher:
innerhalb einer solch beengenden Form (vgl. dazu noch unten 6.3.3) überhaupt
etwas halbwegs Vernünftiges zu sagen, ist schon allein eine dichterische
Leistung von respekterheischender Virtuosität! TROMPs (240) Bemerkung "het
woordgebruik is goed doordacht, zoals men vom een wijze mag verwachten"
trifft in einem Masse zu, das ihn selbst erstaunen dürfte, wogegen REUSS'
(138) Urteil "der Stil (erhebe) sich nicht über die Prosa trotz der etwas
hochtönenden Vorworte", nicht viel mehr verdient als ein betretenes Schütteln des Kopfes...

1.4.   ZUR EINHEITLICHKEIT DES PSALMES

1.4.1. Unterschiede zwischen den Distichen und Tristichen

1. Geht man nun daran, die restlichen zwei Strophen[13] zu untersuchen, fällt
   sofort eines auf: ein ähnliches Kompositionsschema wie in den Strophen
v.6-10/16-20 (im Folgenden kurz: "A-Strophen") lässt sich auch mit bestem
Willen nicht finden. Gewiss könnte man mit etwas Phantasie einige inhaltliche Entsprechungen konstruieren[14], doch klare formale Anhaltspunkte bietet der Text dazu kaum.

13. Der Kehrvers 13 erlaubt, die restlichen Verse - jedenfalls probeweise -
    als zwei Strophen zu betrachten, vgl. unten 3.3.13. Zur Verseinteilung
    vgl. unten 4.2.13.

14. So verbänden sich etwa v.12ab mit v.15c über das Stichwort "Haus", v.15ab
    mit v.12c über das Stichwort "Feld" (sofern אדמות wirklich "Feld" bedeutet),
    v.11ab mit v.15a über das Stichwort "Vieh" (בער und צאן), v.14ab mit v.11c
    über das Stichwort אחר. Vgl. unten Anm. 253.

2. Das liegt daran, dass in diesen zwei tristichischen Strophen (im Folgenden: "B-Strophen") die Wortwiederholung viel seltener ist als in den A-
   Strophen. Nur gerade die Wurzeln כסל, שאול, מות, אחר (und דור) werden je
   zweimal gebraucht, sonst kommen alle Wörter nur einmal vor. Zahlenmässig
   ausgedrückt nimmt sich der Unterschied recht imposant aus[15]:
   - In den A-Strophen werden von 77 Wörtern (= 100%) gebraucht

1 x	:	34	(44%)
2 x	:	10	(13%)
3 x	:	3	(3,9%)
4 x	:	1	(1,3%)
7 x	:	1	(1,3%)

   Demnach befinden sich unter den 77 Wörtern der A-Strophen nur 49 verschiedene Wörter (=63,5%)
   - In den B-Strophen werden von 37 Wörtern (=100%) gebraucht

1 x	:	27	(73%)
2 x	:	5	(13,5%)

   Unter den 37 Wörtern der B-Strophen gefinden sich also 32 verschiedene
   Wörter (86,5%).
   Damit ist nun aber ein stilistischer Unterschied zwischen A- und B-Strophen
   festgestellt: die A-Strophen sind im Frequenzstil, die B-Strophen im Vokabularstil gehalten.
3. Ist dies einmal erkannt, dürfte die Frage von Interesse sein, ob sich
   noch andere stilistische Unterschiede zwischen den beiden Strophenpaaren
   ausfindig machen lassen.
      Untersucht man die Wortklassen[16], so stellt man fest, dass beide Teile
   des Psalms ungefähr gleichviel selbständige grammatische Morpheme aufweisen
   (A: 51%, B: 50%), die A-Strophen jedoch mehr Verben und weniger Nomina aufweisen als die B-Strophen (A: 30,4% Nomina und 18,8% Verben, B: 38,2% Nomi-

---

15. Wiederholungen sind Wiederholungen gleicher Wurzeln (lexikalischer Morpheme)
    Gezählt werden als Wörter nur "graphische Einheiten". Keine selbständigen
    Wörter sind demnach alle Präfixe (inkl. ב, ל, כ, ו) und Suffixe (suffigier-
    te Personalpronomina). Dies scheint mir gerechtfertigt, weil doch ange-
    nommen werden darf, es sei weder zufällig noch bedeutungslos, dass bestimmte
    Lexeme nur als Affixe vorkommen. Zudem würde eine Zählung der Affixe in un-
    serem Fall die Unterschiede verschleiern: die in den B-Strophen häufige
    Wiederholung der Pronominalsuffixe (18% aller Wörter und Affixe, gegen 11,7%
    in den A-Strophen) und der Präposition ל (18% gegen 5,4%), die gerade auch
    eine stilistische Eigenheit der sonst wiederholungsarmen B-Strophen ist,
    würde in der Statistik gerade nicht als solche erscheinen.

16. Verben, Nomina und "selbständige grammatische Morpheme" (Präpositionen,
    Pronomina, Konjuktionen usw., vgl. FOHRER, Exegese 67).

na und 11,8% Verben). Besonders deutlich wird dieser Unterschied bei der
Zählung der <u>Satzarten:</u> Die A-Strophen weisen 8,7% Nominalsätze und 91,3%
Verbalsätze auf, in den B-Strophen finden sich 47% Nominalsätze und 53%
Verbalsätze.

Wir können also in den A-Strophen (im Vergleich zu den B-Strophen)
einen Verbalstil, in den B-Strophen einen Nominalstil feststellen.

1.4.2. Deutung der Stilunterschiede

1. Ueberblickt man nun die bisher beobachteten Unterschiede zwischen den
A- und den B-Strophen (zweigliedriger Parallelismus, strenges Konstruk-
tionsprinzip, verbaler Frequenzstil auf der einen Seite, dreigliedriger
Parallelismus, Fehlen eines Konstruktionsprinzips, nominaler Vokabularstil
auf der andern), so kann man wohl von einem wirklichen Stilbruch zwischen
den beiden Teilen des Psalmes reden.

Damit aber scheint mir die literarische Einheitlichkeit des Psalmes
in Frage gestellt zu sein. Gewiss kann ein Stilbruch bewusstes literarisches Ausdrucksmittel sein, doch (auch wenn man diese Möglichkeit für das
AT überhaupt in Betracht ziehen will) scheint sie mir in diesem Fall
sehr unwahrscheinlich, denn ich sehe nicht im geringsten, welche Funktion
dieser Stilbruch im vorliegenden Gedicht haben könnte. Gewiss, man könnte
zur Not vielleicht annehmen, der Autor hätte ihn ohne besonderen Grund
aus reiner Willkür einfach gewollt - wenn dabei das Gedicht zwar hässlich,
aber wenigstens verständlich wäre. Doch, die Auslegungsgeschichte zeigt
es zur Genüge, gerade das ist nicht der Fall: als nahtlose Einheit aufgefasst bleibt Ps 49 auch nach der subtilsten Auslegung im Grunde wirr und
unklar. Auf der andern Seite wird der dunkle Text auf einmal leidlich
durchsichtig, wenn man ihn den stilistischen Rissen entlang in literarkritische Schichten aufschneidet. Schon das scheint mir Grund genug, um den
Stilbruch in Ps 49 nicht als Ausdrucksmittel zu deuten.
2. Eine Auftrennung unseres Textes in zwei literarkritisch zu unterschei-
dende Einheiten wird auch durch inhaltliche Beobachtungen gestützt.
Im Zentrum der A-Strophen stehen wohlhabende Leute (von denen übrigens
vorwiegend in der 3. Person singular gesprochen wird). An deren Reichtum
ist der Text zunächst interessiert, von ihm redet er andauernd (v.7a, 7b,
9a, 17a, 17b, 18a, 18b). Gefragt wird dabei, wie sich das Geld des Reichen
zu seinem Tod verhält.

Ganz anders in den B-Strophen: Dort geht es gar nicht um wohlhabende
Leute, sondern um "Weise und Toren" (v.11), die übrigens ausschliesslich

in der 3. Person plural genannt werden. Deren Besitz wird nur beiläufig
erwähnt (v.11c ist die einzige sichere Stelle, wo von Reichtum die Rede
ist), denn diese Strophen sind an etwas anderem interessiert: am Tod dieser Menschen, von ihm ist in allen eindeutig verständlichen Versen dieses
Psalmteils die Rede (v.11a, 11b, 12a, 12b, 14a, 15a).

3. Gewiss sind diese Unterschiede, auch dann, wenn man sie nicht durch irgendwelche exegetischen Tricke herunterspielt (was man besonders im Hinblick auf die sterbenden Weisen von v.11 mit Vorliebe getan hat, vgl. unten
   3.1.21), an sich noch nicht unbedingt "unvereinbare Spannungen". Doch ist,
   zumal nach der obigen stilistischen Analyse, nicht einzusehen, warum dieses
   klassische Kriterium der Literarkritik (neben der "störenden Wiederholung",
   vgl. FOHRER, Exegese 48f) das alleinseligmachende sein soll. Es ist ja
   nicht nur schwer anzuwenden (da die Bestimmung, welche Spannungen vereinbar
   sind und welche nicht trotz gegenteiliger Beteuerungen grösstenteils doch
   "dem subjektiven Empfinden des Einzelnen" FOHRER, aaO 50 überlassen wird),
   sondern setzt auch stets voraus, dass die Bearbeiter (ob sie nun einen vorliegenden Text erweiterten oder mehrere vorliegende Texte zusammensetzten,
   vgl. FOHRER, aaO 53-56) wenigstens zeitweise wie Homer geschlafen haben
   oder sonstwie nicht ganz auf der Höhe ihrer Aufgabe standen. Eine literarische Methode, die angewiesen ist auf die Unachtsamkeit der Redaktoren,
   deren Texte sie untersucht, ist nun mit Sicherheit in den Texten nicht anwendbar, die durch die Hände von aufmerksamen Bearbeitern gegangen sind.

   Genau ein solcher Text scheint mir hier vorzuliegen: wenigstens zwei
Autoren haben an ihm gearbeitet - ihre je verschiedenen Sprachen, Kompo-
sitionsweisen und Interessen haben wir feststellen können. Und doch sind
beide Teile des Psalmes so aufeinander abgestimmt (worden), dass direkte
Widersprüche nicht festzustellen sind. Deshalb kann das grobe Geschütz der
klassischen Literarkritik hier nicht eingesetzt werden[17].

   Andererseits ist aber der Text doch so uneinheitlich, dass man ihn wie
gesagt nicht verstehen kann, wenn man ihn wie eine nahtlose Einheit zu lesen
versucht[18].

---

17. Vielleicht ist dies im Psalter überhaupt die Regel, da man es hier wohl
    grösstenteils - wie in Ps 49 - mit geschickt erweiterten Einheiten zu
    tun hat. Jedenfalls zeigen z.B. BEYERLINs Versuche, die Psalmen 8 und
    44 als (durch aktualisierende Neuinterpretation) erweiterte Einheiten
    zu verstehen, wie schwierig es ist, in solchen Texten "Divergenzen"
    mit Sicherheit festzustellen und daraufhin "Schichten" zu isolieren,
    und umgekehrt zeigt seine Studie zu Ps 126 eindrücklich, wie gefährlich
    es ist, aus scheinbar offensichtlichen Widersprüchen literarkritische
    Schlüsse zu ziehen (vgl. Träumende 23-32).

18. Ein Gegenbeispiel ist Ps 73, wo die Zeilen v.4-12 und v.18-22 sich di-

Diese widerspruchsfreie Uneinheitlichkeit des Textes ist es, die den Exegeten so zu schaffen macht: die Widerspruchsfreiheit verhindert die Erkenntnis der Uneinheitlichkeit und verbaut so den m.E. einzigen Weg zum Verständnis des Psalmes.

1.4.3. Literargeschichte von Ps 49

Es muss nun noch versucht werden, die verschiedenen Teile des Psalmes (A-
Strophen, B-Strophen, Kehrvers, Einleitung) in eine vorläufige literargeschichtliche Ordnung zu bringen.
1. Aeltester Teil des Gedichtes scheinen mir die B-Strophen zu sein. Sie
   enthalten die kühnsten Gedanken des Psalm (v.11 und 14f) und es ist deshalb viel wahrscheinlicher, dass sie später korrigiert worden sind, als dass
sie selbst nachträglich in einen bestehenden Text eingefügt worden wären.
2. Der Kehrvers muss wohl schon immer zu den B-Strophen gehört haben. Er
   vergleicht wie sie (v.11b, 15) den Menschen mit dem Tier und ist dabei
primär an seinem Tod interessiert.
   Die zwei B-Strophen und der Kehrvers bilden zusammen die älteste
Schicht von Ps 49, wir nennen sie im Folgenden "Grundpsalm".
3. Als Antwort auf diesen recht pessimistischen Grundpsalm hat ein (wie die
   Strukturanalyse gezeigt hat nicht unbedeutender) Dichter zwei weitere
Strophen, die die Aussage des Grundpsalms sehr geschickt aufnehmen und korrigieren, ad hoc gedichtet und angefügt. Ps 49 ist demnach keine zusammen-
gesetzte, sondern eine erweiterte Einheit. Der Antwortcharakter dieser A-
Strophen (im Folgenden: "Erweiterungen") lässt sich noch am Anfang von v.16
(אך) sowie an der Uebernahme von Wörtern (חילם, יקר, שאול und דור) erkennen[19].
4. Am schwersten einzuordnen ist die Einleitung. Für die Verbindung mit
   dem Grundpsalm sprechen die seltsamen Formen תבונות und חכמות, da der
Autor des Grundpsalmes solche Formen auch gebraucht (אדמות, בחמות)- wie mir
scheint ein gewichtiges Argument.

rekt widersprechen, aber doch beim ersten Lesen ohne weiteres verständlich wird, welche Rolle sie im Gedankengang spielen.

19. Sonst sind nur noch die Wörter בית (v.12/17), לעולם (v.9/12) und אחר
(v.14/18) den beiden Teilen gemeinsam. Ich bin mir bewusst, dass diese
7, den Teilen A und B (inkl. Kehrvers) gemeinsamen Wörter ein Argument
gegen die vorgenommene literarkritische Operation darstellen. Doch glaube ich nicht, dass dieses die stilistischen Argumente für die literarkritische Scheidung aufzuwiegen vermag - zumal es sich entweder um sehr
häufige Wörter handelt (לעולם, בית, דור und im Todeskontext שאול und
אחר) oder, wo dies nicht der Fall ist (יקר, חיל, דור), ihr Vorkommen
in beiden literarischen Schichten durch literarische Abhängigkeit zu
erklären ist.

Ob die vokabularmässigen Berührungen zwischen Einleitung und Grundpsalm
(אדם, יחד, פי, Wurzeln חכם, בין, משל)auch für eine Verbindung sprechen ist
bereits schwieriger zu entscheiden, denn einerseits wissen wir, dass der
Autor des Grundpsalmes Wortwiederholungen in seinem Gedicht meidet, andererseits ist aber nicht auszuschliessen, dass er sie in der Einleitung (gewissermassen als "Vorschau") bewusst einsetzt.

Aufgrund der Wortwiederholungen innerhalb der Einleitung (כל, בני und
besonders אזן)sowie der Berührungen zwischen Einleitung und Erweiterungen
(A-Strophen) könnte man aber die Einleitung auch sehr gut dem Autor der Erweiterungen zuschreiben. Dafür spräche auch, dass die Einleitung für ein
6-zeiliges Gedichtchen wie den Grundpsalm reichlich lang wäre (jedenfalls
nach unserem Empfinden, vgl. dagegen Weish 6). Auch das Auftauchen der Reichen in v.3b spricht eher für eine Verbindung der Einleitung mit den Erweiterungen: in der Wahl der "Pole" des Merismus' für "alle Menschen" klingt
bereits das Thema der Erweiterungen an, genau wie im Merismus v.11 das
Thema des Grundpsalmes sichtbar wird.

So scheint es mir doch besser, die Einleitung dem Autor der Erweiterungen zuzuschreiben - jedenfalls in ihrer jetzigen Form. Möglich wäre es nämlich auch (doch hier geraten wir in den Bereich der freischwebenden Speku-
lation), dass dem Bearbeiter der Grundpsalm mit einer zweizeiligen Einleitung versehen (etwa im Stil von Spr 4,1-2) vorlag, deren erste Zeile der
jetzige v.2 (die ישבי חלד werden in v.13b/21b entlarvt!) und deren zweite
Zeile der jetzige v.4 (ות- Endungen, פי und תבונות werden in v.14b und
v.21a relativiert) gewesen wäre. Diese Einleitung hätte er seinem Interesse
entsprechend erweitert (v.3 und v.5, vgl. unten Anm. 435).

1.4.4. Zur Auslegung

Die eben dargelegte literarkritische Scheidung wird der folgenden Auslegung
zugrunde gelegt und damit auch stets in ihr vorausgesetzt. Doch gleichzeitig
werden während der Exegese die literarkritischen Entscheide immer wieder ge-
prüft und bestätigt oder modifiziert werden können. Besonders für das eben
skizzierte literargeschichtliche Schema wird dies nötig sein. Da die Brauch-
barkeit dieses Schemas am einfachsten und besten durch den Gebrauch des
Schemas nachgewiesen wird, folge ich ihm in der Auslegung. Ich werde also -
nach einigen Bemerkungen zur Ueberschrift - zunächst den Grundpsalm (B-
Strophen und Kehrvers) untersuchen, dann erst auf dessen Erweiterungen in
A-Strophen und Einleitung zu sprechen kommen.

2. ZUR UEBERSCHRIFT DES PSALMES

2.1. DER ANFANG VON PS 49

1. Wiewohl es textkritisch gesehen ganz klar ist, wo Ps 49 anfängt, ist dies
   in den Kommentaren umstritten. Bisweilen glaubt man nämlich, die letzten
   zwei Wörter von Ps 48 (על מות) zu Ps 49 ziehen zu dürfen, ohne dafür die geringste Grundlage im Text oder in den alten Uebersetzungen zu haben[20].

   Nun ist in Ps 48,15 das על-מות tatsächlich schwer zu verstehen, doch
   dadurch, dass man den Ausdruck als technische Angabe vom restlichen Psalm
   abtrennt, wird die Lage nicht viel günstiger. Einerseits entsteht nämlich
   so ein kurzer Halbvers (הוא ינהגנו), welchem zudem die lokale Umstandsbestimmung fehlt, die נהג im Piel meist begleitet[21]. Andererseits weiss man
   mit dem abgetrennten על-מות nicht viel anzufangen:

2. Entweder sieht man darin die technische Spielanweisung על-עלמות[22], die -
   singulär im Psalter! - "wie Hab 3,19 unter den Psalm geraten" wäre (KESS-

---

20. So z.B. BOETTCHER, Inferi 190, GRAETZ 338, TORCZYNER 59, GUNKEL 208,
    SCHMIDT 92, JELLICOE 52, TOURNAY, Rubriques 197f, PERDUE, Wisdom 340.
    Mit weniger Ueberzeugung vertreten diese Ansicht KESSLER (106) und
    WUTZ (124).

21. Vgl. Ex 10,13 (בארץ), Dt 4,27; 28,37 (שמה), Is 49,10 (ינהלם) ועל-מבועי מים ינהלם
    im Parallelvers), Ps 78,26 (בעוזו als Parallele zu בשמים), Ps 78,52
    (במדבר). Ohne lokale Bestimmung, doch dafür mit Vergleich Gen 31,26;
    Is 63,14. Einzig GRAETZ (336) bemerkt, dass הוא ינהגנו ohne Angabe der
    Zeitdauer oder Modalität...nicht recht passt". Er korrigiert in הוא יסֹנֵנוּ
    oder מְגִנֵנוּ.

22. Für GRAETZ (336) stand dieser Ausdruck in der Vorlage der SEPT, denn
    deren (falsche) Uebersetzung εις τους αιωνας "(beweise) zweierlei: dass

LER 106)[23], oder die zum folgenden Psalm gehört (vgl. KESSLER 1o6, GUNKEL
208, GRAETZ 336), wo sie dann aber hinter לבני קרח stehen müsste, was einen
unannehmbaren Eingriff in die Wortfolge des überlieferten Textes darstellt[24].

Oder aber man kann den Ausdruck על-מות stehen lassen. Versteht man ihn
dabei als "Melodieangabe"[25] oder als Instrumentenbezeichnung[26] hat man wie-

___

in ihrem Text עלמות ungetrennt stand und dass diesen Worten eine Präposition vorangegangen sein muss, אל oder על ". M.E. beweist die SEPT
nichts, sie lässt nur vermuten, dass die Uebersetzer in höchster Not
den ihnen vorliegenden Text als (יס)לעלמ interpretiert haben.
Auch die "mira lectio" (FIELD, Hexaplae II 169), der SYROHEXAPLA א.הו
נהדא לן ועל מותא נחדת führt allerhöchstens zu einer Verdoppelung
des ganzen Ausdrucks: (נחדת =) עלמות (מותא) (ועל =) על מות. Textkritisch
ebenso unbrauchbar ist die Bemerkung des Jerusalemer TALMUD: תרגם עקילס
אתנסיאה עולם שאין בו מות (Megilla II 4 = Moed Qaton III 7, sowie MIDRASH
QohRab zu 1,11 = LvRab 11,9), da das angebliche αϑανασια = אל-מות
(vgl. Spr 12,28) von AQ bestimmt nur ein Midrash zum MT ist.
Der Uebergang von על-מות zu על-עלמות unter Annahme einer Haplographie
von על ist somit eine reine Konjektur.

23. DELEKAT (Psalmenüberschriften 281 Anm. 3) behauptet zwar, "dass Bei-
    schriften am Anfang und am Schluss des Psalms zugefügt werden konnten",
    kann es aber nur mit Ps 88,1 belegen, dessen erste Ueberschrift nach ihm
    "als Unterschrift zum vorhergehenden Psalm gehört". Dass damit Ps 87
    über eine Ueberschrift und eine fast gleichlautende Unterschrift ver-
    fügen würde, stört ihn wenig. Im übrigen ist die Doppelüberschrift von
    Ps 88 eine Ausnahme, von der man nicht allzu viele Regeln ableiten
    sollte und die GESE befriedigend erklärt hat (vgl. Kultsänger 151).

24. Vor למנצח, das "immer das erste Element der Ueberschrift bildet" (DELE-
    KAT, Psalmenüberschriften 289), ist eine solche Notiz undenkbar. Eine
    Doppelüberschrift, deren zweiter Teil sekundäre Erweiterung wäre (analog
    zu Ps 88,1), kann man hier schwerlich annehmen, weil eine alleinstehende
    Notiz (על)על-מות als ursprüngliche Ueberschrift nicht denkbar ist, im
    Gegensatz zum שיר מזמור לבני קרח von Ps 88, 1aα.

25. Vgl. z.B. SCHMIDT 92: "על-מות. 'Nach:Stirb'". Wie problematisch Melodie-
    angaben sind hat jedoch DELEKAT (Psalmenüberschriften 291f) zu Recht
    unterstrichen: "Fasst man, was bequem ist, Notizen, die man nicht ver-
    steht, als Liedanfänge auf, so setzt man voraus, dass mit den zitierten
    Liedern eine 'Melodie' fest verbunden war. Aber der Ausdruck 'Melodie'
    ist irreführend. Was man allenfalls erwarten darf, sind Psalmtöne, d.h.
    Rezitative mit festen (Anfangs- und) Schlussklauseln. Schwerlich hat es
    davon wenn überhaupt, viel mehr als ein Dutzend gegeben. Wie konnte man
    sie nach Liedanfängen benennen?"
       Nach PLOEG (Rez. Mowinckel 235, zit. bei WINTER, Taube 38) wurden
    allerdings im christlichen Syrien "Psalmtöne" nach Liedanfängen benannt
    (und dies vermittels der Präposition ᶜal). Deshalb kann man sehr gut
    ein Gleiches auch für die atl. Psalmen annehmen, müsste aber hier wohl
    voraussetzen, dass die (israelitischen) Psalmtöne der meisten Psalmen
    unbezeichnet blieben und nur bei Psalmen, die nach einem fremden
    (kanaanäischen) Modus zu singen waren, dies in der Ueberschrift vermerkt
    wurde.
       Ganz unwahrscheinlich scheint mir jedenfalls DELEKATs (aaO) Deutung
    der על-Ausdrücke als Situationsangaben: diese wirken in ihrer Herleitung

der mit den eben für עלמות-על dargestellten Problemen zu kämpfen. Höchstens könnte man im Ausdruck eine kurze Inhaltsangabe - natürlich zu Ps 49 - sehen, die aber wiederum nicht als "the original superscription of Psalm 49" (PERDUE, Wisdom 340), d.h. als integrierender Bestandteil der Ueberschrift, sondern höchstens als spätere Zutat zu gelten hätte[27]. So verstanden wäre "die Bemerkung... eine homiletische Notiz zum Verständnis und für die Auslegung des Psalms", die tatsächlich "den Sinn des Psalms vortrefflich (trifft)" (VOLZ 253) - und zwar so vortrefflich, dass sie bereits wieder leicht banal wirkt. Irgendwelche Hilfe beim Verständnis des Psalmes (z.B. in v.16) könnte man sich jedenfalls von dieser "Inhaltsüberschrift über Ps 49" (VOLZ 253) nicht erhoffen. Von einer im Psalter so singulären Inhaltsangabe müsste man aber fürwahr einen irgendwie gearteten Zweck erwarten können[28].

---

durchwegs gekünstelt und weisen im Endeffekt eine peinliche Aehnlichkeit auf mit dem Register von Erich KAESTNERs "Lyrischer Hausapotheke".

26. TOURNAY, Rubriques 199f, leitet die Ausdrücke עלמות (על) Ps 9,1; 46,1; 1 Chr 15,20 alle von על-מות her, das er als "sur le hautbois" (vom ägyptischen mꜣ t = Flöte, Oboe) versteht. Die Erklärung ist sehr scharfsinnig und dort, wo עלמות klar eine musikalische Bezeichnung darstellt, durchaus erwägenswert.

27. Vgl. z.B. JELLICOE 53, TORCZYNER 59. Mit den Parellelen, die diese Autoren anführen, ist es allerdings nicht weit her. TORCZYNER sieht in Ps 56,1 (Korr: על יונה על מרחקים) die Beischrift zu Ps 55 (Anspielung auf v.7f), in Ps 46,1 diejenige zu Ps 45. Höchstens Is 30,6 ist eine echte Inhaltsangabe, aber in den Prophetensprüchen liegen die Dinge ohnehin anders als in den Psalmen. Auch das Beispiel, das JELLICOE anführt (Ps 9,1 Korr: על-מות לבן "concerning the death of the oppressor" vom Akkadischen labanu I "niederwerfen", das auf 9,6.16ff; 10,15 hinweisen würde) ist nicht überzeugend.
   Doch als Inhaltsangabe ausserhalb, d.h. vor der Ueberschrift verstanden, ist על-מות ohnehin singulär, und den Ausdruck (wie NOETSCHER 110) kurzerhand ans Ende von Ps 49,1 anzuhängen, ist ganz bestimmt nicht statthaft.

28. Ganz unwahrscheinlich scheint mir diesbezüglich BONKAMPs (235) Erklärung. Nach ihm ist Ps 48 eine Art militärischer Rapport aus dem Jahre 701 und greift damit "auf einen Vorgang zurück, bei dem in den Aufzeichnungen der Bibel über ein Sterben von nicht weniger als 185'000 Personen berichtet wird". Da der anschliessende Ps 49 gerade vom Tod redet, tritt für BONKAMP die Bedeutung von על-מות klar zutage: "Es kann sich hier, da die beiden Texte in dieser Aufeinanderfolge aus dem Liederbuche der Korachiten genommen sind, nur um eine persönliche Notiz des Mannes handeln, auf den diese Sammlung zurückgeht. Der erste Text hatte ihn durch das Ereignis, das dort vorausgesetzt wird, ausserordentlich stark an den Tod erinnert. Er hatte sich dann vorgenommen, auf diesen Psalm das Lied folgen zu lassen, in dem die Macht des Todes so klar und so ergreifend geschildert wird, und dieses durch die kurze Bemerkung schon besonders festgelegt. Die Notiz war dann aber beim Abschreiben des Textes stehen geblieben. Sie gestattet uns also einen

3. Wenn BOETTCHER (Inferi 190) meint, dass על-מות in Ps 48,15 "utcumque
accipitur, ab illo loco alienum est", so gilt das in erhöhtem Masse, wenn
man den Ausdruck zu Ps 49,1 zieht. Es scheint mir deshalb eindeutig am
Besten, על-מות mit dem überlieferten Text beim letzten Vers von Ps 48 zu belassen und die Deutung des Ausdruckes den Auslegern von Ps 48 aufzubürden[29].

---

recht lehrreichen Einblick in die Arbeitsweise des hier in Betracht
kommenden Sammlers..."

29. Nach WEISER (259) fügen sich die Worte על-מות in der Uebersetzung "über
den Tod hinaus" (vgl. PESH) "formal und sachlich reibungslos in den
Zusammenhang und geben dem Psalm einen bedeutsamen Abschluss..."
    Wer diesen Abschluss für einen atl. Psalm zu "bedeutsam" findet,
mag הוא ינהגנו עלמות lesen und mit Blick auf Ps 68,25-26 (Hld 6,8) die
Uebersetzung erwägen: "Er selbst ist es, der uns Jungfrauen führt."
(vgl. MIDRASH QohRab zu 1,11 = LvRab 11,9) Auch sie fügt sich in den
Zusammenhang des Psalms: Um den Kern des Textes in v.8-9 (Gottes Ge-
walttaten passieren nicht nur in der Ferne, sondern auch erfahrbar in
der Nähe) schliessen sich je zwei Strophen (v.2-4; 5-7; 10-12; 13-15).
Deren letzte kann man ohne weiteres als Aufforderung an die Töchter
Judas (v.12) verstehen, die Stadt, an der Heere abprallten, in einer
Prozession zu umschreiten und dabei v.15 zu singen. (Auch in Ps 68
scheinen nur die Jungfrauen von v.26 den Vers 27 zu singen oder wenigstens anzustimmen, wie dies in solchen "Schlachtfeiern" überhaupt die
Regel ist, vgl. Ex 15,20f; Ri 11,34; 1 S 18,6f; Jdt 15,12ff; anders nur
2 Chr 20,28.) Im Mund dieser Jungfrauen hätte der Satz "Er selbst ist es,
der uns Jungfrauen führt" seinen guten Sinn, würde er doch genau das
nochmals anschaulich unterstreichen, was der ganze Psalm zeigen will:
Jahwe wohnt und handelt wirklich in Jerusalem, man kann ihn dort zeigen
(זה) und erfahren.
    Später hat man sich offenbar auf die Suche nach einem weniger konk-
reten Sinn von v.15 gemacht, wie etwa der MIDRASH TEHILLIM zeigt, der
v.15 genau den obigen Sinn gibt, aber über eine Umdeutung von עלמות
alles in die Endzeit versetzt (vgl. jerusalemer TALMUD,Megilla II 4,
Moed Qaton III 7). Dabei verfiel man sei es auf das angebliche Adverb
עֲלָמוֹת "in Ewigkeit"(SEPT, GAL, SYM), sei es auf das Abstraktum עַלְמָת
"(ins) Jugendalter" (MT Qere, viele MSS, TARG), sei es - vielleicht
unter dem Einfluss von Ps 49,16 - auf die von der masoretischen Notiz
כתיב תרתין מילין ausdrücklich verlangte Lesung עַל-מָוֶת "gegen den Tod"
(MT Ketiv HEBR, PESH).
    Diese letzte Lesart könnte auch dadurch entstanden sein, dass
irgend ein Schreiber die - für ihn erfreuliche - Feststellung machte,
dass das letzte Wort von Ps 48 auch als Ueberschrift für Ps 49 dienen
kann. Wenn man an einem Ueberschriftcharakter von על-מות im jetzigen
Text festhalben will, drängt sich diese Erklärung als die beste auf,
vermag sie doch, ohne grosse Eingriffe in die Textüberlieferung vorauszusetzen, als einzige einsichtig zu machen, warum eine solche isolierte
Ueberschrift nur gerade über Ps 49 steht.

2.2.   ZU DEN TECHNISCHEN AUSDRUECKEN DER UEBERSCHRIFT

2.2.1. למנצח

1. Gestützt auf Ps 18,1; 36,1 hat DELEKAT (Psalmenüberschriften) die Behauptung aufgestellt, dass der Ausdruck למנצח in den Psalmenüberschriften
"als Ehrenname für David aufgefasst worden sei" (283), dessen volle Form
למנצח בנגנות "von dem Grössten in der Dichtkunst" gelautet habe[30]. Stehe
der Ausdruck vor לדוד, so sei letzteres "überall aus למנצח herausgedeutet"
(284), mit לבני קרח zusammen bedeute er "von dem Ausgezeichneten der Korahi-
ten" und meine Asaph (285).

    Auch wenn man von der ganz unmöglichen Vorgeschichte absieht, die DE-
LEKAT zum Ausdruck למצנח konstruiert[31], kann man diese zunächst recht ansprechende Erklärung kaum annehmen, da sie vom Gebrauch des Verbes נצח in
der Chronik - zumal in 1 Chr 15,21, einer Stelle, der DELEKAT in diesem
Zusammenhang geflissentlich aus dem Wege geht - nicht Rechnung trägt.

2. Gerade wenn man von 1 Chr 15,21 ausgeht (was sich m.E. unbedingt aufdrängt,
da נצח an dieser Stelle und in den Psalmenüberschriften eindeutig im
gleichen Zusammenhang gebraucht wird) scheint mir die traditionelle Uebersetzung mit "Musikmeister" immer noch die beste. Selbstverständlich bedeutet dann die Notiz nicht, dass "die Mitteilungen der Ueberschrift 'für
den Chorleiter' bestimmt" waren (KRAUS I, XXVII), sondern, dass der jewei-
lige Psalm der Sammlung des "Kapellmeisters" entnommen ist[32].

---

30. Neu ist diese Deutung beileibe nicht. Sie steckt schon hinter dem
τω νικοποιω von AQ und dem επινικιον von SYM und bereits THOMAS
VON AQUIN z.B. verwirft sie: "Alii dicunt victori, scilicet David, in
Psalmis, quia omnes in Psalmis faciendis vincebat, sed hoc verum non
videtur." (158, zu Ps 4,1).

31. Demnach hätte der Ausdruck urspünglich לַנֵצַח gelautet und wäre "eine
alte, ihrer Bedeutung nach zwischen dem späteren לעולם und אמן stehende
Responsion" gewesen, die vor dem Exil "gern am Schluss der Psalmen aufgenommen wurde, z.T. gewiss um diesen Schluss in der (Handschrift) zu markieren" (289). לנצח wäre - seltsamerweise - "nach dem Exil als Responsion nicht mehr verstanden worden" (289) und in לַנַצֵּח ("von dem Ausgezeichneten") umgedeutet worden, wofür die Masoreten למנצח eingesetzt
hätten, "um andere Lesungen wie לַנֵצַח (TARG Hab 3,19) auszuschliessen"
(289).

32. Vgl. z.B. auch SABOURIN 14. Eine andere Frage ist, wie sich das למנצח
zu den es begleitenden Notizen לדוד oder לבני קרח usw. verhält, wenn
diese ebenfalls "Registraturvermerke" darstellen sollen. Wohl werden
damit zwei verschiedene Sammlungen bezeichnet, die zeitlich auseinander
liegen. Aus der Tatsache, dass למנצח stets am Anfang des Titels steht
und als einziger ל-Ausdruck alle andern ל-Ausdrücke neben sich duldet,

2.2.2. מזמור

Sehr ansprechend und in Ps 49 auch gut anwendbar ist die Unterscheidung
zwischen שיר, מזמור und משכיל, die DELEKAT (Psalmenüberschriften 280-283)
vorgeschlagen hat. Nach ihm wäre מזמור die Bezeichnung für ein Kunstlied,
das als Gelegenheitsgedicht von einem Einzelnen mit Instrumentalbegleitung
vorgetragen wurde. Im Gegensatz dazu wäre שיר ein "allgemein bekanntes und
gesungenes Lied, Volkslied" (281), משכיל ein "erfolgreicher" (Psalm), "ein
Lied, das sich durchsetzt" (282), "ein Schlager" (283).

Gewiss ist die Unterscheidung recht hypothetisch, bewährt sich aber in
Ps 49 sehr gut, insofern als einerseits in v.5 genau die oben für den מזמור
vorausgesetzte Situation durchscheint (vgl. unten 7.2.54) und man andererseits sehr gut verstehen würde, dass ein Gedicht wie Ps 49 nie zu einem
Volkslied oder gar einem Schlager werden konnte.

2.2.3. סלה

1. Es ist in dieser Durchsicht der technischen Ausdrücke angebracht, auch
   kurz auf das geheimnisvolle Wort סלה einzugehen. Dazu werden periodisch
neue Hypothesen angeboten, deren jede jedesmal denselben Anspruch erhebt:
sie sei "une solution pénétrante à cette question si longtemps discutée"
(GERSON-KIWI, Musique 1447 zur Lösung von HARTINER [33]) und habe das Verdienst,
ein "Denkmal, das bisher zum grössten Teil verschüttet lag, wieder vollständig ausgegraben" zu haben (STIEB, Versdubletten 110 zu seiner eigenen
Lösung).

Die meisten dieser Erklärungsversuche, die stets (darin sind sich alle
einig) von סלה auf die Aufführungspraxis der Psalmen schliessen, sind für
die Auslegung der betreffenden Psalmen nicht von unmittelbarer Bedeutung.
Es vermag in der Tat am Inhalt eines Psalmes recht wenig zu ändern, ob er
während der Aufführung an gewissen Stellen mit einer Pause (EUSEBIUS und
GREGOR VON NYSSA), einem musikalischen Zwischenspiel (SOMMER, DELITZSCH)
bzw. einem Kultruf der Gemeinde (MOWINKEL[34]) unterbrochen wurde (vgl. STIEB,

---

kann man schliessen, die Sammlung "des Konzertmeisters" sei die jüngste
Anthologie, die als eine Art "Urpsalter" Lieder aus der davidischen,
korahitischen, asafitischen Sammlung usw. enthalten habe.

33. HARTINER (Selah) sieht in סלה eine Abkürzung für "סלוק הגיון" , die den
Ort bezeichne, wo zwischen zwei von verschiedenen Chören gesungenen
Psalmteilen ein Refrain mit anschlissendem Instrumentalzwischenspiel
erklungen sei (zit. nach GERSON-KIWI aaO).

34. SNAITH (Selah) hat diese Hypothese ausgebaut: nach ihm geht das סלה
auf die in der MISHNA (Tamid VII 3f) bezeugte Tradition zurück, die

Versdubletten 103), ob er von einem bestimmten Vers an unter Begleitung von
Saiteninstrumenten vorgetragen wurde[35] oder ob er auf zwei Chöre bzw. auf
Chor und Vorsänger verteilt wurde (GYLLENBERG, Selah, HARTINER vgl. oben Anm.
33).

2. Anders verhält es sich mit der von STIEB (Versdubletten) vorgeschlagenen
Erklärung, nach der סלה Wiederholungszeichen ist (104)[36]. Und zwar wurde
das wiederholt, was "Anlass zu besonderem Nachdenken geben" konnte (105, vgl.
הגיון סלה Ps 9,17). Deshalb "bilden offenkundig die einmal oder mehrfach
zu wiederholenden Selahverse stets den Kern des betreffenden Psalms" (104).
Zudem schliessen sich "die Selah(Doppel-, d.i. Kern)verse ...stets als
'διαψαλμα' wieder zu einem kleinen Ganzen zusammen" (107) und "bilden
gemeinsam das Gerippe des Psalms" (108).

Stimmt diese Hypothese, so hätten wir im סלה einen wertvollen Hinweis
auf die Verse, die im Frühjudentum[37] als Kernverse und damit als Verstehens-
schlüssel zum ganzen Psalm verstanden wurden. Gerade in Ps 49 könnte das
von grosser Tragweite sein, denn hier steht das eine סלה nach dem umstrittenen v.16. Dieser würde nun offiziell in den Rang eines Kernverses erhoben,
womit ein Hauptargument gegen die Deutung von v.16 als Anspielung auf eine
Ueberwindung des Todes, nämlich die Unscheinbarkeit und Marginalität dieses
Verses im ganzen Psalm, entkräftet wäre.

Nun ist aber STIEBs Hypothese aus naheliegenden Gründen kaum zu über-
prüfen. Man kann nämlich einen beliebigen Vers eines Psalmes (und folglich
auch einen Selahvers) als Kernvers ansehen und auf ihm die Auslegung grün-

---

täglichen Psalmen am zweiten Tempel in drei durch Trompetenstoss, Ver-
beugung und Kultruf des Volkes getrennten Teilen zu singen. Abgesehen
davon, dass SNAITH im Einzelnen allerhand zweifelhafte Methoden anwen-
den muss, um zu den drei (durch zwei סלה markierten) Teilen zu gelangen,
bleibt unerfindlich, warum die MISHNA noch die Aufführungspraxis des
zweiten Tempels kennen würde, nicht aber deren Zusammenhang mit dem
Wort סלה.

35. HEMMERDINGER (Selah) z.B. sieht in סלה ein iranisches Lehnwort, das
über das Aramäische ins Hebräische eingedrungen ist und "Lied, Stimmen
der Saiten, auf Saiteninstrument gespielte Melodie" bedeuten soll. Daraus
folgert er: "Le mot סלה se trouvant à la fin d'un tiers de psaume signifie donc que le tiers qui s'achève doit être accompagné de la musique
des instruments à cordes." (152)

36. סלה wird dabei als Imperativ von סלל "erheben" verstanden: erhoben werden die Augen, um den Vers zu wiederholen.

37. STIEB geht nicht auf die Frage der Datierung von סלה ein, doch wird man
es mit SNAITH (Selah 54) "to the earlier days of the second Temple"
rechnen dürfen.

den - die Auslegung wird die Wahl des Schlüsselverses stets bestätigen, da
sie ja auf ihm gründet...So gelingt denn STIEB auch meistens der Beweis, der
Selahvers sei der Kernvers des Psalmes[38], es fragt sich nur, wie beweiskräf-
tig er ist[39]. Auch dass die verschiedenen Selahverse eines Psalmes mit etwas
Phantasie als "kleines Ganzes" gesehen werden können, stimmt meistens, nur
könnten es auch beliebige andere Einzelverse[40]. Deshalb wird man auch aus
dieser Theorie für die Auslegung nicht das Geringste ableiten dürfen.

2.2.4. לבני-קרה

Der Ausdruck לבני-קרה kennzeichnet Ps 49 als Gedicht aus einer älteren Text-
sammlung, aus der auch Ps 42-48; 84f; 87f ins heutige Psalterium übernommen
wurden. Wie die Kommentare immer wieder vermerken, waren die Koraḥiten sicherlich eine Tempelsängergilde (2 Chr 20,19) levitischen Ursprungs (1 Chr 6,7.12).
Deren nähere Identität zu ergründen würde hier zu weit führen. Immerhin könnte ich mir gut vorstellen, dass der aufständische Koraḥ von Num 16f durchaus
identisch ist mit dem "Vater" unseres Psalmistenkreises. Wir werden unten
(7.2.64) bei der Besprechung der Gattung von Ps 49 ganz kurz darauf zu sprechen
kommen.

---

38. Der Beweis gelingt umso leichter als der Kernvers zuweilen auch "mehr
    Stiel als Kern der Frucht" sein darf, "d.h. er verhält sich zum Ganzen
    eher begründend als zusammenfassend" (107)!

39. Dies wird z.B. deutlich, wenn sich STIEB (109) zur Bestätigung eines
    in Ps 119,19 von JACOB textkritisch rekonstruierten סלה und gleich-
    zeitig zur Erhärtung seiner Theorie in die Behauptung versteigt: "Unter
    den 176 Versen des längsten aller Psalmen (119) ist tatsächlich der 19.
    am geeignetsten dazu, um als Ueberschrift über das Ganze gesetzt zu
    werden."

40. In unserem Psalm bilden z.B. die Verse 14 und 16 durchaus ein sinnvolles
    Ganzes, doch jeder der Verse 6-15 könnte mit v.16 zusammen ein ähnliches
    διαψαλμα bilden.

DER ERKANNTE TOD

3.   DIE KONSTATIERUNG DES TODES

3.1.   DIE ALLGEMEINHEIT DES STERBENS (v.11)

3.1.1. כי יראה

1. Die zwei ersten Wörter von v.11 sind recht problematisch, weil sie "gänzlich ausserhalb der Parallelgliederung des Verses (stehen)" (OLSHAUSEN
214) und es deshalb nicht einfach ist, sie an das Vorhergehende und an das
Folgende anzuschliessen. Da die meisten Kommentare nicht so offen wie
SCHEGG (37) hier zugeben wollen, "der Dichter (unterbreche) sich ein wenig",
suchen sie auf den verschiedensten Wegen Abhilfe für die Schwierigkeit.

Die billigste Lösung gibt OLSHAUSEN (214), der sich der zwei Wörter
durch die Annahme entledigt, "dass sie etwa der Ueberrest eines verstümmel-
ten Verses seien, über dessen Inhalt und ursprüngliche Stellung sich jetzt
nichts Näheres mehr vermuthen lässt". Nicht viel ruhmreicher ist die Ausflucht von BRIGGS (413), der im Ausdruck eine "introductary gloss to connect
the two lines more closely" sieht[41]. Schon etwas ansehnlicher nimmt sich
die (unter Annahme einer Dittographie erfolgte) Korrektur in כי ראה, "denn
sieh!", aus (vgl.BERTHOLET 173, GUNKEL 212, WUTZ 124[42]), weil damit wenig-

---

41. Auf seine anschliessende Beobachtung, mit dieser Glosse werde der Vers
    zu lang, wird gleich zurückzukommen sein, vgl. unten Anm. 49.
       Auch SCHLOEGL (72) sieht hier eine Glosse, allerdings nur in
    יראה. v.11a lautet bei ihm deshalb: כי חכמים ימותו יחד. Auf diese Vers-
    einteilung werden wir auch (aaO) zu sprechen kommen.

42. Ferner auch TORCZYNER (55), der jedoch das m.E. ganz unmögliche כי אראה,
    "wenn ich sehe" sogar "noch besser" findet.

stens der Zusammenhang mit dem Folgenden glatt vor sich geht. Doch auch sie
ist nichts als eine Konjektur, die angesichts des einmütigen Zeugnisses fast
aller alten Versionen für den MT erst recht fehl am Platz ist (zum TARG vgl.
unten Anm. 53).

Nun kann aber ausser etwa RASHI[43] kaum jemand mit dem scheinbaren Be-
gründungssatz des MT hier etwas anfangen. Deshalb schliessen gewisse Exegeten[44] v.11 als temporalen Nebensatz eng an v.10 an, wie es schon einige alte Versionen taten (SEPT, SYM: οταν, GAL, HEBR: cum, PESH: כד). Exegetisch
bedeutsam und gleichzeitig auch unhaltbar wird diese Behandlung des Textes
dort, wo sie (wie in den erwähnten Versionen) einen tiefen Einschnitt zwischen v.11a und v.11b nach sich zieht und so den offensichtlichen Parallelismus zwischen diesen beiden Teilversen zerschlägt - dies, wie wir gleich sehen werden, mit Bedacht. So versuchen denn die meisten Kommentare, v.11a auf
möglichst lockere Weise an den - gewiss richtig - als Frage verstandenen
v.10b ("..er soll das Grab nicht schauen?" vgl. unten 5.3.12) anzuschliessen, indem sie dem כי nicht viel mehr als "un sens causal très léger" (PLOEG
149) zugestehen[45]. Die Lösung vermag aber nicht ganz zu befriedigen, denn
auch wenn es dabei nicht unbedingt notwendig ist, wie CLERICUS (308) und
KISSANE (216) für יראה ein (neues) unpersönliches Subjekt einzuführen, so
ist doch eines sicher: der so zwischen v.10 und v.11 entstehende "schöne
Gegensatz", wie WETTE (341) sich ausdrückt, "fordert eine vorhergedachte
Verneinung".

2. Nun könnte man sich aber fragen, ob diese verneinende Antwort auf v.10
nicht im Text selber steht und eben gerade im Ausdruck כי יראה zu finden
ist[46]. Durch כי eingeleitete Bekräftigungen oder Verneinungen sind ja durch-

---

43. RASHI (47) sieht in v.11 die Begründung des חדל von v.9. Er sagt zu v.11a:
ואין ניצולין מן המות לפיכך על כרחו הוא חדל ליגע ולטרח על פדיון אחיו.

44. Am Klarsten HIRSCH (268) und GRAETZ (340), der das כי folgerichtig als
konzessiv bezeichnet. So wird es, wenn nicht gerade "öfters" (GRAETZ
aaO), so doch in Ex 13,17 und Jos 17,18 tatsächlich gebraucht. Aehnlich
schon AMAMA (282) mit der rührenden Begründung "Sic Jos...." (!).

45. Vgl. etwa STIER 135: "Sieht er doch..." PLOEG 149: "En effet..."; KRAUS
366: "Fürwahr...".

46. So z.B. STUHLMANN 136: "Ja, er sieht's [das Grab]"; PAULUS 250: "So wird
er sie [die Grube] doch sehen"; DELITZSCH 337: "Nein, im Gegenteil...";
REUSS 137: "Er sieht sie [die Grube] doch!"; SACHS (70) denkt sich das
כי "widerlegend", ähnlich BOETTCHER (Inferi 194). Für DUHM (202) ist
"das folgende כי 'vielmehr', wie oft nach einer Negation". Ihm folgt
CALES (275). Auch für SCHULZ (Psalmenfragen 31) "(bringt כי) einen stark
betonten Gegensatz - fast wie unser 'Nein!'."

aus geläufig (vgl. KOEHLER, Lexicon zu כי II). Besonders aber kann man kaum
annehmen, die Form יראה könne im Abstand von zwei Wörtern wiederholt werden,
ohne beide Male strikt dasselbe zu bedeuten. Dies tut sie aber nur, wenn
כי יראה (ריל השחת) unmittelbare Antwort auf die Frage לא יראה השחת ist[47].
Deshalb scheint es mir nötig, unter entsprechender Versetzung des silluq
כי יראה als Antwort an v.10 anzuhängen (vgl. HENFLER 92).

Tut man dies, so wird man gleichzeitig die Sorge los, nach Aussage-
sätzen ohne Einleitung suchen zu müssen, um חכמים ימותו problemlos an יראה
anschliessen zu dürfen[48]; denn syntaktisch bietet der Uebergang von v.10
(+ כי יראה) zu v.11 nun keine Probleme mehr - wie er inhaltlich zu verstehen
ist, wird noch zu untersuchen sein (vgl. unten 5.3.24).
3. Hat man solchermassen den silluq unter יראה gesetzt, so springt sofort
in die Augen, dass der verbleibende Halbvers חכמים ימותו zu kurz ist.
Man sieht sich gezwungen, auch den rebia von ימותו auf יחד zu verschieben.
Dadurch löst sich nun aber eine weitere Schwierigkeit des Verses von selbst
auf: da nämlich "nach יחד zwei verschiedene Arten [scil.von Leuten] zu erwarten sind" (GUNKEL 212) und andererseits nicht anzunehmen ist, "que les
insensés et les imbéciles soient représentés comme deux catégories distinctes
de sots" (PLOEG 149), wurde verschiedentlich an v.11b herumgeflickt[49]. Dies
wird nun überflüssig: in v.11a und 11b wird lediglich mit zwei verschiedenen
literarischen Mitteln (a:Adverb, b:Reihung zweier Synonyma) das gemeinsame
Geschick verschiedener Individuen (חכמים bzw. בער + כסיל) dargestellt. Dabei
mag in v.11a die Alliteration ימותו_ יחד diese Gemeinsamkeit unterstreichen -

---

47. Aehnlich schon GEIER (726) mit Hinweis auf Is 66,8: "Adversativum hanc
    particulam postulare hoc loco sensum facile colligitur ex oppositione
    non visionis et visionis."

48. PODECHARD (12; K II 197) verweist zu diesem Zweck auf GESENIUS, Grammatik
    § 157 a; 120 c und KOENIG, Lehrgebäude III 384 h.

49. GUNKEL (212, ähnlich OESTERLEY 265) ersetzt einfach בער durch נבון
    und "begründet" den Eingriff durch Is 3,3; Jer 4,22. KOENIG (595) nimmt
    eine Haplographie an und liest ככסיל (wodurch die Weisen Subjekt von
    יחד...יאבדו bleiben), um sogleich im üblichen triumphalistischen Ton
    zu bemerken: "Erst durch diese meine Entdeckung in v.11b werden die
    Worte verständlich." Lob verdient hier KOENIG höchstens insofern er den
    überlieferten v.11b nicht versteht.
        Wegen des nachfolgenden Wortpaares (vgl. v.3) sehr unwahrscheinlich
    wäre die Lösung von BOETTCHER (Inferi 194), für den יחד zwischen Weisen
    und Toren " aequalitatem iuris significat": gleichzeitig (scil. wie die
    Weisen) gehen Tor und Narr zugrunde.
        Richtig argumentiert m.E. nur BRIGGS (408): Der Ausdruck כי יראה
    "spoils the measure of both lines [v.11a+b] , forcing MT and Versions
    to attach 'together' to the next line..." Aehnlich SCHLOEGL 72, vgl.
    oben Anm. 41.

jedenfalls ist sie ein weiteres Argument für die Verschiebung des <u>rebia</u>.
Dagegen spricht eigentlich nur v.3, wo יחד auch vorangestellt am Anfang des
zweiten Teilverses steht. Obwohl recht gewichtig, ist dieses Gegenargument
jedoch nicht zwingend, da יחד am Anfang oder am Ende von Sätzen belegt ist[50].

4. Es fragt sich nun natürlich, ob die vorgenommenen Akzentverschiebungen
   auch metrisch zu verantworten sind. Da das hebräische Metrum nach wie vor
unklar ist, schränkt man die Frage am besten ein und untersucht lediglich
mittels Konsonantenzählung, ob die Veränderung keine auffällig langen oder
kurzen Stichen (Halbzeilen) erzeugt hat[51].

---

50. Man könnte sich fragen, ob nicht auch schon IBN ESRA יחד zur ersten Vers-
    hälfte zieht, wenn er zu dieser sagt: <u>בכל דור</u> יאחד יראה חכמים ממנו ימותו.

51. Zur Methode der Stichometrie und Konsonantenzählung vgl. LORETZ, Sticho-
    metrie. <u>Stichometrie</u> ist demnach die "Erarbeitung der richtigen Abgren-
    zung der <u>Einheiten</u>", deren "Ziel ist jeweils eine sinnvolle poetische
    Einheit, also nicht eine mechanische Texteinteilung" (267).
        Die <u>Konsonantenzählung</u> dagegen "erfolgt jeweils nach der getroffenen
    Texteinteilung. Sie bildet somit kein mechanisch sicheres Mittel zur
    Auffindung der richtigen stichometrischen Ordnung" (268), sondern "setzt
    eine richtige stichometrische Textanordnung voraus und dient zugleich
    als deren Kontrolle" (269).
        Für die ugaritische Literatur fasst LORETZ die <u>Methode</u> folgender-
    massen zusammen: "Schliesst man an eine stichometrische Texteinteilung
    poetischer Literatur eine Zählung der Konsonanten der einzelnen Stichen
    an, dann ergibt sich bei den ugaritischen Texten ein Mittel von 9 bis
    12 Konsonanten. Stichometrische Lösungen, die weit unter diesem Mittel
    bleiben oder es beträchtlich überschreiten, sind von selbst verdächtig
    und beruhen höchstwahrscheinlich auf falschen Voraussetzungen." (268)
    Nun empfiehlt es sich, diese Methode auch in der atl. Poesie an-
    zuwenden. Denn "durch die Beschränkung auf die Konsonantenzählung, die
    hier die ausführlichere Schreibung zu berücksichtigen hat, erhalten wir
    ein Arbeitsinstrument, das noch nicht eine metrische Theorie voraus-
    setzt." (aaO) Brauchbar scheint mir dieses Arbeitsinstrument im AT
    allerdings nur, wenn man wirklich bei der Konsonantenzählung bleibt,
    die "ausführlichere Schreibung" also gerade nicht berücksichtigt. Die
    damit notwendige Rekonstruktion einer "ugaritischen" Orthographie zieht
    im Einzelnen leider einige Unsicherheiten nach sich. (Soll man z.B. im
    כי <u>einen</u> - vgl. phönikisch כ - oder zwei Konsonanten - vgl. moabitisch
    כי - zählen?) Trotz dieser Ungenauigkeit kommt man aber auch für die
    hebräische Poesie auf einen klaren Durchschnittswert: 10-13 Konsonanten
    pro Stichos.
        Für Ps 49 erhalte ich (mit den *Korrekturen) die folgenden Zahlen:

v.2: 12+13	v.6: 12+12	v.11*: 11+11+13	(v.16: 20+ 6)
v.3 13+11	v.7: 11+13	v.12 : 11+12+14	v.17: 13+11
v.4 10+12	v.8: 12+13	v.13 : 14+12	v.18: 14+13
v.5 11+13	v.9: 12+ 8	v.14 : 11+13	v.19: 13+12
	(v.10*: 20+ 4)	v.15*: +10	v.20: 12+12
		13+12+12	v.21: 14+12

Nimmt man 10-13 Konsonanten pro Stichos als Mittelwert an, so scheint
mir das Resultat der Zählung zugunsten der vorgenommenen Veränderung zu
sprechen.

Der überlieferte MT ergibt folgende Zahlen:

　　　　v.10: 11 + 9 / 　v.11: 12 + 14 + 13

V.10b liegt also leicht unter, v.11b leicht über dem Durchschnitt, was
an sich noch lange kein Grund zur Veränderung ist, aber immerhin die Vermutung stützt, der Text sei hier nicht ganz in Ordnung.

Mit der Verschiebung von silluq und rebia erhalten wir die Zahlen:

　　　　v.10: 11 + 13 / 　v.11: 11 + 11 + 13

Keine einzige dieser Zahlen liegt ausserhalb des Durchschnittes. Die
Veränderung ist vom stichometrischen Standpunkt aus gesehen also vorzuziehen.

Noch überzeugender werden die bisherigen Akzentverschiebungen allerdings, wenn man in v.10 den atnaḥ unmittelbar vor das כי יראה, an die Stelle
des verschobenen silluq setzt. Abgesehen davon, dass dies gewissermassen
die Schwere der Korrektur verringert (insofern von einem silluq der Weg
zu einem atnaḥ kleiner ist als zu einem schwächeren Trenner), entstehen
dadurch zwischen v.10 und v.16 identische metrische Verhältnisse. Wie willkommen diese metrische Entsprechung ist, wird unten (6.1.25) zu Tage treten.

Alles in allem scheint mir also die vorgeschlagene "Kettenverschiebung"
von Akzenten zu einem metrisch befriedigenderen Text zu führen.

5. Schliesslich bleibt noch zu erklären, wie es zur eben korrigierten masoretischen Akzentsetzung kommen konnte. Klar ist, dass die Verschiebung
von rebia und atnah von der Verschiebung des silluq abhängig ist. Wieso
aber wurde dieser verschoben?

Dahinter steht vielleicht tatsächlich nur "a prosaic copyist, wishing
to bring this statement of fact [scil. das Schicksal der Weisen und Toren]
in closer connection with the rich men of the previous context" (BRIGGS
408). Er wäre dann womöglich durch die exzentrische Stellung des atnaḥ
in v.10 zu seinem Eingriff ermutigt worden. Vielleicht liegen aber die
Gründe tiefer: durch die Verlegung der Aussage חכמים ימותו in einen abhängigen Nebensatz, der den Tod der Weisen als subjektive Wahrnehmung der
Reichen von v.10 in seiner eigentlichen Bedeutung offen lässt (was im Hinblick auf v.16 nur von Vorteil sein kann), wird dem Vers seine wesentliche
und schockierende Spitze gebrochen. Damit wäre die "Textverderbnis" nichts
anderes als ein frühes Zeugnis jener verwässernden Auslegung von v.11, die

sich bis in die neueste Exegese durchgehalten hat und auf die jetzt einzugehen ist[52].

3.1.2. חכמים ימותו יחד

1. Sieht man von den eben besprochenen Schwierigkeiten am Anfang von v.11
ab, bietet dieser Vers, so möchte man meinen, keine speziellen Probleme
mehr und ist - als einer der wenigen des Psalms - eigentlich recht klar.
Deshalb ist man umso erstaunter, etwa von VOLZ (243) hören zu müssen, "dass
gerade dieser Vers textlich zu den verderbtesten des Liedes gehört". Wenn
sich VOLZ zu einer so offensichtlich falschen Behauptung versteigen kann,
so nur, weil er sich gewissermassen im Zustand der Notwehr befindet - gegen den allzu klaren Inhalt des Verses. Dieser steht nämlich im offenen
Widerspruch zu VOLZ' apriorischer Annahme, "dass der Urtext des Psalms über
die חכמים eine Aussage machte, die ihr Wesen oder ihr Geschick als von dem
der stolzen Reichen verschieden darstellte" (257). So ist es folgerichtig
VOLZ' Ziel, plausibel zu machen, dass "nicht einmal in v.11 ... der Gedanke
des Gleichmachens ausgesprochen (ist), ...sterben müssen allerdings alle,
Reiche und Arme, Toren und Weise. Aber dieser Gedanke, die blosse Tat-
sache des Sterbens, ist ganz nebensächlich und spielt gar keine weitere
Rolle... Vielmehr führt der Psalm, wie wir sahen aus: am Tod entsteht die
Wende." (243)

---

52. Vom Standpunkt der internen Textkritik aus (die im Gegensatz zur exter-
nen Textkritik die älteste bezeugte Textform finden will, vgl. BARTHELE-
MY, Histoire 368), ist diese Verschiebung der Akzente allerdings eine
unerlaubte Konjektur. Denn in allen Textzeugen bilden die Wörter
כי יראה חכמים ימותו eine Einheit - obwohl die Stellung des sof pasuq
selber schwankt: bald steht er vor (MT, [TARG] , PESH), bald nach dieser Einheit (SEPT, AQ, SYM, QUINT, GAL, HEBR).
   Wenn ich die Akzente dennoch verschiebe, so nur, weil mir diese
Konjektur so gut wie sicher scheint. Gegen sie spricht nur gerade der
weniger brutale Inhalt des überlieferten Textes. Für sie aber sprechen
die Syntax (כי יראה חכמים), die Semantik (יחד כסיל ובער), die Entsprechung von v.10 und v.16 nach Metrum und Aufbau (כי, vgl. oben 1.3.32
und unten 6.1.25), und bis zu einem gewissen Grad vielleicht auch die
schwankende Stellung des sof pasuq in den Textzeugen. Auch der getroffene literarkritische Entscheid spricht in meinen Augen deutlich für die
Konjektur. Gewiss könnte כי יראה vom Autor der Erweiterungen als Einleitung des von ihm zitierten Grundpsalmes eingefügt worden sein. In
diesem Falle ist man aber gezwungen, entweder den Satz als prosaischen
Findling ausserhalb der metrischen Struktur zwischen v.10 und v.11 stehen zu lassen, oder aber weiterzuspekulieren und zu behaupten, zwecks
Einsetzung dieser Brücke habe der ursprüngliche Anfang des Verses (jetzt
v.11) weggebrochen werden müssen. Und beides scheint mir als Preis für
die Verteidigung eines sof pasuq des MT entschieden zu hoch...(vgl.
auch unten Anm. 66).

In diesem Kampf gegen v.11 steht VOLZ nicht etwa allein. BRUNO z.B.
(240, VOLZ zitiert ihn 260 zustimmend) erklärt ganz offen: "Zu beachten ist,
dass die Beseitigung des Satzes 'Weise sterben' für die Beurteilung von v.16
ausserordentlich bedeutungsvoll ist."

Steht einmal das exegetische Ziel fest - die "Beseitigung" des auszulegenden Satzes!! - , so sind auch die Mittel schnell zur Hand. VOLZ setzt
in v.10 ein, wo er für עוד das Wort ענו liest (vgl. unten Anm. 339). Durch
wiederholte Anwendung des Prinzips, demgemäss "dem Rhytmus des Gesamtbaus
entsprechend zu dieser ersten Doppelzeile eine zweite Doppelzeile gefunden
werden muss, die ihr dem Sinn nach ähnelt" (258f), baut er schrittweise
einen Psalm, der ihm (samt der Ruine von v.11) noch und noch "eine wichtige
Aussage über das ewige Los der Frommen" zu liefern im Stande ist: "Der Demü-
tige lebt immerdar [v.10] , der Weise sieht die Unterwelt nicht, sterben
sie [v.11] , so werden sie mit ihren Namen gerufen, steigen empor aus dem
Todesland [v.12] ." (264) Mit ähnlicher Methode versteht es BRUNO (240),
die Weisen aus v.11 zu evakuieren und (nach v.12) in der plötzlich idylli-
schen Landschaft von v.9b anzusiedeln: וחדל לעולם יראת חכמים !

Man kann allerdings die sterblichen Weisen auch mit weniger "textkri-
tischem" Aufwand loswerden. HERKENNE (183) z.B. korrigiert den Vers mit
Hinweis auf die Aehnlichkeit von כ und מ in der althebräischen Schrift einfach zu " כי יראה חכם כי ימות ויחד וג' " ("Vielmehr sieht, wer weise ist,
dass der [scil. der Reiche aus v.8] sterben wird und allzumal usw.")[53]

Ja - vielen scheint die Beseitigung des peinlichen Satzes sogar unter
Beibehaltung des vollen Wortlautes zu gelingen: Für die meisten von ihnen
redet dann der Psalmist in v.11 vom Tod der Scheinweisen: "Εδειξεν οτι
σοφους αποθνησκοντας εκαλεσεν ου τους αληθως συνετους αλλα
τους ειναι οιομενους και θαρρουντας τοις οικειοις λογισμοις -
ειπων γαρ σοφους επηγαγεν αφρων και ανους...(THEODOR VON MOPSUES-
TIA 319, ähnlich z.B. Ps-ORIGENES[54] 1445, DIODOR 295, DIDYMUS 358, SAADYA/
EWALD 39, BUGENHAGEN 119, SEILER 271, LUZZATTO 210, ZSCHIESCHKE 23f, DUHM 202).

53. Aehnlich (wenn auch weniger "wissenschaftlich") hat schon der TARG den
    ganzen Vers umgebaut, um ihn zu einer bestimmten Aussage zu zwingen:
    ארום יחמון חכימיא רשיעיא בגהנם יתדנון. "Denn die Gelehrten werden
    sehen, wie die Frevler in der Gehenna bestraft werden."

54. Die Zuweisung der "Selecta in Psalmos" (= PG 12, 1049-1686) ist um-
    stritten. Diese Katenenfragmente, die schon C.DELARUE (aaO 1053f)
    "non ut certi atque indubitati Origenis fœtus" verstanden wissen wollte,
    werden bald teilweise dem ORIGENES belassen (vgl.DEVREESSE, Commenta-
    teurs 1-88), bald fast gänzlich dem EUAGRIUS zugeschrieben (vgl. RONDEAU,
    Commentaire, CLAVIS PATRUM GRAECORUM II Nr. 2455). Da die Autorschaft

Nach andern meint v.11 den Scheintod von wirklichen Weisen: EWALD (254)
gibt zwar zu, dass die Weisen sterben, gewiss, - "aber wie doch im geistigen
sinne anders als die toren, wird sehr schön nachher v.16 erklärt". RASHI
(47) und in seinem Gefolge viele jüdische Exegeten (vgl. unten 3.1.32) verstehen es hier sehr geschickt, den Unterschied zwischen מות und אבד in v.11
auszuschlachten: בחכמים נאמר מיתה מיתה אלא הגוף בלבד ובכסיל
ובער נאמר אבידה שהגוף והנשמה אבודים

Wieder andere meistern den Vers mit der Waffe der Spitzfindigkeit:
HENFLER (92f) z.B. betäubt den Leser mit "syllogistischem" Blendwerk:"Der
11te Vers wird von den Auslegern... unrichtig gefasst: er soll den Gedanken
enthalten, die Weisen oder Tugendhaften...müssen ebensowohl als die Verkehr-
ten oder Ruchlosen sterben. Was soll die Wahrheit hier?...Umgekehrt vielmehr
wollte der Dichter sagen, Ruchlose müssen ebensowohl als Tugendhafte sterben:
die letzten werden hier...statt aller übrigen Menschen genannt, sie fallen
dem Dichter am ersten ein, weil sie das Gegenteil der Ruchlosen sind. Auf
den Tod der Ruchlosen kommt es hier eigentlich an. Von denen ist hier immer
die Rede..." Auch DAHOOD gelingt es mit der üblichen Virtuosität, den klaren Text gelehrt zu umgehen: Subjekt zu יראה ist Gott, יחד ist Apokopat von
חדה (vgl. Hi 34,29; Ps 21,7), בעיר ist "an adverb discovered by W.F. ALBRIGHT..
in Ps 73,20; Hos 11,9; Koh 8,10" (298) und bedeutet "sofort". So kommt
DAHOOD (295) zur Uebersetzung "If he [Gott] looks at the wise, they die;
if he gazes upon fools, they straightway perish...". Als hypothetische
Aussage, die Gottes Macht illustriert, ist v.11 nunmehr ungefährlich.

GUNKEL (210) schliesslich bemerkt zu unserem Vers: "Ein Leser hat 11
seufzend im Stile des Predigers (Koh 2,14ff) hinzugefügt, dass der Tod
zwischen Weisen und Narren keinen Unterschied macht." Auch McCULLOUGH (257)
dekretiert mit grösster Selbstverständlichkeit, v.11 sei eine Glosse, denn:
"The end of the wise and the foolish is extraneous to the thema." Hier
wird wenigstens der Text gelesen und in seiner eigentlich klaren Bedeutung
hingenommen, als Glosse aber hat der Vers nicht mehr das Gewicht, das ihm
zukommt.

Etwas Richtiges haben allerdings auch die "Gegner" von v.11 erkannt:
am rechten Verständnis dieses Verses entscheidet sich viel in der Auslegung
von Ps 49.

2. Deshalb scheint es mir wichtig, v.11 in sich zu betrachten - setzt man
   die frühern literarkritischen Ueberlegungen voraus, so ist dies auch das

---

der einzelnen Fragmente für meine Zwecke unerheblich ist, lasse ich das
Problem auf sich beruhen, signalisiere es jedoch durch die Bezeichnung
"Ps-ORIGENES".

einzig richtige Vorgehen. Es geht nicht an, vorgängig zu dessen Auslegung
ein bestimmtes Verhältnis zwischen den selbstsicheren Reichen von v.
6-10
und den Weisen und Toren zu postulieren, an das sich die Auslegung unseres
Verses zu halten hätte, wie es in allen Kommentaren geschieht (und in vielen
von ihnen folgerichtig zur demonstrierten Beseitigung von v.11 führt).

Hier ist also vorläufig ganz unerheblich, ob man in den Weisen die
Frommen und in den Toren die Reichen zu sehen habe (z.B. PODECHARD 12[55]), ob
im Gegenteil auch die Weisen nur reiche Scheinweise sind (z.B. DUHM 202)
oder ob man sogar drei verschiedene Kategorien - Reiche, Weise und Toren -
zu unterscheiden habe (BRIGGS 409[56]). Wir sind nämlich vorläufig noch gar
nicht im Stande, CHEYNEs (219) ratlose Frage "But what have the wise and
foolish to do here?" zu beantworten, und werden sie folglich erst dann zu
stellen haben, wenn wir dies im Rahmen des ganzen Psalmes tun können (vgl.
unten 5.3.24).

3. Dass auch weise Menschen sterben müssen, ist gewiss keine ausserordent-
liche Neuigkeit, und man mag wie DUHM (199) finden "man (fühle) sich
nicht wesentlich weiser werden, wenn man das erfährt", aber immerhin ist zu
bemerken, dass solche Aussagen nur ungern gehört werden - Beweis dafür ist
schon die oben beschriebene Exegetenschlacht gegen v.11 - und dass sie auch
im AT die Ausnahme bilden.

Gängig ist in der Weisheitsliteratur - wie könnte es anders sein - die
Verknüpfung von Weisheit und Leben: Die Weisheit ist "ein Lebensbaum für alle,
die sie ergreifen" (Spr 3,18), wer sie findet, findet Lebenskraft (Spr 8,35)
und wer sie besitzt, besitzt einen Lebensquell (Spr 16,22). Sie kann Lebens-
quantität und Lebensqualität spenden, denn "Länge der Tage ist in ihrer
rechten Hand, in ihrer Linken Reichtum und Ehre" (Spr 3,16; vgl. 3,2; 3,22;
4,10; 9,11) - dadurch wird sie später auch zur Quelle der Unsterblichkeit
(Weish 8,13; 8,17)[57].

---

55. "Les riches sont à identifier avec l'insensé et le stupide qui laissent
    leurs biens à d'autres...les sages par opposition ne peuvent être que
    les justes, ce qui est conforme d'ailleurs à l'usage habituel des termes
    dans les livres de sagesse et dans les psaumes eux-mêmes." Aehnlich K
    II, 197. Welche Folgen diese Gleichsetzung für die Auslegung des ganzen
    Psalmes hat, zeigt sich bei POLUS (818): "Sapientes, pariter et stulti,
    hic moraliter sumuntur, et pro usu Scripturae, pro piis et impiis, quo-
    rum discrepantem statum ostendere scopus es huius Psalmi."

56. Er bemerkt zu v.12, ewig sei der Aufenthalt in der Scheol "not merely
    for the poor and pious wise man, and the dull, dumb, brutish man,
    who have no ability to acquire wealth; but also for those who have been
    so exceedingly rich, that they have become great landed proprietors."

57. Den Spruch 12,28 kann man bestimmt nicht als Kronzeugen der Unsterblich-
    keit anführen. Will man bei der masoretischen Vokalisation אַל-מוח blei-

Folgerichtig kann man vom Weisen, der diese Weisheit besitzt, nichts
anderes erwarten, als dass er lebe: "Dem Verständigen gehört der Weg zum
Leben, der hinaufführt und auf dem man sich von der Scheol unten entfernt."
(Spr 15,24) Entsprechend ist auch der Spruch des Weisen lebensfördernd
und kann sogar vom Tod befreien: "Die Weisung des Weisen ist eine Quelle
des Lebens, (etwas) um den Stellhölzern des Todes zu entrinnen." (Spr 13,14)[58].
Wer die Belehrung versteht und befolgt, kann seines Lebens sicher sein (vgl.
Spr 4,10; 4,13; 4,22f; 10,17; 15,31). Kurz: Der Weise lebt und lehrt leben,
denn die Weisheit "bietet eine Methode dar, Leben zu gewinnen, nicht nur
richtig zu leben" (SCHMITT, Leben 76). Deshalb kommt für den Weisen der
Tod nur insofern ins Blickfeld, als er das Leben gefährdet. Wenn die Weisheit vom Tod redet, meint sie normalerweise das Leben in seiner Bedrohtheit. Diese Bedrohtheit ist eine Folge des unweisen Verhaltens und kann deshalb eben durch das Hören auf die Weisheitslehre beseitigt werden (vgl. v.RAD,
Weisheit 386f). Kurz: der Tod ist für den Weisen nichts anderes als die
prinzipiell überwindbare Grenze des unweisen Lebens.

So nennt das Spruchbuch als Todesursachen vornehmlich den Mangel an
Erziehung (5,23), die Engstirnigkeit (10,21), die Wissenschaftsfeindlichkeit
(15,10), die Sturheit (14,12=16,25) und die Oberflächlichkeit (19,16). Deshalb sterben im Spruchbuch nur gerade die Ehebrecher (2,18f; 5,5f; 7,27),
die Faulenzer (21,23) und die reichen Betrüger (10,2; 11,4.7.19; 14,32;
21,6).

---

ben, was angesichts von 30,31 durchaus vertretbar ist, so hat man keinen
Grund, in diesem Nicht-Tod mehr zu sehen, als was der Parallelausdruck
חיים nahelegt: die faktische (aber durchaus nicht prinzipielle) Abwesen-
heit von Todesgefahr. Dass aber die spätere Tradition, die sogar dem
על-מות von Ps 48,15 Unsterblichkeit zu entlocken vermochte (vgl. oben
Anm. 22) Spr 12,28 nicht bemerkt hat, könnte doch gegen das hohe Alter
der Lesung אל-מות sprechen. Deshalb ist die masoretische Vokalisation
vielleicht doch lediglich ein verzweifelter Versuch, mit möglichst
wenig Aufwand den nicht mehr verstandenen Vers zu retten, der ursprünglich eine Frage enthielt: "Auf dem Weg der Gerechtigkeit ist Leben, und
kann eine gut gebaute Strasse zum Tode (אל-מות) ⟨führen⟩?"

58. Die gleiche Vorstellung findet sich auch in Spr 11,30 wieder: "Die Frucht
des Gerechten ist ein Lebensbaum, und der Weise nimmt (=rettet) Leben."
Die Idee, dass die Früchte, die der Gerechte hervorbringt, ihrerseits
für andere zu einem Lebensbaum werden, ergibt eine ausgezeichnete Parallele mit dem zweiten Versteil und ist originell. Dass die SEPT den Gerechten und den Weisen durch Gerechtigkeit (צדק) und Gewalttat (חמס) er-
setzte, weil sie diese vielleicht etwas verschnörkelte Originalität
unerträglich fand, scheint mir textkritisch kein sehr gewichtiges
Argument gegen den MT. Zur Not kann man diesen aber unter Lockerung
des Parallelismus auch anders verstehen: "Der Lohn (vgl. Ps 58,12)
des Gerechten ist ein Lebensbaum..."

Ganz wenige Sprüche bringen zwar weniger stilisierte Todesgefahren zur
Sprache, doch tun sie es nur, um zu unterstreichen, wie leicht der Weise
diese überwinden kann: "Der Zorn des Königs ist ein Bote des Todes - aber
jeder Weise kann ihn beschwichtigen" (16,14), gewiss geraten Menschen (wegen
sozialer Missstände?) in Todesgefahr - aber der Weise soll sie eben retten
(24,11) und ferner kann jeder bisweilen die Lust verspüren, im Zorn seinen
Schüler zu erschlagen (obwohl 23,13 sogar dies leugnet) - aber der Weise
soll (und kann folglich!) davon absehen (19,18).

Der einzige Spruch, der wirklichkeitsgetreu von einem banalen, zufälli-
gen und sinnlosen Tod redet, tut es bezeichnenderweise nur ganz beiläufig
innerhalb eines Vergleichs: "Wie ein Wahnsinniger, der mit Brandpfeilen
(?) und Geschossen um sich schiesst und so den Tod (verbreitet), so..."
(Spr 26,18).

Damit scheint eines klar: für die klassische Weisheit als solche ist der
alltägliche, physische Tod noch gar kein Problem. Unter "Tod" versteht sie
den Verlust der Weisheit, nicht des Lebens, das Aufhören der Tugend, nicht
der Existenz. "Tod" bezeichnet hier den Rand des Systems, nicht die Grenze
der Wirklichkeit.

Auf dem Hintergrund dieser recht "optimistischen" Einschätzung des
Todes wird deutlich, wie skandalös es ist, wenn ein Weisheitstext den Tod
des Weisen - der doch mit der Weisheit eben das Leben in Fülle besitzen
und weitergeben sollte - herausstreicht [59]. Neben unserer Stelle hat nur
gerade Qohelet[60] es gewagt, offen auszusprechen, dass zwar "der Weise seine
Augen im Kopf hat, während der Tor im Dunkeln geht", es aber doch "dem einen
ergeht wie dem andern" (Qoh 2,14, vgl. 9,3).
4. Dass die Klage "Ach, der Weise stirbt mit dem Toren!" (Qoh 2,16) so selten ist, hat seine guten Gründe. Denn weder bei Qohelet noch in unserem
Psalm ist damit einfach _nur_ gesagt, dass alle Menschen sterben müssen und

---

59. GEIER (726) hat, soweit ich sehe, als Einziger bemerkt, wie unfein es
ist, den Tod der _Weisen_ so zu betonen, "qui tamen communi hominum judicio
morte videri poterant indigni, ut qui sapientia sua tam conspicue multos
iuvant, vel qui mortem videbantur sua posse deludere astutia, aut aliquod
contra eandem excogitare remedium."

60. Obd 8 steht in ganz anderem Zusammenhang. Die Stelle zeigt aber wieder
den Zusammenhang zwischen Weisheit und Leben: der Weise und der Soldat
sind offenbar nicht nur typisch edomitische Gestalten, sondern auch die
Menschen, die sich und andere am Besten gegen den Tod zu schützen wissen,
ihr Untergang unterstreicht die Vollständigkeit der Zerstörung.

alle durch den Tod gleichgemacht werden, wie dies viele Kommentare feststellen[61].

Natürlich ist dies_auch gesagt, da "Weise und Toren" ein Merismus für
"alle Menschen" ist. Insofern ist es auch berechtigt, wenn man zur Erläuterung unseres Verses altorientalische Texte heranzieht, die die Allgemeinheit des Todes und die Gleichheit aller Menschen vor ihm beschreiben. GUNKEL
(212) etwa findet "dieselbe trostlose Stimmung" wie in unserem Vers im
akkadischen "Zwiegespräch zwischen einem Herrn und seinem Knecht":

> "Steige auf die alten Hügel und durchwandere sie,
> sieh die Schädel der Späteren und der Früheren!
> Wo ist der Bösewicht, wo der Guttäter?" (zit.
> nach GRESSMANN, Texte 286f, vgl. LAMBERT, Literature 149,
> Z.76-78)

Aus Aegypten liesse sich Aehnliches anführen:

> "Der Tod, 'komm' ist sein Name, der ruft jeden zu sich.
> Sie kommen zu ihm sogleich, obwohl ihre Herzen aus Furcht
> vor ihm schaudern...Die Grossen sind in seiner Hand
> wie die Geringen."(Stele BM 157, zit. nach WAECHTER, Tod 110)

Sogar unter den wenigen akkadischen Texten aus Ugarit finden wir ähnliche
Aussagen:

> "[A l'instan]t où nous regardons le sol[eil],
> [au (même) ins]tant, nous sommes dans l'ombre.
> [Tou]s les hom[me]s se couchent (?) auprès d'Ereškigal,
> [et n]ou[s-(mêmes)] sommes faits (pour devenir)
> ses enfants." (RS.22.439, IV 5-8, vgl. Ugaritica V.282f)[62].

Doch unser Text begnügt sich nicht mit der Feststellung der allgemeinen Sterblichkeit, er betont eben das Skandalöse an diesem Sachverhalt: den

---

61. Vgl. z.B. THOLUCK 242: "Wie verschieden auch die Menschen in aller Hinsicht sind: der Tod macht sie alle gleich." Besonders seit GUNKEL (210)
sieht man in v.11 die Rede vom "grossen Gleichmacher Tod", vgl. etwa
KITTEL 197, WEISER 262, EERDMANS 263 - und man man fühlt sich dieser Deutung
verpflichtet, auch wenn sie nicht ganz in die eigene Auslegung passt,
wie das Beispiel von PLOEG (K 304) zeigt: "Ofschoon de psalmist het
[die Aussage von v.11] over de dood van de zondaars wil hebben, merkt
hij toch op dat de dood het lot van alle mensen is."

62. Ereshkigal (=Dame der grossen Erde) ist die mesopotamische Personifikation der Unterwelt und Gattin des Unterweltsgottes Nergal, vgl. DHORME,
Religions 39f. Als entsprechendes Beispiel aus der klassischen Antike
kann man z.B. den Vers aus dem Polyidos von ARISTOPHANES (Fragment 452)
zitieren: Το γαρ φοβεισθαι τον θανατον ληροσ πολυς· πασιν γαρ
ημιν τουτ' οφειλεται παθειν. (Vgl. Sir 41,3!)

Tod der Weisen. Es ist ja kaum nebensächlich, dass in Ps 49,11 und in Qoh
2 "Weise und Toren" und nicht "Geringe und Hohe" (vgl. Hi 3,19) als Ausdruck
für "alle Menschen" stehen, denn durch die je verschiedene konkrete Ausgestaltung des Merismus erhält die Aussage von der Allgemeinheit des Todes
und der Gleichheit aller Menschen vor ihm je verschiedene Intentionen (als
Beispiel eines "gezielten Merismus" vgl. Is 24,2): Werden Geringe und Hohe
im Tod vereinigt, so klingt in dieser Aussage eine Relativierung und Kritik
von Reichtum und Macht mit (vgl. Hi 3,13ff; Weish 7,6). Sind es Bösewichte
und Rechtschaffene, die der Tod hinwegrafft, dann ist darin ein Zweifel am
Sinn der Tugend nicht zu überhören (vgl. neben dem oben zitierten Text auch
Qoh 9,2). Und wenn deshalb unser Vers unterstreicht, die Weisen stürben genau gleich wie die Toren, dann enthält dieser Satz neben der Feststellung
einer Erfahrungstatsache auch und besonders einen ganz massiven Angriff auf
die Weisheit: Die Weisheit führt, allen gegenteiligen Beteuerungen zum Trotz,
letztlich nicht zum Leben, sie bewährt sich aufs Ganze gesehen nicht, und
so mag man mit Fug und Recht an ihrer Wahrheit und an ihrem Wert zweifeln.
Dieser Zweifel kommt im Zusammenhang von Qoh 2 denn auch ausdrücklich zu
Wort (v.15): "Ich dachte bei mir: wenn das Schicksal des Toren auch mich
trifft, wozu habe ich dann nach Weisheit getrachtet? Nie war da jemals ein
Vorteil dabei. Und ich sagte mir, dass auch das sinnlos ist."[63].

So enthüllt ein in seinem Informationswert sicher nicht weltbewegender
Vers durch die blosse Tatsache, dass er in einem bestimmten Kontext (dem
eines Weisheitstextes) ausgesprochen wird, eine ganze Haltung der Skepsis,
des Zweifels und der Empörung.

3.1.3. כסיל ובער יאבדו

1. Wenn es auch richtig ist, dass כסיל und בער kaum so verschiedene Menschen-
   typen bezeichnen, dass man sie mit יחד verbinden müsste (vgl. oben 3.1.13),
so lässt sich doch eine gewisse Bedeutungsnuance zwischen beiden Bezeichnungen spüren.

---

63. Eine ähnliche Ueberlegung in umgekehrter Richtung findet sich im schon
    zitierten "Zwiegespräch zwischen einem Herrn und seinem Knecht". Statt
    aus dem Tod des Weisen das Scheitern der Weisheit abzuleiten, stellt
    dieses Zwiegespräch umgekehrt zunächst das Scheitern der Weisheit dar
    (der weise Knecht liefert zu allen beliebigen sich widersprechenden
    Entschlüssen seines Herrn eine weisheitliche Begründung), um daraus auf
    den Tod als einziger Lösung zu schliessen: " 'Jetzt, was ist gut?' 'Mei-
    nen Hals, deinen Hals brechen, in den Fluss sich werfen, das ist gut!' "
    Der Weise scheitert ja notgedrungen, da er das Gute nie aus einer Ein-
    sicht in das Ganze der Wirklichkeit heraus begründen kann: " Wer ist
    so lang gewesen, dass er zum Himmel gestiegen wäre? Wer so breit, dass

כסיל, ein häufiges Wort, das sonst (ausser Ps 92,7; 94,8) nur in Spr und Qoh vorkommt, ist "der Gegentyp zu חכם, dem 'Weisen'..., wozu כסיל als das wichtigste Oppositum erscheint" (M. SAEBØ, in: JENNI, Handwörterbuch I 837). Als negatives Gegenbild des Weisen ist der כסיל deshalb geschwätzig, böswillig, streitsüchtig, selbstbewusst und aufs Ganze gesehen gemeinge-fährlich (vgl. aaO). Er ist "an seine 'Torheit' rettungslos gebunden"(aaO) und geht auch früher oder später an ihr zugrunde.

Der בער dagegen ist nicht bestimmt als Gegenbild des Weisen, sondern als Ebenbild des Tiers[64]. Er ist nicht wie der כסיל der, "der sich Falsches einbildet, unvernünftig denkt", sondern der, "der keine Gedanken hat" (HIT-ZIG 270). Der כסיל nimmt wohl wahr, was ist, ordnet es aber falsch ein, ver-steht es nicht, der בער kann es nicht einmal wahrnehmen: איש בער לא ידע (מעשי יהוה =) וכסיל לא יבין את-זאת (Ps 92,7)[65]. An den meisten Stellen wird betont, dem בער gehe der gesamte Bereich des Erfahrens, Erkennens und Wissens (ידע) ab (Ps 73,22: לא אדע; Prv 12,1: Gegensatz zu אהב דעת; Jer 10,14 מדעת). Er ist gar kein richtiger Mensch(כי בער אנכי מאיש ולא בינת אדם לי, Spr 30,2a), deshalb sind ihm auch die spezifisch menschlichen Tätigkeiten verschlossen (ולא למדתי חכמה ודעת קדשים אדע, Spr 30,2b). So ist es sicher zutreffend, wenn STIER (135) meint, "בער, brutus instar pecoris, (enthalte) schon einen Vorgriff zu v.13 und 21".

Angesichts dieser begrifflichen Unterscheidung zwischen כסיל und בער kann man also mit SCHMIDT (94) festhalten, die Weisen würden "höhnisch mit den 'Narren' und 'dem Vieh'... in absteigender Folge gleichgestellt". Dass diese Weisen nicht (wie wahrscheinlich für SCHMIDT) sündhafte Scheinweise sind, macht den Hohn nur umso beissender.

2. Nun scheint aber die bisher breit dargelegte Gleichstellung von Weisen und Toren wieder in Frage gestellt durch das Verb אבד in v.11b. Wie schon angedeutet (vgl. oben 3.1.21) hat besonders die jüdische Tradition (RASHI 47, IBN ESRA, QIMHI 349, MEIRI 101, LUZZATTO 210) - um mit STIER (136) zu reden - "nicht minder fein urgirt, dass wohlbedächtlich bei חכמים nur ימותו, bei

---

er die Erde ganz umfasst hätte? (zit. nach GRESSMANN, Texte 287, vgl. LAMBERT, Literature 149, Z. 80-82.83-84)

64. Vgl. schon IBN ESRA: הכסיל הלך דרך עקשות והבער שלא יבין כמו הבהמה. בער heisst eigentlich "Vieh" (vgl. südarabisch, evt. akkadisch buḷu), im Arabischen "Kamel" (baʿir), im Aethiopischen "Ochse". Das Substantiv kommt sonst nur 3 mal, das Verb ("dumm sein") 7 mal vor.

65. So unterscheidet schon - in seiner Sprache - THOMAS VON AQUIN (336) die beiden Typen mit erstaunlicher Treffsicherheit: "Differentia est inter insipientem et stultum. Insipiens est qui habet scientiam humanam, et non considerat aeterna, stultus est qui non considerat etiam praesentia."

כסיל ובער das ärgere יאבדו gesetzt sei" (ähnlich DELITZSCH 337 u.a.) "Aer-
ger" als מות freilich ist אבד nur, wenn man auch IBN ESRAs Begründung voll
annimmt: "יאבדו" עם הכסיל והבער כי ילכו לאבדון wo die Weisen sie, dem TARG
zu glauben, werden beobachten können (vgl. oben Anm 53). Nun kann man freilich wie etwa BRIGGS (408) zwar an אבד "in the sense of descending to Abaddon"
festhalten, doch mehr als ein Synonym zu Tod (Hi 28,22), Grab (Ps 88,12) oder
Scheol (Spr 15,11; Hi 26,6) wird man in diesem Wort auf der Ebene des AT selbst
(trotz Hi 31,12) nicht sehen dürfen - und damit verflüchtigt sich der Unterschied zwischen אבד und מות.

Zudem ist gemäss unserer Akzentverschiebung in v.11 ימותו nun mit יחד
verbunden und diese Partikel unterstreicht oft die Plötzlichkeit, Gewalt-
samkeit und Vollständigkeit des Untergangs von Feinden (vgl. Ps 40,15; 141,10;
Is 44,11; 2 Sam 14,16; 21,9). Damit wäre eine vollständige Synonymität dieses
Ausdrucks mit אבד in der Bedeutung "vernichtet werden, plötzlich umkommen"
(von Menschen vgl. Ps 37,20 u.o) gesichert.

Möglich ist es aber auch, אבד die Bedeutung "umherirren, verloren gehen"
zuzusprechen, die das Verb im Zusammenhang mit Schafen (Ps 119,176; Jer
50,6; Ez 34,4.16) oder Eselinnen (1 Sam 9,3.20) hat. So würden die tierischen Züge der Toren (בער) auch an der Art ihres Todes sichtbar: wie ein
Stück Vieh sich plötzlich verliert und eingeht, wenn es niemand sucht, so
verschwinden auch die Toren. Damit bestünde sehr wohl ein Bedeutungsunterschied zwischen אבד und מות, dieser stellte sogar zwischen beiden Versteilen
einen <u>antithetischen</u> Parallelismus (unterstrichen durch die betonte Stellung
von Weisen und Toren im Satz) her, der jedoch die <u>Gleichstellung</u> von Weisen
und Toren vor dem Tod nur mit umso bitterer Ironie statuierte: "Die Weisen,
sie sterben auf einmal wie Uebeltäter, die Toren und Narren jedoch, die gehen zugrunde wie Vieh" - aber eben: tot sind sie im Endeffekt doch alle.
Diese letzte Aussage wäre dann in v.11c zu finden[66].

---

66. Nach der obigen Auslegung versteht man mühelos, welche immensen theologischen Vorteile die im MT vorliegende Akzentuierung bietet (vgl. oben
3.1.15): Einerseits lässt die Trennung von ימותו und יחד die Weisen
sanft und friedlich entschlummern (ימותו), dieweil die Toren und Narren
allein jäh (יחד) untergehen und ihr Vermögen verlieren, was ganz ins
klassisch-weisheitliche Bild passt. Andererseits wird der schon friedliche Tod der Weisen durch Versetzung in einen Nebensatz (כי יראה...)
weiter entschärft: Gewiss - in ihrer subjektiven Wahrnehmung mögen die
selbstsicheren Reichen von v.10 auf die sterbenden Weisen hinabsehen,
"sed videntes mortem corporalem non considerant eorum gloriam: Sap 4,17
'Videbunt finem sapientis et non intelligent quid cogitaverit de illo
Deus.' " (THOMAS VON AQUIN 336, ähnlich Ps-ORIGENES 1445, AUGUSTINUS 559,
Ps-HIERONYMUS 967, NIKLAUS VON LYRA 784, CLARIUS 279). In der masoretischen Akzentuierung ist der subversive v.11 absolut narrensicher: er sagt
genau dasselbe, wie andere Bibelverse auch und ist jedem frommen Leser

3.1.4. ‏ועזבו לאחרים חילם‏

1. Einer der Vorteile der zuletzt vorgeschlagenen Auslegung von ‏אבד‏ wäre
   der, v.11c in seiner jetzigen Stellung plausibel zu machen. Verschiedentlich wurde nämlich behauptet, v.11c "(ergebe) sich als späteres Anhängsel"
   (PRAETORIUS 334) und bilde keine "logical sequence to 11a-b" (KISSANE 216).
   So konnte man getrost schliessen: "Da die Halbzeile 11c hier überschiesst
   und in 12 eine vermisst wird, ist 11c mit v.Ortenberg und Budde hinter 12
   zu setzen." (GUNKEL 212, ähnlich HERKENNE 183; NOETSCHER 111, KRAUS 366).

   Sieht man nun in v.11a+b einen antithetischen Parallelismus, so ist
   v.11c schlechterdings unabdingbar für das rechte Verständnis des ganzen
   Verses als ironische Umschreibung der totalen Gleichheit aller Menschen im
   Tod.

   Doch auch wenn man eine Synonymität zwischen ‏מות‏ und ‏אבד‏ annimmt (und
   vielleicht ist das doch weniger gekünstelt), muss v.11c hier mitnichten
   "überschiessen". Zunächst einmal wird mit der Szene der Erbschaftsverteilung
   das Sterben, das in v.11ab nur mehr oder weniger abstrakt erwähnt wurde,
   konkret und anschaulich dargestellt. Erst so beginnt das Sterben in seiner
   ganzen Tragweite dem Leser bewusst zu werden, denn nur der vorgestellte
   Tod ist schrecklich.

   Angebracht ist v.11c aber nicht nur zur Veranschaulichung der Tatsächlichkeit des Todes, sondern auch zur Verdeutlichung seiner Allgemeinheit,
   die in v.11ab lediglich im (synonymen) Parallelismus selbst impliziert ist:
   Mögen sich Weise und Toren in ihrem Wesen noch so unterscheiden, schliesslich ereilt sie doch alle dasselbe Geschick. Sie müssen alle gleichermassen
   die Grundlage ihrer Existenz (vgl. unten Anm. 423) - und damit diese selbst
   loslassen, und zwar für immer, so gewiss der einmal unter die Erben verteilte
   Besitz nicht mehr zurückzubekommen ist. Damit wird die Vollständigkeit und
   Unwiderruflichkeit (vgl. Ps 22,19) ihrer Vernichtung besiegelt wird.

   Genau diese im Bild der Erbschaftsverteilung dargestellte Unwiderruflichkeit des Sterbens wird v.12ab aufnehmen - ein weiterer Hinweis darauf,
   wie unvernünftig es wäre die Ueberleitung zu v.12 an v.12 anzuhängen (vgl.
   unten 3.2.24).

2. Doch genau wie sich v.11ab nicht mit der Feststellung der Allgemeinheit
   des Todes begnügte, sondern auch deren Konsequenzen für die Bewertung

---

ohne weiteres zumutbar... Es ist deshalb nicht erstaunlich, dass bis
auf TARG (vgl. oben Anm. 53) die Versionen diese offenbar sehr alte masoretische Akzentuierung entweder übernehmen (PESH) oder gar verschärfen
(SEPT, AQ, SYM, QUINT, GAL, HEBR), indem sie v.11a ganz zu v.10 schlagen
und durch dessen sof pasuq vom Folgenden trennen (vgl. oben Anm. 52).

der Weisheit andeutete, bleibt auch unser Vers nicht bei der Aussage seiner
Unwiderruflichkeit stehen. Im Gedanken der Erbschaftsverteilung liegt mehr.
אחרים bedeutet nämlich nicht "ihre Nachkommen, Hinterbliebenen", wie
das oft (z.B. STIER 136) behauptet wird, sondern "any one that may succeed
to their property", ist doch das Wort "not even defined by a suffix, as it
might have been, to indicate their own successors, their descendants"
(BRIGGS 408). In allen Stellen, wo etwas לאחרים überlassen werden muss, sind
die Empfänger Fremde (Jer 6,12; 8,10; Spr 5,9; Neh 5,5; Hi 31,10), besonders
eindeutig ist dies in Dan 11,4: "Sobald er [Alexander d.Gr.] steht, wird
sein Reich zerbrechen und in die vier Himmelsrichtungen geteilt werden -
nicht unter seine Nachkommenschaft (לאחריתו) und nicht gemäss der Macht,
die er inne hatte, vielmehr wird sein Reich zerstört werden und andern ausserhalb seiner Nachkommenschaft (לאחרים מלבד אלה) (gegeben werden)."

Wenn nun der Autor in v.11c Fremde als Erben auftreten lässt, haben wir
es mit einem typisch weisheitlichen Topos zu tun: "Hic ponit mala quae con-
tingunt peccatoribus." (THOMAS VON AQUIN 336) Plötzlich zu sterben und seinen Besitz einem (gerechten!) Fremden überlassen zu müssen ist in der älteren Weisheit die "Strafe" des Gottlosen (Hi 27,16ff; Spr 13,22; vgl. dagegen 17,2). Auch in unserem Vers klingt dieser Gedanke an, insofern sich
v.11c primär und unmittelbar auf die Toren bezieht - doch gleichzeitig ist
dieser traditionelle Vergeltungsgedanke auf schreckliche Weise untergraben,
insofern die Strafe auch die Weisen trifft[67]. Der Mensch überhaupt muss sein
Gut andern lassen (vgl. Ps 39,7), bloss dadurch dass er stirbt, trifft ihn
diese Strafe. Damit wird schon hier sichtbar, worin die im Tod der Weisen
evozierte Spannung zwischen Tod und Weisheit besteht: der Tod reisst im
Tun-Ergehen-Zusammenhang eine unüberbrückbare Lücke auf, er sprengt ihn.

---

67. Bezeichnenderweise verhindert TARG diesen Bezug von v.11c auch auf die
    Weisen durch die Paraphrase וישבקון לצדיקיא ממונהון. Aehnliches führt
    wohl CASSIODOR (435) im Schild, wenn er sich beeilt, die Reichtümer
    von v.11c mit "propter quas omnia peccata commiserant" zu umschreiben.
    HENFLER (93), der letzte, für den unser Stichos noch ein Problem dar-
    stellt, weil ihm der gewöhnliche Gebrauch des Topos von der Erbschafts-
    verteilung bewusst ist, braucht v.11c als Beweis dafür, dass die ganze
    Passage letztlich gar nicht von Weisen redet (vgl. schon oben 3.1.21):
    "Auch um des zweiten Gliedes... willen müssen hier nicht die guten,
    sondern strafwürdige Menschen das eigentliche Subjekt sein. Im zweiten
    Gliede nemlich heisst es 'sie müssen andern die Güter lassen'. Wie
    wenig passt dies auf die Tugendhaften, auf welche man es insgemein be-
    zieht? und wie sehr passt es dagegen auf die Ruchlosen, welche v.7 als
    auf ihren Reichthum trotzend vorgestellt waren?" Die beste Erklärung
    des Stichos gibt m.E. NIKLAUS VON LYRA (784): "Iniusti non portant secum
    divitias suas, sic nec iusti." Die notwendigen Folgerungen für die Aus-
    legung des ganzen Psalmes hat er daraus allerdings nicht gezogen.

Dass sauer Erworbenes schliesslich durchs Los an Fremde verteilt wird
(Sir 14,15), wird zum Symptom der Willkür und Zusammenhangslosigkeit, die
aufs Ganze gesehen der Wirklichkeit zugrunde liegt. Jesus Sirach versucht
(bereits wieder) dieser Sinnlosigkeit der Welt zu begegnen, indem er zu
Tugendhaftigkeit (Sir 14,13) und Gottvertrauen (Sir 11,14ff) aufruft. In
unserem Text (Grundpsalm) wird sie vorläufig schlicht festgehalten - nicht
zu überhören ist dabei wiederum etwas von der resignierten Verzweiflung
Qohelets: "Ich kam dazu, in mir zu verzweifeln wegen der Mühe, die ich gehabt habe unter der Sonne. Denn: da ist ein Mensch, der hat sich abgemüht
mit Weisheit, Verstand und Energie - und einem Menschen, der sich nicht bemüht hat, muss er seinen Teil geben. Auch das ist sinnlos und ein grosses
Uebel." (Qoh 2,20f, vgl. 2,18)

An unserer Stelle werden freilich die אחרים nicht einmal herabgewürdigt,
wie bei Qohelet. Die "andern", אחרים könnten durchaus die rechtmässigen, un-
bescholtenen und untadelhaften Erben, אחריהם sein (wie es auch in Sir 14,15
der Fall zu sein scheint) ohne dass sich dadurch das Problem gross ändern
würde.

Dies ist vielleicht überhaupt der Grund, weshalb der Tod hier, anders
als in älteren Weisheitstexten, überhaupt zum unlösbaren Problem werden kann:
jeder Mensch ist grundlegend als Individuum erfahren, schon seine Nachkommen
sind "andere", Fremde, die nicht mehr eigentlich zu ihm gehören und "in"
denen er wohl auch nicht mehr mit seinem Namen und seinem Erbgut irgendwie
überleben kann. Nur weil die einst grundlegende und für den Einzelnen kon-
stitutive diachrone Solidarität zwischen Generationen ausgeblendet ist,
kann der Tod dem Autor unseres Grundpsalmes so schrecklich erscheinen. Eine
für die atl. Weisheit neue Erfahrung des Todes folgt also aus einer neuen
Erfahrung der zwischenmenschlichen Bezüge[68].

---

68. Auf den Zusammenhang zwischen Erfahrung des Todes und sozialer Struktur hat etwa LANDSBERG (Essai 25-28) hingewiesen: "La conscience de
la mort va de pair avec l'individualisation humaine, avec la constitu-
tion d'individualités singulières, oeuvre de la personne. Cette individualisation ne consiste pas essentiellement dans l'acquisition d'une
conscience plus nette et plus nuancée de sa singularité propre, mais
elle consiste d'abord dans le fait que l'homme gagne réellement en
singularité. La conscience changée suppose un changement de l'être."
(26) Deshalb erscheint in "primitiven" Gesellschaften der Tod noch
nicht als ein prinzipielles Problem, denn "l'individu n'est pas encore
suffisamment différencié de son clan pour qu'il puisse se trouver indi-
vidualisé par autre chose que par sa position dans ce clan, sa fonction
dans cet organisme. Si, après sa mort, cette position est héritée par
un autre individu, ce dernier acquiert aussi le nom et l'âme du
mort. Le clan a régénéré son membre perdu. Et c'est comme si rien ne
s'était produit." (25f)

3.2. DIE ENDGUELTIGKEIT DES TODES (v.12)

3.2.1. קרבם oder קברם ?

1. In den Kommentaren hat das erste Wort von v.12 sehr viel von sich reden gemacht. Bis ins letzte Viertel des letzten Jahrhunderts versuchten die meisten Exegeten, die im MT überlieferte und von εβρ (καρβαμ), AQ (εν μεσωι αυτων), SYM (τα εντος), QUINT (εν μεσω αυτων) HEBR (interiora sua) gestützte Form קרבם ("ihr Inneres") gegen die schon damals vertretene[69] Korrektur קבר(י)ם, die sich immerhin auf SEPT (οι ταφοι αυτων), PESH (קבריהון), TARG (בבית קבורתהון) und GAL (supulchra eorum) stützen kann, in Schutz zu nehmen. Seither nehmen fast alle Kommentare die Umstellung vor[70].

2. Einige Verteidiger des MT fassen (mit Verweis auf Ps 5,10; 64,7) קרב als "die wesentliche Thätigkeit dieses Organs" (MOLL 251), nämlich: "die Gedanken und Absichten des Herzens" (STIER 136) und meinen, "so weit (sei) also der Vers ganz klar" und bedeute: "Sie leben nicht anders als ob sie dächten, ihr Wesen auf Erden werde nie ein Ende nehmen" und ihre Häuser seien ewig (STIER 136, ähnlich SACHS 69, HITZIG 271, MOLL 251 u.a.). Doch "dass קרבם jemals in solcher Weise zur Einführung des Gedachten habe gebraucht werden können, ist sehr unwahrscheinlich und durch die oft verglichene Stelle 5,10 קרבם הוות 'ihr Inneres ist Verderben' wird offenbar nichts bewiesen." (OLSHAUSEN 215[71]).

Nach HENFLER (93) "liesse sich (das masoretische קרבם) vielleicht am ehesten so retten, dass man annähme, קרב könne, wie לב, נפש und רוח periphrastisch für die Person gesetzt sein, und vor בתימו ein ב supplierte, das so oft vor einem andern ב weggeworfen wird". Doch traut HENFLER selbst seiner Annahme so wenig, dass er schon bei deren versuchsweisen Anwendung ("Sie bleiben immer in ihren Häusern, in den Gräbern") der Korrektur verfällt, die er schliesslich auch wählt. Noch gewagtere lexikalische Operationen unternimmt RUPERTI (287): Für ihn bedeutet קרב nach dem arabischen qirbān

---

69. Z.B. durch BUXTORF (1653), POLUS (1694), HOUBIGANT (1753), MUETHINGE (ca 1790), STUHLMANN (1812), OLSHAUSEN (1853), SCHEGG (1857), EWALD (1866).

70. Ausnahmen sind: KOENIG (1927), PANNIER (1950), CHOURAQUI (1956), UCHELEN (1977) und natürlich DAHOOD (1965).

71. Aehnlich HUPFELD (663): קרב bezeichnet wohl den Sitz des Denkens, "aber nie das Denken oder gar das Gedachte, die Meinung selbst". Ebenso EWALD 254:"קרבם oder auch נפשם kommt so nicht vor."

"propinquitas, coacervatio, et hinc forte h.l. communis locus ...quo omnes confluunt homines, ubi una sunt et colliguntur."

Andere denken sich zu קרבם das eine oder andere hinzu (z.B. "...ist voll von Gedanken, dass...") und paraphrasieren wie DELITZSCH (337): "Der Inhalt ihres Innern ist die Selbsttäuschung, ihre Häuser seien ewig während." Sein Hinweis auf Ps 10,4b (eine Stelle, die nur entfernt ähnlich ist, da dort ein Zitat אין אלהים, durch das nachfolgende כל-מזמותיו als solches gekennzeichnet wird) vermag den Einwand nicht zu entkräften, hier werde im Text eine "unstatthafte Ellipse" angenommen (HUPFELD 663).

Ebenso unzulässig ist es, קרבם im Gefolge der jüdischen Exegeten als בקרבם zu verstehen[72] und wie z.B. ROSENMUELLER (1066) "In animis suis cogitant, domus suas permansuras in sempiternum" zu übersetzen. Denn die immer wieder zitierten "Parallelen" (vgl. z.B. ROSENMUELLER aaO, MICHAELIS 325, AMAMA 283 u.a.), in denen entweder בקרבם steht (Jer 31,33, allein diese Form ist 8 mal, קרב + ב allgemein über 150 Mal belegt!) oder andere häufige Lokalbestimmungen ohne Präposition zu finden sind (Qoh 11,3: מקום; Am 2,8: בית אלהים; Spr 15,6: בית צדיק), beweisen gemeinsam eher, dass קרבם eben gerade nicht "in ihrem Innern" bedeuten kann. Jedenfalls ist קרב in den (seltenen!) Fällen, in denen es ohne Präposition steht, ganz eindeutig Akkusativobjekt (z.B. Ex 29,17; Lev 1,9.13) oder Subjekt (Is 16,1; Ps 103,1; 5,10 und auch 64,7)[73].

Schliesslich ist die Deutung von קרבם בתימו als "קרבם של בתימו" (LUZZATTO 210, vgl. QIMHI 345) trotz der angeführten analogen Fälle (LUZZATTO: Num 24,3.15; Ps 50,10; 104,20; QIMHI: 1 Chr 16,42; Jer 9,14; 52,20) und des Umstandes, dass SYM sie zu bezeugen scheint (τα εντος των οικων αυτων), nicht sonderlich vertrauenerweckend. Sie ergibt auch keine besonders sinn-

---

72. Schon SAADYA, SALMON BEN YERUHAM und YEFET BEN ELI tun dies mit grosser Selbstverständlichkeit. IBN ESRA kommt erst nach einigem Zögern zur Ueberzeugung שהוא חסר בי"ת כאילו הוא בקרבם. Zum gleichen Schluss kommen RASHI (47), QIMHI (345), MEIRI (101), MEŞUDAT DAVID, LUZZATTO (210). Die Anziehungskraft dieses בקרבם ist so gross, dass ihr (unter zweimaliger Uebersetzung von קרבם) selbst Exegeten verfallen, die קרבם anders deuten (vgl. unten Anm.74) - ja, die קרבם lesen, wie das bei AUGUSTINUS (563) der Fall zu sein scheint: "Quando cogitat dives sibi memoriam marmoratam aut exsculptam facere..."

73. Auch DAHOOD (298) kann für seine Uebersetzung "Inside their eternal homes" nur zweifelhafte ugaritische Parallelen liefern: GORDON, Textbook 1 Aqht 74 (bm qrbm asm) und aaO 51 V 76 (bqrb hklk). Vollends rätselhaft ist mir sein Hinweis auf das Akkadische, denn auch akkadisch hat qurbum eine Präposition bei sich, z.B. ina qe-re-eb ekalli (SODEN, Handwörterbuch 914), und das hebräische Pronominalsuffix als akkadische (Akkusativ-)Kasusendung mit Lokativfunktion zu deuten wird doch sogar DAHOOD kaum versuchen wollen.

volle Uebersetzung, was man bei PAULUS (251), der diese Deutung leicht modifiziert übernimmt (קרבם = Umstandsakkusativ) besonders gut sieht: "Ihre
Häuser sind, was das Innere derselben betrifft, für ewige Zeiten."[74]

3. Dem MT ist also nur mittels lexikalischer oder syntaktischer Manipulation
   ein halbwegs befriedigender Sinn abzugewinnen. Deshalb scheint es mir am
Besten, mit den neueren Kommentaren die Korrektur קברם vorzunehmen. Dass es
sich hier um eine "durch nichts unterstützte Deutung" handle (STIER 136[75]),
stimmt nicht: Die alten Versionen (SEPT, PESH, TARG, GAL, vgl. oben 3.2.11,
ferner AETH, ARAB) sprechen für sie, der MIDRASH, IBN ESRA und QIMHI z.B.
kennen die Lesart[76].

   So natürlich (DUHM 202) und evident (CALES 275) ist die Korrektur aller-
dings nicht - zumal angesichts der hexaplarischen Bruchstücke (εβρ , AQ,
SYM, QUINT) niemand mehr wie J.D. MICHAELIS (Varianten 157) sagen kann,
"Hieronymus (sei) unter den Alten der einzige, der die jetzt gewöhnliche
Lesart קרבם (befolge), also (sei) für die andere ein grosses Uebergewicht".
Der Einwand von ROSENMUELLER (1066, ähnlich J.H. MICHAELIS 325, BUXTORF 667)
könnte nämlich durchaus zutreffen: "neque tamen quia ita transtulerunt, ideo
etiam קברם in suis [der alten Uebersetzer] codicibus reperisse putes...
Interpretationis, non lectionis diversitas est." In unserem Fall scheint mir
jedoch diese sonst richtige textkritische Regel nicht einschlägig, weil eine Verschreibung von קברם in קרבם durch Metathese, zumal bei der Aehnlich-

---

74. Nach LUZZATTO allerdings sieht der Psalmist tatsächlich den eigent-
    lichen Fehler der Leute von v.12 darin, dass sie künftige Innenrenova-
    tionen ihrer Häuser nicht voraussehen: ואומר כי לפי דעתם פנימיות בתיהם
    תעמוד לעולם כמו שהיא עתה..ולא יעלו על לבם כי אחרי מותם יבאו בתיהם ביד
    הם חשבים כי בקרב בתימו יהיו. Wie schon QIMHI (זרים ויעשו בבתיהם כרצונם
    לעולם) übersetzt übrigens auch LUZZATTO das קרבם zweimal: לפי דעתם
    פנימיות בתיהם תעמוד לעולם (vgl. oben Anm. 72).

75. Aehnlich TORCZYNER (53), für den קברם "keine alte Lesart, sondern
    schlecht geratene Konjektur" ist. Viel eher allerdings trifft dieses
    Urteil TORCZYNERs eigene Lösung: "In קרבם muss ein Zeitwort stecken,
    etwa der Bedeutung 'sie bauen ihre Häuser für ewig' (1. הבונים?)
    oder 'sie wohnen in ihren Häusern für ewig' (1. ב יגרו oder ב ידרו?);
    vgl. Ps 61,5 אגורה באהלך עולמים."

76. Ob sie ihnen "noch bekannt war", wie es BAETHGEN (140) für QIMCHI meint,
    und ob damit eine selbständige, von den Versionen - zumal von TARG -
    unabhängige Tradition vorliegt, ist allerdings eine ganz andere Frage.
    Angesichts des im MIDRASH GenRab 23,1 überlieferten Streites zwischen
    R. JUDAN und R. PINHAS könnte man zwar versucht sein, diese Frage zu
    bejahen. Aber der MIDRASH TEHILLIM (אל תקרא קרבם אלא קברם שנאמר
    ותכס עליהם הארץ ויאבדו מתוך הקהל,Num 16,33) stellt diese Tradition in
    einen so unglücklichen Zusammenhang, dass sie für die Textkritik ohne-
    hin an Gewicht verliert, vgl. McCARTY, Tiqqune 141f).

keit von ב (g) und ר (q) im althebräischen Alphabet, alles andere als unwahrscheinlich ist[77]. Und besonders: auch wenn קברם tatsächlich "einen sehr
unpassenden Sinn" gäbe (STIER 136[78]), wäre schon dieser der vollständigen
Sinnlosigkeit des MT vorzuziehen; doch der korrigierte Vers fügt sich, wie
wir gleich sehen werden, vorzüglich in den Zusammenhang.

Schwierigkeiten bereitet höchstens die Vokalisierung von קברם. Schaut
man das Schluss-ם als Pronominalsuffix an, wie es die alten Versionen nahe-
legen, verwickelt man sich mit dem Singular קָבְרָם in grosse Schwierigkeiten,
denn der Satz "ihr Grab ist ihre Häuser" ist syntaktisch wie logisch nicht
eben ein Meisterwerk (die Versionen haben denn auch alle den Plural "ihre
Gräber"). Besser ist es deshalb, unter Annahme, die Versionen hätten das
Possessivpronomen sinngemäss ergänzt, קְבָרָם zu vokalisieren. Die nicht seltene (vgl. GESENIUS, Grammatik § 87a) defektive Schreibung des männlichen
Plurals ist auch nach dem Exil durchaus denkbar[79].

---

77. קרבם ist also m.E. eine Form, die auf mehr oder weniger mechanische
Verschreibung zurückgeht und in קברם korrigiert werden muss. EHRLICHs
Hinweis auf "Versetzungen wie כבש = כשב und שלמה = שמלה" (110) sind
hier deplaziert, und seine Behauptung, "קרב (könne) ganz gut dasselbe
sein wie קבר "(126 zu Ps 55,16b, wo er die Uebersetzung "denn es ist
Gefahr, wenn sie in ihrem Grabe lieben sollten" zu verteidigen sucht)
scheint mir falsch (vgl. unten 5.2.51). Zutreffend ist in dieser
Hinsicht HOUBIGANTs (63) wutschnaubender Satz: "Puerum agebat junior
Buxtorfius, cum adversus Lud.Cappellum disputans praefracte negabat,
quidquam mutandum; nam קרבם idem esse ac קברם, per litterarum Meta-
thesim, scribendi formam Hebraeis, ut aiebat, familiarem; in quo quidem mire hallucinabatur. Est enim litterarum Metathesis Hebraica, illa,
quae litteras alternando, in eadem stat sententia, ut est חדל pro חלד,
utroque vocabulo tempus vitae enuntiante, et similia; non autem illa,
quae trajectis litteris transit ab una sententia in aliam." Freilich ist
einerseits HOUBIGANTs Beispiel für eine hebräische Metathese äusserst
unglücklich gewählt (vgl. unten 5.2.51) und andererseits hatte auch
BUXTORF durchaus etwas Richtiges gesehen: wenn er nämlich in der Metathese "figuram grammaticam, non errorem librarii" sieht, will er wohl
in erster Linie bestreiten, dass die alten Versionen "quia sic קברם
transtulerunt, etiam sic legisse in suo codice Hebraeo" (667). Dass er
dafür, wenn nicht zwingende,so doch ernstzunehmende Gründe hat, kann man
angesichts etwa der erwähnten Bemerkung im MIDRASH TEHILLIM (vgl. Anm.
76) kaum leugnen.

78. Auch WETTE (341) findet den Sinn "nicht passend". DELITZSCH (337) ge-
steht nur widerwillig, קברם gebe "einen nicht gerade zusammenhangs-
widrigen Gedanken".

79. Nach CROSS (Orthography) hat das Hebräische vom 9. Jhd. an die phönikisch-
aramäische Sitte der mater lectionis für Schlussvokale allmählich angenommen (57,59). Im Innern des Wortes erscheint die mater lectionis
erst allmählich vom 6. Jd. an (59). Aus der Tatsache, dass die Textkorrektur zu einer defektiven Schreibung führt, könnte man ein relativ

3.2.2. Ewige Wohnungen

1. Die Auffassung des Grabes als Wohnung ist in der biblischen Welt nichts
   Ausserordentliches. Nach QUELL (Auffassung 22) ist dies schon der unverkennbare "Grundgedanke der israelitischen Grabanlagen...Die Höhle, die natürliche wie die künstliche, diente in Palästina auch in israelitischer
Zeit oft als Wohnstätte...Das Höhlengrab hat sich also aus einer Wohnstätte
entwickelt und wurde, wie manche Bezeichnungen im AT ergeben, als Wohnraum
des Verstorbenen aufgefasst."

So manche Bezeichnungen ergeben sich zwar nicht, denn im AT verbindet
sich der Gedanke des Wohnens häufiger mit der Unterwelt als mit dem Grab
(Hi 17,13: שאול ביתי; 30,23: בית מועד לכל-חי; Is 26,19: שכני עפר; Ps 94,17),
aber es lässt sich immerhin für diesen "Wohnhauscharakter des Grabes" (QUELL,
aaO 15) ein ganz eindeutiger biblischer Beleg finden: Is 22,16, wo קבר
parallel zu משכן steht. Auch hinter dem αιωνιος τοπος von Tob 3,6 steht
so gut wie sicher ein בית עלמ(א) בת עלמא (בית = τοπος in 1 Sam 10,25; 24,23;
1 Kön 8,42 vgl. 43; 2 Chr 6,32; Ps 119,51; Jer 7,14) als Bezeichnung des
Grabes (οπως απολυθω και γενωμαι γη). Bei der immer wieder als Kommentar zu unserem Vers zitierten Stelle Qoh 12,5 כי הלך האדם אל-בית עולמו
lässt sich hingegen nicht sicher entscheiden, ob sie auf das Grab oder auf
die Scheol zu beziehen ist (für das letztere spricht Qoh 9,10, für das
erstere vielleicht Qoh 3,20 und der Kontext -בור ! - in 12,6f). Eine Entscheidung ist hier aber, wenn nicht überhaupt unmöglich, so sicher unnötig,
da den Vorstellungen von der Scheol ohnehin die Erfahrung der konkreten
Gräber zugrunde liegt, und damit auch das Wohnen in der Scheol von der Vorstellung des Grabes als Wohnung abhängig ist.

2. Das ewige Haus als Bezeichnung des Grabes ist eine geprägte Wendung, die
   sich auch in der Umwelt Israels findet. Besonders in Aegypten, wo bis

---

hohes Alter der fehlerhaften Metathese (die ja bei plene-Schreibung
kaum mehr möglich gewesen wäre) ableiten wollen, wodurch sich wiederum
die Wahrscheinlichkeit, dass die alten Versionen קרבם gelesen und
קרבם nur erraten hätten, erhöhen würde. Da die defektive Schreibung des
maskulinen Plurals aber noch im MT häufig ist, kann man aus ihr nichts
ableiten.
Man könnte sich höchstens fragen, ob die ausserhalb des Pentateuchs
doch etwas erstaunliche Defektivschreibung nicht ein Hinweis darauf sein
könnte, "that a difference of opinion obtained in the Schools as to
whether the Mem...denoted the plural, or the suffix third person plural
masculine", was GINSBURG (Introduction 152) für andere Stellen (Jer 6,15;
17,25; Ez 7,24; Ps 58,12) annimmt. Dabei wäre an unserer Stelle die
Suffix-Lesart durch die Plural-Lesart kontaminiert worden (vgl. vielleicht
Jer 17,25: TM ובסוסים, SEPT-Vorlage ובסוסם, SEPT και ιπποις αυτων),
was das gleichzeitige Vorkommen von Plural und Suffix in SEPT, GAL, PESH
und TARG vielleicht noch plausibler erklärt.

zum Neuen Reich das Grab Wohnstätte des Toten war, sind Bezeichnungen wie
"ewige Wohnung", "schönes Haus der Ewigkeit" usw. beliebt (vgl. BONNET,
Reallexikon 257). Vielleicht von Aegypten aus haben sie sich auf den ganzen
altorientalischen (und später auch auf den hellenistischen) Raum verbreitet
(vgl. JENNI 'olam 28, die Wendung ist allerdings auch im Sumerischen belegt,
vgl. SCHMITT, Entrückung 234).

In der phönikischen Ahiram-Inschrift (vgl. PRITCHARD, Texts 661) ist
der Ausdruck eventuell schon zu finden (vgl. die Diskussion von בעלם כשתה
in JENNI, 'olam 207). Eindeutig dagegen ist die spätere (3.-2.Jhd.) puni-
sche Inschrift von Malta (aaO 211): חדר בת עלם קבר, "Kammer der ewigen
Sohnung, Grab..." Auch im Palmyrenischen ist בת עלמא als "gewähltes
Synonym zu קברא" (aaO 217) häufig belegt.

Für Mesopotamien lässt sich die Inschrift auf der Gruft Sanheribs anführen:

> "Palast des Schlafens, Grab der Ruhe, Wohnung
> der Ewigkeit Sanheribs, des Königs der Welt,
> des Königs von Assyrien." (MEISSNER, Babylonien I 426,
> zit. nach GUNKEL 212)

Auch in Qumran ist der Ausdruck belegt (Kupferrolle VI, 11; vgl. DAHOOD 298)
und wird als οικος αιωνιος, οικοτηριον αιωνιον noch in "heidnischen
und christlichen Grabinschriften des östlichen Mittelmeergebietes" gebraucht
(JENNI, 'olam 28).

3. Unserem Vers liegt also die stereotype, gemeinsemitische Bezeichnung des
   Grabes als bt ^{c}lm zugrunde. Sie erscheint aber hier in der Gestalt eines
Nominalsatzes, und, wie BUTTENWIESER (648) zu Recht bemerkt hat, ist dies
nicht nebensächlich: "By this deviation from this form [bt ^{c}lm] - that is,
by batemo le^{c}olam... - the writer lends the phrase a flavor, which is
strikingly different from the sentiment ordinarly associated with it."

Wörtlich verstanden als Hinweis auf den ewigen Bestand eines Hauses,
also eines bergenden und schützenden Raumes, in dem sich leben lässt, hat
der Ausdruck בית עולם durchaus nichts Negatives an sich. Gerade deshalb
wurde er auch als theologisches Symbol oder als Euphemismus auf das
Grab angewandt. Dadurch wurde dem Grab das Erschreckende genommen, es war
nur noch der Ort, wo der Mensch für immer in Sicherheit ruhen kann (vgl.
Grabinschrift Sanheribs!)

Gerade diese euphemistische oder theologische Verharmlosung des Grabes
wird hier gewissermassen entlarvt und rückgängig gemacht, indem am Anfang
des Verses, an betonter Stelle, das Wort "Grab" auftaucht, das das "ewige

Haus" eben gerade hätte verdrängen und verniedlichen sollen. Damit wird aber
gesagt: der Ort, wo der Mensch unwiderruflich geborgen und aufgehoben ist,
ist eben das Grab, nach Ps 88,5-7 z.B. der Ort der Kraftlosigkeit, des
Verfaulens, des Erschlagenseins, des Vergessenwerdens, der Gottferne, der
Finsternis, der Tiefe - kurz: der Vernichtung. "Mit Absicht reisst der Psalmist alle pietätvollen Verhüllungen weg, mit denen man sich das grauenvolle
Zerstörungswerk des Todes verbergen möchte." (LAMPARTER 252 zu v.15)[80].

 Wenn es zutrifft, dass das Wort משכן dadurch dass es u.a. in P die
Stiftshütte bezeichnet auch an Stellen, wo es einfach parallel zu בית
steht, ziemlich feierlich ist (vgl. PLOEG 150), wird damit der Widerspruch
zwischen dem "ewigen Haus" und dem "Grab" nur vergrössert, die Ironie der
Aussage nur verschärft[81].

 Auf jeden Fall wird in v.12 durch das Aufbrechen des stereotypen Ausdrucks bt ᶜlm der gleiche kritische, desillusionierte, pessimistische Ton
hörbar wie in v.11.

4. Etwas vordergründiger führt v.12ab aber v.11 auch gedanklich weiter.

 V. 11c hatte im anschaulichen Bild der Erbschaftsverteilung die in v.11ab

---

80. Freilich kann, je nach der konkreten Ausprägung der Todesangst, die
  Ewigkeit der Vernichtung auch just als Verhüllung der Schrecklichkeit
  des Todes erscheinen. So meint etwa DIDYMUS (359), für den in gut spät-
  antiker Manier (vgl. CHORON, Mort 46) die Todesangst in erster Linie
  Angst vor dem Jenseits zu sein scheint, zu unserer Stelle: Ουτος
  ο αφρων και ανους αγνοησαντες εαυτους τινες εισιν εδοξαν
  οτι κατα τα αλογα ζωα ουκ επιδιαμενει αυτων η ψυχη. Φασιν
  γαρ Φαγωμεν και πιωμεν, αυριον γαρ αποθνησκομεν. Ουτοι
  τους ταφους εν οις εισιν εντετυμβευμενοι οιονται οικιας
  αυτων ειναι εις τον αιωνα, αναστασιν νεκρων ου προσδοκωντες
  αλλα και σκηνωματα αυτων εν παση γενεα και γενεα οιονται
  ειναι τα μνηματα, εν μονη ταυτη τη ζωη ελεεινως ηλπικοτες.
  Ταχα δε και μηδεν ζωτικον ενεργουντες αλλα νενεκρωμενοι
  δι' ων αμαρτανουσιν εν ταφω καταβαλλομενοι οιονται τον ταφον
  οικιαν αιωνιον.

81. Auch in Is 22,16 würde die ironische Bezeichnung von Shebnas Grab als
  "Prunkwohnung" gut passen und ist auch angesichts des betonten parallelen
  "חצבי מרום קברו" durchaus wahrscheinlich. Allerdings hätte die Ironie
  in Is 22,26 eine andere Spitze: Dort ginge es um ein Prunkgrab, das
  "fehl am Platze" ist, nicht primär angesichts seiner makabren Funktion,
  sondern im wörtlichen Sinne, weil es im falschen Lande steht. An unserer
  Stelle hingegen scheint mir der Gedanke des Prunkgrabes ganz abwesend,
  obwohl viele Exegeten gerade ihn hervorheben: "Morientium divitum pompa
  describitur, qui sibi aedificant sepulcra magnis tractatibus exquisita.
  Videmus enim quaedam mausolea pulcherrimis renitere marmoribus, ut
  domus aestimantur aeternae, magnis molibus fabricatae." (CASSIODOR 435)
  משכנתם steht parallel zu בתימו, nicht zu קרבם, gehört zur Bildhälfte
  der Metapher und darf somit gerade nicht "Prunkgrab" bedeuten, da die
  Ironie des Verses gerade auf der Spannung zwischen tödlichem Grab und
  wohnlichem, lebensförderndem Prunkpalast ruht.

ausgesagte Tatsächlichkeit des Sterbens plastisch werden lassen, dessen im
Parallelismus von v.11a+b enthaltenen Allgmeinheit unterstrichen und gleichzeitig dessen Unwiderruflichkeit implizit angedeutet (vgl. oben 3.1.41).
In v.12ab nun wird diese Unwiderruflichkeit des Sterbens explizit ausgesagt und durch die parallelen Ausdrücke לעולם und לדור ודור sehr stark
betont: Der Tod ist nicht nur allgemein, er ist für alle auch endgültig,
unüberwindbar, ewig[82].

3.2.3. Auf der Suche nach dem Sinn von v.12c

1. Im letzten Teil von v.12 häufen sich plötzlich die Probleme und jedes
   Wort bietet Schwierigkeiten: das Subjekt von קראו ist zweifelhaft, das
Verhältnis der Präpositionen ב und עלי ist gespannt, der Plural אדמות ist
einmalig und deshalb unklar.

So ist es auch nicht erstaunlich, dass die neueren Kommentare bisweilen
den Satz "textkritisch" arg zerzausen: bald verwandelt man קראו in ein Niphal[83], bald lässt man es überhaupt fallen[84], bald streicht man das ב in

---

82. Der Ausdruck לדור ודור ist vielleicht mit Bedacht gerade hier gesetzt.
    Er evoziert ja die Vorstellung eines sprudelnden Lebensstromes, der
    trotz des individuellen Sterbens stets weiterdrängt (vgl. D.N. FREEDHAN,
    in:BOTTERWECK, Wörterbuch II 186). Deshalb umschreibt er grundsätzlich
    nur die Beständigkeit von lebensfördernden oder sonstwie dem Leben zu-
    geordneten Grössen (JHWHs Jahre Ps 102,25; Treue Ps 100,5; 119,90;
    Plan Ps 33,11; Herrschaft Ps 145,13; 146,10; Klgl 5,19; Hilfe Is 51,8;
    Ps 90,1; oder Krieg für Israel Ex 7,16; vgl. Joel 2,2; des Königs Thron
    Ps 89,5 oder Leben Ps 61,7; 72,5; der Ruhm des Menschen Ps 45,18;
    106,31 oder Gottes Ps 79,13; 89,2; 102,13; 135,13; 145,4; vgl. Est 9,28;
    die - vermeintliche - Unsterblichkeit des Menschen Ps 10,6). In den
    seltenen Fällen, wo es in lebensfeindlichem Kontext gebraucht wird
    (Is 13,20; 34,10; 61,4; Jer 50,39 für Ruinenstädte, die auf ewig ab-
    seits vom pulsierenden Leben bleiben werden [vgl. dagegen Joel 4,20] ,
    Ps 77,9; 85,6 für das endgültige Schweigen bzw. Zürnen Gottes; Spr 27,24
    für das Ausgehen der Lebenskraft) ist wohl ein besonderer Effekt beab-
    sichtigt. Dies könnte auch an unserer Stelle der Fall sein: die Menschen
    überdauern das Sterben der Generationen dank des Schutzes, den ihnen -
    das Grab bietet, und sie schwimmen im Lebensstrom weiter - als Tote.
    Damit würden in unserem Vers durch den Kontext (קברם) gleich zwei ge-
    prägte Wendungen (בית עולם und לדור ודור) gesprengt und ironisiert.
    Die Sprengung des zweiten Ausdrucks bleibt allerdings reichlich hypo-
    thetisch, da sich kaum ausmachen lässt, in welchem Masse der Autor
    unserer Stelle aus der Wendung לדור ודור als ganzer noch die Bedeutungs-
    nuancen heraushörte, die die Etymologie ihrer Elemente eigentlich nahe-
    legte (vgl. Ps 145,4!).

83. WUTZ (124), der das קראו zu משכנתם zieht, und PODECHARD (12), der
    auf die übliche (allerdings nur die Vokalisation betreffende) Korrektur
    44,5 hinweist und den Eingriff mit Stellen wie Is 4,1; 2 Sam 12,28 "begrün
    det". Aehnlich RUPERTI (287), der קָרְאוּ vokalisiert: "vocantur nominibus
    suis...in terris."

בשמותם[85], bald vereinigt man es mit der nicht sehr häufigen Form עלי zu
בעלי[86], bald erweitert man den Satz durch ein אבד (מארץ) זכרם auf ein
Distichon[87], bald streicht man ihn vollständig[88]. Selbstverständlich ist
das alles legitim, denn: "l'exemple du verset suivant (v.13) comparé au
v.21 montre qu'il ne faut pas avoir trop de confiance aux détails du texte."
(PODECHARD 13)

Aus diesen verschiedenen Möglichkeiten, die vier Wörter von v.12c zu
verstehen (und das heisst neuerdings: zu korrigieren), ergibt sich eine
Vielzahl von Auslegungen.

2. Nach der in neuerer Zeit beliebtesten Auslegung bezieht sich קראו auf
die verstorbenen Weisen und Toren und der Plural von אדמות, "Ackerland"
bedeutet "in diesem Zusammenhang Grundstücke, Liegenschaften, Landgüter"
(DELITZSCH 337). Wenn die Verstorbenen ihre Namen einst über Ländereien
ausriefen, so heisst das, dass sie "sie in Besitz nahmen und als ihr Eigentum nach sich benannten, wobei der Gegensatz des engen Grabes, das ihr
ewiges Haus ist und der weiten Ländereien, die sie während ihres Lebens
für kurze Zeit besassen, zu beachten ist" (HUPFELD 664[89]).

Innerhalb dieser Auslegung hat man bisweilen den Akzent besonders
auf den Umstand gesetzt, dass die Verstorbenen "ihre Ländereien feierlich
mit ihren Namen, wie den Namen Unsterblicher (belegen)" (DELITZSCH 337, Hervorhebung von mir). So sah man im Gefolge von RASHI (47, vgl. dazu schon
MIDRASH GenRab 23,1!) und mit Hinweis auf Gen 4,17; Num 32,38; Ri 18,19;
2 Sam 12,28) in unserem Vers eine Bezugnahme auf "the well-known practice,

---

84. So BRIGGS (409) metri causa.

85. Z.B. GUNKEL (212), SCHMIDT (94) und KRAUS (363) · der zur Begründung
    lediglich bemerkt, der MT sei "durch die Phrase קרא בשם irregeführt
    worden".

86. So HERKENNE (183), für den "MT ba^c alê infolge von scriptio supralinearis
    zersprengt" wurde. Er übersetzt: "Sie hatten sich bezeichnet als Be-
    sitzer von Ländereien."

87. DUHM 202, CALES 275, PODECHARD 13, vgl. oben Anm. 11.

88. So PRAETORIUS (334), für den v.12b "in alter Zeit...wohl mal verschrie-
    ben oder verlesen worden" ist und in dieser falschen Form in der Glosse
    v.12c "בשמתם על דורות" erhalten geblieben ist. Zwar lautet der über-
    lieferte v.12c nicht ganz so, aber Hauptsache ist ja: man ist den
    schwierigen Vers los...

89. Aehnlich z.B. PAULUS (251), SACHS (69), DELITZSCH (337), SCHULTZ (113),
    OESTERLEY (266) und HERKENNE (183), der seinerseits "die bittere Ironie
    in der Antithese: (ausgedehnte) 'Ländereien' (12c) und (enges) 'Grab'
    (12a)" hervorhebt.

universally in vogue in ancient times, of a conqueror's calling the capital
of a country he had conquered by his own name" (BUTTENWIESER 648[90]).

GUNKEL (212) hat dagegen mit Recht eingewandt, v.12c könne "nicht darauf gehen, dass später ganze Länder nach ihnen heissen, da dergleichen
zwar von Städten wie 'Davids Burg', 'Alexandria','Seleucia' u.a., aber kaum
von Ländern gilt"[91]. Seither legt man den Akzent wieder auf die Ausrufung
des Namens als "Rechtsakt, durch den die Uebereignung stattfindet" (KRAUS 367[92]
Für diesen Rechtsbrauch können auch mühelos Beispiele angeführt werden (vgl.
GESENIUS, Handwörterbuch, קרא I, Ni Nr. 3,S.724), nur wird er, wie schon
GEIER (728) bemerkte, hier schwerlich gemeint sein, da er mit der Konstruktion קרא שם ...על (נ) ausgedrückt wird, die in unserem Vers (בשמותם) allem
Anschein nach nicht vorliegt.

3. Andere verknüpfen die Namen von v.12c mit den Palästen von v.12ab. So
redet unser Stichos nicht mehr von rechtlichen oder politischen Hoheits-
akten, sondern von kunstgeschichtlichem Ruhm: dieser ist nach IBN ESRA das
Einzige, was den Leuten von v.12 nach ihrem Tode bleibt: לא נשאר להם זכר
רק שיאמר זה בית פלוני פלוני וזה המגדל בנה פלוני QIMHI (345), der IBN ESRA ohne
viel Enthusiasmus zitiert, scheint im Bezug auf den posthumen Charakter
dieses Ruhmes schon etliche Zweifel zu haben; jedenfalls redet nach ihm der
Stichos nicht primär von diesem: כל כך בניניהם ובתיהם גדולים ובצורים עד

---

90. Die erste positive Aufnahme von RASHIs Auslegung findet sich so weit
ich sehe bei BAETHGEN (140). Ihm folgen DUHM (202), KITTEL (197), PO-
DECHARD (13). Dieselbe Auslegung findet sich aber auch schon bei THEO-
DOR VON MOPSUESTIA (320), der aber als einziger der Konstruktion
קרא בשם Rechnung trägt und deshalb zu einer differenzierteren Deutung
gelangt: Επειδη τοις πλουσιοις πολλακις εθος τους αγρους
απο της οικειας ονομαζειν προσηγοριας, πολλακις δε και
λουτρα, ουτω δε και τας οικιας απο των κεκτημενων καλειν
ειωθασιν, τουτο λεγει οτι τοσουτον απωναντο του πλουτου
ως την τε γην και τα επ'αυτης υπο του Θεου γεγονοτα απο
της οικειας καλειν προσηγοριας ουτω και πολεις απο των
οικησαντων λεγονται και κωμαι και πολλα ετερα απο των κεκτημενων.

91. Auch BUTTENWIESER (648) und KITTEL (197) bemerken die Schwierigkeit.
Sie finden eine Ausflucht in der Präzisierung, die Könige und Feld-
herren hätten "the capital of a country" bzw."ganze Städte und Land-
schaften nach ihren Namen benannt" (Hervorhebungen von mir).

92. Vgl. auch GUNKEL 212, SCHMIDT 94, HERKENNE 183, und z.T. auch EERDMANS
264 ("The expression...reminds of the division of arable lands among
villagers [see Ps 16]...It is used here in a figurative sense.").
GALLING (Anrufung) hat dieser Deutung wieder neues Ansehen verliehen.
Nach ihm zeigt auch Ps 49,12, dass "der Name des siegreichen Königs
über eroberten Ländern ausgerufen wird, um den Herrschaftsanspruch
klarzustellen" (67).

שיצא להם שם עלי אדמות. Nach THEODORET VON KYROS (1225) schliesslich, den
die Vorzeitigkeit von קראו auf Griechisch offenbar besonders beeindruckt,
will unser Vers eben diesen posthumen Ruhm leugnen[93].

4. Bis zum letzten Jahrhundert recht zahlreich waren die Kommentatoren, die
   in קרא ein unpersönliches Subjekt annahmen und in אדמות ein Synonym zu
   ארץ sahen. So verstanden redet v.12 vom internationalen Ruf der Verstorbenen
   (vgl. z.B. Ps-ORIGENES 1445, MICHAELIS 326, SCHULZ 208f, ROSENMUELLER 1066,
   STIER 137, WETTE 340, HITZIG 271)[94]. In leichter Abwandlung dieser Deutung
   bezieht SCHEGG (38) קראו auf die Toten selbst und sieht im Vers eine Geisselung ihres Selbstruhmes: "Ueberall wo sie waren, posaunten sie ihre Namen aus, thaten sie gross und machten sie sich breit - nun ist's vorbei..."
   (ähnlich schon BUGENHAGEN 119, MEIRI 101)[95]. Der scheinbare Vorteil dieser
   Lösung ist, dass sie es erlaubt, den ewigen Tod der Leute von v.12ab als
   Folge einer Schuld zu verstehen. Schon der TARG hat das klar erfasst (v.12bc):
   "...und sie werden nicht auferstehen von ihren Wohnungen von Geschlecht zu
   Geschlecht, weil sie hochmütig waren und sich einen bösen Namen erwarben
   auf Erden."
5. Bis ins Mittelalter hinein beliebt (vgl. z.B. GERHOH 1502) war die
   Deutung von v.12c auf den Totenkult, "quem gentilitas in parentalibus
   agere consuevit, quando fatua superstitione in terris eorum, id est in sepul-

93.'Επεκαλεσαντο τα ονοματα αυτων επι των γαιων.' Και μην,
    φησιν, απο των ονοματων αυτων τα κτηματα αυτων προσηγορευται.
    Του δεινος γαρ η οικια, και του δεινος ο αγρος, και του
    δεινος ο οικετης. Αλλα συν τη δεσποτεια η των ονοματων
    αμειβεται προσηγορια. Ωσπερ γαρ ετεροι κυριοι των υπ' εκεινων
    καταλειφθεντων εγενοντο, ουτω γενησεται και των ονοματων
    εναλλαγη. Παλιν γαρ εκ τουτων αι προσηγοριαι τεθησονται.

94. In ähnliche Richtung geht die originelle Auslegung von KNAPP (101).
    Er übersetzt v.12c "Nur dass man sich auf Erden noch nach ihrem
    Namen nennt!" und kommentiert: "Der Sinn meiner gegenwärtigen Ueber-
    setzung ist dieser: Das Andenken der verstorbenen Stammesväter wird
    durch ihre Nachkommen, die sich nach ihren Namen nennen (Jakobs, Ammons,
    Esau's Söhne usw.) noch eine Zeitlang auf Erden erhalten: v.14. Aber
    ihnen selbst gibt dies keine wahre Unsterblichkeit: sie kehren nicht
    wieder zur Oberwelt zurück."

95. Gegen diese Deutung hatte schon HITZIG (271) nicht ohne Spott bemerkt:
    "Jenes Weges entstände ein schwächerer Sinn [scil.: als bei unper-
    sönlichem Subjekt] , weil ihr Zeugniss von sich selbst nicht noth-
    wendig wahr ist; und 'über die Länder hin' würde müssig andeuten,
    dass sie in verschiedenen Ländern wohnen, wenn man nicht an Stentor-
    stimmen denken will." GEIER (728, vgl. unten Anm. 101) lässt den
    Bezug von קראו ausdrücklich offen. Unklar bleibt er bei NIKLAUS VON
    LYRA (785: "quaesierunt vocari per famam remanentem"), dem hier wohl
    mehr an einer Disqualifizierung des Ruhmes als an einer genauen Exe-
    gese liegt.

cris invocant nomina mortuorum"(CASSIODOR 436). Die "fatua superstitio"
wird von AUGUSTINUS (563) breit ausgemalt: "Tollent panem et merum ad sepulcra, et invocabunt ibi nomina mortuorum. Putas quantum invocatum est
nomen illius divitis postea, quando inebriant se homines in memoria ipsius,
nec descendebat una gutta super linguam ipsius ardentem? Ventri suo serviunt
homines, non spiritibus suorum." Ps-HIERONYMUS (967) redet fast nur noch
vom Wein und unterstreicht, dass die Hinterbliebenen "in nomine eorum qui
mortui sunt bibentes, inania cum quodam modulamine cantant; sed nihil prodest
inferno damnatis".

Der Ton dieser "Auslegungen" zeigt, dass diese antiken Exegeten den
Text nicht in erster Linie erklären wollten, sondern dass es ihnen zunächst
darum ging, ihn als Waffe gegen bestimmte zeitgenössische Sitten einzusetzen[96].
6. Sehr originelle Lösungen bieten auch RUPERTI und KESSLER. RUPERTI (287)
möchte in v.12c die Ausrufung des Namens über Besitzungen sehen, ohne
deswegen den Text verändern zu müssen. Er versteht deshalb עלי als Substantiv: "adpellant nominibus suis excelsa loca terrarum, h.e. arces vel oppida,
suo nomine insignita, tamquam sempiterna gloriae et nominis sui monimenta,
in montibus collibusque condunt..."

Nach KESSLER (107) sind die Gräber Subjekt zu קראו : "Von aller ihrer
Herrlichkeit bleibt den Reichen nur das Grab; dies allein zeugt von ihnen
nach ihrem Tode durch seinen Bau und seine Inschrift (aaO)... Das Grab gibt
Kunde von dem Begrabenen, aber zugleich bezeugt es seinen Tod." (108)[97]
7. Die verbleibenden Auslegungen vermögen weniger den Vers zu erklären, als
die Ratlosigkeit der Exegeten zu illustrieren: OLSHAUSEN (216) z.B. übersetzt "man ruft ihre Namen auf den Gefilden" und dichtet frei nach Ps 37,36;
Is 41,12; Ez 26,21 ein "aber sie sind nicht zu finden" hinzu. Für TORCZYNER
(53) kann das Nennen der Namen nur bedeuten, dass die Toten Familien gegründet hatten. NOETSCHER (111) verschreibt sich einem makabren Realismus:
"Nur Erdschollen nennen sie (als Tote) ihr eigen." DAHOOD (299) ist fein-
hörig genug, um hier das Rufen der Erben und damit eine "subtle irony"
herauszuhören. Einen stilgerechten Abschluss dieser Aufzählung findet man
im Kommentar, den PLOEG (151) zur Stelle gibt: "Après la mort, on prononce
le nom du défunt au dessus de son sépulcre, situé dans un champ; or, même

---

96. Bezeichnend ist, dass diese Polemik primär aus Nordafrika (AUGUSTINUS)
    und aus Gallien (Ps-HIERONYMUS, vgl. CLAVIS PATRUM LATINORUM Nr. 629)
    kommt, vgl. dazu z.B. KAWERAU, Geschichte 199-201. Zu den römischen
    Parentalia vgl. LATTE, Religionsgeschichte 98 und besonders OVID,
    Fasti II 533-570 mit BOEMERs (Fasten II, 121ff) Kommentar dazu.

97. Schon IBN ESRA scheint diese Lösung zu kennen: וטעם קראו בשמותם שבנו
    בנינים על קרבם .

si l'on prononce ce nom au-dessus d'un champ entier, ou de plusieurs champs
à la fois, le défunt reste mort."[93].

3.2.4. Textkritische und formale Bemerkungen zu v.12c

1. Um unter den eben vorgestellten vielfältigen Auslegungen die richtige
Wahl zu treffen, muss zunächst nach der Legitimität der Textkorrekturen
gefragt werden. Es stellte sich bereits oben (Anm. 51) anlässlich der stichometrischen Analyse des Psalms heraus, dass v.12c überdurchschnittlich lang
ist und deshalb textlich nicht in Ordnung sein könnte (keineswegs aber
sein muss!). Damit richtet sich die Aufmerksamkeit sogleich auf das ב von
בשמותם und auf die Endung von אדמות, die man aus andern Gründen gern los
wäre.

Man mag nun annehmen, der "MT (sei) durch die Phrase קרא בשם irrege-
führt worden" (KRAUS 363) und das ב streichen, auf die alten Versionen
kann man sich dabei nicht berufen. SEPT (und GAL) übersetzen קרא בשם in
Ps 79,6; 105,1 genau wie an unserer Stelle mit επικαλεισθαι το ονομα
(nomen invocare), PESH in Ps 79,6 קרה שמא (Ps 105,1 dagegen: בשמא!). Zudem stützen εβρ (wo das ב gleich zweimal steht: βσεβωθαμ!) AQ (εκα-
λεσαν εν ονομασιν αυτων), SYM (der in ονομασαντες επ' ονομασι[α]ν
αυτων τα[ι]ς γαια[ι]ς dem ב das עלי opfert) und HEBR (vocaverunt nominibus suis) ausdrücklich den MT.THEOD und QUINT (επεκαλεσαντο τα ονοματα αυτων) folgen wohl einfach der SEPT.בשמותם scheint mir also textkritisch absolut sicher zu sein[99].

Auch an על-אדמות kann man schwerlich rütteln. Alle griechischen Versionen bezeugen einen Plural - AQ επι χθονας, SYM ταις γαιαις (MER-
CATI) oder τας γαιας (FIELD), QUINT επι των γαιων - εβρ transskribiert αλη αδαμωθ und wenn SEPT und THEOD (vgl. GAL, HEBR) an ihr των
γαιων ein αυτων anhängen, so ist das bereits Interpretation (die nicht

---

98. Es ist mir nach wie vor unklar, ob PLOEG hier eine Auslegung oder bloss
die Parodie früherer Auslegungen bieten will. Jedenfalls erwähnt er
auch die Möglichkeit, in v.12c eine Anspielung auf Gen 3,19 zu sehen.
"L'homme enterré est rentré à la אדמה, la même terre dont il a été
tiré et où on a 'appelé son nom', c'est à dire où il a vécu." Diese
Deutung macht, wenn nicht gerade einen klaren, so doch wenigstens einen
seriösen Eindruck. UCHELEN (66) übernimmt sie, ohne dass sie dadurch
schon einsichtiger würde (vgl. unten Anm. 104).

99. Mit בשמותם ist der ganze Vers auch lautlich ausgewogener: Ausser den
a- und o-Lauten hat jeder Teilvers so je einen i-Laut (קברם - מְשְׁכֲנֹתָם
בְשׁמוֹתָם), v.12b und v.12c verbindet das Wortspiel zwischen משׁכנתם
und בשמותם, v.12a und v.12c verbinden die zwei vereinzelten e-Laute
und die vergleichbaren Anfänge: קברם בְתֵימוֹ - קֵרְאוּ בִשְׁמוֹתָם.

einmal allgemeine Zustimmung findet, wie das entsprechende Zitat von THEO-
DORET zeigt, vgl. oben Anm. 93). Auf jeden Fall haben TARG (עלוי ארעא)
und PESH (בארעא) nicht als Zeugen einer andern hebräischen Vorlage zu gelten, sondern höchstens als Vertreter einer richtigen Deutung (vgl. unten
3.2.5).

Der überlieferte MT muss also als richtig gelten. Somit sind alle Auslegungen, die Korrekturen voraussetzen, zu verwerfen.

2. Weiter könnte eine Betrachtung des Aufbaus der v.11-12 einigen Aufschluss
über das so entscheidende Subjekt von קראו geben.

In den drei Teilen von v.11 sind die sterblichen Weisen und Toren Subjekt. In den Teilversen 11a und 11b ist vom <u>Sterben</u> dieser Leute die Rede,
und zwar im Imperfekt, da der Satz einen allgemeinen Sachverhalt, der noch
in der Gegenwart andauert, beschreibt (vgl. GESENIUS, Grammatik § 106 k+l).
In v.11c erscheint die logische Folge des Sterbens, das (Beerbtwerden und
folglich) Totsein im konsekutiven Perfekt (aaO § 112a).

V.12ab nimmt die Aussage von v.11c auf, die Zeitlosigkeit des <u>Totseins</u>
wird angemessen durch Nominalsätze ausgedrückt. Subjekt von v.12ab sind
nicht mehr die Weisen und Toren (ein weiterer Ausdruck ihres Totseins!)
sondern die Gräber. V.12c führt uns durch das (vorzeitige) Perfekt קראו
wieder in die Zeit vor dem in den v.11c und 12ab beschriebenen Totseins,
oder vielleicht sogar vor dem in v.11ab ausgesagten Sterben. Damit verbunden ist auf jeden Fall ein Subjektwechsel, will man קראו nicht auf die Gräber beziehen[100]. Ob die Leute aus 11ab Subjekt von קראו sind oder ob dieses
unpersönlich ist, bleibt nun aber nach wie vor unsicher. Das erstere ist
durchaus möglich, doch nun erscheint auch das zweite keineswegs mehr als unwahrscheinlich: dadurch würde die Passivität und "Subjektlosigkeit" der
der Toten von v.12ab durchgehalten und parallel zu v.11c (לאחרים) würden
"andere" Leute ins Blickfeld kommen. Dieses formale Argument zugunsten eines unpersönlichen קראו scheint mir sehr gewichtig, doch zu einem Entscheid
können wir nur kommen, wenn wir den Sinn des Teilverses kennen.

3.2.5. עלי-אדמות

1. Am unklarsten ist in v.12c der Ausdruck אדמות. Diese sonst nicht belegte
Form wird meistens als Plural verstanden und mit "Grundstücke, Liegenschaften, Landgüter, Ländereien" übersetzt. Doch scheint es mir sehr un-

---

100. Diese von KESSLER (107, vgl. oben 3.2.36) vorgeschlagene Lösung verzichtet als einzige auf einen Subjektwechsel (obwohl etliche Exegeten,
die קראו auf die Toten beziehen, dies auch zu tun behaupten, vgl. z.B.
DELITZSCH 337), verlangt aber die Korrektur שמותם (auch wenn sie KESS-
LER selber nicht vornimmt).

wahrscheinlich, dass der (Extensiv-)Plural (vgl. GESENIUS, Grammatik 124 b)
eines so häufigen Wortes nur hier vorkommen sollte, wenn es ihn tatsächlich
gäbe. Die seltenere Deutung als "pluriel solennel et poétique, qui a le
même sens que le singulier" (PLOEG 151) oder aber "exaggerirend gemeint"
sei (STIER 137), scheint mir ebenso unbefriedigend, da kaum einsichtig wird,
was sich denn (sogar durch einen Dichter) mit einem Intensiv-Plural an
אדמה intensivieren liesse...[101]. So scheint es mir am Besten, hier DAHOOD
(299) zu folgen, für den אדמות "doubtless the Phoenician feminine singular
ending in -ôt" ist. Diese Lösung empfiehlt sich auch im Hinblick auf die
ähnlichen Endungen in v.4 und v.13/31 (vgl. unten 7.2.31).

2. Dass עלי Präposition sei, ist nicht von vornherein klar. In der Form
   könnte, wie RUPERTI (287, vgl. oben 3.2.36) vorgeschlagen hat, der Plural von עלה "Anhöhe" gesehen werden, wodurch ein sinnvoller Gegensatz zwischen Anfang und Ende des Verses entstünde (vgl. Is 14,14f; Ez 31,10.14;
   ferner Is 2,12ff). עלי könnte aber auch status constructus von עלה "Laub"
   sein ("obwohl sie das Laub der Erde nach ihren Namen nannten"), was eine
   kontextgerechte Anspielung ergäbe auf den (auch in Ps 72,17 anklingenden)
   ägyptischen Brauch, "den Thronnamen des neu inthronisierten Pharao auf die
   Blätter des heiligen Ischedbaumes zu schreiben und ihn so auf magische Weise
   an der sprossenden Vitalität dieses Baumes teilhaben zu lassen" (KEEL, Bildsymbolik 243).

   Da aber in beiden Fällen ein שמותם (ב)קראו לעלי אדמות zu erwarten wäre
(vgl. Gen 1,19f; 26,18; Ps 147,4; Rut 4,17; בשם: Is 40,26; Num 32,42) und
neben der unsicheren Stelle Num 32,38 nur gerade 1 Chr 6,50 einen Akkusativ
des Benannten (oder nur: des namentlich Aufgezählten?) bezeugt, ist es doch
weiser, עלי als Präposition zu fassen[102].

---

101. GEIER (728) versucht zwar, eine Art Intensiv-Plural zu verteidigen:
     "Pluralis indicat insatiabiblem ambitionis appetitum, quod non con-
     tenti sint eiusmodi mundani in una aliqua regione volitare per ora vivo-
     rum, sed expetant idipsum per terras plures aut universas." Doch leider
     zeigt das על-פני כל-הארץ der von ihm zitierten Parallelstelle Gen 11,4
     m.E., dass GEIER hier just die Bedeutungsnuance intensiviert sieht, die
     אדמה im Gegensatz zu ארץ nicht besitzt: die "Welt" als ganze. Nur
     Ps-ORIGENES (1445/8) vermag sich hier einen Intensiv-Plural zu denken:
     אדמות heisst bei ihm "die irdischen Wirklichkeiten, das Weltliche
     schlechthin":"Ουκ απο αρετων ονομαζονται, αλλ᾽ απο γηινων
     πραγματων. Ου γαρ δικαιοι και συμφρονες λεγονται, αλλα
     ρητορες, και γραμματικοι, και φιλοσοφοι, και τριβουνοι,
     και κομητες."

102. Diese archaische Form von על hat sich als Nebenform nur in der poe-
     tischen Sprache, besonders der Psalmen und Hiobs, erhalten, vgl. BAUER,
     Grammatik 24, Anm. 1.

3. עלי-אדמות muss dann gleichbedeutend sein mit על פני-האדמה[103]. Beides entspricht etwa dem Ausdruck על-הארץ,"auf der Erde". Dabei eignet sich aber
der Ausdruck על-(ה)אדמה besonders gut, um einen Gegensatz zwischen Leben
"auf der Erde" und Tot-sein auszudrücken, wie dies in 1 Sam 20,31 deutlich
wird: "Denn alle Tage, während denen der Sohn Isais lebend ist על-האדמה,
wirst du und dein Königtum nicht sicher sein. Jetzt lass ihn holen und bring
ihn mir, denn er ist ein Sohn des Todes."[104] "Auf dem Erdboden sein" bedeutet also u.a. auch "noch nicht unter dem Erdboden sein, noch nicht tot sein".

Damit ist an unserer Stelle auch wieder ein Gegensatz zwischen dem Anfang (קברו) und dem Ende des Verses (עלי-אדמות) gegeben. Besonders aber zeigt
uns nun der Ausdruck עלי-אדמות eindeutig, dass das vorzeitige Perfekt קראו
nicht nur vor das Totsein von v.11c/12ab, sondern auch vor das in v.11ab
festgestellte Sterben der Weisen zurückverweist: v.12c redet von der Zeit,
als sie noch עלי-אדמות weilten, von der Zeit, als sie noch lebten.

So ist der letzte Stichos der ersten Strophe eine ideale Ueberleitung
zur zweiten Strophe und unterstreicht sehr gut die Denkbewegung des ganzen
Grundpsalmes: Nachdem in der ersten Strophe der Tod aller Menschen festgestellt worden ist, unternimmt die zweite Strophe, wie wir sehen werden, den
Versuch, den konstatierten Tod im Ganzen des Lebens zu situieren, den Versuch, aus der Feststellung des Todes die Folgerungen für das Leben zu ziehen - kurz: den Versuch, ein Leben vor dem Tod zu denken.

3.2.6. קרא בשם

1. "Jemanden eigens und speziell rufen, gerade ihn persönlich, namentlich
   herbeirufen", das ist die Grundbedeutung der Wendung קרא בשם, wie sie
noch in Est 2,14 (ausdrücklich vor den König zitiert werden, Ni) sehr gut
sichtbar ist. Bisweilen wird der Ausdruck gebraucht, wo es um Berufung ei-

---

103. Die Auswechselbarkeit von על פני -האדמה und על-האדמה (dass an unserer
     Stelle der Artikel fehlt, kann in einem poetischen Text nicht von Be-
     deutung sein) zeigt ein Vergleich
         - von Ex 10,6; 1 Sam 20,31 (Erde allgemein, ohne פני)
           mit Gen 6,1; Num 12,3 (idem, mit פני)
         - von Dtn 4,10; 31,13 (Land Israel, ohne פני)
           mit 1 Kön 8,40 (idem, mit פני)
         - von 1 Sam 17,12 (Tau fällt auf die Erde, ohne פני)
           mit 1 Kön 17,14; 18,1 (idem, mit פני)
         - von Gen 7,8 (Ackerboden, ohne פני)
           mit Jer 8,2 (idem, mit פני).

104. Höchstens in diesem Gebrauch von על-אדמה könnte man die von PLOEG
     (151, vgl. oben Anm. 98) vermutete, entfernte Anspielung auf Gen 3,19
     finden.

nes Menschen durch JHWH geht (Ex 35,30; Is 40,26; 43,1; 45,3). In der über-
wiegenden Zahl der Fälle ist der Ausdruck ein <u>terminus technicus</u> für die
Verehrung (eines) Gottes, und zwar steht er, seiner Grundbedeutung entsprechend, meist in Zusammenhängen, wo es um die Verehrung eines bestimmten
Gottes (meist JHWH) unter Ausschluss aller andern geht[105]. Dieses "konfessi-
onalistische" Element ist auch dort präsent, wo die Wendung zunächst ganz
allgemein das bittende oder dankende Rufen zu Gott zu bezeichnen scheint[106].

Es bleibt allerdings noch eine Stelle[107], die aus der Reihe tanzt und
in unserem Zusammenhang besonders interessant sein dürfte, weil da Menschen
"beim Namen" von Menschen rufen: זה יאמר ליהוה אני וזה יקרא בשם-יעקב (Is 44,5).
So anstössig es ist[108], offenbar meint hier der Autor tatsächlich, was er

---

105. Am klarsten ist dieser Gebrauch in 1 Kön 18,24-26, wo Elias die Spiel-
     regeln für das Konkurrenzopfer auf dem Karmel festlegt, in Gen 4,26 und
     Is 64,6, wo es um das Aufkommen bzw. Erlöschen des JHWH-Kultes geht,
     oder in Is 41,25, wo betont wird, dass Kyros jahwistischer "Konfession"
     ist. Auch in den Vätererzählungen der Genesis (12,8; 13,4; 21,33; 26,25)
     und an Stellen, wo JHWH von (Zef 3,9) oder vor Heiden (Is 12,4; Ps 105,1;
     1 Chr 16,8) gepriesen bzw. nicht gepriesen (Jer 10,25; Ps 79,6; evtl.
     Is 65,1) wird, klingt der "konfessionalistische" Ton dieses Ausdrucks
     durch. Hierher gehören auch Ex 33,19, wo JHWH selbst sich als Jahwist
     bekennt und Ex 34,5, wo Mose (oder ebenfalls JHWH ?) ein JHWH-Credo
     (34,6f) spricht.

106. In 2 Kön 5,11 erhoffte sich der Aramäer Naaman nebst der Heilung auch
     etwas religiöse Exotik und in Joel 3,5; Sach 13,9 liegt der Akzent
     wohl ebensosehr auf der Orthodoxie wie auf der Inbrunst des bittenden
     Volksrestes. Auch in Ps 116, wo der Beter trotz der Not JHWH treu
     bleibt (v.10), bezeichnet unsere Wendung die Konfessionszugehörigkeit,
     nicht Bitte (v.4) oder Dank (v.13.17): "Ich kam in Not und Jammer, ob-
     wohl ich JHWH-gläubig bin." (v.3-4a, der folgende Gebetsruf leitet
     denn auch zu einem Glaubensbekenntnis über, v.5-6). "Ich will den
     Becher voll Rettungstaten erheben und mich zu JHWH bekennen." (v.13)
     "Dir will ich meinen Dank opfern und mich zu JHWH bekennen." (v.17)
     Blosser Dank ist schliesslich auch in Ps 80,19 (ובשמך נקרא)
     nicht gemeint. Der Satz soll vielmehr JHWH daran erinnern, dass Rettung
     und Belebung der Grund jeden Bekenntnisses sind (vgl. Ps 6,6; 115,17f u.a.).

107. In Num 32,38 und 32,42 liegt wohl eine andere Konstruktion vor (בשם+קרא+
     Akkusativobjekt), deren passive Form in Is 43,7; 48,1; 65,1 zu finden
     ist. Ich halte allerdings Num 32,38 (בשמות ohne Genetiv; wie kann man
     Namen benennen?) und Is 65,1 (Assimilation eines קרא an 43,7) für ver-
     derbt.

108. Meist wird der MT in יִקָּרֵא korrigiert, "da יִקָּרֵא einen anstössigen Sinn
     ergibt, weil Jakob dabei zu Gott würde" (DUHM, Jesaia 297). Doch die Kor-
     rektur scheint mir textkritisch unhaltbar zu sein, da SYM, auf den man
     sich dabei beruft, isoliert dasteht und eine <u>lectio facilior</u> darstellt.
     Andererseits kann man auch nicht gut an dieser Stelle קרא בשם יעקב
     plötzlich abgeschwächt mit "den Namen Jakob im Munde führen" (EHRLICH,
     Randglossen IV 160) oder "an den Namen Jakob appellieren" (KOENIG, Je-
     saia 381) übersetzen.

sagt: Die Heiden (קרא בשם scheint mir zu beweisen, dass es hier tatsächlich
um solche geht) werden sich JHWH unterwerfen wollen (vgl. Is 42,6; 45,23;
49,7; 51,4; Ps 87,4) und zu diesem Zwecke werden sie sich dezidiert zum
früher verhöhnten (Is 43,28) Volk Israel bekennen (vgl. Sach 8,13 und 8,23)
als zu einer Art Vertretung des gewählten Gottes. Offensichtlich kann also
der Ausdruck קרא בשם auch die radikale, bekenntnishafte Zuwendung zu (Gott
zugeordneten) Menschen bedeuten.

2. Genau diese Bedeutung scheint mir קרא בשם an unserer Stelle zu haben.

Damit liegt hier tatsächlich etwas wie "eine katachrestische Anspielung
auf das sich allein geziemende קרא בשם יהוה" (STIER 137) vor. Dass diese
Anspielung aber "die gottlose Art geisseln (soll), auf welche ein Teil der
Reichen ihren Namen in Rede und Aufschrift (Schildern) so verherrlichen,
wie es dem Namen Gottes gebührt" (KOENIG 596, ähnlich SCHEGG 38, vgl. oben
3.2.34 und Anm. 90) und somit die Leute von v.11 Subjekt von קראו sind,
scheint mir äusserst unwahrscheinlich (obwohl es möglich wäre, vgl. Ex 33,19).
Die Leute von v.11 nämlich (wie sie sich zu den Reichen von v.7f verhalten,
interessiert uns vorläufig nicht) erschienen bisher keineswegs in diesem
üblen Licht - und besonders: קראו בשמותם würde keineswegs Selbstverherrli-
chung besagen, sondern ein schwer vorstellbares Bekenntnis zu sich selbst.

Deshalb wird man sich jetzt für ein unpersönliches Subjekt von קראו
entscheiden können: "Man hatte sich radikal zu ihnen bekannt auf der Erde,
zeit ihres Lebens."

3. Dieser Satz bezieht sich in erster Linie und unmittelbar auf die Weisen,
analog zu v.11c, der sich primär auf die Toren bezog[109]. Diese Weisen
wurden um Rat gefragt, und aufgrund der "Lebenshilfe", die sie gewährten
(vgl. Ps 80,19), genossen sie bei ihren Mitmenschen unbestrittene Autorität
und hohe Verehrung, sodass sie bekenntnishaft als Werkzeuge Gottes und Ver-
mittler seines Heiles gepriesen werden konnten (vgl. Gen 41,38f; Dtn 4,6f).
Und doch liegen sie nun für immer im Grab, wie die Toren. Andere haben sie
gerettet, doch sich selbst konnten sie nicht helfen. Gott bediente sich ihrer, um andern beizustehen, doch sie liess er fallen.

Hier am Ende der Strophe kehrt der im חכמים ימותו enthüllte absurde
Skandal aufs Höchste gesteigert wieder, und bereits wird er, ganz diskret,
mit der Frage nach Gott verknüpft[110].

---

109. Bedenkt man dazu, was oben 3.2.42. festgestellt wurde, so sieht man, wie
     kunstvoll diese Strophe v.11f aufgebaut ist:
     v.11ab: Allgemeiner Satz (Imperf.), persönlich: Weise und Toren sterben.
     v.11c : Folge (Perf.), persönlich: andere erben (primär von Toren).
     v.12ab: Zeitloser Nominalsatz, "unpersönlich": Weise und Toren sind tot.
     v.12c : Vorzeitigkeit (Perf.), unpersönlich: andere loben (primär: Weise).

4. Die "Vergötterung" des Weisen in unserem Text ist nichts als die hyperbo-
   lische Uebertreibung eines Satzes wie: αινεσουσι την συνεσιν αυτου
   πολλοι, και εως του αιωνος ουκ εξαλειφθησεται (Sir 39,9), irgendwelche Geisselung oder moralische Disqualifizierung der Verehrer würde ich
   jedenfalls auch hier nicht sehen. Eine ähnliche Hyperbel findet sich in
   2 Sam 14,20 (vgl. 14,17; 1 Sam 29,9 und nach WILDBERGER, Abbild 256 auch
   Ps 47,7):"Mein Herr ist weise, wie der Engel des Herrn weise ist und alles
   weiss, was auf Erden passiert"[111]. In unserem Psalm steht freilich die Hy-

---

110. An der Autorität der Weisen wird m.E. auch in der dunklen Stelle Hi 32,21f
     mit ganz ähnlichen Ausdrücken (wenn auch aus anderen Gründen) gerüttelt.
          Das zweizeilige Wortspiel steht mitten im grossen Vorspann (32,6-33,7)
     zur ersten Rede Elihus. Es bildet das Kernstück der eigentlichen Lehr-
     eröffnung 32,18-33,3, die sich spiegelbildlich um dieses Zentrum gruppiert:
     32,18 verbindet sich mit 33,3 (מלל), 32,19 mit 33,2 (הנה...פתח), 32,20
     mit 33,1 (zwei Verben für "reden" bzw. "hören"). Vor dieser Lehreröffnung
     greift Elihu in zwei Strophen (die beide mit אף-אני דעי אחוה enden, 32,6-10.
     11-17) die in der Weisheit so wichtige Tradition (vgl. Hi 8,8ff; 15,17f;
     Ps 78,2; Sir 3,29; 8,8; 39,1) an. Er verteidigt der Autorität gegenüber
     das Recht der individuellen Vernunft (32,8). Dieses Recht wird nach der
     Lehreröffnung durch die Unmittelbarkeit jedes Menschen zu Gott näher be-
     gründet (33,4-7).
          Das Wortspiel 32,21f nun redet m.E. nicht von Elihus Unbestechlichkeit
     und von seiner Abneigung gegen jegliche Art von Komplimenten und Schmeiche-
     leien, wie man dies meist behauptet, sondern nimmt genau die Themen auf,
     die vor und nach der Lehreröffnung zur Sprache kommen. V.21 wiederholt den
     Angriff auf die Tradition aus 32,6-17, v.22 kündigt die in 33,4-7 darge-
     legte Gottesunmittelbarkeit des Weisen an (vgl. עשה 33,4!):
     (21) "Ich will auf niemanden Rücksicht nehmen, und als zu einem Gott
          will ich mich nicht zu einem Menschen bekennen.
     (22) Fürwahr: bekennen will ich mich zu Dem, den ich nicht kenne,
          im selben - gewiss kleinen - Mass, in dem mich der, der mich
          gemacht hat, hält."
     כנה ist ein Synonym zu קרא בשם, zu dem es in den zwei einzigen Stellen,
     in denen es sonst noch vorkommt, parallel steht (Is 44,5 bezüglich Men-
     schen und Is 45,4 in der Formel אכנך ולא ידעתני!). Der MT אֶל-אדם ist lectio
     facilior für in VULG überlieferten Lesart וְאֶל-אדם.
          Elihu verweigert den Weisen seine unbeschränkte, bekenntnishafte Zu-
     wendung, weil sie das Uebel schief interpretieren, der Autor unseres Psal-
     mes tut dasselbe, weil sie sterben.

111. Ein ganz ähnlicher, ironischer Gebrauch der Götterprädikation findet sich
     in Ps 82. Dieser Psalm gilt heute oft als antipolytheistisches Gedicht,
     in dem "visionär Jahwes Auftreten in der Götterversammlung geschaut" wird
     (KRAUS[5] II 735). Man glaubt nämlich, "die ältere Auslegung, dass es sich
     bei den אלהים um hochangesehene menschliche Richter oder Fürsten (FDELITZSCH)
     handle, (sei) durch die religionsgeschichtlichen Forschungen, insbesondere
     durch die Textfunde in Ras Schamra, als indiskutabel erwiesen worden."
     (aaO 736) Doch konsequent durchgehalten führt diese Auffassung zu schwer-
     wiegenden Widersprüchen: a) Man muss in v.1a אלהים und אל mit JHWH
     identifizieren (vgl. z.B. KRAUS aaO) - wogegen doch viel naheliegender
     wäre, nur das נצב אלהים (v.1) und das קומה אלהים (v.8) auf JHWH zu be-
     ziehen, hinter den chiastisch angeordneten Bezeichnungen אל + אלהים (v.1)

perbel nicht im Dienste der Höflichkeit, sondern des Sarkasmus', mit dem
allein der Dichter seine Verbitterung über das Los der Weisen aufzufangen
vermag[112].

3.3. ERGEBNIS: DIE KONSTATIERUNG DES TODES (v.13)

3.3.1. Ist der Kehrvers ein Kehrvers?

1. Beim Vergleich der ähnlichen und doch nicht identischen Verse 13 und 21
   sieht sich jeder Exeget wie TORCZYNER (57) vor die Frage gestellt: "Sind
dies nur graphische Varianten oder ähnlich gebaute Sätze verschiedener Be-

---

עליון + אלהים (v.6) aber die kanaanäischen Götter zu sehen. b) Man muss
עדת-אל als "Götterversammlung" auslegen - wogegen in den ugaritischen
Texten, auf die man hier zu verweisen pflegt, der Ausdruck für "Götterversammlung" stets ʿdt ilm ist. c) Man muss v.2-4 als Anklage der Götter verstehen - wogegen sie als Vorwurf an irdische Machthaber viel einleuchtender
wären (vgl. Ps 58, prophetische Texte). d) Schliesslich ist man fast gezwungen, v.6-7 JHWH in den Mund zu legen und anzunehmen, er widerrufe
hier "eine bisher gehegte gute Meinung über die אלהים" (KRAUS aaO 738),
was mir nicht sonderlich gut in ein explizit-monotheistisches, d.h.
jüngeres JHWH-Bild zu passen scheint.
    Viel problemloser wird die Auslegung, wenn man hier eine Polemik
gegen irdische Machthaber sieht, die sich wie Götter gebärden (vgl.
Ez 28) und hier ironisch - im Hinblick auf ihre Entmachtung (v.7b) und
ihren Tod (v.7a) auch als Götter bezeichnet werden. Gleich zu Beginn
des Gedichtes wird diese ironische Zweideutigkeit durch den seltsamen
Ausdruck עדת-אל signalisiert: a) עדת-אל erinnert (zumal in Parallele
zu בקרב אלהים) unverzüglich an עדת-אלהים und weist so den Leser auf
die mythische Szenerie des Götterrates hin. b) עדת-אל heisst aber
(in Analogie zu allen Fällen, wo auf עדה ein Singular, d.h. ein Eigen-
name folgt, vgl. עדת קרח, עדת יהוה gegenüber עדת בני ישראל) "die
El-Gemeinde, die El-Anhängerschaft" und weist so den Leser auf die
anvisierten Kreise kanaanisierter Machthaber, die in v.2-4 denn auch
typisch kanaanäischer Verbrecher bezichtigt werden. JHWH hat sich
also bereits aufgemacht, um gegen diese Leute vorzugehen und er steht
schon bedrohlich hinter ihnen (נצב Part. v. 1a), er wird sie bald zur
Rechenschaft ziehen (ישפט Imperf. v.1b). Ein letztes Mal versucht sie der
Psalmist zur Vernunft zu bringen (v.2-4), doch sie hören nicht (v.5a)
und JHWH nähert sich zum Gericht (v.5b). Bevor sie der Psalmist dem
göttlichen Gericht überlässt (v.8), distanziert er sich von ihnen, indem er anführt, was er schon immer (אמרתי Perf.) von ihnen hielt
(v.6-7): "O ja, 'Götter' seid ihr, und Söhne des Höchsten alle zusammen; doch fürwahr: sterben werdet ihr wie Menschen und stürzen wie
der erstbeste Beamte."

112. Dass sich v.12c auch nebenbei auf die Toren beziehen kann (wie v.11c
     auf die Weisen) entwertet die Weisheit vollends: nicht nur im Nach-
     hinein werden die Weisen dadurch, dass sie sterben, den Toren gleich
     (vgl. Jer 50,35f), schon zeit ihres Lebens bleibt alles zweideutig:
     wer als Weiser gilt, kann sehr wohl im Grunde ein Narr sein (Spr 17,28;
     vgl. Qoh 4,13ff; 9,13ff). Das einzige Kriterium, das diese Zweideutig-
     keit aufheben könnte, das Ueberleben, lässt sich nicht anwenden, denn
     alle sterben, die wirklichen wie die scheinbaren Weisen.

deutung?" Und gut die Hälfte der Exegeten antwortet so vorschnell wie TOR-
CZYNER: "Gegen letztere Annahme spricht schon der Umstand, dass beide Fassungen abgesehen von dem gleichbedeutenden בל = לא nur in einem Zeichen
(יבי׳-ייל׳ן) differieren."

Hat man sich einmal für die "graphischen Varianten" entschieden, so
bleiben zwei Wege offen: Man kann mit GUNKEL (212) annehmen, v.13 sei, "da
der Abschreiber fälschlich ילין geschrieben hatte, mit dem richtigen יבין
noch einmal an den Rand gesetzt und von da aus in 21 in den Text gekommen"
(ähnlich PRAETORIUS 334, SCHLOEGL 73, HERKENNE 184). Damit wird v.21 aus dem
Verkehr gezogen und v.13 ist kein Kehrvers mehr.

Wenn man hingegen an einem Kehrvers hängt, behauptet man einfach wie
BUDDE (112), dieser sei "von sehr unsicherer Ueberlieferung", doch "dass
er beidemal gleich lauten (müsse), (dürfe) als sicher gelten". So gelangt
man rasch zur festen Ueberzeugung, "man (werde) 13 und 21 als 'Refrain'
aufeinander abstimmen dürfen" (KRAUS 363). Es fragt sich dann nur noch wie.
Am ungefährlichsten wäre es, wie MICHAELIS (Varianten 157) bei der Frage
stehen zu bleiben: "Es scheint, einer dieser Verse sey aus dem andern zu
corrigieren, ich weiss aber noch nicht, welcher?" Will man es unbedingt
wissen, dann könnte man z.B. die alten Uebersetzungen um Rat fragen. Tut
man dies, so müsste man sich eigentlich für יבין entscheiden, denn die
SEPT übersetzt in v.13 und v.21 beide Male ου συνηκεν, die PESH beide
Male לא אתבין, GAL beide Male "non intellexit". Wenn von den Kommentatoren,
die die Angleichung vornehmen, trotzdem sehr viele ילין als die richtige
Form ansehen, so nur, weil meistens ganz allgemein der Kontext (und in Ps 49
bedeutet das immer: v.16!) den Ausschlag gibt. Das heisst: wer in v.16 keine
Auferstehung haben will, ist an einem vorzeitigen Tod der hier supponierten
gottlosen Reichen (aus dem allein in v.16 der Beter gerettet würde) interessiert und wählt ילין; wer hingegen in v.16 die Auferstehung haben möchte,
muss die Reichen wegen ihrer mangelnden Einsicht (die der Beter von v.16
dann hätte) sterben lassen und wählt יבין.
2. Nach alledem scheint es nun doch vernünftiger, zum MT zurückzukehren
    und im v.13 der Versionen "nur eine aus der Neigung zur Aufhellung...
geborene Angleichung an v.21" zu sehen (KOENIG 597)[113].

---

113. Diese allgemeine Neigung zur Harmonisierung der beiden Verse zeigt
    sich in der SEPT-Tradition besonders klar - allerdings leider nicht
    am speziellen Problem, das uns hier beschäftigt, denn die ganze SEPT
    gleicht bereits das ילין von v.13 an das יבין von v.21 an und
    übersetzt beide Male συνηκεν. Den zweiten Teilvers des Refrains
    aber übersetzt die alte SEPT, vertreten durch den PAPYRUS BODMER XXIV

Schon eine Betrachtung des atl. Kehrverses im allgemeinen spricht durchaus nicht gegen den MT, denn keineswegs immer kehrt im AT ein Kehrvers wörtlich wieder, oft wird er im Gegenteil ganz bewusst (durch "Minivariationen"
[BUEHLMANN, Stilfiguren 24] abgeändert[114].

Vollends überzeugt von der Richtigkeit des MT ist man aber nach einem
genaueren Vergleich von v.13 und v.21. Sieht man nämlich den Unterschied
dieser zwei Verse etwas näher an, merkt man bald, dass man es "mit einer
sinnvollen Umbiegung" (HUPFELD 669) zu tun hat, die "absichtlich und schön"
ist (STIER 138). "Nam in hoc ipso, quod infra versu 21 iisdem fere verbis,
sed unius litterae permutatione in alienum sensum tractis, utetur, poeta
singulare quoddam artificium captasse videtur. Quod nemo mirabitur, qui
meminerit, quantopere in huiusmodi lusibus sibi placeant non Hebraeorum
tantummodo, verum ceterorum etiam Orientalium poetae." (ROSENMUELLER 1068[115])
Dieses "singulare artificium"[116] besteht nicht nur in der Abänderung eines

(vgl. BARTHELEMY, Histoire 174-178) in v.13 als συνεβλη [θη] τοις
κτηνεσι τοις ανοητοις, in v.21 als παρεβληθη τοις κτηνεσι
και ωμοιωθη αυτοις. Der textus receptus kombiniert bereits beide
Uebersetzungen (Hinweis darauf ist schon das einmalige Monstrum
παρασυμβαλλομαι, das einige Handschriften in der Form παρεσυνε-
βληθη bieten!) und gibt v.13b und v.21b gleich wieder: παρασυνεβληθη τοις κτηνεσιν τοις ανοητοις και ωμοιωθη αυτοις. In
einigen jüngeren Zeugen schliesslich fällt auch der letzte Unterschied
zwischen v.21 und v.13 - beide Verse beginnen nunmehr gleich: και
ανθρωπος εν τιμη ων (vgl. unten Anm. 135).

114. Wörtliche Widerholungen: (Ps 8,2+10); 42, 6+12+ 43,5; 46,8+12; 57,6+12;
     59,7+15; 67,4+6; 107,8+15+21+31; 116,14+18; Is 9,11+16+20+ 10,4.
     Mit Veränderungen: Ps 10,6+11+13; 39,6+12; 56,5+11; 59,10+18; 62,2f+
     6f; 80,4+8+(15+)20; 99,5+9; 107,6+13+19+28; 144,7f+11. Vgl. dazu
     RIDDERBOS, Psalmen 33-35 und GOLDINGAU, Repetition.

115. Auch WETTE (60) bemerkt, wie "sonderbar...das Kunststück in Ps 49
     (ist), wo v.13 und 21 wörtlich gleich sind, nur dass das eine Wort
     לין um einen Buchstaben verändert ist ליני, sodass bei völligem
     Gleichklange doch ein verschiedener Sinn entsteht." Aehnlich PANNIER
     291. Nach HENGSTENBERG soll "mit einer leisen Umbiegung,wie sie in
     solchen Fällen durchaus gewöhnlich ist" (466) etwas beigetragen wer-
     den "zur Vermeidung der, den Schein der Losgerissenheit von der Emp-
     findung tragenden Eintönigkeit" (467)! Die Behauptung von OLSHAUSEN
     (220), die Variation sei "absichtlich von einem Abschreibenden einge-
     führt worden, der vielleicht das 'schöne Wortspiel' erstrebte" wider-
     legt sich selbst, da solch edle Strebungen einem Dichter besser an-
     stehen als einem Kopisten...

116. Es ist übrigens als nicht sehr salonfähiges Gesellschaftsspiel im
     französischen Sprachbereich verbreitet ("antistrophe" oder "contre-
     pèterie"). Schul(!)beispiele sind die historischen Bühnenversprecher
     "Trompez, sonnettes!" oder "ma suivette Lisante" und der Satz "Homère
     est mort". Aehnlichen, wenn auch strengeren Bildungsgesetzen folgt
     der deutsche Schüttelreim (z.B.: "Du bist/Buddhist.")

Buchstabens[117], sondern im wechselseitigen Austausch <u>zweier</u> Buchstaben
(der zwar durch den gleichzeitigen Uebergang von "-al" zu "-o" in der Negation etwas gestört, aber doch deutlich genug ist, vgl. aber unten 4.3.34):

$$\text{יָלִין} \qquad \text{בַּל}$$

$$\text{יָבִין} \qquad \text{לֹא}$$

3. Ist einmal der Kehrverscharakter von v.13 und v.21 gesichert, steht damit auch fest, dass diesen zwei Zeilen im Gesamttext ein besonderes Gewicht zukommt, denn "repetitio simul indicat, hoc esse primarium totius
   carminis argumentum" (RUPERTI 300[118]). Es wird sich zeigen, dass der Kehrvers die ihm jeweils vorangehende Strophe zusammenfasst, und dies gerade
   dank der variierten Wörter יָלִין und besonders יָבִין[119]. Damit wäre auch gezeigt, dass der Kehrvers wie oben (1.4.32) vermutet ursprünglich zum Grundtext des Psalmes (v.11f; v.14f) gehört.

   Hingegen scheint mir nichts darauf hinzudeuten, dass der Kehrvers als
"Maschal aus dem Volksmund" (DUHM 199) älter sei als der Grundtext. Schon
seine enge Verknüpfung mit den zwei Strophen dieses Textes und besonders
seine zwei kunstvoll aufeinander bezogenen Fassungen sprechen dagegen[120].

---

117. Wie etwa im Kehrvers von Ps 59 das Wortspiel zwischen אֶשְׁמֹרה v.10 und
     אֲזַמְּרָה v.18, das BOETTCHER (De Inferis 197) hier anführt als "exemplum
     alterum simillimi versus intercalaris propter alias interjectas sen-
     tentias simillime per paronomasiam immutati."

118. Aehnlich BRIGGS 409 ("The Refrain here and v.21 sum up the real enigma
     of the situation.") und RIDDERBOS, Psalmen 34 ("Der im Refrain aus-
     gedrückte Gedanke hat im Ganzen des Psalms eine zentrale Bedeutung.").
     Dass die Wiederholung ein Hinweis auf die Wichtigkeit des Wiederholten
     ist wird übrigens in Gen 41,32 oder Am 7,1-9 ausdrücklich bestätigt
     (vgl. KEEL, Entgegnung 35).

119. Vgl. BOETTCHER (De Inferis 190): "Summamque sententiarum eodem versu
     per paronomasiam leviter mutato bis gravissime effatus..."

120. DUHM muss ja auch zugeben, dass dieses Volkssprichwort "seine jetzige
     Form vom Dichter erhalten habe" (199). Doch es geht ihm ohnehin nur
     darum zu zeigen, dass Ps 49 verglichen mit Ps 73 "der Schwächere der
     beiden Unsterblichkeitspsalmen von lehrhaftem Charakter" ist (198).
     Zu diesem Zweck konstruiert er zunächst den ursprünglichen Sinn des
     Sprichwortes: "Es taugt nicht, in hohen Würden zu leben und in Sammet
     und Seide einherzustolzieren, denn dann...hat (man) zu gewärtigen,
     eines Tages von einem misstrauischen oder habgierigen Machthaber wie
     Vieh abgeschlachtet zu werden - besser man lebt bescheiden und verbor-
     gen, dafür aber ungeschoren." (200) DUHM weiss sogar, dass "das Sprich-
     wort...in einer Zeit entstanden sein (muss), wo in Judäa Zustände
     herrschten wie in Rom zur Zeit der Proskriptionen eines Sulla". Dann

3.3.2. ואדם ביקר בל ילין

1. Der Wurzel יקר, der im Aramäischen vorgezogenen Entsprechung zu כבד
(vgl. C.WESTERMANN, in JENNI, Handwörterbuch I 794), haftet ursprünglich
die Idee der Schwere an, und von da abgeleitet der Kostbarkeit und des
Wertes. Diese beiden Bedeutungen sind denn auch überall die des Substantives
יקר: "kostbare Sachen" bedeutet es in Jer 20,5; Ez 22,25 (im Zusammenhang
mit חסן, "Schatz"); Hi 28,10 (Edelsteine) und Spr 21,15 (wo wissende Lippen,
Gold und Korallen gegenüberstehend, als כלי-יקר, "Wertgegenstände", bezeichnet werden). Auf eine Person angewandt bedeutet יקר den inneren Wert, den
diese hat, so in Sach 11,13, wo der יקר, der personelle Wert Gottes vom Volk
auf nicht mehr als 30 Silberlinge angesetzt wird. Im Esterbuch wird diese
Bedeutung insofern leicht modifiziert, als dieser Wert erst "gegeben" (1,20)
oder "angetan" wird (6,3 [parallel zu גדולה].6.7.11), aber der öffentlichen
Anerkennung und Bezeugung eines jemandem innewohnenden Wertes gleichkommt.
An andern Stellen erscheint das Wort abstrakter als "Geehrtheit" (8,16) oder
"Kostbarkeit" (1,40)[121].

---

kann er endlich gegen den Psalmisten losziehen: "Der Autor hat in ihm
[dem Sprichwort] noch einen besonderen geheimen Sinn entdeckt, den
er uns erklären will; er macht aus dem einfachen Erfahrungssatz, der
nur die Zustände einer bestimmten Zeit charakterisiert, einen allgemein gültigen Satz...über den man predigen kann, wenn man ein Weiser ist,
und den er uns übrigen unweisen Weltbewohnern...erst auslegen muss,
weil wir doch sehr schwach von Verstand sind. Dieser 'tiefere' Sinn,
wie wir Exegeten sagen, ist der: Reichtum schützt nicht davor, sterben zu müssen und für immer in der Unterwelt zu verbleiben. Dem unverständigen Leser mag es so vorkommen, dass in dem Volkssprichwort
mehr Witz und Klugheit steckt als in dem Lehrsatz des Weisen, aber
darum gehört er auch nicht zu den Weisen." (220)
       Einzig PODECHARD übernimmt DUHMs Unterscheidung zwischen Volks-
sprichwort und tieferem Sinn. Ihm freilich dient sie nicht dazu, die
Unfähigkeit des Psalmisten zu beweisen, sondern dessen Glauben an die
Auferstehung der Toten. Das Volkssprichwort behauptete den vorzeitigen
Tod der Reichen ("Mais la malice populaire n'aurait-elle pas observé
que le bien-être excessif et la bonne chère...sont souvent cause de
la mort prématurée des grands personnages, et en les voyant passer
gros et majestueux, ne les auraient-elles pas irrévérencieusement
comparés aux animaux engraissés pour la boucherie qui meurent avant
leur temps?" 8f).In der Feder des Psalmisten redet es nun allgemein
vom (natürlichen) Tod, "lequel...revêt pour le méchant, et pour le
méchant seul, le caractère d'une ruine absolue..." (9). Womit die
Auslegung von v.16 bestens vorbereitet ist.

121. Ganz daneben gegriffen ist DAHOODs (299), Begriffsbestimmung (die er
auch in v.9 vertritt). Auf der Linie seiner üblichen nekrophilen
Lexikographie meint er, יקר sei "another of the thirty-odd names of
the nether world heretofore recognized in biblical poetry" und übersetzt es mit "the Mansion"(!). Er leitet seine Uebersetzung von

2. Von daher scheint es mir falsch, an unserer Stelle יקר einfach mit "Ehre"

oder gar "Reichtum" zu übersetzen, wie man es fast durchwegs zu tun

pflegt[122]. Dies geschieht ja auch meistens nur, auf dass schliesslich das

gewünschte Subjekt herauskomme, nämlich "derjenige, von dem nicht v.16 gilt"

(KESSLER 108)[123]. Hier steht aber der Sinn von v.13 zur Diskussion - wie

sich dieser zu v.16 verhält, ist vorläufig nicht unsere Sorge.

יקר bezeichnet an unserer Stelle wie in Sach 11,13 den einer Person

innewohnenden Wert. ביקר ist m.E. trotz der Akzentuierung des MT eng mit

ואדם verbunden[124] und fügt diesem Wort nicht ("synthetisch") eine neue Be-

stimmung hinzu[125], sondern verdeutlicht nur ("analytisch"), was schon in

diesem Wort liegt. אדם ביקר bezeichnet deshalb nicht eine besondere Gruppe

von Menschen, die sich etwa durch Reichtum oder Ueberheblichkeit vor allen

andern auszeichneten, sondern den Menschen überhaupt in der ihm eigenen

("wesensmässigen") Werthaftigkeit. Zum Menschen als solchem gehört es, nach

unserem Vers, dass er ביקר steht, ganz so, wie es Ps 8,6 umreisst: "Dank

Dir (JHWH) fehlt ihm wenig bis zum Elohim; mit Ehre (כבוד!) und Glanz hast

Du ihn gekrönt." Dieser Eigenwert des Menschen impliziert nach Ps 8,7-9 die

Herrschaft über alle Werke Gottes, zumal - und das wird in unserem Zusammen-

---

palmyrenischen Grabinschriften her, in denen yqrʾ als "Ehre, Ehrenmal"
neben bt ᶜlm verwendet wird. (z.B. ליקרהון די בת עלמא, vgl. JENNI,
ᶜolam 217). Von yqr = "Ehre(nmal)" geht DAHOOD ohne weiteres zu yqr =
"(Grab)mal" und von dort zu "Unterwelt" über. Folgerichtig versteht
er בל "in the affirmative sense as in Arabic-Ugaritic and occasionally
in the Bible" (Ps 10,15; 32,9; Spr 14,7). Ihm folgen SABOURIN (375)
und TROMP (244,251: "praalgraf").

122. Eine Ausnahme bildet z.B. BRIGGS (409), der יקר versteht als "precious-
ness, carring on the idea of price of v.8; and not honour, which is
less exact and from a different point of view."

123. KNAPP (101) ist so treuherzig, (anlässlich der Streichung von ילין)
dieses "hermeneutische Prinzip" wenigstens zuzugeben: "...nach der
Leseart des Textes wäre der Sinn: der Mensch lebt nicht lange im Glück.
Also wäre vom Menschen überhaupt die Rede. Aber wie soll ich nun v.15
erklären, wenn nicht vorher von Ruchlosen die Rede ist, auf die ich den
Ausdruck 'sie' (בם) beziehen kann?" Aehnlich, wenn auch weniger offen,
argumentiert PODECHARD (14; K II 199), um das ביקר gegen Konjekturen
(vgl. unten Anm. 127) zu verteidigen.

124. Dass ביקר "Complement des Subjektes" ist (DELITZSCH 338), obwohl es
"nach Analogie von 25,13 zum Prädikat zu gehören scheint" (BAETHGEN
140), wird in den meisten Kommentaren zu Recht unterstrichen (vgl. SEPT:
εν τιμη ων). Wie EERDMANS (259) ביקר in v.13 zum Prädikat zu ziehen
("and a man cannot abide by wealth") und in v.21 zum Subjekt ("men
possessing wealth"), scheint mir etwas spitzfindig .

125. Vgl. z.B., ANDERSON (378): "ʾadam ('man') may be a general term for
mankind, but the phrase 'in his pomp' seems to point to the rich."

hang besonders zu beachten sein - über "alle Schafe und Rinder und über die
Tiere des Feldes".

3. Vom so umschriebenen Menschen wird nun zunächst gesagt, dass er nicht
"bleibt"[126].

Das Verb לין bedeutet "über Nacht bleiben, die Nacht verbringen" und wird
auch meistens in dieser spezifischen Bedeutung gebraucht. Wie wichtig diese
ganz konkrete Bedeutung von לין hier ist, bleibt allerdings schwer zu sagen,
denn bisweilen steht das Verb ganz allgemein "to indicate sojourning for a
longer time" (EERDMANS 265), vgl. Rut 1,16; Ps 25,13; Hi 19,4 u.a.

Sicher darf man לין nicht allzu wörtlich verstehen, wie etwa EERDMANS
(264), der - wohl mit Blick auf Spr 19,23 - bei den angeblichen Kapitali-
sten von v.13 offenbar Schlaflosigkeit diagnostiziert ("a sleeping man was
exposed to many dangers from enemies and evil spirits", darum ist es klar
"that they could not feel safe by their wealth"), die aber auf die Länge
einer nächtlichen Ermordung doch nicht vorbeugen kann (ähnlich schon der
babylonische TALMUD, Shabbat 151b). Doch als Bild darf man die Bedeutung
des Nicht-übernachtens sicher beibehalten: entweder heisst בל-ילין dann,
dass die Menschen die Nacht nicht erreichen, wie das Gras in Ps 90,5f;
Hi 14,2-6, oder aber dass sie die Nacht nicht überstehen, wie der Traum in
Ps 73,20; Hi 20,8 (und evtl. Ps 90,5, falls man anders akzentuiert: "Du

---

126. Ob die Negation בל , die fast nur in Is, Ps und Spr (bisweilen auf-
     fällig gehäuft: Is 26,10ff; 33,20ff; Ps 10; 16; 21) vorkommt, hier
     eine besondere Bedeutung hat, ist schwer zu sagen. Wahrscheinlich ist,
     dass sie den modalen Aspekt des Verbums ("er kann nicht bleiben") ver-
     deutlichen soll (so etwa in Ps 10,15; 17,3a; 32,9; 78,44; Is 33,24) und
     gleichzeitig "mit Affekt verneinend" (DELITZSCH 338) zu denken ist ("er
     kann gewiss nicht bleiben" vgl. Ps 16,2.4; 17,3b; 119, 121; 141,4;
     Spr 23,7; 24,23; Hos 9,16).
         Eines allerdings ist auffällig: In den meisten Fällen, wo בל
     sonst gebraucht wird, leugnet das Wort nicht einen Zustand, sondern
     zustandsverändernde Handlungen oder Vorgänge (das "Wanken" - מוט 16 mal;
     das "Aufstehen" oder erneute Wüten der Bösen Is 14,21; Ps 140,10; Is 26,14
     das Erkennen bei zweifelhaften Leuten Ps 147,20; Spr 9,13; 23.35; Hos 7,2;
     Is 26,10f; 44,9; bzw. Erkenntnis und Handeln Gottes in deren Mund Ps 10,4.
     Is 44,8; das Ueberschreiten von Naturgesetzen Ps 104,9 oder von sozialen
     Schranken Spr 22,29; das Abbrechen eines Zeltes Is 33,20). So wird in
     Spr 19,23 gerade nicht das לין , sondern dessen Unterbrechung verneint:
     ירְאַת יהוה לחיים ושבע ילין בל-יִפָּקֶד רע. Da auch in diesen Fällen der
     modale und affektive Aspekt von בל wohl präsent sind ("es kann gar nicht
     sein dass"), stellt diese Leugnung der Zustandsveränderung den Zustand
     selbst (ob zu Recht oder nicht ist hier nebensächlich) als äusserst
     stabil dar. An unserer Stelle würde somit (wie in Ps 140,12) durch diesen
     ungewöhnlichen Gebrauch der Negation בל die grosse Unstabilität des
     Menschseins (לין) noch eigens hervorgehoben.
         Vielleicht ist damit diese kleine Partikel überinterpretiert, aber
     auf alle Fälle passt sie in dieser Deutung vorzüglich in unseren Zusammen-
     hang (vgl. zum Ganzen neuerdings TROMP, Particle).

schwemmst sie hinweg, ein Traum werden sie am Morgen...."). In beiden Fällen
steht dann ליל "als Bezeichnung ihres schnellen und plötzlichen Untergangs"
HENGSTENBERG 463). Wie die Untersuchung von נדמו zeigen wird, ist die zweite
Deutung vorzuziehen.

Ob dann allerdings der Umstand, dass "alles was dieses Leben hat, nur
als eine kurze <u>Nacht</u> (bezeichnet)" wird (STIER 138), seine Bedeutung hat,
etwa als Umschreibung des Lebens als kurzes und zudem <u>lichtloses</u> Dasein,
vgl. Ps 90,10, ist hier noch schwer zu entscheiden. Wir werden aber später
sehen (vgl. unten 4.2.64), dass das "Uebernachten" jedenfalls vorzüglich
in die Bildlichkeit der zweiten Strophe passt. Hier ist zunächst einmal die
Kürze des Lebens eines so wertvollen Wesens wie des Menschen betont - und
das allein wäre ja schon hart und dunkel genug. Damit wird ja gerade der so
schockierende Widerspruch, der im <u>Tod</u> des <u>Weisen</u> lag, "vergrössert" und ver-
allgemeinert (vgl. unten 3.3.52), sodass im ersten Teil des Kehrverses bereits wieder etwas vom pessimistischen Ton von v.11f aufklingt[127].

3.3.3. נמשל כבהמות

Vollends im zweiten Teil des Kehrverses bricht der verzweifelte Ton der ersten Strophe durch, wenn der Mensch kurzerhand mit dem Tier gleichgestellt
wird.

1. Zwar hat die scheinbar doppelt vergleichende Konstruktion נמשל כ bisweilen Anstoss erregt, so bei RUPERTI (289), der משל deshalb von einem arabischen mašala, motus fuit, declinavit", ableitet und unsern Vers übersetzt:
"aufertur a vivis, evanescit quasi et de memoria hominum excidit, <u>ut bestiae</u>
<u>exscinduntur</u>". Aehnlich weicht HIRSCH (268) einem "doppelten" Vergleich
aus. Für ihn bedeutet נמשל, dass die Menschen wie Tiere "allem 'ähnlich'
gemacht werden, d.h. in eine Ununterscheidbarkeit aufgelöst werden, in wel-

---

127. V.13a in seiner überlieferten Form fügt sich somit sehr gut in den Zusammenhang des bisher besprochenen Textes. Die von EHRLICH (Randglossen
VI 3) vorgeschlagene, von TORCZYNER (57) und BERTHOLET (173) aufgenommene
und von GUNKEL (212) - als "durch die Parallele כבהמות schlagend bewiesen"
- sanktionierte Korrektur אדם כבקר בל יבין ist trotz ihres Wohlklangs
unbegründet.
    Dass SLOTKI (361) sie, etwas anders garniert (אדם [כ]בקר ובל ילין,
"Man is [as] cattle and does not complain"), nochmals auftischt, um
dem Vers einen Appell zu sozialpolitischem Engagement abzuringen ("The
psalmist is here protesting against man's lack of articulateness in the
face of apparent injustices...") vermag daran kaum etwas zu ändern. Nicht
viel besser steht es mit PRAETORIUS' (334) Vorschlag: "Und der Mensch
im Grabe (בקבר) hat keine Vernunft, er gleicht dem Vieh, das stumm ist."

cher sie, stofflich in verwandte Elemente aufgehend, jedes gegenständliche
für sich Sein verlieren"[128].

Beide Vorschläge scheinen mir aber überflüssig. Dass nämlich die nicht-
denominativen Stammformen der Wurzel משל (Hi, Ni, Hit)[129] ein "vergleichen"
oder "ähnlich sein" bezeichnen, unterliegt keinem Zweifel, und dass diese
Formen im Niphal zwar mit אל (Is 14,10) oder עם (Ps 28,1; 143,7), im Hiphil
mit ל (Is 46,5), im Hitpael aber mit כ (Hi 30,19) konstruiert werden können,
ist auch sicher. Deshalb scheint mir eine Niphal-Konstruktion von משל mit כ
in der Bedeutung "vergleichen" nicht sonderlich auffällig.

Offen muss freilich noch bleiben, ob das "gleich machen" von משל einen
rein intellektuellen Akt bezeichnet, wie es das Hiphil von Is 46,5 nahelegt
("verglichen werden"), oder aber eine wirkliche Gleichstellung und Nivellierung ("gleich sein"), wie sie schon aus Hi 30,19 ("Man hat mich in den Dreck
geworfen, und ich bin das Gleiche wie Staub und Asche"), besonders aber aus
den drei restlichen Stellen (Is 14,10; Ps 28,1; 143,7) hervorgeht, wo die
Nivellierung der Lebenden in die Menge der Toten hinein beschrieben wird.
2. Der Plural בהמות, der auch sonst, wiewohl seltener als der Singular,
belegt ist, bietet keine besonderen Probleme. Ein Bedeutungsunterschied
zum selbst schon kollektiven Singular ist nicht festzustellen, beide können -
wo nichts Näheres präzisiert wird - das Tier überhaupt (vgl. Lev 11,2) bezeichnen, von der Schlange (Gen 3,14) bis zum Löwen (Spr 30,30), stehen aber
im allgemeinen eher für die grossen Landtiere, und besonders für die zahmen
unter ihnen (Vieh), vgl. Gen 1,24.

128. Ebenfalls um einem doppelten Vergleich auszuweichen, leitet KNUDTZON
     (Bibelstellen 197) נמשל von משל II ab: "er ist beherrscht (unter
     Herrschaft) wie das Vieh.."
        Schon im babylonischen TALMUD (Sanhedrin 38b, vgl. Shabbat 151b)
     findet sich eine ähnliche Deutung: אמר רמי בר חמא אין חיה רעה שולטת
     באדם אלא אם כן נדמה לו כבהמה שנאמר נמשל כבהמות נדמו. Diese Auslegung
     ("Er wird beherrscht in dem Masse, in dem er als Tier erscheint") muss
     den Text jedoch zurechtbiegen. Zu diesem Verständnis von נמשל vgl.
     unten 4.3.25.

129. EISSFELDT (Maschal 5) unterscheidet a) ein ursprüngliches Verb משל
     "gleichen", von dem sich nur Hiphil, Niphal und Hitpael erhalten haben,
     b) ein davon abgeleitetes Nomen משל "Gleichnis" c) ein von b) denominier-
     tes Verb משל "Gleichnisse vortragen" (Qal, Piel).
        Zwar scheint mir SCHMIDTs (Stilistik 1-6) Erklärung der Wurzel
     einleuchtender (SCHMIDT nimmt nach dem Arabischen für משל die Grund-
     bedeutung "stehen" an, aus der sich dann einerseits "gleichen" [=stehen
     für], andererseits "herrschen" [=stehen über] entwickelt hätten und mit
     welcher auch der Maschal als "die in ihrer Wahrheit für das praktische
     Leben gültige und feststehende Weisheitslehre"[2] direkt zu verknüpfen
     wäre). Sie ändert aber nichts an der Tatsache, dass auf der im AT be-
     zeugten Stufe der hebräischen Sprachentwicklung die nichtdenominativen
     Formen von משל nur ein "gleichen" besagen können.

3.3.4.

An unserer Stelle könnte man sich höchstens fragen, ob man נדמו nicht
als Hauptsatz auf בהמות und אדם zu beziehen habe (statt es, wie dies meistens
geschieht, als asyndetischen Relativsatz an בהמות allein zu koppeln); denn
בהמות selbst zieht an den andern Stellen, wo es Subjekt ist, ein Verb im
Singular nach sich (Joel 1,20; Jer 12,4 - da sogar mit עוף als zweitem Subjekt)[130]. Die Untersuchung von נדמו, das mir in v.13 jedenfalls textkritisch
ziemlich sicher scheint (vgl. aber unten 4.3.3) wird hier vielleicht einen
Entscheid ermöglichen.

Auf jeden Fall ist zu beachten, dass, wie man נדמו auch auffasst (falls
als Relativsatz, vgl. GESENIUS, Grammatik § 145 b-e), בהמות sehr wohl ein
Singular sein könnte, das der Form אדמות v.12 entspräche (vgl. Ps 73,22
und unten 7.2.31)[131].

3.3.4. נדמו

1. Ueber die eben zurückgestellten Entscheide hinaus bleibt eines klar: in
v.13 wird der Mensch dem Tier "gleich gemacht". Was das des Näheren bedeutet, wissen wir freilich noch nicht. Sicher ist, dass die (Ver-?)Glei-
chung Mensch-Tier in unserem Kontext (d.h. nach v.11f und 13a) nur eine pessimistische Aussage über den Menschen bilden kann, obwohl dies keineswegs
so sein muss - jedenfalls dort nicht, wo Tiervergleiche oder -metaphern
vorliegen (vgl. unten 4.2.33).

In welche Richtung genau diese Aussage geht, kann sich jetzt nur noch
an der Form נדמו entscheiden, und diese ist mehrdeutig: sie kann als 3.Per-
son Plural Ni von דמה I, "ähnlich sein", oder von דמה II (Nebenform zu דמם)
"1.sich beruhigen, 2.vertilgen" abgeleitet werden.
2. Für die erste Herleitung entscheiden sich die SEPT (και ομοιωθη αυτοις),
AQ (εξωμοιωθησαν), QUINT (ωμοιωθη), GAL (et similis factus est illis),
HEBR (et exaequatus est), PESH (ואתדמי לה) und mit viel Zögern der TARG
(der in der Formel ואשתוי ללמא sowohl "ähnlich sein" als auch "vertilgt
werden" kombiniert). In den Kommentaren findet sie hingegen wenig Anklang,

---

130. Offenbar lag es für einige sogar näher, an unserer Stelle נדמו statt
auf בהמות auf אדם zu beziehen und die Kollision mit dem Singular
נמשל spitzfindig wegzuinterpretieren: והירושלמי אמר נמשל האחד שהוא נמשל
הפרש נדמו הכלל (IBN ESRA, ähnlich MEIRI 101).

131. Hingegen scheint mir SAMAINs Behauptung, בהמות bezeichne hier wie in
Ps 73,22 "la grosse bête, la Brute par excellence, l'hippopotame" (27)
nicht sonderlich einleuchtend und in seiner Uebersetzung "L'homme dans
l'opulence ne dure pas, Il est semblable à l'hippopotame qui périt."
(28) beeindruckt mich "la verdeur du sarcasme tel que nous l'avons
restitué" (aaO) nicht übermässig...

und wohl mit Recht, denn von דמה I sind sonst nur Qal, Piel und Hitpael
belegt[132] und in v.13b hat man schon genug Wörter des Vergleichs, was für
נדמו die Bedeutung "ähnlich sein" recht unwahrscheinlich macht und gleichzeitig erklärt, weshalb ihr alle alten Versionen instinktiv verfallen.

Wenn es dann darum geht, zwischen den beiden Bedeutungen von דמה II
(vgl. oben) zu wählen, halten sich die Kommentare meist an die Faustregel
von PLOEG (151): "Le sens de דמה 1 s'accorde bien avec ולא יבין (v.21), mais
si l'on retient du v.13 le mot ילי, c'est plutôt דמה 2 qui s'impose." So
glauben die, die an der mangelnden Einsicht des Menschen von v.13/21 interessiert sind, das Vieh "werde geschweigt", wie es HUPFELD (664) mit Hinweis auf "unser gemeines 'abgemuckt'" umschreibt, denn "dass das Vieh stumm
ist, zeigt seine Unvernunft" (GUNKEL 212).

Doch "schweigen" heisst nur das Qal von דמם und warum ein passives
zum Schweigen gebracht werden (Ni) Zeichen der Unvernunft sein soll, bleibt
auch dunkel. Allerdings vermischen sich im Bereich der Wurzeln דמה II, דמם
und דום die Bedeutungen "vernichten" und "schweigen" so sehr, dass es unvor-
sichtig wäre, letztere hier ganz ausschliessen zu wollen. V.21 wird reichlich Gelegenheit bieten, darauf zurückzukommen (vgl. 4.3.3).

Vorläufig dürfte es richtig sein, für נדמו die grammatisch wahrschein-
lichere Bedeutung zu wählen und wie die Exegeten, denen an einem vorzeitigen
Tod des Menschen von v.13 liegt, das Verb דמה mit "vertilgt werden" zu übersetzen[133].

3. דמה Ni bezeichnet die Vernichtung von Personen (Is 6,5), Völkern (Zef
1,11) und Städten (Jer 47,5). Dass es "sonst in Verbindung mit Tieren
nicht vorkommt" (WUTZ 124) stimmt nicht, wie der unserer Stelle sehr ähnliche Beginn des Klageliedes über den Pharao Ez 32,2 lehrt: כפיר גוים נדמית

---

132. Ez 32,2, das MANDELKERN in seiner Konkordanz mit unserer Stelle zu
     דמה I zieht (ähnlich GESENIUS, Thesaurus und KOEHLER, Lexicon³),
     gehört m.E. eindeutig zu דמה II "vertilgt werden", vgl. den Beginn
     des Klageliedes 2 Sam 1,19!

133. Dies obwohl man mit der Aufgabe des stummen und dummen Viehs unter Um-
     ständen einer inspirierten Widerlegung des Darwinismus verlustig geht!
     In der Tat identifiziert LESETRE (235) irgendwie den unverständigen
     אדם ביקר (לא-יבין) mit den (natürlich überheblichen) Darwinisten und
     verkündet dann: "Ce verset est comme une réponse anticipée de l'Esprit-
     Saint à l'adresse de ceux qui cherchent à multiplier les rapprochements
     et les ressemblances entre l'homme et la bête."
         Schon CALOV (1023) hatte mit einer ähnlichen (wenn auch weniger
     konfusen und zumindest halbwegs einschlägigen) Bemerkung den Leser vom
     peinlichen Sinn des Verses abzulenken versucht: "Nonnulli etiam cum
     Atheis et Epicureis hominem non aliter quam jumentum extingui credunt,
     Weish 2."

(vgl. oben Anm. 132). Wohl stimmt es aber, dass es nie das Schlachten von
Mastvieh bezeichnet, das die Exegeten, denen am vorzeitigen Tod des אדם
ביקר liegt, so gerne an unserer Stelle beschrieben fänden[134].

Mit דמה verbindet sich nämlich weniger die Vorstellung der gewaltsamen
und damit vorzeitigen Vernichtung von eigentlich beständigen Grössen, als
vielmehr die des jähen und raschen Unterganges einer in sich schon kurz-
lebigen (oder als kurzlebig dargestellten) Wirklichkeit. Besonders klar ist
dies in Hos 10,7: "Vernichtet wird Samaria, ihr König - der ist wie Schaum
auf der Wasseroberfläche." An andern Stellen wird dieselbe "Schaumhaftig-
keit" des Vernichteten durch eine für uns sehr interessante Zeitbestimmung
ausgedrückt; die Vernichtung geschieht "in der Nacht" (Is 15,1: Stadt, Obd
5: Volk, vgl. Hos 4,5-6) oder "beim Morgengrauen" (Hos 10,15: Person). Damit wird klar, dass נדמו und בל-ילין streng parallel sind. בל-ילין versteht
man infolgedessen vielleicht besser als "nicht einmal die Nacht überstehen".
Hingegen bleibt es nach wie vor unklar, ob man נדמו auf Mensch und Vieh oder
auf das Vieh allein beziehen soll. Das letztere wahrt den Parallelismus
besser und ist deshalb vielleicht vorzuziehen, der Sinn bleibt auf alle
Fälle derselbe: dem Menschen in all seinem Wert ist eine "schaumhafte" Inkonsistenz eigen, und gerade dadurch muss man ihn mit dem Tier zusammen-
sehen.

3.3.5. Tod und Gottebenbildlichkeit

1. V.13 enthält zunächst eine verdeutlichende Zusammenfassung der Strophe
   v.11f. In v.11ab wurde der Weise mit dem Toren gleichgestellt, und nur
   undeutlich kam zum Ausdruck, dass dieser Tor eigentlich ein Tier (בער) sei.
   In v.13 wird dies nun klar gesagt: נמשל כבהמות. Da also der Vergleich in
   v.13 eine Verdeutlichung des Parallelismus von v.11ab darstellt und andererseits in v.11ab die (tierischen) Toren und (allein echt menschlichen) Weisen
   wirklich ein Geschick haben, kann man nun endlich mit einiger Sicherheit
   schliessen, dass in v.13 das נמשל nicht eine blosse Aehnlichkeit oder Ver-
   gleichbarkeit zwischen Mensch und Tier meint (vgl. etwa Qoh 9,12). Vielmehr
   offenbart der Tod eine wirkliche (ganz und gar nicht metaphorische) Gleichheit, wie sie Qoh 3,18f vertreten wird: Die Menschen sind Vieh (שהם-בהמה),

---

134. Besonders typisch z.B. PODECHARD (13): "Il ne s'agit que de'l'homme
     dans les honneurs', lequel comme le bétail de boucherie est voué
     à une fin prématurée. Il se peut que la comparaison porte aussi sur
     le fait que l'un et l'autre sont particulièrement bien nourris et que
     leurs corps prospère." (vgl. auch oben Anm. 120). Aehnlich GUICHOU
     280, OLSHAUSEN 216, THOLUCK 242 ("...wie das Vieh zum Schlachten, so
     ist der Mensch zum Sterben bestimmt") u.a.

"denn (es gibt scheinbar) ein Geschick: das des Menschen, und ein Geschick:
das des Viehs - und doch haben sie das gleiche Geschick: der Tod des einen
ist wie der Tod des andern und alle haben denselben Atem..."

Die Verben בל־ילין und נדמו nehmen ימותו und יאבדו aus v.11 auf. Sie
enthalten über diese hinaus einen Hinweis auf die Kürze des Lebens, die sich
in der Strophe v.11f höchstens (sehr!) andeutungsweise in der betonten Ewigkeit des Todes finden liesse. Sie enthalten aber besonders einen Hinweis
auf die "seinsmässige" Inkonsistenz, die Mensch und Tier verbindet.
2. Aus diesem letzten Hinweis kann man ersehen, dass v.13 die vorhergehende
Strophe (und das heisst besonders: deren zentrales Problem, den Tod der
Weisen) nicht nur zusammenfasst und verdeutlicht, sondern auch verallgemei-
nert: "Das Ganze ist der Schluss, zu dem die in v.11 und 12 enthaltene Betrachtung führt." (EHRLICH 110) Subjekt des Satzes sind ja nicht mehr, wie
in v.11f, als Weise qualifizierte Individuen, sondern der אדם überhaupt.
Dieser Ausdruck (und damit die Abstraktion und Verallgemeinerung, die er
nach sich zieht) wird durch ein hervorhebendes waw[135] stark unterstrichen.
(Insofern kann man mit KRAUS [367] sagen, das Wort sei hier "bewusst"
gesetzt.) Hier wird nun der Tod des Weisen in seiner symptomatischen Bedeutung für das Geschick des Menschen überhaupt erfasst, der ärgerliche
Einzelfall erscheint anthropologisch gedeutet als das menschliche Los.

Von den sterbenden Weisen her denkend kann der Autor den Tod nicht mehr
als akzidentelle Grenze im Leben der Narren ansehen, sondern nur noch als
"essentielle" Grenze im Leben des Menschen: auch wenn es sich erst im Nach-
hinein an seinem Tod erweist[136], so hat der Mensch doch schon immer wesent-

---

135. Vgl. EHRLICH (110): "Das Ganze [von v.13] ist der Schluss, zu dem
   die in v.11 und v.12 enthaltene Betrachtung führt. Die Vermittlung
   dieses Schlusses ist waw, welches hier dem arabischen f entspricht."
   (Aehnlich schon YEFET BEN ELI.) Textkritisch ist ואדם in v.13
   absolut sicher. Schon εβρ' AQ, SYM, und QUINT lesen es so, SEPT,
   GAL, HEBR und sogar TARG bezeugen ein ואדם in v.13 gegen ein אדם
   in v.21. Es übersetzen lediglich PESH zweimal ברנשא ohne Konjunktion
   und einige spätere SEPT-Handschriften (vgl. oben Anm. 113) sowie ROM
   zweimal mit Konjunktion. Doch handelt es sich hier um sekundäre Assi-
   milationen, gegen die schon HIERONYMUS in seinem Brief an Sunnia und
   Fretela kämpft: "'Homo in honore cum esset'. Pro quo in graeco invenisse vos dicitis: 'Et homo in honore cum esset'. Sed sciendum quod
   iste versiculus bis in hoc psalmo sit et in priori additam habeat 'et'
   coniunctionem, in fine non habeat." Vgl. auch unten Anm. 254.

136. Das Imperf. ילין soll vielleicht (gegenüber dem Perf. נמשל) nicht nur
   die Modalität ("er kann nicht einmal die Nacht überstehen") anzeigen,
   sondern auch dieses Verhältnis: der Mensch wird nicht bleiben, denn
   er ist schon immer dasselbe wie das Tier (vgl. das unten 4.1.84 zu
   שתו Gesagte).

lich die Beständigkeit des Traumes (ליל), des Schaumes (דמה) oder eben: des
Tieres.

3. Diese letzte Gleichsetzung, die als einzige im Text ganz explizit ist,
hat seltsamerweise in der Neuzeit bei den Exegeten so gut wie keine Beachtung gefunden. Ihre moralisierende Auslegung des Verses findet ja auch
primär im ersten Halbvers ihre Stütze. Deshalb wird, nachdem die Vergänglichkeit des Reichtums oder die Dummheit des Reichen einmal feststeht,
meist auch der Tiervergleich noch angeführt, doch fast nie verliert man
darüber ein Wort oder gar einen Gedanken[137].

Das ist umso bedauerlicher, als mir der Tiervergleich (zusammen mit
dem Begriff יקר) ein wichtiger (formaler, nicht inhaltlicher) Schlüssel zum
Verständnis des Psalmes zu sein scheint. Er zeigt nämlich, auf welcher Ebene, im Bereich welcher Problemstellungen sich der ganze Text bewegt: Der
Kehrvers wirft eindringlich, wenn auch nicht ausdrücklich - genau wie in
Ps 8 fällt das Wort "Bild" nicht - die Frage nach der Gottebenbildlichkeit
des Menschen auf. Damit tritt "ein Hauptstück der atl. Anthropologie" (STAMM,
Gottebenbildlichkeit 4) ins Blickfeld und es wird klar, dass wir es in Ps 49
(oder jedenfalls im Grundpsalm) nicht bloss mit einem moralischen Appell
oder einem tröstlichen Zuspruch zu tun haben, sondern mit einer prinzipiellen, "philosophischen" Reflexion über den Menschen in seiner Sterblichkeit,
über sein todverfallenes "Wesen", über seine vergängliche "Natur".

4. Dass der Kehrvers von der Gottebenbildlichkeit redet, war den alten Exegeten noch durchaus bewusst.

Die frühe jüdische Exegese, wie mir scheint, drückte dies eher indirekt aus,
indem sie mit Hinweis auf unseren Vers immer wieder betonte: אדם הראשון לא
לן כבודו עמו (MIDRASH GenRabba XI 2 = XII 6 = PESIQTA RABBATI 23)[138].

---

137. Nur gerade GERHOH (1502) bildet hier noch eine Ausnahme: "Ideo 'compa-
ratus est jumentis insipientibus' terrena solummodo appetendo, 'et
similis factus est illis' irrationabiliter vivendo. Ferox enim urso,
raptor lupo, petulans asino, litigiosus cani, immundus sui, dolosus
vulpi comparatur." Vgl. unten Anm. 139.

138. Nach dem Zusammenhang verliert Adam diesen Glanz am Abend des ersten
Sabbats, als Folge der Uebertretung, ähnlich auch PESIKTA RABBATI 23,6;
Pirqe deRabbi ELIEZER 19; YALQUT SHIM'ONI ad loc. Anders ist der Zusammenhang im MIDRASH DtnRabba 11,3 (wo im Streit um den Vorrang
Adam Mose gegenüber auf Gen 1,27 pocht, dieweil Mose ihm gestützt
auf Ps 49,13 und Dtn 34,7 zu bedenken gibt, er selbst habe seinen
Glanz wenigstens zu bewahren gewusst) und im babylonischen TALMUD,Sanhedrin
38B= Abot deRabbi NATAN 1,8 (wo Adam am zwölften Tag seiner Menschwerdung
des Paradieses verwiesen wird, auf dass Ps 49,13 sich erfülle).
    In all diesen Stellen ist zwar nie ausdrücklich von der Gotteben-
bildlichkeit die Rede. Doch der Verlust der Güter des "Urstandes" (der

Viel expliziter sind hier im allgemeinen die christlichen Exegeten der
Antike und des Mittelalters - bis hin zu NIKLAUS VON LYRA (785), der zu
אדם ביקר bemerkt: "Honor hominis consistit in hoc, quod factus est ad imaginem Dei, capax ipsius per cognitionem et amorem, et sic ordinatur ad bea-
titudinem aeternam..."[139].

Im Kontext von GAL, bzw. SEPT (wo der Kehrvers zweimal אדם ביקר לא-בין
lautet) war diese Gottebenbildlichkeit allerdings nur schwer unterzubringen
und um dem Text gerecht zu werden, kam man schliesslich fast immer dazu,
ביקר zweimal zu übersetzen: einmal richtig als "Menschenwürde", einmal falsch
als "weltliche Ehre, die verblendet"[140]. Leider hat die zweite, moralisierende Deutung, die dem GAL - Text auf den ersten Blick auch tatsächlich
besser entsprach, schliesslich die Oberhand gewonnen[141], und als man wieder

---

Glanz, das Leben, die Körpergrösse, die Frucht des Feldes, die Frucht
der Bäume und das Licht im MIDRASH GenRabba 12,6 u.ö., vgl. WEBER,
Theologie 222) zieht offensichtlich auch die Gottebenbildlichkeit in
Mitleidenschaft, die bei Adam diese Güter implizierte (vgl. z.B. MIDRASH
NumRabba 16,24: Leben; TANHUMA Tazri°a 8: Körpergrösse). Die Schwächung
der Gottebenbildlichkeit durch die Sünde zeigt sich auch am Verlust der
Autorität über die Zugtiere, die im MIDRASH GenRabba 25,2 erwähnt wird.

139. Vgl. etwa AUGUSTINUS (564): "Quid est 'in honore positus'? Factus ad
imaginem et similitudinem Dei, homo praelatus iumentis." Aehnlich
DIODOR VON TARSUS (297: Αξιωθεις τιμης παρα του θεου ωστε γε-
νεσθαι λογικος και επινοησας εαυτω τροπον τινα μακροβιο-
τητα δια της των ονοματων επιθεσεως της επι τοις κτημασιν),
THEODOR VON MOPSUESTIA (320: της παρα του θεου τιμης το μεγεθος),
THEODORET VON KYROS (1225 : την οικεαν τιμην, και την παρα θεου
δοθεισαν ημιν αξιαν), Ps-HIERONYMUS (967), THOMAS VON AQUIN (336).
GERHOH (1592) gibt als zweite Möglichkeit (vgl. oben Anm. 137) eine seltsame Mischung der neuzeitlichen, der alten jüdischen und der alten christlichen Deutung (Unterstreichungen von mir): "Vel homo Adam cum in honore
paradisi esset, dignatitatem suam, scilicet se ad imaginem Dei formatum,
non intellexit."

140. Das sieht man z.B. bei CASSIODOR (436) besonders gut (Unterstreichungen
von mir): "De ipsis adhuc loquitur qui mundi istius honore floruerunt.
Nam quamvis peccator in honore sit dum vivit, quia Dei portat imaginem,
recte dicitur dignitatem suam non intelligere, dum talia fecit, quae ab
ipso Creatore videntur omnimodis discrepare." Diese Doppelübersetzung
konnten nur die vermeiden, die genug Phantasie und Schriftkenntnis besassen, um den Grund der schädlichen Verblendung aus v.13b abzuleiten.
Einer dieser exegetischen Virtuosen ist etwa DIDYMUS (360), der mit Anspielung auf Jer 5,8 meint: Ανθρωπος κατ' εικονα και ομοιωσιν
γεγονεν θεου, και λογικος αποδειχθεις τιμην εχει μεγιστην.
Ταυτην δε μη συνιεις, αλλα πραττων συν αλογια κτηνεσιν
ανοητοις παραβαλλεται, ιππος θηλυμανης γεγονως και των
αλογων ζωων των αλλων τας ορμας μιμησαμενος. Ωμοιωθη ουν
κτηνεσιν ανοητοις, ελπιδα εχων ει βουληθειη ομοιωθηναι θεω.

141. Dieser Kampf lässt sich in der Postille des NIKLAUS VON LYRA verfolgen:
Um auch dem GAL-Text gerecht zu werden, hatte NIKLAUS VON LYRA seine

dazu überging, den hebräischen Text auszulegen, war die erste Deutung bereits vergessen[142].

5. Vor diesem Hintergrund erscheint nun freilich die Verknüpfung von v.13/

21 mit der Vorstellung der Gottebenbildlichkeit womöglich als bedauerlicher Rückfall in ein exegetisches"Mittelalter", dem mehr an der biblischen
Ausstaffierung scholastischer Theoreme als am Textverständnis läge. Dass
dem nicht so ist, werden die zahlreichen Hinweise auf die biblische Imago-
Vorstellung in v.13/21 zeigen (siehe unten). Eine Gefahr besteht allerdings:
ein Begriff wie die "Gottebenbildlichkeit" des Menschen könnte mehr Verwirrung als Licht in unsern Text bringen. Ein Blick auf die einschlägige Lite-
raturflut zeigt nämlich, dass er vom aufrechten Gang (KOEHLER, Grundstelle
19f) bis zur potentia oboedentialis (WESTERMANN, Genesis 217) an Bedeutungen ziemlich alles hergibt, was man von ihm gern haben möchte.

Für die Auslegung von Ps 49 wäre es denn auch gefährlich, der Anspielung auf die Gottebenbildlichkeit des Menschen viel mehr entnehmen zu wollen, als das oben (3.3.53) schon Festgehaltene: einen Hinweis auf den Rahmen der Problemstellung, auf die Ebene des Diskurses.

Umgekehrt liegt nun aber mit Ps 49 ein weiterer Text zur Gottebenbildlichkeit vor. Von ihm kann man sich eine gewisse Klärung des Begriffes erhoffen, der ja so unscharf bleibt, weil er von den paar klassischen Stellen
her, auf die man ihn gewöhnlich abstützt (Gen 1,26; 5,3; 9,6; Ps 8) unter-
determiniert ist.

---

oben zitierte Erklärung von אדם ביקר wie folgt fortsetzen müssen: "...
quam homo carnalis non intelligit, ut dictum est, unde subditur 'compa-
ratus est iumentis insipientibus' eo quod elegit vitam voluptuosam, quae
vocatur vita pecudum." Dem konnte PAULUS VON BURGOS in seiner Additio
III (788) ohne Mühe und auch mit einem gewissen Recht entgegenhalten:
"Ex hoc quod homo capax Dei per cognitionem et amorem, non contingit
eum non intelligere, sed potius e contra: unde impropria videtur expositio postillatoris in hoc versu, sed potius videtur dicendum, quod
honor hic intelligitur de honore mundano." Obwohl er sich in seiner
Replica redlich abmüht, vermag Matthias DOERING den eigentlichen Einwand der Additio nicht zu entkräften: "Burgen.[sis]..exponit de honore
mundano excecante ne intelligat: sed non videtur prophetam honorem munda-
num sic grandipendere, ut dicat, hominem non in eo esse, sed potius
videri esse; sed loquitur de vero honore, de quo supra: 'Gloria et
honore coronasti eum etc' et cum carnalis homo, de quo hic sermo, illum
verum honorem non advertit, dicitur non intelligere, qui tamen ad hoc
creatus fuerat, ut intelligeret rationem imaginis..."

142. Einige neuzeitliche Autoren erwähnen sie zwar noch, doch nur in ihrer
ohnehin nicht sehr überzeugenden midrashischen Spielart und ausschliesslich, um sie in einem Satz ad acta zu legen: "Nihil enim tale hic habe-
tur: nec de Adamo, primo homine, hic agitur, sed de homine quovis, in
divitiis confidente." (CALOV 1023, ähnlich POLUS 819, MICHAELIS 326).

6. Will man sich möglichst an die Evidenzen der Texte halten, kann man für
   die Imago-Lehre aus den Stellen der Priesterschrift nur folgern, dass
   das Bild-sein dem Menschen mit seiner Existenz gegeben wird und noch kon-
   stitutiver und wesentlicher zu ihm gehört als sein Name (Gen 5,1-3), dass
   es ihn gerade angesichts des Todes vom Tier unterscheidet (Gen 9,1-7) und
   besonders: ein Herrschen über die Tierwelt impliziert (Gen 1,26). Die von
   WILDBERGER (Abbild 487) angeführten altorientalischen Parallelen zeigen
   m.E. eindrücklich, dass diese Herrschaft über die Tiere ein Stück demokra-
   tisierter Königsideologie darstellt und den Menschen als Repräsentation
   und Manifestation Gottes in der Welt ausweist, doch gehört dies - leider -
   schon in den Bereich der umstrittenen Interpretation[143]. All dem fügt Ps 8
   kaum etwas hinzu, sondern unterstreicht lediglich die hohe Würde, die dem
   Menschen mit der Herrschaft über die Werke Gottes verliehen ist.

   Worin nun aber dieses würdevolle Bild-sein des Menschen, kraft dessen
   er über die Schöpfung herrscht, des näheren besteht, ist in all diesen Texten ganz einfach nicht gesagt und man wird es ihnen auch durch tiefsinnig-
   stes Philosophieren über das כדמותנו בצלמנו von Gen 1,26 kaum entnehmen
   können.

---

143. Allerdings ist es keineswegs einfach, diese Deutung zu widerlegen,
     angesichts der Materialfülle, die WILDBERGER (Abbild) und SCHMIDT
     (Schöpfungsgeschichte 127 ff) zu deren Begründung vorweisen. Das
     zeigt der Widerlegungsversuch WESTERMANNs (Genesis 209-213). Zunächst
     verliert er sich in Finessen des Kausalnexus': "Der König als Reprä-
     sentant der Gottheit ist durchaus sinnvoll... Welchen Sinn aber soll
     es haben, dass die Menschheit auf Erden Gott repräsentiert oder ver-
     tritt? Diese Vorstellung hätte nur Sinn, wenn 'der Mensch' (die
     Menschheit) Gott gegenüber den übrigen Geschöpfen repräsentiert. Das
     ist aber zweifellos nicht gemeint. Sowohl WILDBERGER wie SCHMIDT
     sagen mit Recht, dass die Herrschaft über die übrigen Geschöpfe die
     Folge der Gottebenbildlichkeit ist." (211, ähnlich wiederum in Gene-
     sis 1-11, 26, trotz der Widerlegung von STAMM, Frage 246). Dann ver-
     sucht es WESTERMANN mit bibeltheologischen Faustregeln: "Diese Deu-
     tung ist in der Theologie des P kaum möglich" da P "bemüht ist, das
     Erscheinen Gottes allein in seiner Heiligkeit darzustellen..." (211).
     Schliesslich destruiert er im Interesse der Antwort gar die Frage-
     stellung: alle angeführten altorientalischen Parallelen nützen nichts,
     denn WILDBERGER und SCHMIDT "fragen bei ihrem Vergleich nicht nach
     der Erschaffung des Menschen nach dem Bild Gottes, sondern sie fragen
     nach dem Begriff 'Bild Gottes'" (212). Um auch innerhalb dieser neuen
     Fragestellung vor altorientalischen Parallelen sicher zu sein, bemüht
     dann WESTERMANN eigens "die Maoris auf Neuseeland", die zeigen sollen,
     "dass das Reden vom Erschaffen des Menschen nach dem Bild Gottes eine
     weitverzweigte ausserisraelitische Vorgeschichte hat" (213). Nachdem
     zu guter Letzt in Gen 1,26-30 auch die menschliche Herrschaft über
     die Tiere literarkritisch wegoperiert worden ist (210), gibt der sol-
     chermassen im luftleeren Raum schwebende Abschnitt endlich das her,
     was WESTERMANN von ihm haben möchte: die Imago-lehre Karl BARTHs (217).

Hingegen wäre vielleicht schon einiges gewonnen, wenn man zwei Stellen
zur Kenntnis nähme, die genau auf diese Fragen nach dem Wesen des Bild-seins
antworten, und zwar so klar, dass ihnen gerade deswegen jedermann geflissentlich aus dem Wege geht: Sir 17,1-11 und Weish 2,23f.

Nach Sir 17 besteht die Gottebenbildlichkeit des Menschen in seinem
Erkenntnis- und Denkvermögen[144], nach Weish 2 in seiner, zumindest theore-
tischen, Unsterblichkeit[145].

---

144. Es ist im Hinblick auf die Auslegung von Ps 49, wie wir sehen werden,
     nicht unwichtig festzuhalten, dass diese Umschreibung der menschlichen
     Gottebenbildlichkeit im grösseren Gedicht Sir 16,24 - 18,14 steht, das
     angesichts der menschlichen Sterblichkeit den ewigen Gott zu rechtfer-
     tigen sucht.
         Nach der Lehreröffnung (16,24f) betont der erste Abschnitt (16,26-28),
     dass Gott seit allem Anfang und für alle Ewigkeiten seine Werke perfekt
     im Griff hat. Er lässt keinen Augenblick von ihnen ab, um nicht die Herr-
     schaft über sie zu verlieren, und die allgemeine Zerstückelung und
     Aufteilung der Wirklichkeit (vgl. Gen 1,1-19) verhindert ohnehin von
     vornherein alle Pannen und Konflikte. Diesem ewigen reibungslosen
     Funktionieren der gezähmten Weltmaschine stellt der zweite Abschnitt
     (16, 29-30) die Menge der sterblichen Tiere gegenüber (vgl. Gen 1,20-25)
     und mitten aus diesem vergänglichen Gewimmel heraus lässt der dritte
     Abschnitt (17) auch den Menschen hervortreten (17,1). Dieser wird cha-
     rakterisiert durch eine (in scheinbarem Gegensatz zu Gen 3,3f.19)
     natürliche und planmässige Sterblichkeit (17,2a), obwohl er gleichzeitig
     auch in gewisser Weise über dem Sterblichen steht (17,2b): Gott hat ihn
     mit "Kraft" ausgestattet (17,3a) und durch ihn die Gottesfurcht über
     alles vergängliche Fleisch gelegt (17,4; τον φοβον αυτου bezieht
     sich auf Gott so gut wie τον οφθαλμον αυτου in 17,8). Quelle die-
     ser Kraft nun ist die Gottähnlichkeit des Menschen (17,3b), die in
     17,6-10 umschrieben wird: Διαβουλιον και γλωσσαν και οφθαλμους,
     ωτα και καρδιαν εδωκεν διανοεισθαι αυτοις· επιστημην συνεσεως
     ενεπλησεν αυτους, και αγαθα και κακα υπεδειξεν αυτοις
     εθηκεν τον οφθαλμον αυτου επι τας καρδιας αυτων, δειξαι
     αυτοις το μεγαλειον των εργων αυτου· και ονομα αγιασμου
     αινεσουσιν,...
     Die Glosse 17,5 (ελαβον χρησιν των πεντε του κυριου ενεργημα-
     των, εκτον δε νουν αυτοις εδωρησατο μεριζων, και τον εβ-
     δομον λογον ερμηνεα των ενεργηματων αυτου) will das Verständ-
     nis von (17,4 als Erläuterung zu 17,3a und von) 17,6-10 als Erläute-
     rung zu 17,3b sicherstellen.
         Diese Gottähnlichkeit gibt dem Menschen nicht nur Macht "über
     alles Fleisch", sondern auch Anteil am ewigen "Gesetz des Lebens"
     (17,11) und stellt ihn in die Mitte zwischen das vergängliche Ge-
     wimmel der Erde und die ewigen Ordnungen des Alls, die der Mensch in
     seinem Handeln gewissermassen neu setzen muss (vgl. das πλησιον
     in 16,28 und 17,14). Hier betont der Autor, dass Gott auch die freien
     und deshalb mangelhaften Reproduktionen der notwendigen Ordnungen stets
     im Auge behält (17,15-22) und letztlich im Griff hat (17,23f). An die-
     ser Stelle kommt nun mit einer Warnung vor der Sünde (17,25f) wieder
     der Tod ins Blickfeld (17,27-28), vor dem nur die Reue und besonders
     "das grosse Erbarmen des Herrn" (17,29) retten können. Der Tod ist
     also sowohl eine Naturnotwendigkeit (vgl. 17,1f) als auch eine Folge

Nun kann man freilich einwenden, diese Texte seien jung und hätten in
hellenistischer Verblendung die kanonischen Stellen zur Gottebenbildlichkeit völlig missverstanden und umgebogen. Aber einerseits kann niemand bestreiten, dass sie älter sind als ziemlich alle Genesiskommentare und dass
sie immerhin zur biblischen Tradition im weiteren Sinne gehören. Andererseits vermag nun gerade Ps 49 die scheinbar unüberwindliche Distanz zwischen
den kanonischen Imago-Stellen und ihren zwei späteren Auslegungen auf erstaunliche Art zu überbrücken. Ps 49 stellt nämlich alle Elemente der "biblischen" Imago-Lehre aus der Priesterschrift, Ps 8, Sir 17 und Weish 2 auf
engstem Raum zusammen - er systematisiert sie um sie einzeln durch die Erfahrung zu widerlegen und die Lehre als ganze zu zertrümmern. Diese vollständige und systematisierte Imago-Lehre, die Ps 49 m.E. voraussetzt, sieht
- positiv gewendet - so aus:

Wie in Gen 5,3 kommt das Bild-sein jedem Menschen zu (אדם, v.13/21a),
verleiht ihm wie in Ps 8,6 eine besondere Würde (ביקר, v.13/21a), und macht
ihn zu einem Vertreter Gottes auf Erden (קראו בשמותם, v.12c). Diese Würde
gründet wie in Sir 17,6-8 im spezifisch menschlichen Erkennen und Denken
(vgl. לא-יבין, v.21a, vielleicht auch נדמו v.13b, vgl. unten 4.3.35),
besteht wie in Gen 9,6; Sir 17,1-2; Weish 2,1-24 gerade angesichts des
Todes (vgl. בל-ילין v.13a, נדמו v.13/21b) und impliziert wie in Gen
1,26.28; Ps 8,7-9; Sir 17,4 eine Herrschaft über die Schöpfung - repräsen-

---

der (missbrauchten) Freiheit. V.30, der wahrscheinlich das Zusammen-
spiel dieser beiden Aspekte erklären will, ist leider unklar, meint
aber wohl, wie v.31f (und der Zusatz 17,16; vgl. Gen 8,21) vermuten
lassen, der tödliche Missbrauch der Freiheit treffe mit Notwendigkeit
früher oder später ein, weil der Mensch Staub sei (vgl. PETERS, Sirach
148), was wohl nichts anderes ist als eine korrekte Auslegung von Gen
6,3 ("Mein Geist vermag sich im Menschen auf lange Sicht nicht durchzusetzen, weil dieser auch Staub ist."). Nachdem 17,32 wieder zum Anfang des Kapitels zurückgeführt hat, schliesst der Text im vierten
Abschnitt (18,1-14) mit einem Loblied auf den ewigen Gott (18,1-6), der
die Menschen trotz ihrer Nichtigkeit (18,8-10, vgl. Ps 8) mit seinem
riesigen Erbarmen überschüttet (18,11-14), denn ειδεν και επεγνω
την καταστροφην αυτων οτι πονηρα (18,12a).

145. In Weish 1f ist die Gottebenbildlichkeit des Menschen genau wie in
Sir 17 ein anthropologischer Schlüsselbegriff, mit dem versucht wird,
die Frage nach dem Verhältnis von Ewigkeit, Sterblichkeit, Gerechtigkeit und Sünde zu beantworten. Anders als Sir 17 braucht Weish 1f
griechische Begriffe und nimmt die Sterblichkeit viel weniger ernst.
So kann hier viel bestimmter gesagt werden, οτι ο θεος θανατον
ουκ εποιησεν (1,13) und οτι ο θεος εκτισεν τον ανθρωπον
επ' αφθαρσια και εικονα της ιδιας αιδιοτητος εποιησεν
αυτον· φθονω δε διαβολου θανατος εισηλθεν εις τον κοσμον.
Πειραζουσιν δε αυτον οι της εκεινου μεριδος οντες..."
(2,23f).

tiert durch die Tiere als deren höchstem nicht-menschlichen Teil (vgl.
נמשל כבהמות, v.13/21b).

Ob wirklich alle diese in Ps 49 gegenwärtigen Aspekte der menschlichen
Gottebenbildlichkeit auch in den andern kanonischen Stellen vorausgesetzt
werden dürfen, ist natürlich schwer zu sagen - mir scheint es durchaus
nicht unwahrscheinlich[146]. Dass unser Psalmist dieses Menschenbild bitter
kritisiert, scheint mir jedenfalls zu zeigen, dass er es in dieser Form
zu seiner Zeit und in seinem Milieu schon vorgefunden hat und dass es da
auch eine gewisse Bedeutung besass, sonst schösse ja seine Kritik ins Leere.

Wie sich diese Kritik im Einzelnen darbietet, wird am Ende der zweiten
Strophe klarer zu Tage treten (vgl. unten 4.3.25).

---

146. In seiner "königsideologischen" Deutung der kanonischen Imago-Stellen
kann WILDBERGER (Abbild 483) jedenfalls die erkenntnistheoretische
Imago-Vorstellung von Sir 17 mühelos unterbringen: "So sehr man hier
das Menschenbild des Hellenismus vor sich zu haben glaubt, so klingen
doch noch Motive aus der Königsideologie an (vgl. etwa 1 Kön 3,9; Is
7,15; 11,2). Weisheit, Einsicht und Verstand, zu unterscheiden zwischen
Gut und Böse, sind im Alten Testament speziell Begabungen, mit denen
der König ausgerüstet ist." Die Deutung WILDBERGERs scheint mir aber
auch den Imago-Begriff von Weish 2 noch "retten" zu können: Im Alten
Testament hat der König (prinzipiell) wenn nicht gerade αφθαρσια
und αιδιοτης, so doch etwas, was dem im hebräischen Denken wohl
sachlich entspricht: eine besondere Resistenz gegen den Tod und ein
langes Leben (vgl. Ps 21,5; 45,7; 61,7; 72,5 u.ö.)

4. DIE SITUIERUNG DES TODES

Die nun folgenden Verse 14 und 15 zeichnen sich nicht nur durch ihre "grossartige visionäre Kraft" (KRAUS 367) und ihre "funèbre splendeur" (MANNATI 141) aus. Sie sind auch für das Verständnis des ganzen Psalmes von zentraler Bedeutung: "La strophe qui commence ici est le point culminant du poème et en exprime toute la doctrine." (PODECHARD K I 219).

Umso schwerwiegender ist es deshalb, dass diese Verse die schwerverständlichsten des ganzen Psalmes sind. "Die Schwierigkeiten, welche sich einem leichten und sicheren Verständnisse entgegensetzen, wachsen hier... noch mehr als bisher; der Ausdruck ist abgerissen, holpricht und theilweise gänzlich dunkel." So urteilte z.B. OLSHAUSEN (217) und zog daraus folgende Schlüsse: "Es kann schwerlich ein Zweifel darüber walten, dass der Text hier stark verdorben ist. Eine genügende Erklärung ist deshalb für jetzt nur theilweise erreichbar und es wird besonders darauf ankommen, die Schwierigkeiten ihrem Wesen nach recht zu erkennen." (aaO)

In Wahrheit dürfte aber die rechte Erkenntnis des Wesens der Schwierigkeiten auch den Zweifel an der Textverderbnis des MT voraussetzen. Gerade weil man immer allzu schnell bereit war, die Stelle als "invodinello, nato da confusione di parole" (MINOCCHI 151f) abzutun, wurde sie zum Tummelplatz exegetischer Phantasie und zum Schlachtfeld dogmatischer Vorurteile[147]. Eine kleine Hoffnung, die längst fällige "genügende Erklärung" zu erreichen, bietet deshalb m.E. nur die Annahme, mit welcher DELITZSCH

---

147. Vgl. PAUTREL 530: "Sur ce passage, de lecture douteuse, et de sens incertain, se sont affrontées des positions doctrinales, il faut avouer que c'était l'endroit rêvé."

(338) den oben zitierten Folgerungen von OLSHAUSEN entgegentrat: "Die Schuld
[scil. an der Dunkelheit] liegt aber nicht wie er meint an starker Verdor-
benheit des Textes, sondern an der geflissentlichen Stilart solcher Psalmen
düsteren Inhalts."

4.1.   DER WEG DES MENSCHEN (v.14 + 15a)[148]

4.1.1. זה דרכם

1. In v.14 entzweien sich die Exegeten bereits am Wörtlein זה. Einmal sind
einige [149] der Ueberzeugung, dieses in der Regel vorausweisende Demon-
trativpronomen weise hier auf das eben gesagte zurück. Traditionelle Belegstellen für die Möglichkeit eines solchen Gebrauches sind Hi 18,21; 20,29.
Obwohl zurückweisendes זה also möglich ist, bildet es doch die Ausnahme
(vgl. GESENIUS, Grammatik § 136 b, dagegen JOUON, Grammaire § 143 b) und
sollte nur dort angenommen werden, wo sich dies wirklich aufdrängt. Notwendig ist eine solche Annahme nach dem zusammenfassenden Refrain v.13
sicher nicht[150].

Ferner haben einige andere Exegeten[151] זה adjektivisch verstehen wollen.
Auch wenn das möglich sein sollte - JOUON (Grammaire § 143 i) nennt als
Beispiele dafür Ex 32,1; Hld 7,8; Is 23.13; Ps 104,25 und "vielleicht" unsere Stelle - drängt es sich wiederum nicht auf und wird deshalb besser
nicht übernommen.

Schliesslich ist es vielleicht nicht unnütz, mit PODECHARD (K II 200)
zu betonen, dass זה hier im neutralen Sinn, ohne verächtlichen Unterton,
gebraucht wird. Sofern dieser Unterton in unserer syntaktischen Fügung möglich ist, müsste er wie an allen andern Stellen (vgl. GESENIUS Grammatik
§ 136 b und JOUON, Grammaire § 143 d) aus dem Kontext erschlossen werden.

---

148. Zur Gliederung von v.15 und Zuteilung von v.15a vgl. unten 4.2.1.

149. Z.B. HUPFELD (665), DELITZSCH (338), BAETHGEN (140), GUNKEL (212),
     WEISER (262).

150. Es sei denn, man sehe im סלה das sichere Zeichen für den Schluss ei-
     nes Abschnittes, wie es z.B. HUPFELD (665) und (mit Bestreitung des
     Kehrverscharakters von v.13) PLOEG (153) tun (was den letzteren übri-
     gens nicht hindert, den zweiten Teil des Psalmes dennoch mit v.14a
     beginnen zu lassen, vgl. aaO 152).

151. Z.B. DE DIEU (141): "Haec via eorum spes...ipsis est...", ähnlich
     ROSENMUELLER (1069): "Haec via spes eis, in vanis istis conatibus..
     ...stulti isti spem suam collocant."EERDMANS (259): "this their way
     ...is folly..."

2. Das Wort דרך wird in den Kommentaren nicht beachtet[152] - es ist ja auch
   nicht auf den ersten Blick unverständlich. Doch gerade deswegen könnte
   diese Bezeichnung des Folgenden als "ihr Weg" einiges zur Aufhellung dieser
   Verse beitragen.

   Wo der "Weg" nicht im geographischen Sinn, sondern "symbolisch" gebraucht wird[153], ist er in der Weisheitsliteratur eine ganzheitliche Bezeichnung für das menschliche Leben: ganzheitlich insofern als dieses Leben
   über alle Einzelmomente hinaus und jenseits der Unterscheidung zwischen
   "subjektivem" Verhalten und "objektivem" Ergehen als Ganzes erfasst wird;
   und ganzheitlich besonders insofern es ins Ganze der Wirklichkeit einge-
   ordnet wird. Der Weg ist das Leben des Menschen, das als eines erkannt und
   mit dem Blick auf das Ganze bewertet wird, er ist das menschliche Leben in
   seiner anthropologischen und theologischen Bedeutung.

   Der Weg des Menschen ist somit immer ein Weg "vor Gott". Deshalb kennt
   das Alte Testament letztlich nur deren zwei (vgl. W. MICHAELIS, in: KITTEL,
   Wörterbuch V 53f): den Weg "mit Gott", den von Gott gesetzten und vom Menschen gegangenen Weg, der zum Leben führt einerseits, und andererseits den
   Weg "gegen Gott", den vom Menschen selbst bestimmte und befolgte Weg, der
   im Dunkeln und Schlüpfrigen endet (Ps 35,6)[154].

---

152. Einzig TORCZYNER (54) nimmt sich seiner an - allerdings nur, um "nach
     unbefangener Prüfung" zu dekretieren, v.14 könne "der Psalmist unmög-
     lich geschrieben haben". Er kommt dann von זה דרכם כסל למו mit Annahme
     einer Dittographie, bei der כס gleich כם ist, sei es zu זה דֹלֹאֶכסל
     למו, sei es über ein mysteriöses זה דרכח אֶלָמֹו zu זה דור רם לבמו,
     ganz wie es beliebt.

153. Auf die Zweifelhaftigkeit der Unterscheidung zwischen "eigentlicher"
     und "übertragener" Bedeutung hat J.BERGMANN(in: BOTTERWECK, Wörterbuch
     II 288f) zu Recht hingewiesen. Warum er sich aber gleichzeitig sträubt,
     den alttestamentlichen דרך mit der ziemlich allgemein verbreiteten
     Wegsymbolik in Zusammenhang zu bringen, leuchtet mir weniger ein.
     דרך kann ja durchaus dort, wo es nicht nur und ausschliesslich eine
     begehbare Strecke im Gelände meint, begrifflich schwer überschaubare
     Zusammenhänge andeuten und veranschaulichen ("symbolisieren") ohne
     dass dadurch notwendigerweise immer "dieselben Assoziationen im Spiel
     sein müssen" (aaO 289) wie etwa im Taoismus. Hier von Symbol zu reden
     dürfte, bei der Vieldeutigkeit dieses Wortes, kaum gefährlich sein,
     charakterisiert hingegen trefflich die Schwierigkeit, die sich einer
     sauberen begrifflichen Analyse des alttestamentlichen דרך in den -
     Weg stellen.

154. Vgl. dazu NOETSCHER, Gotteswege 122: "Die Wege des Menschen sind durch
     die Wege Gottes normiert....Analog den Wegen Gottes stellt sich auch
     der Weg des Menschen dar als eine Art zu handeln in jedweder Bezie-
     hung, als Brauch, Religion, besonders aber als religiös-sittlicher
     Lebenswandel. Dieser unterliegt der göttlichen Beurteilung, Prüfung
     und Vergeltung."

Wenn nun der Psalmist hier zu Beginn der zweiten Strophe plötzlich vom
Weg redet, so bestätigt er nur unsere Erwartung: der letzte Stichos der
ersten Strophe (v.12c) hatte uns schon in die Vorzeitigkeit des Lebens
vor dem Tode zurückgewiesen (vgl. oben 3.2.53) und dabei auch ganz diskret
die Frage nach Gott gestellt (vgl. oben 3.2.63). Mit der Vorstellung der
Gottebenbildlichkeit hatte der Kehrvers diese Frage verdeutlicht und gleichzeitig das ganze Problem auf ein anthropologisches Niveau gehoben. Diese
Fäden spinnt nun die zweite Strophe weiter, wenn sie vom Weg des Menschen
reden will, also von seinem als Ganzheit verstandenen Leben vor Gott.
3. Um wessen Weg es sich hier genau handelt, wissen wir allerdings jetzt
noch nicht mit Sicherheit, da das Possessivpronomen ם- erst im Folgenden
näher erläutert wird (vgl. zur Konstruktion GESENIUS, Grammatik § 155 e).
Es ist aber von vornherein zu vermuten, dass alle Possessivpronomina der
folgenden Verse die Weisen und Toren in einem - d.h. die Toten der v.11+12 -
meinen[155]. Auch das entspricht ja ganz unseren Erwartungen: die zweite
Strophe fragt nach dem Weg von Toten, d.h. vom Tod her beleuchtet sie das
vorangegangene Leben. Sie untersucht das Leben, das in den Tod mündet, sie
bietet eine posthume Reflexion über das Leben, sie entwirft eine Philosophie
des Lebens vor dem Tode.

4.1.2. כסל למו

1. Der hier gemeinte Weg ist zunächst als der Weg derer bestimmt, die כסל
haben[156]. Das Wort ist wie sein Homonym "Lende" von כסל "dick, plump sein"
abzuleiten und bedeutet meistens "Vertrauen", einmal vielleicht auch "Torheit".

Bis auf wenige Kommentatoren, die diesen zweiten Sinn hier annehmen,
entscheiden sich die meisten für das "Vertrauen" - "obwohl nicht ohne üblen
Nebenbegriff" (STIER 139). כסל heisst für sie deshalb "die Selbstsicherheit,

---

155. Wie EERDMANS (265) die Possessivpronomina je nach Bedarf auf Weise
     oder Toren (Reiche) zu verteilen, ist sprachlich jedenfalls kaum
     vertretbar.

156. Die SEPT hat offenbar כשל (oder nach WUTZ 124: χεσελ) gelesen, das
     Wort mit כשל "straucheln" zusammengebracht und als σκανδαλον wieder-
     gegeben. Sicher handelt es sich hier um eine auch sonst belegte Ver-
     schreibung von ם als ש (vgl. GESENIUS, Handwörterbuch 777). Ein Sub-
     stantiv כשל gibt es jedenfalls nicht. Man mag das freilich bedauern,
     denn die Paradoxie des Weges, der den Leuten zum "Stolperdraht" würde,
     passte eigentlich sehr gut zum Grabhaus von v.12 und zur Scheolhürde
     von v.15a... GAL, PESH und wohl auch QUINT sind von der SEPT abhängig.

157. Neben PAULUS (251), HENGSTENBERG 464) und HIRSCH (259) auch UCHELEN (70),
     der folgende Begriffsbestimmung vornimmt: "Het word voor 'dwaasheit' kan

das Vertrauen auf die eigene Person und Macht, das Drehen um sich selbst..."
(WEISER 262)[158]. Nun ist aber nicht einzusehen, woher ein solche "übler
Nebenbegriff" kommen soll. כסל heisst <u>entweder</u> (im unklaren Vers Qoh 7,25)
"Torheit" <u>oder</u> wirkliches Vertrauen ohne Einschränkungen oder Untertöne: in
Ps 78,7; Spr 3,26 ist mit dem Wort das Vertrauen in JHWH gemeint, in Hi 8,14;
31,24, wo כסל parallel zu מבטח steht, ergibt sich die Falschheit des Ver-
trauens (des Ruchlosen ins Geld) aus dem Kontext, nicht aus dem Wort selber[159].
Deshalb muss man sich auch hier für das eine <u>oder</u> das andere entscheiden.
Unzulässig weil unmöglich ist es, wie MOLL (252) "die Grundbedeutung der Zuversicht festzuhalten, welche sachlich ein Trotzsinn (Böttcher) ist, sich
als Pochen (Hitzig) äussert und als Thorheit erweist". Solche Einschränkungen
der Grundbedeutung von כסל müssten nämlich aus dem Text ersichtlich sein.

Nun fällt die Wahl zwischen "Vertrauen" und "Torheit" ganz bestimmmt
nicht leicht: Angesichts des כסיל von v.11 drängt sich "Dummheit" auf, denn
wegen der Spärlichkeit von Wortwiederholungen im Grundpsalm ist es unmöglich,
כסל nicht mit כסיל in Verbindung zu setzen. Doch eben diese Bedeutung von
כסל ist nur gerade durch die wahrlich nicht überzeugende Stelle Qoh 7,25 ge-
geckt[160]. Auch das verwandte כסלה, das in Hi 4,6 deutlich "Zuversicht" heisst

ook '(zelf)-vertrouwen' beteken." Diese Formulierung ist so falsch, dass
nicht einmal ihr Gegenteil richtig ist...(vgl. unten Anm. 178).

158. KOENIG (597) nimmt offenbar die eventuelle zweite Bedeutung "Torheit"
als Nebenbegriff zur ersten und übersetzt deshalb כסל mit: "religiöse
Borniertheit".

159. Der Versuch, an unserer Stelle irgendeinen Gegenstand des כסל zu konstruieren (z.B. die ewigen Häuser, DE DIEU 141; der böse Weg, GEIER 731)
ist völlig willkürlich.

160. Zwischen den entgegengesetzten ("profanen") Paaren "Weisheit und Einsicht"
und "Torheit (und) Narrheit" wäre es sicher angebrachter, רשע כסל (als
"religiöses" Begriffspaar) mit "Frevel (und) Gottvertrauen" (vgl. 7,26b!)
statt mit "Frevel (und) Torheit" wiederzugeben. "Torheit" ist eine ad-hoc-
Uebersetzung, nahegelegt durch den sprachlich ganz unmöglichen Versuch
der SEPT, רשע כסל als ασεβους αφροσυνην zu verstehen und so die aus
der seltsamen Verteilung der kopulativen ו entstandenen Schwierigkeiten
zu überwinden. Da aber die SEPT gefolgt von der PESH beim letzten Glied
(wo der Artikel von והסכלות einen Nominalsatz nahezulegen scheint) eine
Gleichordnung vornimmt, könnte man sich wirklich fragen, ob im Satz
לדעת חכמה וחשבון ולדעת רשע כסל והסכלות הוללות nicht doch alle Begriffe
als Gegenstände des Wissens gleichzuordnen sind ("Zu wissen Weisheit
und Einsicht und zu wissen Frevel < und > Glauben und Torheit < und > Dummheit") und zwei ו nur fehlen, weil eine unschöne Häufung vermieden werden sollte (vgl. den Ausfall des dritten ל in לדעת ולתור ובקש v.25).
Doch auch wer lieber bei den traditionellen Nominalsätzen bleibt, tut
gut daran, כסל wie an den andern Stellen als "Vertrauen" zu übersetzen.
Damit vermeidet er hohle Tautologien, denn Qohelet würde nun sagen, er

und in Ps 85,9 traditionell mit "Torheit" übersetzt wird, hilft kaum weiter[161]
Schliesslich ist DAHOODs (299) Uebertragung von כסל als "wealth" wenig vertrauenerweckend[162], EHRLICHs Erklärung ist für einmal doch etwas zu originell[163]
und die vorgeschlagenen Korrekturen erweisen sich als ganz unbegründet[164].

Am besten ist es deshalb, den Entscheid noch zurückzustellen und sich
vom parallelen Halbvers eine Hilfe in der Wahl zwischen "Vertrauen" und
"Dummheit" zu erhoffen.

4.1.3. Auslegungen von v.14b

Diese Hoffnung scheint sich allerdings schnell zu zerschlagen, wenn man zu
diesem Halbvers die Kommentare zu Rate zieht. Für STUHLMANN (137) bedeutet
er, dass die Toten "im Munde der Enkel leben", KNUDTZON (Bibelstellen 198)

---

sei schliesslich dazu gekommen "einzusehen, dass Vertrauen Frevel sei,
Dummheit hingegen bloss Dummheit", da das Vertrauen in die verführerische
Frau (v.26) so gut wie Frevel zum Tode führt. Solange der ganze Abschnitt
unklar ist, bleibt allerdings alles zweifelhaft - am meisten jedoch der
Versuch, כסל ohne jeden Grund hier anders zu verstehen als sonst!

161. Man kann durchaus auch in Ps 85,9 כסלה als "Zuversicht, Vertrauen" verstehen, MT mit SEPT (και επι τους επιστρεφοντας προς αυτον καρ-
διαν) als וְאַל-יְשׁוּבוּ לְכִסְלָה lesen (vgl. GESENIUS, Grammatik § 155 n) und
übersetzen: "ja, er [Gott] redet Frieden zu seinem Volk und zu seinen
Frommen und zu (denen,) die zum Vertrauen zurückkehren." וְאַל-יְשׁוּבוּ
von MT ist syntaktisch gesehen eine lectio facilior dazu.

162. DAHOOD (299) begründet die Uebersetzung כסל = "wealth" folgendermasen:
"The semantic range of root ksl partially coincides with that of kbd.
From the latter derive vocables signifying 'liver', 'dull' and 'wealth',
while dervatives of ksl include words for 'loins', 'stupid' and, pre-
sumably, 'wealth'. The clinching argument is supplied by Spr 19,1..."
Die Folgerungen aus dem Vergleich von כסל und כבד sind schon rein
logisch nicht vertretbar ("Nihil sequitur geminis ex particularibus
umquam"), Spr 19,1 ist nur dann ein Argument, wenn vorher feststeht,
dass die Stelle mit Spr 28,6 gleichbedeutend ist und schliesslich
ist allzu klar, dass DAHOOD hier lediglich versucht, GUNKELs Uebersetzung ohne dessen "Textkritik" (vgl. unten Anm. 167) zu übernehmen.

163. EHRLICH (110) gibt - leider ohne Gründe zu nennen - כסל die Bedeutung
dessen "was bestimmt erwartet wird" und kommt so für v.14 zur Uebersetzung: "Das ist ihr Lauf, das, was sie zu erwarten haben, und was nach
ihrem Abgang geschieht, sie können es selber leicht aussprechen."

164. HOUBIGANT (64) liest זה דרך מסלל למו und beteuert dann: "Adi, quaeso,
lector, ad veteres interpretes, videbis alium cavillari, alium tergi-
versari, alium nihil dicere, aut ab hodierno contextu recedere; quod
solemne argumentum est depravatae lectionis." Nach HERKENNE (183) geht
es hier um "das Geschick derer, die auf das Geld vertrauen". Er korrigiert: "keseph (aberratione oculorum) kislamo". STENZEL (153) geht deduktiv vor: "Zu ירצו muss es aber notwendig ein Verbum finitum geben,

möchte den Halbvers "vor der Hand" als Fragesatz übersetzen, um just dieses
auszuschliessen. SCHULTZ (113) glaubt zwar auch, dass die Enkel noch von den
Toten reden werden, doch damit zeigt sich eben nur eines: sie liessen sich
durch den Tod der Vorfahren "nicht witzigen; sie sind wenigstens eben so
thöricht, haben an ihrem Mund, dem frechredenden...d.i. an ihren Grundsätzen
Gefallen"[165]. DELITZSCH (338) wendet dagegen ein, die Uebersetzung "nach
ihnen = nach ihrem Tod" "würde...ohne Grund gleichzeitig gezollten Beifall
ausschliessen" und meint offenbar wie HITZIG (272), "die Worte (bezeichneten)
den 'rumor secundus' (Horat.epp. I 10,9) mit welchem die Rede des Reichen
aufgenommen wird (Sir 13,22)...". Nach RASHI (47) meint der Satz, dass
 יום אחריתם תמיד בפיהם ואין חרדים ממנו, wogegen andere eher an posthume Reden
der Toten denken: Ps-HIERONYMUS (967) sieht hier eine nutzlose "confessio in
inferno", was wohl heisst שיבקשו נצחיות ויחלו פני האל שיושיעם (MEIRI 101).
Nach MAILLOT (298) könnte es vielleicht sein, "qu'il y ait une pointe contre
les philosphes assimilés à des bavards", dieweil für DAHOOD (300) der Vers
ganz klar ist: "Of course, the sin of gluttony is meant."[166] GUNKEL (212)
schliesslich erledigt alle diese Deutungen mit der Erkenntnis, der Vers
sei "völlig sinnlos" und müsse anders "gelesen" werden[167].

Im Einzelnen sind die Erklärungen und Behauptungen nicht minder widersprüchlich.

4.1.4. ואחריהם

1. Als erstes stellt sich gleich mit ואחריהם die Frage, ob hier, parallel zu
כסל למו eine zweite Bestimmung der "Weggänger" vorliege, ob im Gegenteil,
זה דרכם untergeordnet oder nicht, eine zweite Gruppe von Menschen eingeführt
werde, oder ob dieser zweite Halbvers einen strengen Parallelismus zum ganzen ersten Halbvers bilde.

---

dessen Ueberreste wir in כסל vermuten, etwa יכסלו (Jer 10,8)." Der
Sinn des Halbverses wird so ohnehin nicht klarer.

165. SCHULTZ ist hier offenbar von GRAETZ (340) inspiriert, der den Vers
allerdings korrigiert: ואחריהם כמוהם ירצו עולה. Aehnlich schon
BUGENHAGEN (120): "Stulticia enim per manus traditur posteris."

166. Aehnlich schon LUZZATTO (211): חפצם ושמחתם הוא בפיהם כלומר במאכל
ומשתה.

167. Sinnvoll ist der Vers für ihn erst in der Form: זה דרכם כסף למו
ואחריתם בכתם ירצו wozu KOENIG (597) nicht zu Unrecht bemerkt, GUNKEL
habe "diesen Zeilen zwar einen schallenderen, weil metallischen Klang
gegeben, ihnen aber auch ihren tieferen Sinn, ihre Verwurzelung im
geistigen Leben genommen".

Die letzte Möglichkeit scheidet ohne weiteres aus, denn sie verlangt
auf jeden Fall einen Eingriff in den Text[168].

2. Die zweite Möglichkeit ist hingegen nicht auszuschliessen. אחריהם müsste
dann als "die, (die) hinter ihnen (gehen bzw. kommen)" verstanden werden
und wäre Subjekt zu ירצו.

Der ganze Halbvers könnte entweder eine gewissermassen in Klammern beigefügte "Nebenbestimmung" (DELITZSCH 338) zu v.14a sein: "Das ist der Weg
derer, die כסל haben - während die hinter ihnen sich freuen an..." Er könnte
aber auch parallel zu כסל למו sein: "Das ist der Weg 1. derer, die כסל
und 2. derer, die hinter ihnen sich freuen an..." Schliesslich könnte אחריהם
auch als Subjekt eines unterschlagenen Verbes (היה, הלך) gelten, von dem ein
Relativsatz abhinge, womit v.14a und 14b wiederum in etwa parallel wären:
"Das ist der Weg derer, die כסל haben, und hinter ihnen (gehen) die, welche
sich freuen an..." [169]

In allen drei Fällen könnte "die hinter ihnen" Erben (vgl. unten 4.1.63.),
Schüler (vgl. unten 4.1.62) oder unverbesserliche Nachahmer (vgl. unten
4.1.61) der Toten sein.

3. Die erste der eben genannten Möglichkeiten, gemäss welcher in v.14b eine
zweite, zu כסל למו parallele Umschreibung der "Weggänger" zu sehen wäre,
scheint mir aber die beste zu sein. Sie erspart uns den Rekurs auf irgendwelche mitzuhörende Verben und ist syntaktisch am einfachsten, sieht sie doch
im ganzen Vers einen Hauptsatz (זה דרכם) und einen einzigen (wenn auch zwei-
gliedrigen) von diesem abhängigen Relativsatz ohne Einleitung. Zudem ist in
dieser Lösung אחריהם nicht Subjekt ("die hinter ihnen"), sondern was viel

---

168. Gelegentlich (STENZEL 152, KRAUS 363, PERDUE, Wisdom 314) wird mit Hinweis auf die BIBLIA HEBRAICA die Korrektur ארחותם vorgeschlagen. Einge-
bürgert hat sich aber die Korrektur אחריתם, "das Ende derer, die...",
welche man bisweilen auf den TARG (ובסופהון) glaubt abstützen zu können. (vgl. DOEDERLEIN 102, DUHM 202, MINOCCHI 152, BERTHOLET 173, KIT-
TEL 196, PODECHARD 14, SCHMIDT 94, BRIGGS 413, BONKAMP 237, MUELLER 30,
McCULLOUGH 258, ANDERSON 378). Seltsam ist PLOEGs (152) Rezept: "Il
faut donc ou bien lire אחריתם, ou bien retenir la leçon de TM et donner
à אחרים un sens qu'il n'a pas ailleurs: la fin." Aehnlich schon MEIRI
(101), der allerdings nur versucht, den MT und den TARG zu versöhnen:
ואחריהם כמו ואחריתם כלומר ובסופם.

169. MICHAELIS (Varianten 158) behauptet, statt ירצו habe die PESH ירעו
gelesen (Lesart, die er übernimmt, um sie dann mit dem arabischen
r^ew, "heulen, klagen" zu verknüpfen!). Viel wahrscheinlicher ist
aber, dass erst innerhalb der PESH-Tradition aus einer ursprünglich
dem MT gemässen Uebersetzung durch Verwechslung von רעא I (= hebräisch
רצה) mit רעא II (= hebräisch רעה) heutige völlig unsinnige Textein-
teilung entstanden ist (ואחרית בפומהון נרעון איך ענא דיפם, "und schliesslich werden sie mit ihrem Mund geweidet wie Kleinvieh, Selah")

natürlicher ist, eine Präposition mit Suffix, die genau dem למו aus v.14a entspricht: "כסל ist ihnen und hinter ihnen...".

אחרי ist dabei, dem Todeskontext gemäss, rein zeitlich zu verstehen und
bedeutet "nach ihrem Tod" (vgl. z.B. Gen 24,67; Hi 21,21; Spr 20,7; Qoh 7,14;
sowie Dtn 1,8 u.o., vgl. KOENIG, Lehrgebäude II/2 § 401 b). Besonders angezeigt ist diese Bedeutung, weil sie den Zusammenhang, den die Wurzel אחר
zwischen v.11c (לאחרים) und v.14b bestimmt herstellen soll, gut erträgt
(vgl. z.B. Ri 2,10: "und dieses ganze Geschlecht wurde zusammen zu seinen
Vätern versammelt, und es erstand ein anderes Geschlecht nach ihnen -
דור אחר אחריהם - welches den Herrn nicht kannte"). Damit hätten wir die
Bestätigung, dass die "Weggänger" von v.14 tatsächlich die Toten aus der
Strophe v.11f sind - ja sie würden (jedenfalls formal) ganz gleich charakterisiert wie diese: durch eine "biographische" (v.12c+v.14aβ) und durch
eine "posthume" Bestimmung (v.11c+v.14b).

Eine örtliche Bedeutung von אחרי, die die Bedeutung einer schulmässi-
gen Nachfolge (Dtn 12,30 u.ö.) nach sich zöge, scheint mir hingegen weniger
wahrscheinlich (vgl. unten 4.1.62).

4.1.5. ירצו

1. Ist אחריהם solchermassen Zeitbestimmung, dann folgt daraus, dass ירצו
ein unpersönliches Subjekt hat (ähnlich wie קראו in v.12c). Auf keinen
Fall kann man ja annehmen, dass die Toten selbst nach ihrem Tod ("nach sich
selbst", vgl. Hi 21,21) "in der Hölle noch ihrer schlechten, thörichten
Reden sich rühmen" (THALHOFER 300, vgl. auch oben 4.1.3)!

Desgleichen wird es unmöglich, ירצו von רוץ "laufen" herzuleiten,
um dieses Verb dann mit אחרי konstruieren zu können. Das ist nicht weiter
beunruhigend, denn wie die Erfahrung lehrt, kann man ohnehin auf diesem
Weg einer Korrektur schliesslich nicht mehr entrinnen[170].
2. Das Verbum רצה, "Gefallen finden, Freude haben an" wird nur zweimal (Am
5,22; Ps 77,8) absolut (bzw. mit implizitem Objekt) gebraucht. Sonst
wird es unter anderem auch mit ב der Person oder der Sache konstruiert -
Konstruktion, die man folglich auch an unserer Stelle voraussetzen muss -
und meint so die Freude Gottes (Hag 1,8: am Tempelbau; Mi 6,7; Ps 119,108:
an einem Opfer; 1 Chr 28,4: an David; Ps 149,4: an seinem Volk; Ps 147,10:
verneint, an den Schenkeln der Männer) oder eines Menschen (1 Chr 29,3:
Davids am Tempel).

---

170. BAETHGEN (140) liest statt פיהם: כמוהם. TORCZYNER (54f) opfert sogar
noch mehr, um ירצו auf die (nachmaligen) Toten beziehen zu können:
ואחרי בצעם ירצו, "und die ihrem Gewinn nachjagen".

In der Nähe von פי finden wir רצה in Ps 119,108 ("Herr, nimm an die
freiwilligen Opfer meines Mundes", d.h. die ich mit meinem Mund gelobt
habe) und in Ps 62,5 ("Sie freuen sich an der Lüge - ירצו כזב - mit ihrem
Munde segnen sie..."), doch ist פי in diesen Stellen nicht Objekt zu רצה,
deshalb helfen sie nicht weiter. Im Gegenteil, Ps 62,5 ist eher dazu angetan, Verwirrung zu stiften. So konnte z.B. STENZEL (152) mit einem Hinweis
auf das רצה von Ps 62,5 von der Beschreibung der Leute in v.14b behaupten,
"das (könne) sich nur auf ihr Lügenmaul beziehen". Doch nur wegen Ps 62,5
aus dem Verb selber den geringsten pejorativen Unterton (der bösen, sünd-
haften Freude) herauszuhören, dürfte kaum angebracht sein - dafür wird es
zu oft von Gott gebraucht (ganz abgesehen davon, dass in Ps 62,5 ein רצה
ohne Unterton das ירצו כזב nur verschärfen kann: wie sich z.B. ein David
am Tempel freuen konnte, freuen sich diese Leute an der Lüge).

4.1.6. בפיהם

Aus der Spärlichkeit der bisher zu v.14b gemachten sicheren Aussagen geht
hervor, dass sich der Sinn dieses Teilverses - und damit von v.14 überhaupt
- nun an בפיהם entscheiden muss.
1. Am beliebtesten ist das pejorative Verständnis dieses Ausdrucks. Es erlaubt, unverbesserliche[171] (und oft auch erbende) Komplizen der Toten
auftreten zu lassen, die "mit vollem (grosssprecherischem) Munde... sich
laut zu freuen (pflegen)" (PAULUS 251).

   Zwar kann פה sicher auch "grosses Maul" bedeuten (vgl. Ri 9,38), doch
müsste sich dieser pejorative Sinn auch hier aus dem Kontext ergeben, genau
wie für זה (vgl. oben 4.1.11), כסל (vgl. oben Anm. 159) und ירצו (vgl. oben
4.1.52). Somit lässt sich also für den berühmten "verächtlichen Unterton"
von v.14, der nach ZSCHIESCHKE (28) "ex omni nexu luculenter apparet" kein
einziges Wort beibringen, das wirklich aus sich heraus diesen Unterton
eindeutig sicherstellen würde[172].

   Abgesehen davon ist die pejorative Deutung von בפיהם auch syntaktisch
unmöglich: Einerseits kann man nicht umhin, die zwei gleichen Pronominal-

---

171. Vgl. z.B. STIER 139: "Es geht immer Einer dem Andern nach, die Kinder
     den Vätern, in diesem ganzen Geschlecht der Weltleute, obgleich Jeder
     aus dem Tode des Vorgängers hätte klug werden sollen."

172. Es sei denn, man folge DOEDERLEIN (102), der in einem Anfall exege-
     tischer Verzweiflung diesbezüglich trotz allem fündig wurde: "Forsan
     סלה   hoc loco potestatem nominis habet, a Syris petendam, ubi סלה
     est 'sprevit': unde vertere liceat: 'et exitus eorum, quem ore suo
     celebrant est abominatio.'"

suffixe in אחריהם בפיהם auf die gleichen Leute zu beziehen, ein Bezug aber
auf die Subjekte von ירצו wurde schon oben (4.1.51) ausgeschlossen, und
diese können auch nicht gut mit einem fremden Munde (dem der Toten) lästern.
Andererseits wäre in dieser Deutung בפיהם Umstandsbestimmung und nicht mehr
Objekt zu ירצו, was nicht sehr wahrscheinlich ist, da רצה (auch) mit ב des
Objektes konstruiert wird.

Um diesen syntaktischen Schwierigkeiten auszuweichen, haben andere Anhänger der pejorativen Deutung פה als "Wort, Lehre" verstehen wollen[173].
Auch in dieser Deutung vermag zwar פה keineswegs dem Vers einen verächtlichen
Ton, der wirklich an den verwendeten Wörtern ersichtlich wäre, abzugewinnen,
eröffnet aber dafür eine durchaus akzeptable Deutungsmöglichkeit:

2. Mit פה wird in der Tat "häufig nicht der Mund, sondern das mit dem Mund
gesprochene" bezeichnet (HIRSCH 269): die Meinung (Gen 24,57), der Befehl
(Num 14,41; Spr 8,29), das Wort (Qoh 8,2)[174].

Versteht man פה so, dann greift v.14b auf v.12c zurück und entspricht
dem zweiten Teil der als Kommentar zu jenem Vers zitierten Sirachstelle (39,9):
αινεσουσι την συνεσιν αυτου πολλοι και εως του αιωνος ουκ εξαλειφθησεται. Die Autorität, die den Weisen nach v.12c zu Lebzeiten zukam,
erhält sich nach ihrem Tode: "The names of the wise survived by their sayings,
their words giving delight to following generations..." (EERDMANS 263).
Dass der Name der Weisen in Ewigkeit bestehen bleibt, ist ja eine traditionelle Aussage (vgl. Sir 37,26; 39,9-11; Weish 8,13; geleugnet bei Qoh 2,16),
und es ist klar, dass der Name des Weisen eben dadurch lebendig bleibt,
dass "die Völker sich seine Weisheit erzählen und die Versammlung sein
Lob verkündet" (Sir 39,10).

So verstanden stellt v.14b zudem eine eindrückliche inhaltliche, formale und funktionale Entsprechung zu v.12c dar: Inhaltlich reden beide
Stichen von der Autorität der Weisen, die - im harten Gegensatz zu ihnen
selbst (vgl. v.11-12.15) - dem Tod gegenüber resistent ist. Formal sind
beide Sätze bis ins Einzelne (spiegelbildlich) gleich gebaut (unpersönliches Verb - Objekt mit ב - Umstandsbestimmung). Funktional haben beide
Zeilen die Aufgabe, die zwei Strophen enger miteinander zu verknüpfen:

---

173. ROSENMUELLER 1070: "Delectantur eorum effatis et sententiis, vanos
illorum conatus dilaudant et approbant." Aehnlich STIER 139 und schon
MEZUDAT DAVID: אף בניהם הבאים אחריהם גח המה ירצו לעולם באמרי פי
אבותיהם להתהלל עם העשר •

174. Nähme man mit QIMHI (346) auch die Ausdrücke על-פי, לפי und כפי
dazu (Zeugnis Num 35,30; Dtn 17,6; Befehl Gen 45,21; Dtn 1,26 usw.)
würde die Liste noch eindrücklicher. Doch scheint mir da die Bedeutung des "Gesprochenen" für פי nicht so eindeutig.

v.12c macht dies, indem er in der Strophe über den Tod der Weisen rück-
blickend (קראו Perfekt) ihre Autorität zeit ihres Lebens (עלי-אדמות)
erwähnt, v.14b tut es, indem er in der Strophe über ihr (im Licht des
Todes gedeutetes) Leben vorausblickend (ירצו Imperfekt) auf ihre Autorität nach ihrem Tod (ואחריהם) hinweist. Und endlich: Wenn man ihn vor dem
Hintergrund der ersten Strophe liest, passt der so gedeutete v.14b vorzüglich in die pessimistische Gedankenwelt unseres Grundpsalmes, wie eine
ähnliche Aussage (KEEL, mündlich) im ägyptischen Harfnerlied zeigt:

> "I have heard the words of Ii-em-hotep and Hor-dedef,
> with whose disourcourses men speak so much. What
> are their places (now)?" (zit. nach PRITCHARD, Texts
> 467).

3. Nun hat aber BRIGGS (410) auf eine weitere Bedeutung von פה aufmerksam gemacht, die hier sehr wichtig ist, obwohl sie kaum jemand beachtet hat[175]: für BRIGGS heisst פיהם "their portion, literally their mouth-
ful, the portion for their mouth to enjoy as a delicious morsel; a concep-
tion more frequent in the phrase 'double portion', assigned usually to
the first-born son, Dtn 21,17; 2 Kön 2,9; Sach 13,8"[176]. פיהם als Erbteil
würde nun auch sehr gut passen, ja, der in אחר enthaltene Rückverweis
auf die Erbschaftsverteilung von v.11c legt diese Bedeutung mit Nachdruck
nahe. Und doch ist sie nicht befriedigend, denn das Suffix von פיהם, das
sich in unserem Text nur auf die Toten beziehen kann, müsste in dieser
Sicht natürlich den Anteil als den der Erben qualifizieren (פיהם als
der "Anteil der Toten, scil. den sie nachgelassen haben" scheint mir kaum
denkbar).

4.1.7. Der Doppelsinn von v.14

1. Damit stehen wir in v.14b genau im gleichen Dilemma wie in v.14a: auf
der einen Seite haben wir für das Schlüsselwort eine leidlich sichere
Bedeutung, die gut in den Kontext passt (v.14a: כסל als Vertrauen, v.14b:
פיהם "an ihren Worten"), und auf der anderen Seite legen Rückverweise auf
die erste Strophe mit Nachdruck eine andere Bedeutung nahe, die aber semantisch oder syntaktisch ziemlich hinkt (v.14a: כסל als "Torheit" semantisch zweifelhaft, doch nachdrücklich nahegelegt durch כסיל v.11b; v.14b:

---

175. Nur gerade SCHLOEGL (72) und McCULLOUGH (258) übernehmen sie, WEBER
(202) erwähnt sie bloss nebenbei.

176. Schon RUPERTI (290) hatte auf dem Umweg über das arabische fayʾ für
פי die ähnliche Uebersetzung "praeda" vorgeschlagen.

בפיהם als "an ihrem Erbteil" syntaktisch schwierig, doch nachdrücklich
nahegelegt durch לאחרים v.11c).

2. Ich löse das Dilemma folgendermassen:

Die "Weggänger" werden in v.14 als Leute beschrieben, die (echte!)
Zuversicht und Vertrauen haben bzw. hatten und nach deren Tod man sich
noch lange an deren Aussprüchen freuen kann. In v.14 sind also explizit
und <u>in directo</u> die Weisen gemeint[177], so wie sie uns in v.11a und (vornehmlich) v.12c begegnet waren (כסל entspricht חכמים, בפיהם entspricht
בשמותם).

Doch durch wörtliche Rückverweise auf die erste Strophe (vgl. oben)
werden, in Form eines Wortspiels, die "Weggànger" auch als dumme[178] Leute
dargestellt, die lachende Erben hinterlassen. So meint v.14 implizit und
<u>in obliquo</u> auch die Toren, wie sie in v.11b und (vornehmlich) v.11c auf-
getreten waren.

Ein solches Wortspiel muss nicht reine Spielerei sein. Es kann durchaus auch (nach dem Parallelismus in v.11a+b und dem umfassenden Plural
von v.12ab) ein weiteres literarisches Mittel sein, um das gleiche Geschick
der Weisen und Toren darzustellen: v.14 redet zwar vom Weg der Weisen -
doch wer genau hinsieht, merkt, dass er im Grunde eben doch der Weg der
Toren ist. Denn aufs Ganze gesehen gehen Weise und Toren, Gläubige und
Gottesleugner, den gleichen Weg: den Weg zum Sterben (v.11f), d.h. den
Weg des Todes (v.15).

3. V.14 fasst also durch explizite Aussage und mitzuhörendes Wortspiel
   die gesamte (vgl. unten Anm. 197) erste Strophe zusammen - und zwar
damit im Folgenden (זה) aus dem Totsein der Weisen (vv.11a+12c) und Toren
(vv.11b+11c), das in der ersten Strophe lediglich konstatiert wurde (v.12ab),
die anthropologischen und theologischen Folgerungen für das Leben der Menschen (für ihren "Weg") gezogen werden können.[179]

177. Dass der Weise hier nicht durch Weisheit, sondern durch (religiöses)
     Vertrauen charakterisiert wird, ist unbedenklich. Schon in der alten
     Weisheit von Spr 10-15 ist der Weise der Gerechte (Spr 10,8; 14,6;
     vgl. WOLFF, Anthropologie 300). Später ist mit der Gleichsetzung
     von Weisheit und Tora die Identifikation noch naheliegender. Zudem
     geht es ja hier um den "Weg" des Menschen ("vor Gott"), deshalb ist
     es folgerichtig, wenn die, die "mit Gott" gehen als "gläubig" und
     nicht als "weise" bezeichnet werden.

178. Auch wenn das Wort כסל selbst <u>nicht</u> "Torheit" bedeutet (was mir sehr
     wahrscheinlich scheint, vgl. oben Anm. 160), muss diese Bedeutung in
     unserem Gedicht, wo כסל das כסיל aus v.11 aufnimmt, notwendig mit-
     schwingen: der, der כסל hat, ist <u>hier</u> ziemlich dasselbe wie der
     כסיל.

179. Von den Exegeten, die nicht wie STENZEL (152) meinen, "das am Ende

Nach alledem kann man sich des Eindrucks nicht erwehren, PRAETORIUS
(334) habe v.14 leicht unterschätzt, als er meinte, dieser enthalte "lediglich eine Glossensammlung"...[180]

---

von v.14 stehende סלה (passe) hier nicht in den Gedankengang, (müsse)
also getilgt werden", bemühen einige ihre ganze Vorstellungskraft, um
dem geheimnisvollen Wort an dieser Stelle seine spezifische Bedeutung
abzulesen. Nach HENGSTENBERG (464) warnt das סלה, "dass man nicht
auch zu der Zahl der Thoren gehöre, die sich nicht durch ihr [der
Reichen] Schicksal von ihren Grundsätzen abschrecken lassen". Für
SCHULTZ (113) hingegen ist es "die Verurteilung ihres Weges", die
"durch das Einfallen der Musik möglichst stark hervorgehoben werden
soll". Nach DELITZSCH (338) muss hier die Musik "in traurig schrillen
Tönen die Thorheit der Welt beklagen". LESETRE (236) schliesslich
meint: "Le סלה ...prépare à la terrible annonce du châtiment."
      Mit dem vorgesehenen Anschluss von v.15a an v.14 (vgl. unten
4.2.1.) und mit der dadurch notwendigen Verschiebung des sof pasuq
hinter שתו scheint das סלה mitten im Vers nun erst recht deplaziert.
Dem ist aber nicht so. Zunächst einmal steht das סלה keineswegs immer
am Ende eines Sinnabschnittes, sondern scheint bisweilen im Gegenteil
zwei Verse eng miteinander zu verknüpfen (vgl. Ps 52,2f; 55,8f; 67,2f;
68,8f; 68,20f; 84,9f; 85,3f; 88,11f). Zudem finden wir in Ps 55,20 ein
סלה mitten im Vers. Schliesslich hat man in Ps 39,6 den Eindruck,
das סלה habe ursprünglich auch hier im Versinnern gestanden (v.6b ist
parallel zu v.7aα) und sei von der Tradition zu Unrecht als Versende
aufgefasst worden (vgl. unten Anm. 423). An unserer Stelle ist demnach das סלה durchaus nicht fehl am Platz - ja, im Gegenteil, es erklärt vielleicht sogar, wie es zum metrischen Monstrum von v.15 kommen
konnte: das einst "versinterne" סלה hat, ähnlich wie wohl in Ps 39, 6,
den ursprünglich hinter שתו stehenden sof pasuq angezogen und so
beide Tristichen der zweiten Strophe zerstört.

180. GUILDING (Rubrics) versucht auf ähnliche Art und Weise v.14b los zu
     werden: Nach ihm entsprachen die in fünf Bücher eingeteilten 150 Psal-
     men ursprünglich den 150 Wochabschnitten der dreijährigen babylonischen
     Tora-Leseordnung, die alle durch ein Stichwort gekennzeichnet wurden
     (vgl. Mk 12,26). "A string of three such catchwords written in the
     margin of a Psalm would indicate the three Thora lessons for the sabbat
     to which the Psalm was allocated, and might later be incorporated into
     the text through lack of understanding of its meaning." (42) In Ps 49
     fänden sich diese ehemaligen Stichwörter in v.14b: ואחריהם weise auf
     Gen 49,1-50,26 (vgl. Gen 49,1 הימים באחרית), בפיהם auf Dtn 31,14ff
     (vgl. Dtn 31,19 בפיהם), ירצו auf Lev 26,3-46 (vgl. רצה in Lev 26,
     34-43), die Texte, die je gegen Jahresende gelesen worden seien und
     deren enge thematische Verwandtschaft mit Ps 49 in die Augen springe.
     Ganz abgesehen davon, dass die Eliminierung der vermeintlichen "obscu-
     red rubrics and lectionary allusions" in unserem Fall den Sinn keines-
     wegs verbessert (vgl. aaO 44), ist die Theorie als solche nicht nur
     reichlich hypothetisch, sondern auch unklar: warum sollte es pro Psalm
     drei Querverweise geben (bei dreijährigem Psalmen-Lesezyklus), bzw.
     warum wäre Ps 49 stets am Ende des Jahres gelesen worden (bei einjäh-
     rigem Lesezyklus des Psalters)?

4.1.8. לשאול שתו

Nachdem des langen und breiten erläutert worden ist, von wessen Weg hier
gesprochen wird, wird nun in der letzten Sinneinheit des Tristichon (zur
Einteilung vgl. unten 4.2.1.) dargelegt, worin dieser Weg besteht.

1. Das einzige unklare Wort dieses Satzes (v.15a) ist das letzte: שַׁתּוּ.
Es pflegt von שתת, worin man eine Nebenform zu שׁית "setzen, stellen"
sieht, abgeleitet zu werden (vgl. GESENIUS, Grammatik § 67 ee).

Nun ist diese Form an der einzigen Stelle, wo sie sonst noch belegt
ist (Ps 73,9) klar transitiv: שׁתו בשׁתים פיהם. In unserem Vers fehlt aber
jedes mögliche Objekt zu שׁתו, sodass man mit OLSHAUSEN (218) feststellen
muss, "die Art des Subjectausdrucks (sei) für den Inhalt des Satzes nicht
grade glücklich gewählt..."

2. Die einfachste Lösung ist natürlich immer der Eingriff in den Text.
Man kann selbstverständlich glauben, just die zwei Wörter לשאול שתו
seien - welch glückliche Fügung - sekundär[181]. Man kann gewisse Umstellungen vornehmen, um wenigstens alle Wörter, wenn auch in neuer Reihenfolge,
zu retten[182]. Man kann auch einfach behaupten, שׁתו sei "eine unmögliche
Form" (GRAETZ 341) und sie deshalb anders lesen: שׁחו, von שׁוח "herab-
sinken" (GRAETZ aaO); יחתו von נחת "hinabsteigen" (BAETHGEN 141), שׁקו
von שׁקק/שׁוק "laufen" (WUTZ 124),נשׁחתו von שׁחת, "verderben" (OESTERLEY 266)[183]

Es gibt allerdings auch eine seriöse Methode, den Text zu ändern: man
könnte unter Annahme einer Haplographie שׁתום lesen (VOLZ 261[184]), wodurch
das transitive שׁתו endlich zu seinem Objekt käme. Problematisch an dieser
Lösung wäre allerdings das unpersönliche Subjekt, das man wie STIER (139)
auf irgendwelche höhere Gewalten (Hi 33,23; Lk 16,22; 12,20) deuten müsste.

---

181. DUHM (202) sieht in diesen zwei Wörtern einen "Relativsatz: 'die man
     versetzte nach Scheol', der sich schon durch das 'man' als Zusatz ver-
     rät". Der ursprüngliche Vers lautet demnach כצאן מות ירעם! Ihm folgen
     PODECHARD (15) und SCHMIDT (94).

182. GUNKEL (209) liest: לשאול יחתו וירדו כצאן מות ירעם und KRAUS (363)
     vertauscht die Reihenfolge dieser beiden Sätze.

183. Schliesslich kann man auch den Kopf verlieren, wie BERTHOLET (173),
     der שׁתו nicht übersetzt und in einer Anmerkung einige Deutungen und
     Konjekturen zur Auswahl stellt, oder wie PAUTREL (531), der nach einer
     Darlegung der Schwierigkeiten von שׁתו unvermittelt die völlig nutzlc-
     se Konjektur כצאון, לשׁלל שׁתו, "sicut oves ad preadam ponunt" vornimmt.

184. Aehnlich bereits PODECHARD (14), der שׁתום aber schliesslich verwirft,
     offenbar ohne die Möglichkeit einer Haplographie zu sehen. Aeltere
     Autoren wie GEIER (732), MICHAELIS (327) und STIER (139) nehmen offen-
     bar ein implizites Objekt an, wenn sie mit Hinweis auf v.12c für שׁתו
     ein unpersönliches Subjekt fordern.

Alle diese Lösungen erübrigen sich aber, denn sie setzen alle voraus,
dass es eine intransitive Bedeutung von שׁית oder שׁתת nicht gebe (vgl.
PODECHARD 14). Diese Voraussetzung ist irrig.

3. Wie mehrere Exegeten[185] richtig bemerkt haben, ist eine reflexive oder
intransitive Bedeutung von שׁית und damit von שׁתת durchaus anzunehmen[186].
Auch im Ugaritischen ist sie belegt (vgl. GORDON, Textbook Glossar Nr. 2410).
Im Alten Testament liegt sie - sieht man von den unsicheren Stellen Ps 73,
28 und Hi 38,11 einmal ab[187] - mit Sicherheit vor in Ps 3,7 (Leute אשר

---

185. Z.B. RASHI (47), QIMHI (346 und Shorashim unter שׁות), MEIRI (101),
     ROSENMUELLER (1070), BOETTCHER (Inferi 198), DELITZSCH (338), HIRSCH
     (269), KESSLER (108), VOLZ (260), DAHOOD (300), der allerdings šitu
     vokalisiert, und UCHELEN (70).

186. Es wurde verschiedentlich versucht, für שׁתת über das arabische štt
     eine von שׁית verschiedene Bedeutung zu eruieren (SCHULZ 210: disgre-
     gari, RUPERTI 291: separari, distingui, segregari, PAULUS 252: zer-
     streut, verjagt werden). Auch PLOEG (153) bekennt: "J'ai un moment
     pensé à mettre שׁתת en relation avec l'éthiopien satata = scindere,
     discindere...mais alors שׁתו doit être vocalisé autrement, ou même
     corrigé. Mieux vaut donc s'en tenir à שׁית ." Diese letzte Bemerkung
     von PLOEG scheint mir richtig: wie immer man das dagesh deuten will,
     für die Bestimmung der Bedeutung von שׁתו muss m.E. auf jeden Fall
     שׁית massgebend sein. Das dagesh von שׁתו kann man sodann verschieden
     erklären: 1) Man könnte sich fragen, ob die Vokalisierung שׁתו nicht
     über das בפיהם von v.14 hier aus Ps 73,9 importiert wurde. Auf je-
     den Fall ist nach der Randmasora der Codices von ALEPPO und LENINGRAD
     das שׁתו von Ps 73,9 mit der Notiz ל versehen, das von Ps 49,15 da-
     gegen ohne jede Notiz überliefert. Zudem könnte RASHIs (47) Bemerkung
     zu unserer Form (שׁותתי שׁניה לשׁאול במקום תי"ו) auf eine Misch-
     form שׁתּוּ aus שׁתְּ und שׁתּוּ hinweisen. Allerdings steht in diesem Punkt
     (!) die Manuskripttradition soweit sie einschlägig ist, geschlossen
     hinter dem MT. 2) Man könnte das dagesh nicht allzu ernst nehmen und
     wie BOETTCHER (Inferi 198) behaupten, שׁתו stehe hier "violentiae
     causa cum duplicatione mimica (cf. Job 21,13...) ut Ps 73,9 pro שׁתּוּ.
     Allerdings schafft in Hi 21,13 das dagesh einen Doppelsinn (indem es
     dem יְכַתּוּ "sie steigen hinunter", von נחת , den zusätzlichen Sinn "sie
     werden zusammengeschlagen", von נתת , verleiht, "um...doch den Gott-
     losen einen kleinen Schabernack zu spielen" [DUHM, Hiob 110]). 3) Man
     könnte in שׁתו eine eher zufällige Analogiebildung zu den singulari-
     schen Formen שַׁבָּה und שַׁפִּי sehen. 4) Man könnte - und das ist vielleicht
     doch die sauberste Lösung - in שׁית und שׁתת zwei äquivalente Ablei-
     tungen der Wurzel שׁת , "setzen" sehen (vgl. GESENIUS, Grammatik §§ 67 z;
     72a). Beide Verben könnten transitiv und intransitiv sein, wobei für
     שׁתת die Form שַׁתּוּ (im Gegensatz zur Form שׁתוּן) eher die intransiti-
     ve Bedeutung nahelegt (vgl. GESENIUS, Grammatik § 67 bb), sodass
     nicht unsere Stelle, sondern vielmehr Ps 73,9 problematisch wäre!

187. Mit intransitivem שׁית lassen sich diese beiden Stellen allerdings be-
     deutend leichter übersetzen: In Ps 73,28 passt die Uebersetzung "Ich
     stelle mich zu/stehe bei Gott, meine(m) Zuflucht(sort)" besser zum gängi-
     gen Gebrauch von מחסה als Gottesprädikation und zum ersten Stichos
     (קברת אלהים !) als die lexikalisch sehr zweifelhafte Deutung "auf JHWH

סביב שתו עלי) und Is 22,7 (Wagen und Rosse שת שתו השערה). In beiden Belegen ist besonders interessant, dass sie ähnlich wie unsere Stelle eine
Richtungsangabe enthalten, woraus mit HIRSCH (269) die Bedeutung des intransitiven שית als "sich stellen in Richtung auf" und im Perfekt "gesetzt
sein, stehen in Richtung auf" bestimmt werden kann. Schon die alten Versionen haben die Form so verstanden: passiv-intransitiv übersetzen SEPT
(εθεντο) QUINT (καταχθησονται),AQ (εθεντο), GAL und HEBR (positi
sunt) sowie PESH (נשתלמון); reflexiv übersetzt THEOD (εταξαν εαυτοις)[188].
4. Das Perfekt שתו besagt also, dass die Leute, um die es hier geht,
   schon immer auf die Scheol hin gesetzt und ausgerichtet sind, ganz ähnlich wie es auch die schon zitierte (oben 3.1.23) Weisheitslehre aus Ugarit feststellt:
> "Alle Menschen legen sich zu Ereškigal,
> und auch wir sind gesetzt als seine Kinder
> (mârû-ši šaknû-ma)." (RS. 22.439,7f, vgl. Ugaritica
> V 283)

Das bedeutet nicht nur, dass sie (wie es die erste Strophe gezeigt
hat) irgendeinmal sterben werden, sondern auch und besonders, dass sie
immer schon im Tode stehen[189]. Es ist nämlich auffällig, dass in dieser
zweiten Strophe die Scheol das Grab ersetzt hat[190]. Wie in einer Strophe
über den דרך kaum anders zu erwarten, ist hinter den einzelnen konkreten
Todesfällen plötzlich die ganze Todesmacht in den Blick geraten, die zwar

---

habe ich mein Vertrauen gesetzt", die auch durch Ps 62,8 ("mein Zufluchts-
ort ist Gott") kaum abgestützt ist (vgl. auch unten Anm. 414). Hi 38,11
übersetze ich folgendermassen: "Bis da (פה) kannst du kommen und nicht
weiter, ja, ein Brechen (פא) ist aufgestellt/steht da gegen den Stolz
deiner Wellen." Parallel zu normalen פה , "hier" kann das einmalige פא
kaum zufällig sein. Ich halte es für eine spielerische Form des Infini-
tivs פאה , "spalten, brechen" (vgl. שבר v.10).

188. Eine Ausnahme bildet nur der TARG: Nach seiner sehr freien Paraphrase
bildet v.15 zunächst einen Sündenkatalog der (in v.14 bei ihrem Tode
geständigen) Frevler: "Wie Vieh haben sie die Gerechten in den Tod gesetzt (und sie getötet und die Gerechten und Diener der Lehre zerschmet-
tert und die Geraden verprügelt - deshalb altern ihre Leiber in der Gehenna.")

189. Das Perfekt שתו steht hier also keineswegs "pro imperfecto" (AMAMA 284),
sondern weist in seiner vollen perfektiven Bedeutung auf einen immer
schon bestehenden, "naturgegebenen" Zustand des Menschen hin.

190. Kaum zutreffend ist die Unterscheidung von WAECHTER (Tod 56, Anm. 373):
"Sofern vom allgemeinen Todeslos die Rede ist, wird von der Grube
(שחת, v.10) und von Gräbern (קברים, v.12) gesprochen, ist von Selbstsicheren die Rede, da tritt das Wort "Scheol" auf (v.15)."

an diesen besonders gut sichtbar wird, jedoch bei weitem nicht auf sie beschränkt ist: "Die Domäne des Todes lag...für Israel nicht draussen am
äussersten Rand des Lebens, sondern war tief in den Bereich des Lebens
vorgeschoben." (v.RAD, Theologie I 400). Was also oben in v.13 angetönt
worden war (vgl. 3.3.52) bestätigt sich hier: die Gleichheit von Mensch
und Tier, die sich im Tode klar erweist, besteht schon im Leben, denn die
Menschen sind zeitlebens schon immer auf die Scheol hin ausgerichtet und
der Todesmacht überliefert. Das ist ihr Weg[191].

4.1.9. כצאן

Durch den Vergleich mit dem Kleinvieh erhält unser Satz eine zusätzliche
Bedeutung, die den eben festgestellten Sinn nicht verändert, wohl aber
ironisch verdeutlicht und verschärft.

1. Die meisten Kommentare pflegen zu כצאן instinktiv לטבחה (Jer 12,3) hin-
zuzudenken[192]. Folgerichtig soll dann dieser Vergleich mit dem Schlacht-
vieh "die Willenlosigkeit der Toten" zum Ausdruck bringen (KESSLER 108,
vgl. WEISER 262, MULDER 128), die "Unfähigkeit zum Widerstande" (MOLL 252)
Die Schafe sind in dieser Sicht "das eigentliche Bild für 'Herde', 'Masse',
'schwaches, ohnmächtiges Vieh'" (VOLZ 260), das "ohne Unterschied und Umstände, ohne Rücksicht und Respekt" (STIER 140) zur Schlachtbank geführt
wird.

Da aber gleich darauf in v.15b ein Hirt und kein Schlächter auftritt,
scheint es mir sehr unwahrscheinlich, dass der Vergleich solche Schlacht-
szenen evozieren soll[193].

---

191. Der Weg bezeichnet hier also nicht bloss den Akt des Sterbens, wie in
Jos 23,14 und 1 Kön 2,2, sondern das ganze Leben, das als ein einziges,
grosses Sterben erscheint.

192. KISSANE (217) z.B. meint: "The notion of violent and premature death
is conveyed in the comparison with the sheep, i.e. like sheep to the
slaughter." EWALD (252) und OLSHAUSEN (218) weisen auf Ps 44,12.23 als
Parallele hin und PODECHARD (K I 218) denkt sogar an direkte Abhängigkeit von Jer 12,3.
    Eine bestimmte Vorstellung von צאן (THOMAS VON AQUIN 338: "Oves
non habent auxilium a natura ad se defendendum, et ideo expositae sunt
ad caedem", doch vgl. unten 4.2.33) und eine bestimmte Auslegung von
v.13 (KNAPP 101: "Das v.13 angefangene Bild von Schlachtopfern wird
hier fortgesetzt", doch vgl. oben 3.3.43) drängen solche Auslegungen
geradezu auf.

193. OLSHAUSEN (218) geht als einziger auf diesen Widerspruch zwischen Schlächter und Hirt ein. Er findet deshalb den Hirten "unpassend, insofern jene
Vergleichung [von v.15a] eben das Abschlachten der Tiere zur Grundlage
hatte und diesem kein Weiden mehr nachfolgt." Vielleicht um dieser Schwie-

2. Viel naheliegender ist es deshalb, hinter unserem Vers nicht das Bild
des Schlachthauses, sondern der Hürde zu sehen, wie das einige Exegeten
getan haben[194]. Schon das Verb שתו legt das nahe: Mi 2,12 braucht das dem
Verb שית nahe verwandte שום, um das Einpferchen von Kleinvieh zu bezeichnen, und in Gen 30,40 wird eben mit dem Verb שית beschrieben, wie Jakob
seine Herde von der Labans trennt - dies doch wohl mit Hilfe von Hürden.
Da Hürden dazu dienten, nachts die Herden vor wilden Tieren zu schützen
(vgl. dazu NOWACK, Archäologie I 226)[195], sind sie im Alten Testament
sehr oft ein Bild für Sicherheit, Ruhe und Geborgenheit (vgl. Mi 2,12;
evt. Ri 5,16; Gen 49,14)[196].

Dadurch, dass nun an unserer Stelle die Scheol als Hürde erscheint,
erhält der ganze Vers einen sarkastischen Unterton - ganz ähnlich, wie in
v.12ab, wo das Grab als Haus umschrieben worden war.[197]

---

rigkeit auszuweichen, begnügen sich einige Exegeten beim Vergleich von
v.15a mit der Feststellung שעירנו נאספו ובאו בצבא (LUZZATTO 212, ähnlich
schon QIMHI 346 und - als eine Möglichkeit, vgl. unten Anm. 196 - AMAMA
284). Doch so verstanden ist der Vers nicht sonderlich aussagekräftig,
es sei denn man dichte dazu wie DOEDERLEIN (102) ein halbes Drama: "Meta-
phora petitur ob ovibus, quae aberrant a via tandemque devergunt ad prae-
cipitia."

194. Schon RASHI (47) erklärt den Vergleich so: כצאן המתאספ לדיר כן הם לשאול,
ebenso GEIER (732): "Sicut oves, quae interdiu per prata oberrarunt,
noctu in angustum obscurumque coguntur ovile", dem MICHAELIS (327),
ROSENMUELLER (1070), ZSCHIESCHKE (28) und STIER (140) folgen. Aehnlich
BRIGGS (410): "...the abode of the dead being conceived as their fold,
in which they are shut up for the nigth...". SCHMIDT (94) und EERDMANS
(265) verweisen auf Gen 30,40.

195. Ob die Hürde als nächtlicher Aufenthaltsort des Viehs in irgendeiner
Beziehung zum "Uebernachten" von v.13 und zum "morgens" von v.15c
stehn, wird an dieser letzten Stelle zu überlegen sein (vgl. unten
4.2.64). Jedenfalls ist es - nach v.13 - nicht zufällig, dass das
Stehen des Menschen im Tod just mit einem Tiervergleich umrissen wird
(obwohl das "Tier" von v.13 und das "Vieh" von v.15 nicht denselben
Klang haben, vgl. unten 4.2.33 und bes. Anm. 211).

196. Die oben (Anm. 194) zitierten Exegeten unterstreichen fast alle die
Enge und Dunkelheit der Hürde, was ganz unwesentliche Bestimmungen
sind. Denn schliesslich werden die Tiere nicht in eine Hürde eingeschlossen zwecks Verdunkelung oder Einengung und schon gar nicht "ut
mactentur" (AMAMA 284), sondern damit sie geschützt sind. Massgebend
im Bild der Hürde ist deshalb, dass sie - meinetwegen im Dunkeln, d.h.
wenn Gefahr herrscht - vor dem Tode schützt.

197. Dieser Rückgriff auf v.12ab macht übrigens deutlich, dass v.15a noch
zu v.14 gehört (vgl. unten Anm. 253), weil er das einzige Element der
ersten Strophe, das in v.14 noch nicht zur Sprache gekommen war, auf-
greift und gewissermassen zur weiteren Verwendung in der zweiten
Strophe "aufbereitet".

Damit ist die Umschreibung des menschlichen Weges in v.15a klar: Der
Mensch ist immer schon so konstituiert, dass er aufs Ganze gesehen ganz
im Tode steht und eben darin besteht die letzte "Sicherheit" und der eigentliche "Friede", den er sich erhoffen kann.

In der Formulierung von v.15a ist zwar nicht von Gott die Rede - und
doch steht diese Darstellung des menschlichen Weges schon in bewusstem
Gegensatz zum traditionellen Credo, demgemäss natürlich JHWH es ist, zu
dem hin der Mensch auf seinem Wege im Letzten schon immer hingeordnet ist
und bleibt, auf den er von Geburt an "geworfen" ist (Ps 22,11) und sich
stützen kann (Ps 71,6; 73,28 שׁתִּי!!). Die drei folgenden Stichen bringen
diesen Konflikt mit dem traditionellen Glauben ausdrücklich zur Sprache[198].

4.2.   DIE ABWESENHEIT GOTTES (v.15b-d)

4.2.1. Methodische Vorbemerkung zu Korrektur und Gliederung von v.15

1. Auch wer mit starkem Vertrauen in den masoretischen Text v.15 angeht,
   muss darauf gefasst sein, hier eventuell zu Korrekturen gezwungen
zu werden, wenn er den Vers überhaupt übersetzen und erklären will (vgl.
dagegen unten Anm. 232). Da die alten Versionen im grossen und ganzen
offensichtlich keinen andern Text als den überlieferten MT gelesen haben
(einzig bei צירם und לו sind einige Zweifel angebracht), wäre er dabei
ganz auf freihändige Konjekturen angewiesen. Wichtig ist es deshalb, von
vornherein nicht nur deren Anzahl[199], sondern auch deren Willkürlichkeit
möglichst einzuschränken. Zu diesem Zweck habe ich bei der Rekonstruktion
und der Gliederung von v.15 folgenden Weg eingeschlagen:

---

198. Die obzwar theologisch nicht sehr ergiebige, so doch nicht uninteressan-
     te Lösung von PRAETORIUS (335) sei hier nicht unterschlagen: Er leitet
     שׁתוּ von שׁתה II her und findet dann heraus, dass "für כצאן ... einst
     כצאה gelesen worden ist: 'etwas wie Unrat haben sie in der Unterwelt
     getrunken'. Dazu schrieb ein Leser das gewöhnliche Gegenstück an den
     Rand: וחראיהם בפיהם 'und ihr Kot ist in ihrem Munde'. Diese Glosse
     lesen wir jetzt mit nur ganz leichter Veränderung gleichfalls in v.14."
     Aehnlich lukullische Szenen findet übrigens auch BONKAMP (237f) - aller-
     dings erst in v.15c+d: Er übersetzt "und ihre Speise [צִידָם] , zum
     Verzehren für die Unterwelt, nimmt er [der Tod] vom Unrat [לוֹ מִזְּבֻל]"
     und kommentiert: "Der Tod ist ihr Hirt; die einzige Nahrung, die er ihnen
     in der Unterwelt zu bieten vermag, ist der Unrat des Bodens."

199. Vgl. PAUTREL 530: "S'il [MT]est fautif, ce qu'il semble bien être, il
     ne doit l'être qu'à un nombre limité de mots. Une ou deux grosses corrup-
     tions sont plus probables qu'un grand nombre de petites, et de toute
     façon, il est prudent de ne pas 'récrire' trop de mots."

4.2.1.

2. V.15 besteht aus drei Arten von "Wortmaterial":
- Wörtern, die zusammen einen Sinn ergeben, der gut in den Kontext passt (כצאן...ירעם). Hier ist keine Textverderbnis anzunehmen;
- Wörtern, die zusammen einen Sinn ergeben, der gar nicht in den Kontext von Ps 49 zu passen scheint (וירדו...לבקר). Hier ist Textverderbnis am wahrscheinlichsten und zwar in Form von bewussten Aenderungen;
- Wörtern, die zusammen scheinbar keinen Sinn ergeben (וצירם...לו). Hier ist Textverderbnis in Form von mechanischen Abschreibefehlern möglich.

Da nun Fehler in der 2. Gruppe wahrscheinlicher sind, als in der dritten, ist es methodisch unzulässig, an der zweiten Gruppe von Wörtern herumzukorrigieren, bevor man überhaupt versucht hat, die dritte Wortgruppe in ihrer überlieferten Form zu verstehen. Korrekturen in der zweiten Wortgruppe werden wir hier also (logisch[200]) erst nach einer Auslegung der ersten und der dritten vornehmen - dies im Gegensatz zu allen Kommentaren, die sich denn auch im letzten Versteil (der doch nicht der Verdächtigste ist!) zu den meisten und eingreifendsten Korrekturen gezwungen sehen[201].

3. Da ich im ersten und dritten Versteil keine grosse Textverderbnis erwarte, teile ich, von vorne und von hinten anfangend, den Vers rein mechanisch in Halbverse ein[202] - dies mittels Konsonantenzählung (und in bewusstem Missbrauch dieser Methode!!). Daraus ergeben sich folgende Halbverse:

(a)	כצאן לשאול שתו	10
(b)	מות ירעם וירדו בם	13
(d)	לבלות שאול מזבול לו	12
(c)	ישרים לבקר וצירם	(13/12)

Höchst erstaunlich ist, dass der aus dieser Operation entstandene "Restvers" v.15c eine absolut durchschnittliche Länge hat, also wahrscheinlich weder Glossen, noch Ausfälle noch überhaupt sehr tiefgreifende Störungen aufweist. Richtig ist diese mechanische Einteilung wenn

---

200. Dargeboten wird die Auslegung hier wie gewohnt in der Reihenfolge des Textes, entstanden ist sie aber umgekehrt vom Ende des Verses her.

201. Ein deutliches Beispiel dafür ist PAUTREL, in dessen doch so umsichtigen Auslegung mit wachsender Nähe zum Ende von v.15 auch die Zahl und Schwere der Korrekturen zunehmen.

202. Vgl. dazu PAUTREL (532): "...la division la plus mécanique des mots nous prépare des stiques de longueur plus équilibrée..."

a) v.15a sich zwangslos an v.14 anschliessen lässt (vgl. oben Anm. 197)

b) v.15b und v.15d sich als Sinneinheiten verstehen lassen (vgl. unten 4.2.45 und 4.2.75),

c) v.15c eine Parallele zu v.15b bildet (bgl. unten Anm. 242).

4.2.2. מות ירעם

1. Die zwei letzten noch gut verständlichen Wörter vor dem grossen "black out" von v.15bc sind von vielen Exegeten mit hohem Lob bedacht worden: Für SCHEGG (40) ergeben sie "ein ebenso kräftiges als schönes Bild", nach STENZEL (157) und WEISER (262) sind sie einfach "grandios" und MAILLOT (298) ist tief erschüttert: "la comparaison s'élargit et devient bouleversante...". Sogar DUHM (203), der sonst für Ps 49 nichts als Spott und Verachtung übrig hat (vgl. z.B. oben Anm 120), findet es "nicht ohne Reiz" - allerdings nur weil es "an die Totentänze des Mittelalters (erinnert)..."

2. Ueber das Lob hinaus sind sich die Kommentare allgemein darüber einig, dass hier der Tod personifiziert werde und weisen immer wieder hin auf Hos 13,14; Jer 9,20; Hi 28,22 und besonders Hi 18,14 (Tod als מלך בלהות, "König der Schrecken")[203].

Fast[204] unbestritten ist auch, dass hier eine "fortgesetzte Metapher der Schafe" (WETTE 343) vorliegt und der Tod als Hirte auftritt. Weniger Einstimmigkeit herrscht im Bezug auf den genauen Sinn dieser Metapher.

4.2.3. Das Hirtenmotiv

Das Hirtenmotiv ist im ganzen alten Orient weit verbreitet[205].

1. Als Hirt galt zunächst einmal der König. Von den vielen mesopotamischen Texten (vgl. SEIBERT, Hirt 7-10) sei als Beispiel der Epilog des Kodex Hammurabi zitiert, wo der König von sich sagt:

---

203. KRAUS (367) fragt sich, "ob diese 'Personifikation' von מות eine Erinnerung an die Gottheit Môt enthält, die durch die Ras-Schamra-Texte bekannt geworden ist", was er offenbar bejaht (vgl. unten Anm. 214, ähnlich ANDERSON 379). Gerade er sollte aber konsequenterweise diese Frage mit Bestimmtheit verneinen, hat er doch wenige Seiten vorher einen Versuch, das על-מות von Ps 48,15 mit dem ugaritischen Gott zusammenzubringen, als "recht phantasiereich" abgetan...

204. Anders z.B. BRUNO (241), der den Vers bis zur Unkenntlichkeit korrigiert, wie es seine Art ist. מות ירעם wird zu מיתרם im Satz לשאול שחו מיתרם וירדו בה מעשרם,"sie sinken in die Unterwelt von ihrem Ueberfluss, sie steigen hinunter in sie von ihrem Reichtum"!

205. Vgl. dazu J. JEREMIAS, in: KITTEL, Wörterbuch VI 484-487; für Aegypten: MUELLER, Hirt; für Mesopotamien: SEIBERT, Hirt.

"Die Grossen Götter haben mich berufen: ich bin der Hirt, der Heil

stiftet, dessen Stab gerade ist, mein guter Schatten ist über

meiner Stadt ausgebreitet, auf meinem Schoss habe ich die Leute von

Sumer und Akkad umfasst, mit meiner Schutzgöttin und ihren Brüdern ha-

be ich sie geborgen, dass der Starke den Schwachen nicht schädige,

um dem Waisen und der Witwe zum Recht zu verhelfen..."

(XLVII 40-62, zit. nach BORGER, Lesestücke II 42).

Auch in Aegypten kann vom Mittleren Reich an (vgl. MUELLER, Hirt 132,

JEREMIAS aaO 485) der Pharao vom Gott Re sagen:

"Er hat mich zum Hirten dieses Landes gemacht, denn er wusste, dass

ich es ihm in Ordnung halten würde." (Berliner Lederhandschrift I 6,

zit. nach MUELLER, Hirt 133)

Sogar zum hohen Beamten kann man sagen:

"Du bist der Hirt, den Gott gegeben hat und sorgst für viele;

du reichst die Hand dem, der elend ist, und hebst den auf,

der gefallen ist." (PAPYRUS ANASTASI V 14,6ff, zit.nach ERMAN, Litera-

tur 269)

In Griechenland ist der Herrscher ebenfalls ποιμην λαων[206]. Dass auch

das AT das Hirtenmotiv für den König gebraucht, zeigen Stellen wie 2 Sam

5,2; Ps 78,71f. Allerdings wird nur der kommende endzeitliche Davidide

explizit "Hirte" genannt (vgl. GESENIUS, Handwörterbuch 766: Ez 37,24;

Mi 5,3). In Ez 34 erscheinen Beamte und Würdenträger als Hirten.

2. Hirt ist im alten Orient aber auch der <u>Gott</u> [207]. In Aegypten gilt z.B.der

Sonnengott Re als ordnender Hirte, "unter dessen Herrschaft am Anfang

der Welt das goldene Zeitalter geherrscht habe" (MUELLER, Hirt 129): "Man

sagt, er ist der Hirte für jederman, und nichts Böses ist in seinem Herzen.

Seine Herde ist gering, und doch hat er den Tag damit verbracht, sie zu

sammeln." (Mahnworte des Ipuwer XII 1, zit. nach MUELLER aaO, vgl. PRITCHARD,

Texts 443). Eine ähnliche Auffassung von Gott als Hirt der paradiesischen

Urzeit findet sich wieder bei PLATO (Politikos 271e, vgl. JEREMIAS, aaO

---

206. Vgl. STEPHANUS, Thesaurus VII 1319f. Als Beispiele kann man HOMER, Ilias
     I 263, II 85, Odyssee IV 532 anführen. Schon in PLATOs Minos 321c wird
     dieses bei HOMER häufige Epitheton für Könige und Fürsten hervorgehoben.
     Sonst wird bei PLATO diese Metapher allerdings zur durchreflektierten
     Allegorie, wie nebst den Stellen aus "Staat" (IV 440d; I 343b-345e;
     III 416ab) und "Gesetzen" (V 735 bc) besonders der ganze erste Teil des
     "Politikos" (261d-277c) zeigt.

207. Ob das Hirtenmotiv zuerst auf den König oder zuerst auf den Gott ange-
     wandt wurde, ist letztlich eine religionsphilosophische Frage, die hier
     übergangen werden kann. Sicher ist, dass in Aegypten der königliche Hirte
     in den Quellen später auftritt als der göttliche Hirte.

485, Anm. 16). In Mesopotamien weisen die Namen "Marduk hat mich geweidet" oder "Schamasch ist mein Hirt" (STAMM, Namengebung 189; 214, zit. bei SEI-DEL, Hirt 16) auf eine Hirtenprädikation Gottes hin. Das AT redet sehr häufig von der Hirtentätigkeit Jahwes im Bezug auf sein Volk - wobei aber interessanterweise der eigentliche Hirtentitel eher selten gebraucht wird (nur gerade Gen 48,15; 49,24; Ps 23,1; 80,2; Is 40,11; Sir 18,13)[208].

3. In all diesen Beispielen soll durch die Hirtenmetapher zum Ausdruck gebracht werden, dass der Gott oder König die Weltordnung sichert, die Menschen bewacht, beschützt und verteidigt - kurz: ihr Leben ermöglicht und erhält.[209] Der Hirt ist "der, der Atem geben kann" (5.Lied auf Sesostris III, zit. nach ERMAN, Literatur 182) und: "Gibt es denn einen Hirten, der das Sterben liebte?" (Ipuwer XII 14 zit. nach ERMAN aaO 146, vgl. PRITCHARD, Texts 443)[210].

---

208. Unklar ist, ob der übertragene Gebrauch von "Hirt" auch in Ugarit vorkommt. Für den König lässt er sich soweit ich sehe nicht belegen. Wenn die Hirten einmal gerade nach den Priestern genannt werden (rb.khnm.rb. nqdm: "Chef der Priester, Chef der Hirten", vgl. VIROLLEAUD, Fragment 241), scheint es sich um echte Hirten (bzw. um Grossgrundbesitzer oder Chefbeamte im Landwirtschaftssektor, vgl. 2 Kön 3,4; Am 1,1!) zu handeln, denn "il est naturel que dans un pays essentiellement agricole comme celui-là [Ugarit], les Pasteurs aient occupé l'une des premières places, la première après les prêtres" (aaO 242f).
    Auch Baal erscheint unter dem Namen Had zweimal als Hirte, einmal in einem Trinkgelage des Gottes Rapi'u: "Il Rapi'u est assis à côté de ᶜAstart, le dieu Juge, à côté de Had, le pasteur qui chante et joue de la cithare, de la flûte (?), du tambourin et des cymbales." (UGARITICA V 553, zit. bei STAMM, Namen rechtlichen Inhalts 473) Das andere Mal wird der auf dem Zaphon thronende Baal beschrieben: "Baal est assis, (ayant) comme siège (sa) montagne, Had, le pasteur (hd.r[ᶜy]) (est) comme le db au milieu de sa montagne." (UGARITICA V 558) Doch unterscheiden sich diese Stellen m.E. von den oben angeführten altorientalischen Beispielen: Es sind keine "soteriologischen" Aussagen, die auf metaphorische Weise zeigen wollen, wie ein beliebiger Gott für die Menschen sorgt, sondern "theologische" Aussagen, die auf "dogmatische" (symbolische) Weise einen Fruchtbarkeits- und Hirtengott in seinem "In-sich-sein" umreissen (vgl. Dumuzi, Pan). Obwohl sicher Verbindungen bestehen zwischen diesen zwei Arten der Hirtenprädikation, scheint es mir doch nötig, sie zu unterscheiden.

209. Dass im Falle des Königs, der sich Hirt nannte, dieser auch praktisch wirklich Hirt war, ist natürlich noch nicht gesagt. Dass "sein Hirtentum...ihm auch die Möglichkeit zu einem negativen Gebrauch seiner Machtfülle an die Hand (gab)", nimmt SEIBERT (Hirt 1) wohl durchaus zu Recht an. Doch betont sie diesen ideologischen Aspekt der Metapher wohl doch zu stark, wenn sie z.B. annimmt, das Hirtenmotiv sei überhaupt nur (suggestiv) dazu benutzt worden, "die Menschen immer wieder in ihrer Abhängigkeit als Herde (zu kennzeichnen)" (aaO 10). Nahegelegt ist eine solche Aussage kaum durch die alten Texte selber, sondern eher durch den "progressiven" Standpunkt, von dem aus Frau SEIBERT diese angeht - bzw. angehen muss.

Folgerichtig kann innerhalb dieser Metapher von den Menschen als
"Kleinvieh Gottes" (Lehre für Merikare zit. nach SCHMID, Weisheit 216, vgl.
PRITCHARD, Texts 417) gesprochen werden, ohne dass damit der geringste
pejorative Unterton verbunden wäre[211] - im Gegenteil liegt darin ein Ausdruck des Vertrauens und der Geborgenheit, wie etwa die in Mesopotamien
belegten theophoren Namen der Form "Immer-^{d}NN", "Schaf des Gottes NN"
(vgl. STAMM, Namengebung 12) sehr gut dokumentieren.

Im AT ist die Funktion des Bildes von Hirt und Herde dieselbe wie im
ganzen alten Orient: "Es brachte die Geborgenheit Israels bei seinem Gott
wie kaum ein anderes zum Ausdruck." (JEREMIAS, aaO 486)

---

210. Aehnlich auch im griechischen Raum, vgl. XENOPHON, Memorabilien III 2,1,
wo Sokrates einen Feldherrn ermahnt: Του ενεκεν, εφη, Ομηρον οιει
τον Αγαμεμνονα προσαγορευσαι ποιμενα λαων; αρα γε οτι ωσπερ
τον ποιμενα δει επιμελεισθαι οπως σωαι τε εσονται αι οιες
και τα επιτηδεια εξουσι και ου ενεκα τρεφονται τουτο εσται,
ουτω και τον στρατηγον επιμελεισθαι δει..."

211. Deshalb hat das כצאן von v.15a für sich genommen (d.h. ohne לשאול)
einen ganz anderen Ton als das כבהמות von v.13b.
Während der erste Vergleich, innerhalb des Hirtenmotivs, ein Ausdruck der Geborgenheit bei Gott ist, sagt der zweite die Trennung von
Gott aus (durch die "Vertierung", d.h. den Verlust der spezifisch menschlichen Gottebenbildlichkeit).
Hinter den zwei Vergleichen stehen im Grunde zwei verschiedene
Arten, das Tier zu sehen: das eine Mal (כצאן) sieht sich der Mensch
"im Urbewusstsein eines geheimnisvollen Zusammenhanges aller beseel-
ten Kreaturen" (HENRY, Tier 13) gemeinsam mit dem Tier Gott gegenüber. Diese Sicht ist im AT die weitaus häufigste (J-Schöpfungsbericht
und die meisten vom Tier handelnden Stellen). Das andere Mal (כבהמות)
"gehören ... Gott und Mensch zusammen als Herren über das Tier"
(HEMPEL, Tier 219). Diese Sichtweise, die schon "ein stark rationali-
siertes Lebensgefühl" offenbart (HENRY, aaO 48), ist nur gerade in Gen 1;
Ps 8 zu spüren und führt von dort schnell in einen ausgesprochenen
Pessimismus (Qoh 3,19; Sir 38,25f und eben Ps 49,13.21).
Wie in unserem Psalm sind auch in der schon zitierten Stelle aus
der "Lehre für Merikare" die beiden Arten, das Tier zu verstehen, nebeneinander anzutreffen: "Wohl besorgt sind die Menschen, das Vieh
Gottes. Er hat Himmel und Erde um ihretwillen erschaffen. Er hat für
sie das Krokodil des Wassers beseitigt, er hat die Luft erschaffen,
damit ihre Nasen leben konnten. Seine Ebenbilder sind sie, aus seinem
Leibe hervorgegangen. Er geht am Himmel auf um ihretwillen, er hat die
Pflanzen für sie erschaffen und die Tiere, Vögel und Fische, um sie
zu ernähren..." (zit. nach SCHMID, Weisheit 216, vgl. PRITCHARD, Texts
4170). LAMPARTERs (251) Bemerkung, im AT habe "das Wort 'Vieh' nicht
jenen verächtlichen Klang, den es für unser Ohr heute gewonnen hat",
wäre nur zutreffend, wenn er sie statt auf v.13 ("Tier") auf v.15
("Vieh") bezöge. Hingegen scheint IBN ESRA die Lage richtig zu erfassen,
wenn er zu v.13 sagt: והנה האדם נמשל כבהמות שימותו גם הם במותם, dagegen
zu v.15a (den er allerdings mit Hinweis auf Ps 73,9 auf selbstsichere
Frevler bezieht): והטעם שתו עצמם במחשבתם שהם כצאן. (Ganz ohne Schlach-
tung kommt zwar auch IBN ESRA schliesslich nicht aus, doch steht die

4.2.4. Der Tod als Hirt

1. Wenn man nun vor diesem Hintergrund den Satz ‏מות ירעם‏ liest, müsste
man eigentlich zunächst wie BRUNO (241) feststellen, dass "das Bild vom
Hirten, der seine Herde weidet, in der atl. Bildsprache ganz anders verwendet wird" als hier in Ps 49. Nur deswegen den "leicht entstellten" Text
so zu verändern, wie es BRUNO (aaO, vgl. oben Anm. 204) instinktiv tut,
dürfte freilich kaum das richtige Vorgehen sein.

Andererseits können die hier mit dem Hirten verbundenen Vorstellungen
auch wieder nicht so vollständig anders als sonst sein, deshalb besagt -
wie schon HUPFELD (666) bemerkt hat - "das Bild des Weidens...wohl nicht,
dass sie dem Tod zum Futter dienen, d.i. von ihm benagt, verzehrt werden",
wie das gestützt auf Hi 18,13 periodisch immer wieder behauptet wird[212].
2. Vielmehr bedeutet das Hirtenmotiv, das immer "et regendi notionem indu-
it" (ROSENMUELLER 1070), auch hier zunächst einmal, dass der Tod,
"rex orci, in cuius potestatem et imperium devenerunt, ipsis praeest immi-
tis rector dominatorque" (aaO). Ganz ähnlich wird auch in Hi 18,14 der
Tod als König verstanden (vgl. STIER 140 und viele andere nach ihm).

Dass nun freilich die Todesmacht gerade als Hirt erscheint, ist nicht
bedeutungslos, und es stimmt auch nicht, dass "omnis vis ac nervus huic
imagini deest" (ZSCHIESCHKE 29)[213]. Damit wird nämlich - ähnlich wie in
Mi 5,5 und evt. Ps 2,9a (vgl. WILHELMI, Hirt) - ein "souvenir antithétique"
(PANNIER 289) an den normalen Gebrauch der Metapher hervorgerufen, der an

Bemerkung ‏כי סופם לטבח‏ bezeichnenderweise nicht bei ‏כצאן‏ , sondern
bei ‏מות ירעם‏.)

212. Vgl. schon RASHI (48): ‏מלאך מות יאכלם‏, zuletzt von DAHOOD (300), der -
allerdings als Erklärung zu v.15a - auf GORDON, Textbook 51, VIII 15-18
hinweist: al. tqrb.lbn.ilm.mt.al.y^cdbkm.kimr.bph ("Nähert euch nicht dem
Göttersohne Mot, damit er euch nicht wie ein Lamm in seinen Mund stecke."
Als Parallele zu unserem Vers in dieser Deutung könnte man höchstens
Jer 6,3 anführen, doch werden in v.15a die Toten klar als Vieh, nicht als
Weide, verstanden. Von solchen Vorstellungen her hat CASSIODOR (437) eine
- später eifrig nacherzählte (vgl. LOMBARDUS 470, GERHOH 1593) - technische Beschreibung der ewigen Höllenqualen entwickelt: "Peccatores
enim 'in inferno positos mors' aeterna 'depascit'. Nam sicut oves
lanae suae amissione iugiter perseverant, sic in illos semper sine
imminutione substantiae invenit, quod poena discruciet. 'Depascit'
enim a iumentis tractum est, quae herbas non radicitus evellunt, sed
abscindunt ipsas potius summitates."

213. Schlimmstenfalls kann man allerdings dieses Bild "vim et nervum" verleihen, wie es die MASSEKET GEHINNOM (2) tut, die sich hier eine
höllische Sauna ausmalt: ‏והראני בני אדם שמשליכין אותם מן האש‏
‏לשלג ומן השלג לאש כרועה זה שרועה את צאנו מהר להר ועליהם הכתוב אומר כצאן‏
‏לשאול שתו מות ירעם...‏.

unserer Stelle den Sarkasmus, welchen schon v.12 antönte und v.15a weiter-
führte, auf die Spitze treibt: der Tod, der in unserem Satz betont an erster Stelle steht, er ist der Hirt und König der Menschen, d.h. nach dem
üblichen Gebrauch des Bildes: ihr Lebensspender und Lebenserhalter.

3. Da aber üblicherweise nicht nur der König Hirt ist, sondern auch die
   Gottheit, könnte das Bild mehr enthalten als nur die Aussage, dass die
Toten "in das Reich des Todes versetzt werden, seiner Herrschaft und
Tyrannei verfallen" (HUPFELD 666). Es könnte durchaus eine theologische
Konnotation beinhalten: der personifizierte Tod erschiene dann nicht nur
als "rex orci", sondern auch als "antithetical to Yahweh Himself as the
shepherd of His people" (BRIGGS 410 mit Hinweis aus Ps 23, ähnlich BOEHL
84, ANDERSON 379). Der göttliche, d.h. einzige und allmächtige Beschützer
und Erlöser der Menschen wäre dann - der Tod selbst, und nicht JHWH. Dass
hier tatsächlich das gemeint ist, wird der Parallelvers 15c eindeutig
erweisen (vgl. unten 4.2.74).

4. Es scheint mir nicht überflüssig, hier nochmals ganz klar festzuhalten,
   wer denn eigentlich die Leute von v.15 genau sind. Sozusagen alle
Kommentatoren nehmen spontan und ohne grosse Ueberlegung an, v.15 rede von
Toten und wolle "den in die Hölle gelegten einen Hirten anweisen" (STIER
140). Demgegenüber behauptet z.B. EHRLICH (111), ebenfalls recht unbe-
schwert, "das Weiden durch den Tod (geschehe) nicht im Scheol, der wohl
Aufenthalt der Toten, aber nicht des Todes ist, sondern auf Erden. Denn
weil der Mensch mit jedem Atemzug dem Tode näher rückt, so wird sein ganzes Leben als ein langsames Sterben angesehen, und dieses gestaltet sich
dichterisch zu einem Weiden, wobei der Tod der Hirt ist."[214]

Gewiss hat man damit eine für das Alte Testament zweifelhafte Alternative aufgestellt, denn der Tod als Herrschaftsbereich (שאול) und als
aggressive Macht (מות personifiziert) betrifft die Toten und die Lebenden,
zwischen den Lebenden als Bedrohten und den Toten als Ueberwältigten besteht nur ein gradueller Unterschied im Beherrschtsein durch den Tod. Doch
gerade dies zeigt, dass man dem Text kaum gerecht wird, wenn man die Gültigkeit des מות ירעם auf das "Jenseits" einschränkt und diesem Hirten nur
Tote zum Weiden überlässt.

---

214. PODECHARD (15) denkt sich die Herrschaft des Todes ebenfalls auf Er-
     den, "où la mort, par les maladies et les accidents pousse chaque
     jour les hommes vers la tombe". Auch KRAUS (367) ist offenbar ein
     wenig dieser Meinung, drückt sich aber äusserst diplomatisch aus
     (wen rafft der Tod dahin, wenn nicht Lebende?): "Wichtig ist, dass
     die Reichen schon jetzt, mitten im Leben, von מות in die שאול he-
     rabgetrieben werden."

Zwar ist diese restriktive Auslegung sehr naheliegend, gerade im Hinblick etwa auf Hi 18,14f. Die Vorstellung, dass die Menschen, wenn sie einmal gestorben sind, vollständig der Todesmacht ausgeliefert sind, dass sie von Gott nicht mehr zu erhoffen haben (vgl. Is 38,18) und er für sie nichts mehr unternimmt (Ps 88,6.11a) - weshalb sie ihn auch nicht mehr loben (Ps 80,11 u.ö.) - ist ja im Alten Testament häufig genug, um sich auch an unserer Stelle aufzudrängen. Und doch passt sie m.E. hier schlecht hinein. Die zweite Strophe des Grundpsalmes will ja, wie schon mehrmals betont wurde, auf dem Hintergrund der Todeserfahrung der ersten Strophe vom Weg der Weisen und Toren reden, also von ihrem Leben (v.14). Dieser Lebensweg wurde schon kurz als ein "Je-schon-im-Tode-stehen" charakterisiert (v.15a). Wenn dann unmittelbar danach der Satz מות ירעם folgt, versteht man ihn mit Vorteil als eine ausführliche Umschreibung dieser kurzen Charakteristik: die Menschen sind schon immer in die Scheol hineingepfercht, sie stehen schon immer im Herrschaftsbereich des Todes. So ist es auch nichts als folgerichtig, dass der Tod - und nicht Gott - tatsächlich ihr Hirt und Herrscher ist.

Erst wenn man das מות ירעם solchermassen als "Lebens"bedingung der Lebenden, nicht der Toten, versteht, wird die theologische Tragweite dieses Satzes deutlich: Die, die zeitlebens schon im Tode stehen, die auf dem Weg des Todes gehen, die von Gott nichts mehr zu erhoffen haben, das sind in der traditionellen Weisheit nämlich die Frevler[215]. Ganz ähnlich, wie schon oben v.11 erleiden hier alle Menschen - zumal die Weisen unter ihnen - das Schicksal, das die traditionelle Weisheit den Frevlern und Gottlosen vorbehielt. Der Mensch überhaupt steht immer ganz im Tode, bloss dadurch, dass er lebt, trifft ihn diese Strafe[216]. Die Unordnung und Zusammenhanglosigkeit, die sich in der ersten Strophe an der Grenze des Lebens gezeigt hatte, "färbt ab" auf das Leben selbst und erscheint als dessen grundlegender Zug, sobald man versucht, den Tod im Ganzen des Lebens zu situieren. Dass der Tod "rückwirkend" das ganze Leben jedes Einzelnen und jedes Leben ganz entwertet und vernichtet, das ist die folgeschwere neue Erfah-

---

215. Vgl. dazu BARTH, Errettung 109f, wo u.a. auf Stellen wie Spr 2,18f; 5,5f; 7,27; 11,19; 12,28; 21,15 hingewiesen wird.

216. Wenn AUGUSTINUS (566, ähnlich Ps-ORIGENES 1448 und THOMAS VON AQUIN 338) zu unserer Stelle bemerkt: "Infidelium pastor mors, fidelium pastor vita. Si ergo in inferno sunt oves, quibus pastor mors est, in caelo sunt oves, quibus pastor vita est. Quid igitur? Iam in caelo sumus? In caelo secundum fidem", so umschreibt er sehr gut - nicht das, was der Text impliziert, sondern das, was er bestreitet!

rung, die dem Grundpsalm zugrunde liegt: "Τεθνηχ' ο μελλων, κουκετ'
εσθ' ο κατθανων." (EURIPIDES, Alkestis 527, vgl. Weish 2,2)

5. Das Bild des Todes als Hirten wird auch ausserhalb des AT gebraucht[217],
und zwar nicht ausschliesslich zur Beschreibung des Jenseits.
HITZIG (272) verweist auf den "grex niger" von HORAZ (Carmina I 24,18).
CHEYNE (221, vgl. BAETHGEN 141) nennt eine Stelle aus der HAMASA, in der
"a plague-stricken Arab tribe is compared to a herd of camels, whose herds-
man is death, to whose stall they must all come home, some sooner, some
later". Aus Ugarit führt DAHOOD (300) die Beschreibung der Unterwelt im
Vers ln^c my arṣ dbr, "zur Lieblichkeit des Landes der Trift" (GORDON,
Textbook 67 VI 6) an. Auch in Aegypten erscheint der Tod "in dunkler und
unheilvoller Weise in der Gestalt des Hirten" (MUELLER, Hirt 143): Der
Mythos vom Sonnenauge beschreibt den Greifen mit dem Satz:

"Er hat die Macht über alles, was auf der Erde ist,
wie der Tod, der Vergelter, welcher auch der Hirte
von allem ist, was (heute?) auf der Erde ist." (zit. nach
MUELLER aaO)

6. Freilich ist in andern ägyptischen Texten das Bild des Geweidet-Werdens
im Tode nicht wie hier "ganz ins Düstere gewendet" (MUELLER aaO). Im
Alten Reich kann man vom Himmelsgott Mechenti-irti bzw. von Osiris im
Bezug auf die als Sterne gedachten Toten durchaus sagen:

"Du hast sie in deine Umarmung genommen
wie der Hirt deiner Kälber." (Pyramidentexte § 1533, zit. nach
MUELLER aaO 128, vgl. FAULKNER, Texts 234)

Wenn nun aber das Bild von "geweideten Toten" wie in diesem alten ägyptischen Text ohne jeden sarkastischen Beiklang gebraucht werden kann, muss
man sich fragen, ob das nicht auch in unserem Psalm der Fall sein könnte:
in v.15 würde dann nicht das Hirtenmotiv durch den Todeskontext ironisch
verzerrt und verfremdet, sondern im Gegenteil der Tod durch das Hirtenmotiv schliesslich doch verklärt und verharmlost (vgl. Ps 23,4). Aehnlich
wie Weish 3,1ff würde dann die zweite Strophe das in der ersten Strophe
beschriebene trostlose Geschick der Weisen als blossen Schein entlarven:
"In Wahrheit sieht der Weg all jener, die im Glauben leben und Beständiges
wirken ganz anders aus, als ein flüchtiger Blick vermuten lässt; denn gerade in ihrer Sterblichkeit sind sie im Letzten wie Vieh im Stall geborgen
und der Tod, fern davon, sie zu vernichten, weidet sie und leitet sie zum
Leben." Im bisher betrachteten Teil der zweiten Strophe ist ja der Sar-

---

217. Vgl. dazu GASTER, Myth 758f, sowie die Literaturhinweise 847.

kasmus (anders als in den v. 11-13) nicht eine Frage der Semantik, sondern eine Frage der Betonung: warum also nicht, statt des sarkastischen Ak-
zentes (wie Vieh im Stall stehen sie - in der Scheol, der Tod ist es,
der sie weidet) den trostreichen wählen (noch in der Scheol sind sie wie
Vieh geborgen, der Tod, der weidet sie)? Das erscheint umso leichter möglich, als an den zwei andern atl. Stellen, wo das Hirtenmotiv ironisch
gebraucht wird, dies auch im Text explizit angegeben wird: "Weidewerkzeug"
ist in Ps 2,9 (?) ein Eisenstab, in Mi 5,5 ein Schwert.

Nun steht ein solcher Hinweis darauf, dass an unserer Stelle das Bild
vom Hirten sarkastisch zu verstehen ist, m.E. gerade im zweiten Teil unseres Halbverses: וירדו בם.

4.2.5. וירדו בם

1. Es gibt seit dem letzten Jahrhundert nicht mehr viele Kommentatoren, die
   den an sich klaren Satz "und es werden herrschen über sie die Gerechten
am Morgen" einfachhin - als "zukunftsgeschichtliche Thatsache" (DELITZSCH
339) - stehen lassen[218]. Die meisten unterziehen ihn einer strengen Kritik
- dies wie mir scheint durchaus zu Recht. Nach OLSHAUSEN (218) z.B. ist
"der hauptsächlichste Uebelstand... der höchst schroffe Uebergang von dem
Vorhergehenden und die so sehr kurze und bloss gelegentliche Erwähnung eines Triumphes der Redlichen über ihre anmassenden Gegner". WELLHAUSEN
(85) findet den Satz "extremly inappropriate in this passage" und für
PODECHARD (15) hat er "aucun rapport avec le contexte"[219]. Etliche (etwa
BRIGGS 413, GUNKEL 213, SCHMIDT 94) finden ihn schliesslich aus metrischen
Gründen unhaltbar, was mir in diesem Fall das entscheidende Argument zu
sein scheint (vgl. oben 4.2.13, aber auch unten Anm. 340a!).

So kommen fast[220] alle Kritiker zum Schluss, hier liege "eine von
(kollektiven) endzeitlichen Vorstellungen beeinflusste - im Kontext wenig

---

218. Kritiklos übernehmen den Text z.B. STIER (140) mit Hinweis auf die
     "klassische" Parallele Mal 3,21, THOLUCK (242): "...denn siegt gleich
     das Reich Gottes nicht zeitlich, so siegt es doch ewig", EWALD (255):
     "v.15b blitzt die Messianische Hoffnung durch", STENZEL (153): "Es
     kommt hier der Gedanke einer richterlichen Tätigkeit der Frommen zum
     Ausdruck", ferner DELITZSCH (339), MOLL (252) SCHULTZ (114).

219. Für RUPERTI (292) sprechen offenbar primär dogmatische Gründe gegen
     den Vers: "Sed quam obscure haec dicta essent! et unde probabis, ho-
     minibus ante Christi tempore resurrectionis spem adfulsisse? Unde
     vero hausta est illa futuri justorum dominii idea?"

220. Nur WELLHAUSEN (85) sieht im ganzen Satz eine Interpolation, PRAE-
     TORIUS (335) - natürlich - weitgehend eine Glossensammlung und PERDUE
     (Wisdom 341) in ישרים לבקר "an apocalyptic addition".

plausible - Deutung des Konsonantenbestandes" vor (DEISSLER 33). Damit ist
die Jagd auf den ursprünglichen Sinn eröffnet.

2. Am vorsichtigsten ist dabei BAETHGEN (141). Für ihn wird man "an den
Triumph denken müssen, der den Rechtschaffenen über die Gottlosen durch
die Tatsache des Todes der letzteren zu Teil wird".

Wer sich mit dieser recht abstrakten Deutung von רדה nicht zufrieden
gibt, steht - ausserhalb der eschatologischen Szenerie - mit diesem Satz
sogleich vor grossen Schwierigkeiten, die LUZZATTO (211) sehr gut umschreibt:
וזה אמנם קשה להבין איך ימשלו בני אדם באותם שכבר מתו. LUZZATTO selbst deu-
tete das ירדו בם ähnlich wie vor ihm etwa CLERICUS (308): "Hoc est, bona
eorum possidebunt, neque enim mortuis aliter dominari licet." Doch die
dem Verb רדה gemässe Ausmalung dieser Herrschaft durch BOETTCHER (Inferi
199) zeigt, dass man sie eigentlich den ישרים kaum zutrauen kann: "...iidem
mortui...pecoris mactati instar toti proborum in potestatem dati (sunt);
bene aut male dicere illis; honeste aut turpiter sepelire ipsos; heredita-
tem permittere aut lite illata adimere superstitibus..., prolem adjuvare
aut pessumdare, denique parcere defuncto aut nocere, liberum est probis,
exstincto, quem vivum metuerant."

Anders versucht es ROSENMUELLER (1070f). Er versteht רדה in seiner
ursprünglichen Bedeutung "trampeln, treten" und kommentiert: "Pii super-
stites divitum illorum fastuosorum tumultis insistent, atque a quibus
vivis sibi metuere cogebantur (v.6), hos ipsos iam in sepulchris sub
terra reconditos et reclusos pedibus suis calcabunt." Diese neue Form von
Totentanz hat zeitweise einigen Erfolg verzeichnen können[221], doch hat
STIER (140) nicht Unrecht, wenn er sie als "meisterhafte Verflachung" zu-
rückweist. Nicht viel besser steht es mit einer allegorisch-chemischen
Deutung[222], die schon GEIER (732) verwirft: "ישרים de quatuor elementis,
in quae cadaver resolvitur, satis coacte et absurde."

Bisweilen wird die Umvokalisierung in וַיִּרְדוּ (von ירד, hinabsteigen)
vorgenommen. Sie ist zwar nicht gerade konjektural[223], aber doch sehr un-

---

221. ZSCHIESCHKE (29) und HITZIG (272) übernehmen die Idee, nach WETTE (343)
treten die Rechtschaffenen sogar "auf die Hügel oder Leichname ...
mit dem Gefühle des Triumphes" (Hervorhebung von mir). Für HUPFELD
(666) ist es ein "symbolischer Ausdruck für: 'als Sieger über sie
triumphieren'".

222. Vgl. z.B. IBN ESRA: וירדו בם ישרים . זה אחר מותם והם ארבעה יסודים שאינם
מורכבים שהאש מורכבת בו תשוב אל האש והרוח אל הרות והמים אל המים והעצמות
שהם ממתכנונות העפר אל העפר.

223. THEOD, von dem ein καταχθησονται überliefert ist, hat womöglich
וַיִּרְדוּ gelesen. Vielleicht ist die Form aber nicht von καταγω,

wahrscheinlich und zieht in neuerer Zeit meistens die Umstellung בְּמִישָׁרִים
לָקֶבֶר nach sich[224].

3. Besser scheint mir, ירדו in seiner üblichen Bedeutung beizubehalten
und es unpersönlich zu verstehen: "und man unterdrückt sie".

   Sehr befriedigend ist diese Lösung (besonders wegen des nachfolgenden
ישרים) natürlich nicht, aber sie fügt sich doch nicht allzu schlecht in
die bisherige Erklärung: das allgemeine und gewissermassen apriorische
Stehen im Herrschaftsbereich des Todes (v.15a) wurde zunächst einmal näher erläutert als faktisches Geweidetwerden und durch die immer noch recht
abstrakte Todesmacht (v.15bα). Dies wird nun wiederum präzisiert: der personifizierte Tod tritt zurück hinter die anonyme Masse jener lebensfeind-
lichen Kräfte aller Art, die, als Werkzeuge des Todes, dessen Hirtentätigkeit am Menschen konkret ausüben.[225] Dabei verknüpft der unpersönliche
Plural diese Mächte, die den Menschen zeitlebens in den Tod hinunterdrük-
ken, antithetisch mit der Menge jener, die den Weisen zeitlebens (v.12c)
oder posthum (v.14b) hochleben lassen.

   Da der Tod in diesem Verständnis immerhin noch indirekt das eigentliche Subjekt von ירדו ist, vermag ירדו בם zudem (wenn auch vielleicht etwas knapp!) den sarkastischen Ton des Satzes מות ירעם und damit der ganzen
Strophe zu retten. Denn in Anbetracht seiner Grundbedeutung (treten, trampeln, in Joel 4,13 von der Kelter) wird רדה (ob mit Akk. oder mit ב) ein

---

sondern von καταχθεω, "quälen" abzuleiten, was eine durchaus
nicht unpassende Wiedergabe von רדה wäre. Sicher hat aber die PESIQTA
RABBATI (41,6 ähnlich TANHUMA-BUBER וירא 56) in einer Erklärung zum
Namen "Moria" hier mit Angleichung an Num 16,33 ein יָרְדוּ angenommen:
אמר רבי שמואל הארץ שמתוכה עתיד הקב"ה להורות על הרשעים שירדו לגיהנם שנאמר
כצאן לשאול שתו מות ירעם ירדו שאול חיים לבלות ... Der YALQUT SHIMEONI
(II תשנב) deutet (wohl auch unter dem Einfluss von Num 16,33) das Verb
gleich: מהו לבקר אמר ר' יהושע בן לוי מלמד שהצדיקים יורדים בכל בקר
ומבקרים אותן ואמרו לבני קרח ... Diese Deutung schwingt womöglich auch
in der MASSEKET GEHINNOM 2 mit (זה בא ודן אותו והולך לו), vgl. unten
Anm. 225).

224. Mindestens die erste dieser Korrekturen nehmen z.B. vor: PAULUS (252),
     DUHM (202), PODECHARD (15), PLOEG (154), DAHOOD (300), MULDER (129),
     BOEHL (165), BERTHOLET (173).

225. Dieses Verhältnis zwischen den Subjekten von ירעם und von וירדו wird
     z.B. schon in der MASSEKET GEHINNOM (2) ausdrücklich (wenn auch bild-
     lich) zur Sprache gebracht: אמר רבי יוחנן כל מלאך ומלאך ממונה להפרע
     עונש עבירה אחת. זה בא ודן אותו והולך לו. וכן השני . וכן השלישי. וכן
     כולם עד שמשלימין לכל עבירות שיש בידו . משל למה הדבר דומה לבעל חוב שהיו
     לו בעלי חובו הרבה והוליכוהו אצל המלך. אמר להם המלך מה אעשה לכם לכו
     וחלקוהו ביניכם. באותה שעה נפשו נמסרת בגיהנם למלאכים אכזרים ומחלקים
     ביניהם אותו (ähnlich MIDRASH GenRabba 26,2).

recht brutales Herrschen bedeuten. Das sieht man daran, dass es meistens
für das Beherrschen von fremden Völkern (1 Kön 5,2; Ez 29,15; Ps 72,8)
und von Feinden (Lev 26,17; Is 14,2.6; Neh 9,28; Ps 110,2) gebraucht wird
- für ein Beherrschen also, das wohl meistens באף, "im Zorn" vollzogen
wurde (Is 14,6) und mit einem "Vernichten" ziemlich synonym war (Num 24,19).
An anderen Stellen werden Sklaven (Lev 25,43.46.53, mit dem Zusatz בפרך),
Fronarbeiter (1 Kön 5,30; 9,23 und evt 1 Chr 8,10) oder Tiere (Gen 1,26.
28) "niedergetreten". Besonders wichtig ist in unserem Zusammenhang jedoch Ez 34,4, wo den schlechten Hirten Israels, die sich selbst weiden,
vorgeworfen wird:

> "Das Schwache habt ihr nicht gestärkt, das Kranke nicht
> geheilt, das Verwundete nicht verbunden, das Verirrte
> nicht zurückgeholt und das Verlorene nicht gesucht -
> doch mit Gewalt habt ihr alles niedergetreten (רדיתם אתם)
> und mit Unterdrückung (ובפרך)."

Hier bezeichnet das brutale Niedertreten die verheerende Tätigkeit
des schlechten Hirten. Genau ein solcher Ausdruck ist nun an unserer
Stelle nötig, damit klar wird, dass das Hirtenmotiv nur eine sarkastische
Umschreibung der Gefährlichkeit und Angriffigkeit des Todes ist.
4. Freilich- noch klarer würde dies, wenn hier, wie in Ez 34,4, der
    weidende Tod selbst unterdrückte und niederträte. Deshalb kann man sich
ernsthaft fragen, ob es nicht doch besser wäre, die von HERKENNE (183) und
PAUTREL (531) vorgeschlagene Korrektur von וירדו in וירדה vorzunehmen,
wenn man ja ohnehin die von den Masoreten als solche akzentuierte Einheit
ירדו בם ישרים verwirft.
   Wer mit v.15 in der eben vorgetragenen Deutung nicht zufrieden ist,
tut gut daran, diese Korrektur andern vorzuziehen. Textkritisch ist sie
zwar völlig unbegründet, aber sie ist wenigstens die beste aller möglichen
Konjekturen. Sie ist nämlich die einzige Korrektur, die es erlaubt, den
ganzen restlichen Vers ohne jede weitere Veränderung in seiner tradierten
Form als klaren, eindeutigen und einfachen Text zu verstehen, und somit
ist sie die einzige Korrektur, aus der sich der überlieferte Text auf nicht
allzu abenteuerliche Art ableiten und erklären lässt: man müsste nämlich
nur annehmen, dass kurz vor der Uebersetzung ins Griechische, im Zuge einer
frühen midrashischen Exegese, die anderorts auch in der SEPT selbst ihren
Niederschlag gefunden hat (vgl. dazu PRIJIS, Tradition 67-75), unsere Stelle eine an Mal 3,21 angelehnte, eschatologische Deutung erfahren hätte, die
sich durch Aenderung eines einzigen Lautes erreichen liess (ירדה-ירדו).

Ich halte allerdings nicht viel von dieser Erklärung. Die Verknüpfung unserer Stelle mit Mal 3,21 ist, soweit ich sehe, vor RASHI (48) nicht zu belegen[226]. Zudem glaube ich nicht, dass den frühjüdischen Höllenforschern die Vorstellung einer Beteiligung der Gerechten an der Folterung der Bösen speziell angenehm war (vgl. YALQUT SHIMEONI zu Mal 3,21!). Eher hat man das Gefühl, die rabbinischen Texte hätten den Satz וירדו בם ישרים לבקר zwar als syntaktisch unvermeidbare Einheit (vgl. וירדו gegen וצורם und neben ישרים) angenommen, mit seinem Sinn jedoch Mühe gehabt und deshalb versucht, ihn abzuschwächen[227].

Dies spricht einerseits für die Beibehaltung von וירדו, andererseits aber vielleicht auch für die hier vorgenommene Sprengung der masoretischen Akzenteinheit.

4.2.6. ישרים לבקר

1. Das Wort ישרים ist den Kommentatoren jeweils besonders willkommen, weil sich daraus schon mit geringfügigen Retouchen ganz unverhoffte Bedeutungen gewinnen lassen:

HERKENNE (183) z.B. liest יאשרם לקבר und sieht, wie der Tod die Menschen ins Grab geleitet. Nach WUTZ (124) wirft er sie vielmehr hinein, denn "auf Grund der alten Schriftgesetze" muss man natürlich וידריכם ישדם לקבר lesen, Satz, der unter Beizug des Syrischen (שדא = "werfen") "einen trefflichen Sinn" ergibt. Glaubt man hingegen DAHOOD (300), so sinken die Men-

---

226. Beide Verse erscheinen zwar in der MASSEKET GEHINNOM, doch in ganz verschiedenen Zusammenhängen und Kapiteln (Ps 49,15 in Kapitel 2, vgl. oben Anm. 225, Mal 3,21 in Kapitel 4, wo der Wind jährlich die zu Asche gewordenen Frevler unter die Füsse der Gerechten weht). Im SEDER OLAM RABBAH (3) stehen die beiden Verse zwar im gleichen Zusammenhang, aber nach dem Zitat von Mal 3,21, das dieselbe Strafe wie in der MASSEKET GEHINNOM belegen soll, wird Ps 49,15 nur zum Beweis für die Ewigkeit der Strafe und nur von וצירם לבלות שאול an zitiert. Aehnlich im babylonischen TALMUD, Rosh haShanah 17a.

227. Nur gerade dem MIDRASH TEHILLIM gelingt es beim zweiten Anlauf, mit einer politischen Interpretation (die freilich dem Kontext völlig fremd bleibt) den ganzen Satz zu retten: כצאן לשאול שתו. אלו אומות העולם שעבחו ישראל כצאן לשאול, להמיתן על קידוש השם. ירעם בגיהנם ויורידם (!) ואז ימשלו בם ישרים בעת שנעשה ערבו של ישראל בוקר (vgl. Weish. 3,8). Die andern Auslegungen mogeln entweder bei ישרים (so MIDRASH GenRabba 26,2 und MASSEKET GEHINNOM 2, die das Wort auf Todes- bzw. Folterengel deuten, vgl. oben Anm. 225) oder bei וירדו (so YALQUT SHIMEONI II תשגב , wo die Gerechten bloss hinuntersteigen, statt zu quälen, vgl. oben Anm. 223 und auch MIDRASH TEHILLIM!) oder bei beiden (so PESIQTA RABBATI 41,6, wo <u>Frevler</u> in die Scheol <u>hinuntersteigen</u>, vgl. Anm. 223).

schen wie Kälber ins Maul des Todes, denn von במישרים kommt man vermittels
einer "doubtfull translation" zu "in this gullet (cf Spr 23,31f; Hld 7,10)"
und לבקר muss (ל hin oder her) parallel zu כצאן sein, denn "the balance
between בקר and צאן is very frequent". Je nach Bedarf lassen sich aber
aus den ישרים auch Tote (GRAETZ 341: ופאים לקבר), Ochsen (TORCZYNER 55:
כמו שרסי), faulendes Fleisch (GUNKEL 213: בשרם לרקב) oder lachende Aas-
geier (PRAETORIUS 335: ירצו בם נשרים)hervorzuzaubern.

Dass den Exegeten bei all diesen Konjekturen nicht recht wohl ist,
sieht man etwa daran, dass GUNKEL (213) das beliebte במישרים "sehr geist-
reich" findet, dann aber doch nicht dafür optiert, TORCZYNER (55) sich zu
seiner eigenen Lösung "kaum entschliessen kann" und PRAETORIUS (335) unter
seine Erwägungen die resignierte Bemerkung setzt: "Alles unsicher."
2. Sicher ist tatsächlich nur, beim Text zu bleiben. Dies fällt umso leichter, wenn man wie PAUTREL (533) ישרים als wirkliches Adjektiv versteht. Zur Bestimmung der Bedeutung dieses Adjektivs geht PAUTREL (aaO)
aus vom Gegensatz zwischen "une âme enflée et non droite' dans Hab 2,4,
d'où je puis approximativement penser que ישר peut signifier quelque
chose comme: calme, apaisé. Mandelkern: 'tranquillus'. C'est utilisable.
J'en ferai 'dociles'." Das Resultat scheint mir richtig, die Ableitung
falsch.

ישר bezeichnet nur das "Gerade" im Gegensatz zum "Krummen" und bezieht sich zunächst (objektiv) auf den Weg, sowohl den materiellen (der
auch in der Vertikalen gerade sein kann, d.h. eben) als auch übertragen
auf den ethischen. ישר kann aber auch (subjektiv) denjenigen meinen, der
den Weg geht: den ישר דרך (Spr 29,27), den ישר הולך (Mi 2,7). Zwar ist
hier meist (d.h.: beim Verb bisweilen, beim Adjektiv immer) übertragen
der ethische Weg ins Auge gefasst, doch das ursprüngliche Bild des Menschen,
der seinen Weg geht, ohne nach rechts oder nach links abzuweichen, ist
stets gegenwärtig (vgl. z.B. Spr 9,15!).

So scheint mir auch in unserem Vers das ישרים besagen zu wollen, dass
das Vieh stracks den Weg geht, der vom Hirten vorgeschrieben wird, genau
wie das die Kühe in 1 Sam 6,12 tun:

"Die Kühe gingen geraden Weges (וישרנה ... בדרך)
auf dem Weg nach Bet-Schämäsch, auf der einen
Hauptstrasse gingen sie und brüllten im Gehen
und wichen weder zur Rechten noch zur Linken..."

Insofern die ישרים eben ישרי-דרך (Ps 37,14) sind, "Gradausgänger des

Weges", und dies im ursprünglichen, nicht übertragenen Sinn, kann man sie
wie PAUTREL unterwürfig und gefolgsam nennen.

Da der ganze v.15, wie der Beginn von v.14 gezeigt hat, eine Beschreibung des Weges der Menschen ist (זה דרכמ), passt das so verstandene ישרים
hier vorzüglich hinein.

Ob durch den hiesigen <u>Gebrauch</u> des sonst nur als ethische Qualifika-
tion verwendeten Adjektivs bewusst ein ironischer Doppelsinn hervorgerufen
wird, ist schwer zu sagen. Immerhin wäre es gut möglich, dass mit den auf
dem Weg des Todes trabenden ישרים ("Gerechten") insinuiert werden soll,
ethische Geradheit rette so wenig vor dem Tod wie Weisheit (vgl. dagegen
Spr 10,2; 11,4), ja im Gegenteil, sie sei ein Mittel, ihm noch schneller
und vollständiger zu verfallen.

Auf jeden Fall ist das ישרים eine sehr passende Umschreibung für die
Wirkung, die das brutale Weiden durch den Tod auf Seiten der Toten zeitigt:
sie können sich nur unterwerfen und gradaus gehen.

Syntaktisch kann man dieses Adjektiv entweder als Apposition zu בם
verstehen ("und man unterdrückt sie - die Gefügigen"[228]) oder besser -
und der Verseinteilung entsprechender - als Prädikat eines neuen Nominalsatzes: "und man unterdrückt sie, gefügig < sind sie >..." (vgl. die sub-
jektlosen Partizipialsätze in GESENIUS, Grammatik § 116 s und andere elliptische Nominalsätze aaO § 147 e). Im zweiten Fall mag das Fehlen eines pro-
nominalen Subjektes dem Satz den Charakter eines klagenden Ausrufs (vgl.
aaO § 147 c) verleihen wollen, der im ersten Fall dem Ausdruck ohnehin
eigen ist[229].

3. Keine Probleme bietet לבקר nur für die Exegeten, welche in unserem Vers
den Endsieg der Gerechten über die Frevler beibehalten. Wenn sie diesen
Endsieg erst im Jenseits annehmen, bedeutet לבקר "das Ende aller Geschichte"
und den "Auferstehungsmorgen" (DELITZSCH 339). "Für die ישרים ist der Tod

---

228. So hat auch der TARG, der in v.15 die Untaten der Gottlosen beschrieben
     sieht (vgl. oben Anm. 188), die Wendung verstanden, denn er übersetzt
     וירדו בם ישרים mit וחריציא אלקו, "und sie verprügelten die Gerechten".
     Dass dies nicht einfach eine aramaisierende Fehlinterpretation (voraus-
     weisendes Objektsuffix!) ist, zeigen die analogen Fälle, die QIMHI (345)
     in anderem Zusammenhang (קרבם בתימו, v.12a) anführt: 1 Chr 16,42; Jer
     9,14; 52,20. Man könnte hier Jer 34,9 ergänzen.

229. Eine zeimlich genaue syntaktische Parallele zu unserer Stelle scheint
     mir in Spr 19,7 vorzuliegen: wie immer man das Ende des dritten Stichos
     verstehen will (Q: "er jagt Worten, scil. Versprechen nach, nur sie be-
     kommt er"; K: "er jagt Worten nach, die nicht sind, scil. sich nicht
     erfüllen", "er jagt Worten nach und bekommt nicht einmal diese", "er
     bekommt stets dieselbe Antwort: 'Nein, sie, scil. sollen dir helfen'"),
     sicher nimmt das מרדף das ממנו aus dem vorangehenden Stichos auf.

der anbrechende Morgen eines neuen Tages" (HIRSCH 269), denn "tempus matu-
tinum est illa redemptio et assumptio, translatio ad Deum" (KNABENBAUER
194). Für die, die den Endsieg schon ins Diesseits versetzen, ist לבקר
"natürlich nicht der Morgen des neuen Lebens, der auf die Todesnacht folgt
- ein Gedanke, der unserm Psalm fernliegt - sondern der Morgen der Befrei-
und nach der Nacht des Unglücks und der Unterdrückung durch die Gottlosen"
(HUPFELD 666, ähnlich BAETHGEN 141, mit Hinweis auf Mal 3,20; Ps 46,6). Diese
Befreiung finde gerade am Morgen statt, "weil der Untergang der Gottlosen
in der Nacht erfolgt, wodurch das Unvermuthete und Plötzliche desselben
ausgedrückt wird" (HENGSTENBERG 465).

Grosse Schwierigkeiten macht לבקר jedoch all jenen, die v.15 leicht
korrigiert haben (וַיִּרְדּוּ). Einige von ihnen beziehen es auf das frühere
Leben der Toten. Nach ihnen steigen dann solche hinab, "die am Morgen
noch glücklich waren" (PAULUS 252, ähnlich RUPERTI 292), oder früh gestorben sind: "Au matin (très tôt dans leur vie), prématurément, ils
s'évanouissent pour toujours!" (GUICHOU 280) Meistens aber wird לבקר in
לקבר korrigiert. Auch PAUTREL (531f), dem wir im Halbvers 15c bisher gefolgt sind, liest לְבָקָר, was ihn zwingt, das folgende וצירם in יְצֻרָם
zu korrigieren ("dociles in gregem includet eos").

4. Ich sehe keine Notwendigkeit, לבקר zu korrigieren. Wenn der Ausdruck
auch oft die ursprüngliche Bedeutung "bis zum Morgen" hat (Ex 34,2.25;
Dtn 16,4; evt Zef 3,3; warten auf den Morgen Ps 130,6), so meint er doch
meistens "am Morgen, gegen Morgen" (Jer 21,12; Am 4,4; 5,8; Ps 59,17;
Esr 3,3 = 2 Chr 2,3). Gesichert ist diese Bedeutung durch Ps 30,6, wo
לבקר parallel zu בערב steht. In dieser Bedeutung passt der Ausdruck recht
gut in unsern Zusammenhang.

Einmal fügt er sich gut in das Bild des Hirten, "der die Nacht durch-
wacht, wenn alle Leute schlafen und das Beste für sein Vieh sucht" (3.Lied
des grossen Amonhymnus', zit. nach ERMAN, Literatur 355), um dieses dann
gleich am Morgen zu besorgen, wie es ein Gebet an Amon gut zeigt:

> "Amun, Hirte, der schon frühmorgens für die Herde sorgt,
> der den Hungrigen zu den Kräutern treibt[230].
> Es treibt der Hirte die Rinder zum Kraute; Amun du treibst
> mich, den Hungrigen zur Speise, denn Amun ist ja ein Hirte,

---

230. ERMAN (Literatur 382) übersetzte, allerdings mit Fragezeichen: "der
das Geduldige zum Kraute treibt", wodurch der Text noch näher an unsere
Stelle herankäme. Die Uebersetzung scheint sich leider nicht bewährt zu
haben.

ein Hirte, der nicht müssig ist." (Ostrakon British Museum
Nr. 5656a, zit. nach BEYERLIN, Textbuch 66)

Das "frühmorgens" ergibt sich m.E. in diesem ägyptischen Text wirklich aus
der Tätitkgeit des Hirten ("der nicht müssig ist"), nicht primär aus dem
Verständnis Amons als Sonnengott (Sonnenaufgang!). Deshalb kann diese Vorstellung vom Hirten, der schon frühmorgens geschäftig ist, ganz gut auch
unserem Vers zugrunde liegen. Hier ist allerdings diese unermüdliche
Tätigkeit des Hirten bezeichnenderweise nur am Vieh verdeutlicht, das ohne
jede Ruhe schon frühmorgens herumgetrieben wird und sich zu fügen hat. Hier
ist לבקר also eine steigernde Näherbestimmung zu ישרים.

Es ist auch möglich, dass לבקר primär nicht zur Bildhälfte der Metapher gehört, sondern, wie IBN ESRA meint, כנגד ילין steht. Jedenfalls kommen
beide Ausdrücke vermehrt nebeneinander vor (vgl. Ex 34,25; Dtn 16,4; Ps 30,6;
1 Chr 9,27). So verstanden müsste לבקר auf das Ende der Nacht, die der
Mensch nach v.13 nicht übersteht, anspielen. Die Unterdrückung durch den
Tod hört mit der Lebensnacht (v.13a) in der Scheolhürde (v.15a) nicht
etwa auf, der Morgen bringt vielmehr ihre Vollendung: am Morgen werden
die Menschen sterben und so vollends unterjocht und gefügig sein, was
in der ersten Strophe drastisch vor Augen geführt wurde.

Da der Morgen (und zumal "לבקר" als Ausdruck des plötzlich und unver-
mutet Eintreffenden) sonst gerne mit der Hilfe Gottes verknüpft wird (vgl.
ZIEGLER, Hilfe, LINDBLOM, Bemerkungen 12f, DELEKAT, Wörterbuch 8) könnte
man sich schliesslich fragen, ob sich hier nicht einmal mehr ein böser
Sarkasmus verbirgt: am Morgen werden die Menschen keineswegs (wie das
die traditionelle Dogmatik meint, vgl. besonders Ps 30,6; 46,6; 59,17;
90,14; 143,8) unfehlbar von Gott gerettet, nein, am "Auferstehungsmorgen"
werden sie im Gegenteil schön brav auf dem Weg des Todes weitertraben
müssen (vgl. etwa Hos 10,15!) Diese Erklärung scheint weit hergeholt -
im Lichte dessen, was folgt, ist sie aber so unwahrscheinlich nicht[230a].

230a. Anmerkungsweise muss ich doch gestehen, dass mich die eben vorgeführ-
te Auslegung von ישרים לבקר nicht unbedingt befriedigt. Sie scheint
mir lediglich die vertretbarste der schlechten Lösungen zu sein, die
ich mir sonst noch denken kann: Die Uebersetzung "Gerechte ⟨waren sie⟩
im Hinblick auf den Morgen" ist m.E. schlechter als die vorgeschlagene, weil sie syntaktisch ebenso verknackst, aber semantisch (nun bei
לבקר statt bei ישרים) noch zweifelhafter ist. Auch die Uebersetzung
"Unterwürfig ⟨sind sie⟩ dem Hirten" (vgl. Am 7,14; Ez 34,12) ist
schlechter, weil sie eine -wenn auch sehr geringfügige- Korrektur
(לַבֹּקָר) verlangt. Wer allerdings oben ירדו in ירדה korrigiert hat (vgl.
4.2.54), wird konsequenterweise hier mit noch weniger Bedenken eine
Korrektur vornehmen können. Vgl. auch unten Anm. 340a.

4.2.7. וצורם

1. "Ultima huius commatis verba לבלות שאול מזבל לו (וצורם) וצירם admodum
obscura sunt, et in iis explicandis in longe diversa abeunt interpretes
et veteres et recentiores; sed nihil eorum quae tentarunt, prorsus nobis
satisfecit." Dieses Urteil sprach RUPERTI (292f) 1801 aus. Etwa 100 Jahre
später wiederholte es TORCZYNER (55) auf seine Weise: "Dagegen ist m.W.
für die folgenden Buchstaben וצירמלבלותשאולמזבללו noch nichts Befriedi-
gendes in Vorschlag gebracht worden. Sicher ist nur שאול." Leider gilt
es heute noch, mit dem einzigen Unterschied, dass die widersprüchlichen
Deutungen zahlreicher geworden sind, so dass ZSCHIESCHKEs (30) Bemerkung
erst recht zutrifft, dass "iam antiquitus interpretes in hoc verso illu-
strando desudarunt, et immensum est, diversissimas huius loci afferre
interpretationes."

Deshalb wäre es vielleicht besser, hier nur gerade ROSENMUELLER
(1073) zu zitieren: "Taceo alias huius loci explicationes, quarum tot
fere sunt, quot interpretes.", und dann gleich die letzte und neueste Hypothese aufzustellen, ohne Furcht vor dem "ridicule d'ajouter une tenta-
tive à tant d'essais méritoires" (PAUTREL 530)[231].

Immerhin kann man aber doch bei der Betrachtung der bisherigen
Lösungsvorschläge die nützliche Feststellung machen, dass alle Exegeten
ungefähr vom gleichen Vorurteil ausgehen: "Es wird...das Schicksal derer
ausgemalt, die zur Unterwelt herabgefahren sind. Soviel kann man aus dem
entstellten Text noch erkennen." (KRAUS 363) So kommen, trotz sehr vieler
Abweichungen im Einzelnen, die Exegeten, die den Text übersetzen[232], auch
fast alle zu einem der zwei folgenden Resultaten:

---

231. Bis auf PAUTREL hat kaum ein Exeget etwas von dieser Furcht verspürt,
wie etwa die grundsätzliche Ueberlegung von DOEDERLEIN (102) zeigt:
"Si cui liberiorem crisin exercuisse videor in hoc commate: is veniam
debit coniecturis nostris tanto lubentius, quanto constantius fatentur
omnes interpretes, desperatum esse locum, cui nonnisi critica manus
mederi queat: neque ego ea omnia dixi ut certa et rata, sed ut probabi-
lia, quae viam interpretationis certae sternere queant."

232. Keineswegs alle tun das, einige werfen resigniert die Flinte ins Korn:
"Die folgenden Worte sind augenscheinlich corrumpiert und nicht mehr
zu verstehen." (BAETHGEN 141) "...il senso à guasto sì da dover rinunzi-
are a qualsiasi probabile correzione." (MINOCCHI 152) "Eine sachlich
fundierte Rekonstruktion ist...unmöglich" (KRAUS 363) und "Vermutungen
sind aussichtslos" (KITTEL 196). Kurz: "Dieser Vers ist in der jetzigen
Textgestalt selbst durch künstliche und gezwungene Deutereien nur auf
einen kaum erträglichen Sinn zu bringen." (MOLL 252) Deshalb: "Man
thäte besser einzugestehen, dass hier ein Sinn, den man dem Dichter ver-
nünftigerweise zutrauen dürfte, nicht mehr nachweisbar ist." (OLSHAU-
SEN 218f)

- "Die Gestalt der Toten zerfällt und die Scheol ist ihre Wohnung." Das מ
von מזבול gilt als Präformativ oder wird wegerklärt.
- "Die Gestalt der Toten zerfällt und sie haben keine Wohnung mehr " bzw.
"...und sie sind ihrer ehemaligen Wohnung fern." In מזבול findet man
irgendwie ein negatives מן.

Schliesslich trösten sich wohl alle mit dem Satz von BAETHGEN (141) "Etwas
ähnliches wird der Dichter gesagt haben, aber gewiss hat er sich deutlicher
ausgedrückt."

Nun bin ich der Meinung, dass sich der Dichter (im überlieferten MT!)
klar genug ausgedrückt hat - jedenfalls wenn man - mit Vorteil am Versende beginnend - den Text liest. Unverständlich ist der Vers höchstens
für den, der von vornherein weiss, dass er "une sentence de condamnation
irrévocable au séjour infernal" enthält (PODECHARD K I 220) und in ihm
deshalb mit Notwendigkeit Leute vorkommen müssen, die "als nackte Schatten
in der Oede des Hades umherschweifen" (DELITZSCH 339).

2. Alles entscheidet sich gleich am Wort צירם. Für ציר stehen die Bedeutungen I "Bote", II "Geburtswehen", III "Türzapfenloch", IV "Götzenbild" zur Verfügung. Da keine von ihnen recht passen will (vgl. CLERICUS
308)[233] versucht man stets auf irgendwelche Weise dem Wort einen neuen Sinn
zu unterlegen. Meistens identifiziert man es als ציר IV "Götzenbild" (Is
45,16). Von צור III "formen" abgeleitet heisst es dann allgemein "Ein-,
Ab- oder Ausgedrücktes, d.h. zunächst sinnlich mit der drückenden Hand
(wie beim Töpfer, יצר) oder mit einem drückend oder schneidend eindringen-
den Werkzeuge Gebildetes, Geformtes. Hier heisst so die Leiblichkeit mit
Einschluss der ganzen äusseren Erscheinung..." (DELITZSCH 339), deren Zerfall man nun fast allgemein in diesem Vers beschrieben wähnt[234].

Wer einwendet, ein solcher Zerfall finde normalerweise nicht in der
Scheol, sondern im Grab statt (vgl. MOLL 253), bekommt - wenn überhaupt[235]

---

233. DE DIEU (141) gelingt es zwar, vermittels Allegorese den "Boten" hier
einzusetzen: "'et legatus eorum (rectorum) est ad atterendum sepulcrum, ne sit habitaculum ei (sepulcro)'. Legatus rectorum est Christus,
qui sepulcrum ita attrivit, ut non sit ei amplius habitaculum in quo
rectos detineat." Aehnlich versucht BOETTCHER (Inferi 200) mit Vulgär-
deutsch den Götzen zu retten: "Quem ad modum autem ipsa idola, ut immo-
bilia et inanimata מתים et פגרים vocari solent...: ita invicem corpus
mortuum, praesertim laute vestitum (cf...Is 30,22; 1 Sam 19,13; Bar 6,20)
hominis ampli, qui dum in vivis, idem in honore summo fuerat, gravi cum
contemptu dici potuit צירו, 'idolem eius', 'sein Götzenbild' (nobis
fere 'sein Pracht-Balg', a pupis similitudine dicta)."

234. Schon ein Teil der alten Versionen hat צירם gelesen und als "Form" gedeutet: AQ übersetzt και χαρακτηρ αυτων, HEBR et figura eorum, PESH
וצורתהון. Aehnlich TARG (גופיהון).

- als Antwort die Präzisierung, ציר heisse wohl das Gebilde, "aber nicht
das körperliche, das im Grabe verwest, sondern das geistige" (SCHULTZ 114),
es sei hier also der Schatten, der "einer Aufreibung (verfalle) und zwar
von Seiten der Scheol, die ihm eine schützende Wohnung sein sollte" (aaO).
Andere (z.B. RASHI 48) deuten mit der frühjüdischen Tradition (vgl.
unten Anm. 250) ציר von vornherein als unvergängliche Form, die in der
Scheol just nicht zerstört wird, sondern diese zwecks Erduldung ewiger
Qualen überlebt.

3. In dieser Sicht wird das Problem des Qere צורם jeweils schnell gelöst:
"Dass das Keri צור hier Fels heisse..., lässt sich kaum annehmen, ob-
gleich manche Ausleger...sehr geschmacklose, sogar Christum, der die Hölle
zerstört, darin sich findende Auffassungen erkünstelt haben." (STIER 141)
Wem es nicht genügt, dieses Qere als "sensu tamen non satis commodo" zu
deklarieren (ROSENMUELLER 1071), der kann es mit PODECHARD zur Stützung
des Ketib ציר vereinnahmen: "Le kethib צירם ... est exact (cf Is 46,16).
Le qere צורם ...ne peut donner un sens convenable, identique à celui du
kethib que si on le considère comme une abréviation de צורתם..." (15 mit
Hinweis auf GESENIUS, Grammatik § 91 e)[236]. Man kann aber auch dem Wort
צור den Sinn "Fels" belassen und dafür sorgen, dass der ganze Satz trotzdem in etwa die gleiche Grundbedeutung behält wie mit ציר: So heisst צור
für die Befürworter ewiger Qualen חזקם ותקפם (MEIRI 102) und ist ein
"Ausdruck für das der Verwesung nicht verfallende seelische Wesen des Menschen" (HIRSCH 269, ähnlich der Grossteil der alten jüdischen Exegese).
Für die Anhänger der Vergänglichkeit alles Irdischen bedeutet es einfach
"Hort (= Gott in den Psalmen, hier = Reichtum)" (WUTZ 125, ähnlich MULDER
129) und bezeichnet "la situation en apparence inébranlable du mauvais
riche" (PANNIER 291, ähnlich schon die meisten alten christlichen Exegeten)[237].

---

235. DELITZSCH (339) z.B. überspielt die Schwierigkeit mit der geschickten
Formulierung, der Leichnam werde eben "im Grabe, dieser Unterweltspforte,
zernagt".

236. Aehnlich schon QIMHI (347), vgl. PESH. Bezeichnend ist auch die Wortbe-
stimmung von MUENTINGHE (III 83): " ציר oder צור (denn, wie man auch
lese, so bleibt der Sinn der nämliche,) bedeutet wie das Arabische swrh
die Gestalt, oder, der äussere Schein einer Sache."

237. Vgl. z.B. AUGUSTINUS (568): "Quod est auxilium eorum? Auxilium de pecu-
nia, auxilium de amicis, auxilium de virtute sua." Gegen ein hebräisches
צור in dieser Deutung wendet sich UCHELEN (71) zurecht: "De in de rand-
tekst gegeven en 'te lezen' (qere-) vorm weṣuram kan bezwaarlijk verstaan
worden in de overdrachtelijke zin, dat voor de rijken vermogen en bezit
een 'rots' is waar zij op vertrouwen...; het O.T. kent het gebruik van
het woord vor 'rots' in deze zin niet."

Stets aber wird das Q̲e̲r̲e̲ צור in Funktion des K̲e̲t̲i̲b̲ ציר (bzw. in Funktion
eines von ציר her verstandenen Satzes) erklärt - und dabei ist צור so gut
wie sicher die ältere und bessere Lesart[238].

Zunächst einmal wird dieses Q̲e̲r̲e̲ צורם gestützt durch SEPT (και η
βοηθεια αυτων), ROM und GAL (et auxilium eorum), SYM (το δε κρατερον
αυτων), QUINT (και η ισχυς αυτων) und εβρ (ουσουραμ). Wenn dabei
SEPT צור nicht mit dem persönlichen βοητος (vgl. Ps 18,2; 19,14;
78,35; 94,22) wiedergibt, sondern - genau wie in Ps 89,44 - mit dem sach-
haften βοηθεια, so zeigt sich darin vielleicht schon jene Tendenz, die
später (eventuell über die Deutung von צור als צורה) zur Korrektur ציר
geführt hat und der auch alle oben erwähnten Erklärungen von צור verfallen:
Man deutet צור als irgendwelche m̲e̲n̲s̲c̲h̲l̲i̲c̲h̲e̲ Wirklichkeit, um die G̲o̲t̲t̲e̲s̲-
b̲e̲z̲e̲i̲c̲h̲n̲u̲n̲g̲ צור aus dem Weg zu räumen und um so die theologisch gefährliche
Frage, die das Ende des Grundpsalmes bildet, unterdrücken zu können[239].

---

238. Völlig unbrauchbar sind die "apriorischen" Lösungen von STENZEL und EERD
MANS. Nach STENZEL (153) "(gibt es) wohl wenige poetische Stellen des AT
die von den Rechtschaffenen, den Frommen ישרים handeln, ohne dass ihr
Aequivalent in Gestalt der צדיקם ihnen beitritt oder gegenübertritt...
sollte man da nicht die Vermutung aussprechen, dass das unverständliche
צירם an der Stelle eines untergegangenen צדיקם steht?" Nach einer
ähnlichen Methode argumentiert EERDMANS (266): "The verb shows that ציר
must indicate something that can be overthrown. It refers to the bowels.'
Unverantwortlich tiefe Eingriffe in den Text nehmen auch diejenigen vor,
die aus וצירם ein Verb herausholen: so GRAETZ (342) und PAUTREL (533),
die beide יצורם lesen (der Tod wird sie einschliessen). HERKENNE (183)
findet hier ein ויריצם (von רוץ "laufen", vgl. oben 4.2.61). RUPERTI
(295) hingegen beginnt mit einer verheissungsvollen Ableitung des וצוֹרָם
(oder וְצָרָם) von einer Wurzel srm = "brennen". Dann muss er aber bekennen: "Rādix צרם in lexicis quīdem hebraicis non reperitur, sed vulga-
ris est Arabibus et Aramaeis, eamque etiam aliis locis V.T. deprehendere
memini, quos tamen mihi non notavi." Nach MAILLOT (294), der den Text
nicht korrigiert, werden die Toten nach Abnützung des Grabsteins in die
Scheol umgesiedelt. DOEDERLEIN (102) schliesslich muss den Text veränderr
weil er צור zu wörtlich nimmt: "et rupes eorum (sepulchrum in rupe exci-
sum Jer 22,16) post longum aevum quaeritur (שאול) ne ibi habitent."
HOUBIGANT (64) dagegen hält an ציר fest, weil es ihm eine Korrektur erlaubt: "ושארם לכלות 'et caro earum ad consumendum', earum, inquam, ovium
de quibus antea...scriptum fuit. צ pro אש errore solemni, ob soni
similitatem." Zu einer ähnlich gefrässigen Erklärung gelangt TROMP (245)
ohne Korrektur (צירם = hun lichaam): "De idee doet denken aan het woord
'sarcofaag' (lijkkist), dat eigenlijk vleeseter, carnivoor betekent."

239. Diese "Versachlichung" von צור könnte allerdings auch nur aus der a̲l̲l̲-
g̲e̲m̲e̲i̲n̲e̲n̲ Tendenz zur indirekten Nennung JHWHs zu erklären sein. So übersetzen z.B. die Targume צור mit dem Adjektiv תקיף (stark) oder vereinz
auch mit dem Substantiv תוקף (Stärke), Macht) vgl. WIEGAND, Gottesname 87f. Der SEPT-Kontext schliesst eine solche Erklärung jedoch aus.
Dass hinter βοηθεια ein צור steht, scheint mir sicher zu sein.
Die SEPT hat kaum צורם gelesen, wie im Gefolge von HOUBIGANT (64) etwa

Das Qere צורם ist also lectio difficilior, insofern es ohne weiteres als
Gottesbezeichnung gedeutet werden kann und dann theologisch - wie übrigens
auch syntaktisch - um einiges befremdender ist als צירם (sobald man dieses
als "Gestalt" in den Satz mehr oder weniger gut einbauen zu können glaubt).
So ist auch nicht einzusehen, wie die masoretische Tradition auf ein Qere
צורם gekommen wäre (mit dem sie ja nicht viel anfangen konnte), wenn es
nicht die ältere Lesart ist - wogegen sich צירם ohne weiteres als mildernde Korrektur aus צורם erklären lässt.[240]

So scheinen mir die oben skizzierten traditionellen Auslegungen des
letzten Teiles von v.15 richtig, insofern sie Auslegungen dieses vermittels
des Ketib צירם entschärften Textes sind. Falsch (d.h. nicht der ursprünglichen Intention des ganzen Psalmtextes entsprechend und diesen an unserer
Stelle bis zur Sinnlosigkeit - die man offenbar dem theologisch peinlichen
Sinn vorzog - entstellend) ist צירם und insofern sind es auch die bisherigen Auslegungen, die sich alle (auch die, die צור lesen!) auf dieses Ketib
stützen. Ich wähle das Qere צורם und verstehe es als Gottesbezeichnung[241].

4. Dass unser Text schliesslich Gott erwähnen würde, war schon lange zu
erwarten: gleich zu Beginn der zweiten Strophe hatte der Ausdruck דרך
die Behandlung der in der ersten Strophe dargelegten Erfahrungen "sub
specie aeternitatis", "vor Gott" in Aussicht gestellt (vgl. auch v.13a),
in כסל war den Weisen eine Vertrauensbeziehung zu Gott attestiert worden

---

PRAETORIUS (335) behauptet - um daraus ("ע für צ scheint gesichert")
ein עולם zu konstruieren, mit dem er dann doch nichts anzufangen
weiss ("was in dem Verse nach ישרים noch folgt, sind Glossen"). Auch
wird die SEPT kaum mit βoηθεια im Sinne von "Hilfegeschrei" ein צירם,
"Krämpfe" übersetzen wollen, wie es BLAN (Textkritik 728) behauptet.
Denn wenn man auch gestehen muss, dass die "siebzig Uebersetzer" mit
dem Hebräischen bisweilen - wie wir - Mühe hatten, so sollte man ihnen
zumindest zutrauen, dass sie genug Griechisch konnten, um βoη von
βoηθεια zu unterscheiden... Doch BLAN geht es ohnehin nur darum, zu
zeigen, dass alle früheren Uebersetzungen und Auslegungen noch sinnloser
sind als seine eigene Konjektur (וְיִרְדוּ כְּצֹאן לִשְׁאוֹל / שְׁאוֹל מִזְּבֻל לָמוֹ/ ...֯
שַׁמָּה מָוֶת יִרְעֵם / יִצּוּדֵם יִבְלַע בְּשֹׁרֵם).

240. Diese Korrektur ist zur Text- und nicht zur Redaktionsgeschichte des
     Psalmes zu zählen, da mit צרים das Ende des Verses, besonders das לו
     schon rein sprachlich sinnlos wird.

241. Soweit ich sehe, hat noch nie jemand diese Möglichkeit überhaupt nur
     in Erwägung gezogen - ausser vielleicht DE DIEU (141), der auch (vgl.
     oben Anm. 233) das Qere צורם christologisch deutet ("Si autem secun-
     dum το קרי velis vertere 'rupes eorum', recte quadrat, nam et illud
     ad Christum optime pertinet."). Dieselbe Auslegung vertrat nach DE-
     LITZSCH (361) auch "der in Jerusalem verschollene Isr. PICK" - und
     zwar "auf einem fliegenden Blatte der früheren amênischen Gemeinde in
     München-Gladbach"!

(vgl. auch v.12c), das Verständnis der Scheol als der den Menschen letztlich umgreifenden Wirklichkeit schien in einer gewissen Spannung zu traditionellen Glaubensformulierungen zu stehen, mit der Bezeichnung des Todes
als Hirt war implizit auch die Frage nach Gott als dem Hirten angedeutet
worden, und diese wurde vielleicht mit לבקר noch verschärft. So ist es nun
keineswegs erstaunlich, dass hier explizit gefragt wird: וצורם - "und ihr
Fels?" ,

Dass Gott hier unter der Bezeichnung צור erscheint, ist durchaus angebracht, denn bei צור liegt "das Schwergewicht auf dem Schutzgewähren und
der majestätischen Stärke" Gottes (A.S. VAN DER WOUDE, in: JENNI, Handwörterbuch II 542). Genau dieses "Fels-sein" Gottes, seine Macht und sein
Rettungswille bei Todesgefahr (vgl. Ps 78,34f), stehen hier aber zur Diskussion, wie das Vorhergehende vermuten lässt und das Folgende bestätigen
wird.[242]

5. Syntaktisch sei noch angemerkt, dass zur Einleitung einer Frage ein ו
zur Not ausreicht (vgl. GESENIUS, Grammatik § 150 a), zumal wenn sich
diese aus dem Vorhergehenden ergibt.

Die zweiteilige Frage, in der zunächst nach dem alleinstehenden Subjekt gefragt wird und dann nach dessen (angezweifelten) Tätigkeit findet
sich z.B. auch in Ps 6,4 (ואת יהוה עד מתי) oder Is 48,6 (ואתם הלוא תגידו).
Wie in unserem Fall auf zwei Teilverse eines Tristichons verteilt liegt sie
in Ps 78,19 vor: אמרו היוכל אל לערך שלחן במדבר וידברו באלהים. Hier wird
der zweite Teil der Frage sogar gleich eingeleitet wie an unserer Stelle,
wobei das לערך allerdings durch יכל vorbereitet ist. Doch ist auch die
elliptische Form (ohne Hilfsverb "kann er?" oder vielleicht besser: ohne
היה, "ist er da,um?") belegt: ויאמר האלהים אני להמית ולהחיות (2 Kön 5,7).

---

242. Mit einem ganz normal als Gottesbezeichnung verstandenen וצורם entsteht
auch eine sinnvolle Einheit (man mag sie "synthetischen Parallelismus"
nennen) zwischen v.15b und v.15c: ישרים בם וירדו ירעם מות לבקר וצורם.
Am Anfang und Ende des Verses stehen die zwei Protagonisten: der personifizierte Tod und Gott, in der Mitte zwischen beiden die Menschen. In v.15
wird die Tätigkeit des Todes, das Weiden, gleich näher bestimmt als brutales Unterdrücken der Menschen, v.15c spinnt den Gedanken weiter und
führt uns das entsprechende Erleiden der Menschen vor Augen: das hilf-
lose Unterworfensein, das als sofortiges und unablässiges präzisiert wird.
Entsprechend den faktischen Machtverhältnissen in der vom Tod beherrschten
Welt verhält sich auch die Länge der Sätze (dem Tod kommen 4 Wörter zu,
dem Menschen 2 und Gott nur 1). Der syntaktisch ziemlich zerklüftete Vers
wird lautlich zusammengehalten durch die Alliterationen auf י und die Häufung an ר.
     Damit scheint mir die oben (4.2.13) geforderte Parallelität zwischen
v.15b und v.15c (wenn auch vielleicht mit etwas kabbalistischer Spitzfindigkeit) zur Genüge aufgezeigt.

4.2.8. לבלות שאול

1. Ganz entsprechend zu den letztgenannten Beispielen ist der Infinitivus
constructus לבלות anzuschliessen: ausgelassen wurde das selbstverständliche יהיה. Unter den verschiedentlich angeführten Beispielen für diese
Konstruktion (STIER 141: Ps 25,14; Hos 9,13; ZSCHIESCHKE 30: Dtn 20,19;
vgl. GESENIUS, Grammatik § 114 h-1) kommt wohl Is 38,20 unserer Stelle
formal und inhaltlich (es geht um Errettung vom Tode) am nächsten: יהוה
להושיעני ונגנותי נגגן, "JHWH (war da um, war bereit) mich zu erretten,
deshalb wollen wir musizieren..." An unserer Stelle erscheint das Ganze
in Frageform: "Und ihr Fels? Er sollte da sein, um...?" Die zwei letzten
Wörter des Verses werden zeigen, dass die hier angebrachte Modalität tatsächlich nicht das "Können" (mächtig genug sein, um: יכל), sondern wie
syntaktisch zu erwarten das "Wollen" (bereit sein, zu: היה) ist.[243]
2. Welche Tätigkeit von Gott erwartet wird, geben die zwei ersten Wörter
von v.15d an. לבלות שאול kann nur als Infinitivus constructus Piel mit ab-
hängigem Akkusativobjekt verstanden werden (vgl. GESENIUS, Grammatik § 115 a,
b).[244] בלה bezeichnet im (intransitiven) Qal die Abnutzung von Kleidern
(Jos 9,13; Neh 9,21; Dtn 8,4; 29,4), aber auch übertragen von alten (Gen
18,12) und kranken (Ps 32,3) Menschen oder von Himmel und Erde (Is 51,6;
Ps 102,27). Das Piel ist das Kausativ dazu: der Abnutzung werden zugeführt
durch Menschen materielle Güter (Is 65,22[245]; Hi 21,13 das Leben), durch

---

243. Wiederum sind es die zwei oben Anm. 241 erwähnten Exegeten, die als
     einzige die modale Nuance dieser Konstruktion bemerken: DE DIEU (141)
     meint: "Illud autem לבלות potest etiam verti 'opportet atterere' id
     enim saepe valet ל infinitivi..." und noch genauer ist PICKs Ueber-
     setzung: "Ihr Fels ist da zu durchreissen das Todtenreich..." (zit.
     nach DELITZSCH 339).

244. Das kausative Piel wird zwar nur gerade durch AQ (και χαρακτηρ αυτων
     εις κατατριψαι αιδην), SYM (το δε κρατερον αυτων παλαιωσει
     αιδης) und PESH (צורתהון תבלא שיול) gestützt. Alle andern Versionen
     haben hier eine intransitive (ROM, GAL: et auxilium eorum veterescet in
     inferno) oder passive Form (SEPT και η βοηθεια αυτων παλαιωθησεται
     εν τω αδη, QUINT και ισχυς αυτων κατατριβησεται εν τωι
     αιδη , HEBR et fugura eorum conteretur in inferno, TARG מעול הכי
     גהנם בלין יהון (גופיהון). Ich halte diese Lesart für eine Erleichterung,
     die sich fast aufdrängte, sobald man צורם (צירם) als menschliche Grösse
     deutete. Das לכלות weniger Manuskripte stellt eine ähnliche Erleichte-
     rung dar (Aenderung der Wurzel statt der Stammform).

245. PAUTREL (534) baut seine ganze Uebersetzung, dergemäss die vom Tod ge-
     weideten sich ursprünglich gerühmt hätten (vgl. unten 4.2.91) לבלות
     שאול, die Scheol zu überleben, auf dieser Stelle auf:"...dans Is 65,22,
     ce sens de 'voir viellir' est fort: ils useront les oeuvres de leurs
     mains, cela veut dire: 'ils vieilliront moins vite que'; ou: 'ils sur-

Gott der Mensch (Klgl 3,4). Besonders wichtig zum Verständnis unserer
Stelle ist jedoch 1 Chr 17,9, wo בלה Pi einen "Abnützungskrieg" bezeichnet,
den gewisse בני-עולה zur Richterzeit gegen Israel führten.

Ein solches Vorgehen erwartet nun unsere Stelle von Gott. Die Vorstellung eines göttlichen Abnützungskrieges gegen die Scheol scheint mir
nicht so unmöglich zu sein, wie es z.B. STIER (141, vgl. oben 4.2.73.) und
MOLL (253) behaupteten. An unserer Stelle ist die Scheol nämlich nicht
primär als Ort verstanden, sondern als feindliche Macht, die dank der Personifikation des Todes als Hirt und Herrscher die politischen Züge eines
imperialistischen Toten"reiches" annimmt. Ein Vorgehen Gottes gegen den Tod,
der zur Rettung der Menschen wie ein Feind abgenützt werden müsste (vgl.
50,9, wo allerdings rechtliche, nicht militärische Vorstellungen vorliegen),
ist durchaus denkbar.

Eine ähnliche Vorstellung liegt jedenfalls in der berühmten Stelle
Is 25,8aα vor (vgl. MARTIN-ACHARD, Mort 101-104). Der Tod - interessanterweise durch ein Kleidungsstück, den Trauerschleier, symbolisiert - wird da
von Gott "verschlungen" (בלע), d.h. wohl kriegerisch zerstört:[246] "Auf
diesem Berge wird er die Oberfläche der Hülle vernichten (בלע), der Hülle,
die über allen Völkern liegt, und die Decke, die gedeckt ist über alle
Nationen. Er wird den Tod für immer vernichten (בלע)." (Is 25,7-8aα, vgl.
auch Hos 13,14b und unten 6.1.54).

"Alles Fleisch nützt sich ab wie ein Kleid, und das ewige Gesetz ist:
man muss sterben."(Sir 14,17; vgl. Hi 13,28) Was unsere Stelle eigentlich
von Gott erwarten würde, ist nichts weniger als die Umkehrung dieses ewigen
Gesetzes: nicht mehr der Mensch soll durch den Tod "abgenützt" werden, sondern der Tod durch Gott. Doch diese Erwartung ist sinnlos. Unser Text formuliert zwar alles als Frage, aber die Antwort ist klar: Gott zerstört den
Tod nicht. Warum, sagen die zwei letzten Wörter.

---

vivront â'." Damit ist aber nicht die Bedeutung von בלה Pi gefunden,
sondern nur eines ihrer logischen Implikate. Vgl. die frühjüdische
Auslegung (unten Anm. 250).

246. WILDBERGER (Jesaia 967) bringt zwar בלע mit der gefrässigen Scheol in
Verbindung und meint, hier widerfahre nun "dem Tod selbst genau das,
was er sonst dem Menschen antut: Jahwe verschlingt ihn". Doch in allen
Stellen, die WILDBERGER anführt (Ex 15,12; Num 16,32ff; 26,10; Dtn 11,6;
Ps 69,16; 106,17; Jer 51,34; Jon 2,1) verschlingen die Todesmächte ihre
Opfer im Qal. Im Piel kann natürlich die Grundbedeutung "fressen" durchaus noch im Vordergrund stehen (vgl. das hübsche Bild vom Narren, der
sich selbst frisst in Qoh 10,12, ähnlich Klgl 2,16), doch kann das Verb
auch ganz einfach "vernichten" heissen (Hi 2,3; vgl. Klgl 2,8, wo die
Hand "verschlingt"), und zwar besonders in Zusammenhängen, wo es um
kriegerische Besiegung und Zerstörung geht (Is 49,19; Klgl 2,2.8 und
besonders klar 2,5: ‏היה אדני כאויב בלע ישראל‎).

4.2.9. מזבל לו

1. Um (d.h. im allgemeinen: gegen) diese zwei Wörter tobt in den Kommentaren
der Kampf besonders heftig. Meist ist er auch zum vornherein verloren.
Schon das מ ist schwer verständlich, und wer nicht glauben will, dass es
"hoc loco vim negandi habet" (ROSENMUELLER 1072), muss es irgendwie zum
Verschwinden bringen[247] oder aber zum Wort מזבל seine Zuflucht nehmen. Dieses Wort gibt es zwar im Hebräischen nicht, aber einige hebräische MSS, die
glücklicherweise im "Ketib מִזְבָל" (EERDMANS 266) das dagesh vergessen haben,
geben den Anschein, es auch zu kennen.

Doch auch זבל (bzw. dessen fiktives Synonym מזבל) passt ohne negatives
מן ("fern von...") nicht in den Zusammenhang, und wer hier nicht glauben
will, der Gebrauch dieses Wortes erkläre sich "par l'affectation des termes
nobles ou par une dérision ironique à l'égard des méchants" (PODECHARD 15),
ist gezwungen, so gut es eben geht, am Text herumzuflicken.

MUENTINGHE (III 83) z.B. liest מִזְבָל, "ausgezehrt", PAULUS (252) מִזְבָּל,
"zu wohnen genötigt" (לו = לשאול, in der Scheol). Auch DAHOOD (301) kommt
"with noconsonantal changes" aus und gelangt zu einer "uncertain version",
die sich, wenn schon nicht durch allzu viel Sinn, so doch durch ganz ver-
blüffende Präzision auszeichnet: "m^{e}zē bōle lō, literally 'consumed (cf
Dtn 32,24) by the one who devours for himself'". Aehnlich gefrässig geht
es bei HERKENNE (183) zu und her: nach ihm weidet und treibt der Tod die
Menschen "damit die Unterwelt nutzniesse, was von ihm geschlachtet wurde"
(לבלות שאול מזבח לו).

HOUBIGANT (64) ist überzeugt, der Stichos rede von einer Schafhürde,
"nam זבל est habitatio communis, quales sunt caulae ovium. Etiam apud veteres linguas זבל est stercus, finatum, quod in caulas convenit." CHOURAQUI
(1o7) übersetzt einfach drauflos: "Leur forme est, à corruption d'enfer,
leur seul vestige." PAUTREL (535f) findet "le mot rêvé pour boucler le sens
de la phrase" im Partizip מתהללים (vgl. Ps 97,7 und oben Anm. 245) und er
besitzt sogar, wie er meint, "d'une façon inespérère, des données pour
suivre la dégradation dans plusieurs étapes" - bis hin zu מזבל לו[248]: Von

---

247. Die scharfsinnigste Wegerklärung des מ ist BUDDE (Text 188) gelungen.
Er nimmt eine Verschreibung durhc Homoiotheloiton an: שאול לעולם
זבל למו. Ihm folgt PODECHARD (15).

248. mthllym zerfiel zunächst zu mthlltm ("le substantif tehilla précédé de
min et suivi d'un suffixe"), was die SEPT mit δοξα übersetzt. Hier
einzuwenden, diese Verschreibung funktioniere nur in der Transskription
ist nutzlos, denn: "Une autre corruption, indépendante de la première,

GUNKEL (213) wird man aufgefordert, zwecks Verständnis des Ganzen an das
späthebräische זבל ,"düngen" zu denken und יזבל (או)למו, "die Unterwelt
düngt ihr Leib" zu lesen. Bedenken sind fehl am Platze, denn: "In solchen
grausigen Beschreibungen verträgt hebräischer Geschmack das Stärkste."

Schliesslich ist auch das לו kaum zu halten - wie sollte es auch
richtig sein, da seit der Elimination von צור im ganzen Vers nur noch
weibliche Singulare stehen. So wird fast allgemein למו gelesen[249]. In
dieser Situation versteht man noch heute HERDERs (Geist 373) resignierten
Seufzer: "Den Worten מזבל לו wünschte ich eine glückliche Erläuterung."

2. Nun ist nicht einzusehen, warum זבל hier von vornherein einen andern

Sinn haben sollte als sonst im AT - zumal es an zwei von den drei
Stellen (1 Kön 8,13; Is 63,15; Hab 3,11), an denen es noch belegt ist,
genau gleich konstruiert ist wie hier:

In 1 Kön 8,13 = 2 Chr 6,2 folgt auf das זבל ein לך, welches das von
Salomo gebaute Haus (בית) als irdischen Wohnsitz (זבל) Gottes kennzeichnet:
בנה בניתי בית זבל לך מכון לשבתך עולמים. Ganz ähnlich, nur als Relativsatz
ohne Einleitung (אשר לו) ist das לו an unserer Stelle zu verstehen: es
geht um "die Wohnung, die er (Gott) hat".[250]

Entscheidend ist nun aber die andere Stelle (Is 63,15), ein Gebet
aus tiefer Not, in der Gott nicht hilft:

---

aboutit à _mzblm_, à rattacher aussi à l'originel _mthllym_, le groupe
bl représentant 11..." Im MT fiel dann das Schluss-m einfach ab, dafür
besitzt der MT "dans son étrange _llw_ un vestige de la désinence en -llym
- die es allerdings auf der Stufe des _mzblm_ gar nicht mehr geben dürfte,
soll das Schema wenn nicht wahr, so zumindest kohärent sein..."

249. Ausnahmen sind z.B. ROSENMUELLER (1072), der לו als 'unicuique' versteht, ferner PAULUS (252) und DAHOOD (301, vgl. oben).

250. Nur gerade die alte jüdische Exegese (Babylonischer TALMUD, Rosh haShana
17a = TOSEFTA Sanhedrin 13,5 = MIDRASH GenRabba 26,2 = SEDER OLAM RABBA
3,43) versteht זבול richtig als "göttliche Wohnung". Allerdings deutet
sie das מן von מזבול kausativ und braucht den zweiten Teil von v.15,
um die ewigen Strafen besonders schwerer Sünder zu beweisen: Sektierer,
Apostaten, Verräter, Epikuräer, Gesetzesleugner, Schismatiker, Aufer-
stehungsgegner, Tyrannen vom Kaliber Jerobeams oder Ahabs und (allgemein?) Leute, die ihre Hand nach dem Heiligtum (זבול) ausgestreckt
haben (nach traditioneller Auffassung die Gruppe der Judenchristen,
vgl. zum Ganzen SALOMONSEN in TOSEFTA-RENGSTORF, ad loc.), werden gemäss Is 66,24 ewig in die Gehenna eingeschlossen. Dort werden sie wegen ihres Verbrechens gegen das Heiligtum (vgl. auch TARG!) sogar nach
dem Zerfall der Scheol noch ausharren müssen: שאול בלה והן אינן בלין שני
וצורם לבלות שאול. מי גרם להן שפשטו ידיהם בזבול שני מזבול לו ואין זבול
אלא בית מקדש שני בנה בניתי בית זבול לך מכון לשבתך עולמים (TOSEFTA aaO,
andere erwähnte Stellen fast gleich.)

"Schau vom Himmel her und nimm wahr, von der Wohnung
deiner Heiligkeit und deiner Pracht (מזבל קדשך ותפארתך)!
Wo ist denn dein Eifer und wo deine Macht? Die rauschende
Menge deiner Barmherzigkeit und deines Erbarmens mir gegenüber
sind unterdrückt - und doch bist du unser Vater...
'unser Retter' ist seit Ewigkeit dein Name..."

Die Gewissheit, dass JHWH hoch oben im Himmel thront, ist in den Psalmen
eine Quelle des Vertrauens (Ps 11), denn es ist noch ziemlich selbstverständlich, dass er den Menschen vom Himmel aus hört (1 Kön 8,30; vgl.
Hab 2,20), hinunterschaut (Ps 39,13) und eingreift (Ps 18,10ff; 20,7;
57,4). JHWH ist ein Gott, der "hoch thront und tief schaut" (Ps 138,6;
vgl. Ps 113,5; Dan 3,55) - wobei die Höhe seines Thrones Gewähr bietet
für seine Macht (Ps 103,19; 115,3), seinen Ueberblick (Ps 33,13) und
seine distanzierte und kritische Unbestechlichkeit (Ps 138,6). Dieses kind-
liche Vertrauen in Gott als den Felsen des Menschen und seinen einzigen
Beistand "im Himmel" (Ps 73,25f) scheint nun in Is 63,15ff (vgl. Ps 80,15)
schon etwas erschüttert. Gott hat sich in seine heilige und herrliche
Wohnung zurückgezogen, der Himmel ist unter ihm verschlossen und er steigt
nicht mehr hinunter (Is 63,19). Die Höhe des Thrones Gottes ist nunmehr
das Zeichen seiner Ferne.

3. Genau diese Erfahrung findet sich nun m.E. auch an unserer Stelle. Hier
tönt sie allerdings um einiges härter - schon weil sie nicht mehr als
Bitte in einem Volksklagelied formuliert wird, sondern als <u>Frage</u> in der
Sprache der Weisheit.

Hier könnte man natürlich einwenden, der ganze Passus וצורם לבלות
שאול מזבל לו liesse sich rein syntaktisch gesehen auch als <u>Aussage</u> verstehen: "Der Tod weidet sie, und sie müssen sich beugen - aber schliesslich ist noch ihr Fels da, der ist allzeit bereit, sie von seiner hohen
Wohnung aus zu retten." Da aber eine solche Aussage unbedingt weiter ausgeführt werden müsste, spricht schon die Tatsache, dass der Text des
Grundpsalmes hier abbricht, dagegen. Auch der bisher festgestellte pessimistische Ton des Textes und der Refrain v.21 sprechen eindeutig gegen
das Verständnis dieser Worte als Vertrauensaussage[251].

Der Sinn der rhetorischen Frage ist dann klar: von der Wohnung, die
er hat, aus, ist es schlechthin undenkbar, dass Gott sich um die Scheol
kümmert und gegen sie vorgeht, um sich den todverfallenen Menschen gegen-

---

251. Auch im erweiterten Endzustand des Psalmes, wo v.16 unsern Vers wei-
terführt, werde ich diese Auslegung beibehalten (vgl. unten 5.3.2
und besonders Anm. 340a).

über als rettender Fels zu erweisen. Die Frage hebt den ganzen traditionellen Glauben an den rettenden Gott aus den Angeln.

Es ist nun sinnlos, weiterhin den Nachkommen zu erzählen, wie der
Gott, der ewig bleibt und demgegenüber alles wie ein Kleid sich abnützt
"vom Himmel auf die Erde sieht, um das Seufzen der Gefesselten zu hören
und die Kinder des Todes zu befreien" (Ps 102,27.19-21). Die neue Erfahrung des Todes hat diesem Erlösungsgedanken jeglichen Boden entzogen.
Weil man den Tod wirklich ernst nimmt (v.11f) sieht man nämlich, dass
sein Schatten auf das ganze Leben zurückfällt, um es "rückwirkend" als
Ganzes zu entwerten und zu vernichten (v.14, vgl. unten Anm. 260). Damit
gibt es für die Menschen nur noch eine grundlegende Not, ihre Sterblichkeit (v.15ab),und jede göttliche Rettungstat wird unerheblich, wenn sie
ihr schliesslich doch verfallen. Deshalb wäre die einzige Rettung, die
diesen Namen verdiente, die Rettung vom Tod überhaupt, die Rettung aus der
Sterblichkeit. Alles andere ist nur Symptombehandlung und Leichenkosmetik.

Nun ist es aber offensichtlich, dass alle Menschen sterben, und es
ist ebenso offensichtlich, dass Gott das verhindern und die Scheol wie
ein Kleid "abtragen" könnte. Denn gerade als hoch oben thronender Himmelsgott, vor dem die Welt sich abnützt, kann er nicht der ohnmächtige Ge-
fangene einer unvollkommenen Weltordnung sein.

Wenn Gott die Menschen sterben lässt, so nur, weil er sie nicht retten
will. Der Gott, den die Menschen für ihren Felsen halten, ist in Wirklichkeit gar nicht bereit, sich mit ihnen abzugeben. Dazu wohnt er zu hoch und
zu prächtig.

Unter diesen Umständen kann kein vernünftiger Mensch umhin, die Ueberzeugung des Toren aus Ps 14 zu teilen.

Der Tod des Gläubigen ist der Tod des Glaubens.

4. Die Frageform vermag die Kühnheit dieser Aussage von v.15c kaum zu mildern. Nicht einmal Qohelet ist so weit gegangen - er konnte ja stets
durch das Lob des Essens und Trinkens den letzten Konsequenzen ausweichen
(Qoh 3,21f, vgl. v.RAD, Theologie 471, SCHMID, Weisheit 193). Auch Hiob
in seiner Auflehnung gegen einen Gott, der achtlos Sterbende seufzen und
Säuglinge schreien lässt (24,12) kommt nur in der Heftigkeit seiner Auflehnung, nicht aber in der Radikalität seiner Frage an unsern Text heran:
Hiob stösst sich "nur" am Leiden und frühzeitigen Sterben des Unschuldigen,
dem Autor unseres Textes wird der Tod überhaupt zum Aergernis[252]. Die

---

252. Zwar scheint das auch im Hiobbuch bisweilen der Fall zu sein. Den Traum
     des Eliphas (4,17-21) kann man z.B. sehr wohl als Text verstehen, der

Frage nach der Vereinbarkeit von menschlicher Sterblichkeit und göttlichem
Heilswillen trifft man höchstens bei Jesus Sirach - doch er versucht bereits wieder, sie zu unterdrücken:

"Fürchte dich nicht vor dem Todesurteil, denk

an (das gleiche Geschick) deiner Vorgänger und

Nachkommen: es ist das Urteil des Höchsten über

alles Fleisch, und was willst du dich auflehnen

gegen das Wohlgefallen des Höchsten?"

(Sir 41,3f)

Den Autoren von Ps 49 (Grundtext und Erweiterungen!) kommt das Verdienst
zu, der Frage standgehalten zu haben[253].

---

in einem ähnlich skeptischen Ton wie unser Psalm die Sterblichkeit des
Menschen überhaupt ins Auge fasst. Da jedoch eine solche Skepsis "dem
Denken des Eliphas völlig widerspräche" (FOHRER, Hiob 131) müsste man
annehmen, v.17-21 - oder zumindest v.20-21, die in den "Parallelen"
15,14-16 und 25,4-6 (HORST, Hiob 78) fehlen, seien traditionelles Gut,
das, im jetzigen Zusammenhang zitiert, bezeichnenderweise nur mehr dazu
diente, zu beweisen, dass Gott a priori immer recht hat. Einen skeptischen
Text so zu verwenden könnte aber nur jemand, dem die Sterblichkeit als solche
eben noch nicht zum Problem geworden ist.

Nimmt man wenigstens v.20-21 solchermassen als Zitat, so eröffnet
sich übrigens ein neues Verständnis für v.21b. Im jetzigen Zusammenhang muss man zwar die Menschen von v.21 wohl oder übel "aus Mangel an
Weisheit" sterben lassen, Eliphas kann kaum etwas anderes meinen. Ursprünglich wären aber v.20-21 eine genaue Entsprechung zu unserem Psalm,
wobei v.21 tägliche Erfahrung und traditionelle Weisheitslehre konfron-
tierte! "Vom Morgen zum Abend werden sie zusammengeschlagen (vgl. Ps 49,15bc),
ohne dass es einer beachtet, verschwinden sie für immer (vgl. Ps 49,11b.
13b.21b)! Wird nicht ganz offensichtlich ihr Zelt über ihnen abgebrochen?
Sie sterben, ohne dass es in der Weisheitslehre ⟨vorgesehen und plausibel⟩
wäre!" (ולא בחכמה, was genau dem לא-יבין von Ps 49,21 entspricht, vgl.
unten 4.3.24)

253. Am Ende dieser Auslegung der zweiten Strophe können wir nun nochmals
die Frage nach dem Aufbau des Grundpsalmes stellen (vgl. oben Anm. 14
und 109). Das Auffälligste ist, dass sich beide Strophen syntaktisch
gesehen spiegelbildlich entsprechen:
- v.11ab: Verbalsatz + v.11c: Folge
- v.12ab: Nominalsatz + v.12c: Vorzeitigkeit (Perf.)
- v.14ab: Nominalsatz + v.15a: Vorzeitigkeit (Perf.)
- v.15b(c): Verbalsatz + v.15c: Folge
Andere Entsprechungen zwischen den einzelnen Tristichen sind hingegen
weniger eindeutig. Man könnte z.B. v.11abc + 15bcd (Sterben als menschliches Handeln + Sterbenmüssen als Behandelt-werden), v.12abc +
v.14ab.v.15a (Totsein statisch: Haus + Sterblichsein dynamisch: Weg)
verbinden. Das obige Schema rechtfertigt nun auch formal den Anschluss
von v.15a an v.14.

4.3. ERGEBNIS: DIE SITUIERUNG DES TODES (v.21)

4.3.1. ולא-יבין

1. Wenn unsere literargeschichtliche Hypothese stimmt und die Verse 13
   und 21 als Refrain zum Grundpsalm gehören (vgl. oben 1.4.32), sollte
   v.21 nun die zweite Strophe zusammenfassen, wie es v.13 für die erste getan hat (vgl. oben 3.3.51). Genau das scheint nun aber nicht der Fall zu
   sein.

   ולא-יבין kann man, so scheint es, schwerlich anders, denn als zweite
   Bestimmung zu אדם neben ביקר auffassen. Damit entsteht aber ein Licht-
   blick, der schlecht zur trostlosen Empörung der zweiten Strophe unseres
   Grundpsalmes passt: "In dem Schlusssatze ist der gemeine Spruch, dass
   der Mensch davon muss wie das Vieh, in den höheren verwandelt, dass der
   Mensch nur dann, wenn er nicht den rechten Verstand des Lebens besitzt,
   wie das Vieh vergeht" (HUPFELD 669), und "this modification opens to the
   rich a way out" (EERDMANS 267).

2. Freilich sind sich die Kommentare nicht einig, worin das verderbliche
   לא-יבין des näheren besteht: Für die einen redet v.21 einfach vom dummen Menschen, "cui contigerit fortuna splendida, nec simul recto judicio
   praeditus fuerit" (ROSENMUELLER 1076), שלא למד (IBN ESRA) und der "opibus
   dives, mente vero inops" (GEIER 738) in vollständiger "cécité spirituelle"
   (MANNATI 142) dahinlebt.

   Nach andern ist der Mensch von v.21 eher zu intelligent, und der Psalm
   ist somit "ein ernstes Wort gegen alle Kulturseligkeit" (WEISER 264). Denn
   "die Wissenschaft und die eigene Einsicht machen nicht selig nach dem Tode"
   (SWEDENBORG 112), "nur göttliche Weisheit" (THOLUCK 243) kann den Menschen
   retten, d.h. "jene Erkenntnis vom Glauben her, dass sein Leben und Sterben
   in Gottes Hand steht" (WEISER 264).

   Wiederum nach andern verhindert eben der Reichtum die wahre Einsicht:
   "In seiner Pracht nimmt der Reiche...nicht wahr, wie vergänglich er ist"
   (KRAUS 367), dieser "miserabilis homunico" (CLARIUS 279) will gar nicht
   einsehen, "quam stultum sit spem ponere in robore, in divitiis, in sui
   confidentia, in vita luxuriosa" (KNABENBAUER 194), er gehört eben zu den
   "bei ihrem Reichtum bornierte(n) Menschen" (HERKENNE 183). Diese Blind-
   heit für den "Tod, der alles Irdische seiner Nichtigkeit überführt...
   also das 'Un-verhältnis' zum Tode - der Gedanke ist fast modern (existen-
   zial-philosophisch!) drückt den Menschen auf die Tierstufe herab."
   (DEISSLER 33)

In einem sind sich aber doch alle Kommentare einig: dem Menschen von
v.21 fehlt letztlich (aus welchen Gründen auch immer) jegliche ethische
Einsicht: אינו מבין את הטוב (RASHI 48), er hat "nur ein Thierleben geführt...,
(ist) nur den Thieren gleich gewesen, die ja auch nur für sich leben,
Genuss suchen, geniessen, sich fortpflanzen, sterben" (HIRSCH 268) oder
vielleicht hat er auch nur "seinen Reichthum unverständig gebraucht"
(BAETHGEN 142) - er gehört jedenfalls, wie seine κτηνωδης ζωη (THEO-
DORET 1228) zeigt, zu "den irdisch und fleischlich Gesinnten" (DELITZSCH
342), und deshalb wird er, אוחז דרכי הגוף כמו הבהמות (QIMHI 348), auch
wie die Tiere verschwinden.

3. Mit dieser gängigen Deutung von v.21 verwickelt man sich aber sehr bald
in Widersprüche. Zwar mag man vorsichtshalber wie SCHULTZ (113) be-
teuern, in v.21 sei "derjenige, von dem nicht v.16 gilt" gemeint, der Einwand, den DUHM (204, ähnlich schon HITZIG 274) gemacht hat, bleibt trotzdem bestehen: "'Ein Mann in Pracht, der aber nicht gescheidt ist' hätte
zwar an sich einen guten Sinn, aber nicht in diesem Gedicht, da die Weisen nach v.11 ebensogut sterben wie die Dummen." In der Tat: man mag v.21
drehen und wenden wie man will, nach v.11 kommt jede Einschränkung der
Allgemeinheit des Todes zu spät - dies erst recht, wenn v.21 Abschluss
nur des Grundpsalmes ist.

4. Nun könnten hier die alten Versionen weiterhelfen. Sie übersetzen nämlich alle, wie wenn sie אדם ביקר לא יבין gelesen hätten[254]. Daraus
könnte man schliessen, diese Lesart sei die ursprüngliche und später sei
לא in ולא korrigiert worden, um durch den damit entstehenden Konditional-
satz ("und sofern er nicht die rechte Einsicht hat") v.21 zu mildern und
so einzuschränken, dass er sich mit dem restlichen Psalm (v.16!) besser
vertragen könne.

Man könnte aber auch annehmen, die alten Versionen hätten genau den
heutigen MT vor sich gehabt, das waw in ולא als emphatisches waw gedeutet
- wie erst Jahrhunderte später wieder DAHOOD (303) - und es deshalb in
ihren respektiven Sprachen nicht wiedergegeben[255].

---

254. SEPT übersetzt: ανθρωπος εν τιμη ων ου συνηκεν; ROM: et (vgl. oben
Anm. 135) homo cum in honore esset non intelexit; GAL: homo in honore cum esset non intellexit; PESH: ברנשא באיקרה לא אתבין, TARG:
גברא חיבא בזמן דאיתוהי ביקרא לא יתבין (Der strafbare Mensch kann, in
der Zeit, in der er in Ehren steht, nicht verstehen).

255. Diese Erklärung ist auch für TARG und PESH möglich, da das Aramäische
und das Syrische ein emphatisches waw nicht mehr kennen. Allerdings
könnte man sich gerade bei diesen zwei Versionen fragen, ob sie nicht
das waw von ולא bezeugen: PESH scheint in v.21 (wie in v.13, vgl.

Da für die erste Möglichkeit nebst zwei MSS aus dem 14. Jhd. (KENNI-
COTT Nr. 156 und 601) nur gerade die argumenta e silentio der Versionen
sprechen, entscheide ich mich für die zweite. Es mag zwar erstaunlich
sein, dass keine der alten Versionen das emphatische waw von ולא im Sinne
ziemlich aller späteren Kommentatoren missverstanden hat. Aber einerseits
liegt z.B. in Hi 23,12 (מצות שפתיו ולא אמיש) wenigstens ein Fall vor, wo
es sich ganz ähnlich verhält, woraus man folgern darf, dass die Versionen
zumindest die Möglichkeit eines emphatischen waw kannten[256]. Andererseits
hängt die Wahrnehmung des emphatischen Charakters eines waw ohnehin stark
vom Kontext ab, und diese wird nun in Ps 49 insofern gefördert, als hier
v.13 die Syntax von v.21 festlegt[257].

Schliesslich spricht auch die poetische Struktur des Kehrverses für
die Beibehaltung von ולא, denn der oben (3.3.12) festgestellte spielerische
Konsonantentausch zwischen בל-ילין und ולא יבין wird so ergänzt durch einen ähnlichen Tausch zwischen בל_...ואדם und ולא...אדם_.

4.3.2. Die Unverständlichkeit der Welt

1. Mit der Annahme eines emphatischen waw in ולא יבין werden alle obigen
Auslegungen - so richtig sie als Auslegungen eines Konditionalsatzes
sein mögen - hinfällig. Möglich wäre es höchstens noch, das Nicht-verstehen als blosse Dummheit auszulegen, die aber dem Menschen überhaupt
zugesprochen würde, was diesen Begriff im strengen Sinne sprengt.

Sicher ist, dass wegen des emphatischen waw und des Wortspiels das
ganze Gewicht der Aussage auf בין liegen muss und auf dem Zusammenhang

---

oben Anm. 135 die analoge Assimilation des Versanfangs) ein אדם ביקרו
לא יבין wiederzugeben (eine Lesart, die WELLHAUSEN für v.21 konjiziert).
Auch die im Vergleich zu v.13 (ביקרא) seltsam umständliche Uebersetzung
von TARG (בזמן דאיתוהי ביקרא) könnte auf ein ביקרו zurückgehen.

256. Vgl. etwa auch die SEPT zu Hab 2,5, die ein ולא ינוה mit ουδεν μη
περανη übersetzt. Man könnte natürlich auch in Hi 23,12 das waw
als Dittographie oder als Assimilation an Ps 55,12; 115,7; Jer 17,8
wegerklären. Da aber beide Erklärungen auch in die umgekehrte Richtung
funktionieren (das לא vieler Handschriften ist Haplographie oder Assimilation an Ex 13,22; 33,12; Num 14,44; Jos 1,8; Spr 17,13; Is 46,7;
54,10; 59,21; Mi 2,3; Nah 3,1) und ולא zudem ganz bestimmt keine
lectio facilior sein kann - wie in Ps 49,21 -, scheint mir der MT in
Hi 23,12 ziemlich sicher.

257. An andern von DAHOOD (24) zitierten Stellen zwingt der Kontext ein
emphatisches waw nicht auf, weshalb nicht alle Versionen ein solches
annehmen (Ps 72,2; Klgl 1,13), oder er legt sogar eine andere Deutung
nahe, weshalb DAHOODs Annahme eines emphatischen waws willkürlich erscheint.

zwischen diesem Verstehen und der Vergänglichkeit des Menschen (בל-יּלין)
2. Wenn sonst im AT die Menschen (als Individuen oder als Volk) etwas verstehen oder nicht verstehen (vgl. dazu H.H. SCHMID, in: JENNI, Handwörterbuch I 305-308), dann ist das meistens die Wirklichkeit unter dem
Gesichtspunkt ihrer letzten Sinnhaftigkeit: des Handelns Gottes (Is 1,3).

Dieses verstandene oder zu verstehende Handeln Gottes umfasst nicht
nur seine Werke und rettenden Taten in Natur (z.B. Hi 37,14) und Geschichte
(Ps 107,43), sondern auch die Offenbarung seiner Weisung (Ps 119,27 u.ö.)
und die Durchsetzung des in dieser Weisung zum Ausdruck gekommenen Ord-
nungswillens, falls diese nicht "verstanden" und eingehalten worden ist.

Gerade diese letzten Fälle, wo aufgrund des Tun-Ergehen-Zusammenhanges die verheerenden Folgen des Nicht-verstehens der Weisung ihrerseits verstanden werden müssen, scheinen hier besonders einschlägig. Denn
immer geht es dabei um ein (weisheitliches) Verstehen von Leiden - und
zwar insofern sich dieses als Folge von Sünde ergeben hat oder ergeben
wird. Solange der Mensch diesen Zusammenhang zwischen Sünde und Leid nicht
verstanden hat, ist er einem Tier zu vergleichen (Ps 73,17.21f) und erst
wer ihn einsieht, unterscheidet sich vom Tier (Hi 35,11) und kann sich
weise nennen (vgl. z.B. Jer 9,11) - ist doch die Einheit von Tun und Ergehen die grundlegende Einsicht, dank der die altorientalische Weisheit
überhaupt die Wirklichkeit als geordnete zu erfassen sucht.
3. Von hier aus ergeben sich zwei mögliche Deutungen unseres Verses.

In einem Text, in welchem der Tun-Ergehen-Zusammenhang als selbstverständlich vorausgesetzt wird und damit die Wirklichkeit als grundsätzlich
verstehbar gilt, kann die Feststellung, dass der Mensch nicht versteht
(es kann sich dabei nur um vereinzelte Menschen handeln) nur verächtlich
gemeint sein und als "missionarische" Polemik die Bekehrung der Uneinsich-
tigen anstreben. So gelten z.B. in Ps 94,7f die Leute, die sich die Frech-
heit herausnehmen, in Wort und Tat den Tun-Ergehen-Zusammenhang schlechthin zu leugnen, von vornherein als boshaft, dumm und bekehrungswürdig:

"Sie sagen: 'JHWH schaut nicht hin, der Gott

Jakobs beachtet es [das verwerfliche Tun] nicht!'

Versteht, ihr Toren im Volk (בינו בערים בעם), ihr Narren,

wann werdet ihr zur Einsicht gelangen?"

Nun enthält ja v.15 nach unserer Auslegung einen ganz ähnlichen Gedanken
wie das Frevlerzitat von Ps 94. Wäre es folglich denkbar, dass auch in
unserem Psalm v.21 einen solchen verächtlichen und "missionarischen" Klang
enthielte? Ja und nein - ja, wenn man v.21 vor dem Hintergrund des ganzen

Psalmes liest (vgl. unten 7.11), nein, wenn man ihn als Abschluss des
noch nicht erweiterten Grundpsalmes betrachtet.

4. Am Ende des Grundpsalmes kann das Nicht-verstehen nicht als verachtungs-
   würdige Fehlhaltung erscheinen, denn v.11-15 stellen ja gerade die Verstehbarkeit der Wirklichkeit aufgrund des Tun-Ergehen-Zusammenhanges, ganz
arg in Frage.

Wie etwa der Jahwist hat der Autor des Grundpsalmes "ein starkes Gefühl dafür, dass der Tod dem Wesen des Menschen fremd, dass er Unnatur
ist" (QUELL, Auffassung 36): es wäre dem hoch oben thronenden Himmelsgott
ein Leichtes, den Tod aufzuheben, also wäre eine Welt ohne Tod durchaus
möglich. Anders als der Jahwist vermag unser Autor aber nicht mehr, den
Tod innerhalb des Tun-Ergehen-Zusammenhangs als Wirkung einer Schuld zu
verstehen (Gen 2,17; 3,19[258]),wäre er das, so dürften gerade die, die
Vertrauen haben und Weisheit besitzen (v.14) definitionsgemäss nicht sterben.

Der Tod ist also weder naturnotwendig und unbedingt (v.14-15) noch
in seiner geschichtlichen Bedingtheit plausibel (v.11-12); er ist im Ganzen der Weltordnung nicht zu situieren. Dies war nicht weiter störend, solange der Tod nur ganz unscharf als akzidentelles Randphänomen der Weltordnung in den Blick kam (vgl.oben 3.1.23). Nun wird er aber plötzlich als
das zentrale Phänomen erfahren, das das menschliche Leben als Ganzes letztlich bestimmt (v.15). Damit verlagert sich das gähnende Chaos von der
äussersten Grenze der Welt (Hi 28,22) in deren Mitte und zerstört so die
Verstehbarkeit des Weltganzen.

Dieser Zusammenbruch der Intelligibilität der Wirklichkeit[259] ist
das Fazit, das der modifizierte Kehrvers aus dem Grundpsalm zieht. Weil

---

258. Zwar hat WOLFF (Anthropologie) in Gen 2f "die feine Unterscheidung von
     verschuldetem Tod und geschöpflichem Tod" bemerkt (172) und den Tod
     von Gen 3,19 als rein geschöpflichen Tod hingestellt (Rückgriff auf
     2,7, nicht 2,17!). "Und doch gehen bei diesen Erwägungen die Dinge
     nicht auf!" (v.RAD, Genesis 77) Denn der Tod gehört "thematisch mit
     einem besonderen Schwergewicht in das Strafwort hinein." (aaO) Es scheint
     mir klar, dass der Jahwist den Tod zumindest auch auf die Schuld zurück-
     führt (und sei es nur so, dass der geschöpfliche Tod wirksam wird auf-
     grund dessen, dass der Mensch sündigt, vgl. Röm 5,12!) Doch letztlich
     ist Gen 3,19 unklar, und diese Unklarheit illustriert ja nur die Fol-
     gerung von Ps 49,21: die Ein-ordnung des Todes will nicht gelingen -
     auch dem Jahwisten nicht.

259. Mit solchen Zusammenbrüchen rechnet das AT explizit, was etwa Is 29,14
     klar zeigt. Wie an unserer Stelle wird übrigens dort der Zusammenbruch
     jeglichen Verstehens direkt auf JHWHs Verhalten zurückgeführt: Unver-
     ständlich wird die Wirklichkeit dann, wenn JHWH sich zurückzieht und

der Mensch erfahrungsgemäss nicht besteht (בל־ילין), kann er auch prinzipiell nichts verstehen (לא־יבין), er steht deshalb, seiner angeblichen
Herrlichkeit zum Trotz (בקר) in nichts über den Tieren[260].

Diese radikale Aussage, die nur im Spruch Agurs, Spr 30,2f, ihres-
gleichen hat, weist uns zurück auf den ersten Vers des Grundpsalmes (v.11ab),
der sie implizit schon voll enthielt: Wenn Weise und tierische Toren
gleichermassen sterben, kann es mit der Weisheit der Weisen nicht weit
her sein. Hiobs ironisches Gespött (Hi 12,2) wird hier zur bitteren Erfahrung: Der Tod der Weisen ist der Tod der Weisheit.

5. Mit dieser radikalen Aussage über die menschliche Unfähigkeit, zu erkennen, kommt auch die Kritik an der Theorie der Gottebenbildlichkeit
   (vgl. oben 3.3.43ff) zu ihrem Abschluss und wohl auch zu ihrem Höhepunkt.

   Zunächst hatte ja v.13a eher zurückhaltend an der menschlichen Gottebenbildlichkeit gerüttelt durch den diskreten Hinweis auf den Widerspruch,
der besteht zwischen der Würde des Menschen und seiner Sterblichkeit. In
v.13b war die Kritik dank der behaupteten Gleichheit von Mensch und Tier
schon unüberhörbar laut geworden, aber noch recht unanschaulich geblieben.

   Das wurde in v.15 anders: entgegen ihrem sonstigen Gebrauch (vgl.
oben Anm. 211) dienten dort die "Vieh"-Metaphern (Hürde, Hirt) in ihrer
ironischen Verzerrung plötzlich dazu, eher die Vertierung des Menschen
zu zeigen, als seine Geborgenheit. Zudem konnte man in den Verben שתו und
וירדו ein boshaft verzerrtes Echo aus Ps 8,8 (כל שתה תחת־רגליו) und Gen 1,26
(...וירדו בדגת הים) hören.

---

den Zusammenhang von Tun und Ergehen nicht mehr überwacht und garan-
tiert. In Is 29,9-16 zieht sich JHWH zurück, weil er sich zur Bestra-
fung der praktischen Atheisten von v.15-16 genau an das Bild angleicht,
das sie von ihm entwerfen (sodass zumindest die Aufhebung des Tun-Ergehen-Zusammenhangs noch innerhalb des Tut-Ergehen-Zusammenhangs plausibel ist!), in Ps 49,21 zieht sich JHWH zurück, weil die Weltferne
seiner göttlichen Natur entspricht oder seiner persönlichen Willkür
gefällt. Beide Male stürzt so die Weisheit, ihres "Anfangs" (vgl. Spr
1,7 u.ö.) beraubt, zusammen.

260. Was in לא יבין ausgesagt wird, ist also gerade nicht das aus dem Verfallen an die Welt entstandene "'Unverhältnis' zum Tode" (DEISSLER 33,
vgl. oben 4.3.12), sondern im Gegenteil das in der Todverfallenheit begründete "Unverhältnis" zur Welt, kraft dessen das Verstehen nicht mehr
möglich ist. Auch diese Idee ist aber modern: "Puisque la mort ne paraît
pas sur le fondement de notre liberté, elle ne peut qu'ôter à la vie
toute signification... l'ensemble - conduites particulières, attentes,
valeurs - tombe d'un coup dans l'absurde. Ainsi la mort n'est jamais
ce qui donne son sens à la vie; c'est au contraire ce qui lui ôte par
principe toute signification. Si nous devons mourir, notre vie n'a
pas de sens parce que ses problèmes ne reçoivent aucune solution et
parce que la signification même des problèmes demeure indéterminée."
(SARTRE, Etre 623.624)

Wenn deshalb in v.21 das נמשל כבהמות wiederkehrt, so ist es mit der
bitteren Stimmung von v.15 belastet. Ja, man konnte sich sogar fragen, ob
hier nun die Ableitung von משל II "herrschen" (vgl. oben Anm. 128) nicht
zumindest mitzuhören ist, würde doch dadurch das תמשילהו במעשי ידיך von
Ps 8,7 bestritten[261].

Der Kritik an der Theorie der Gottebenbildlichkeit verleiht aber v.21
schliesslich ihre volle Schärfe, indem er den Zusammenbruch des menschlichen Verstehens statuiert. Damit erhält diese Theorie den Gnadenstoss, denn
aus der Tatsache, dass dieses Element der Kritik ganz am Schluss erscheint,
darf man vielleicht schliessen, dass für den Verfasser des Grundpsalmes wie
für Jesus Sirach (17,6 vgl. oben Anm. 144) die Gottebenbildlichkeit vornehmlich im spezifisch menschlichen Verstehen der Wirklichkeit als "Werk
Gottes" bestand: וסיים דבריו לומ' שהאדם שהוא נברא ביקר רייל בשכל ובדעת ולא
יבין בעודו בחיים הוא נמשל כבנמות (MEIRI 102)[262].

Auf jeden Fall wird der Autor der Erweiterungen durch Versetzung gerade dieses Verses die Gottebenbildlichkeit des Menschen zu retten suchen
(vgl. unten 7.1.).

4.3.3. נדמו oder נדמה ?

1. Es bleibt zum Schluss dieser Auslegung des Grundpsalms noch eine text-
liche Schwierigkeit zu untersuchen, die inhaltlich zwar keine grosse
Bedeutung hat, aber doch eine weitere Einsicht in die poetische Struktur
des Kehrverses eröffnen könnte. Es handelt sich um die Unsicherheit der
Form נדמו, der ein grosser Teil der Textüberlieferung ein נדמה entgegen-
stellt.

Zur Beurteilung des Falles gilt es, von vornherein zwei Punkte im
Auge zu behalten:

261. Aus den Anklängen an Gen 1,26 und Ps 8,7f würde ich nicht schliessen,
     dass der Autor des Grundpsalms diese Texte in ihrer heutigen Form
     gekannt hat und zu ihnen einen "Antitext" dichtete. Im Gegenteil zeigt
     die Tatsache, dass in Ps 49 zwei verschiedene Texte anklingen, m.E.
     eher, dass sich Gen 1, Ps 8 und Ps 49 hier lediglich im Bereich der-
     selben Vorstellungen, die offenbar auch in ziemlich konstantem Voka-
     bular tradiert wurden, bewegen.

262. Schon in der Lehre des Anii ist der Mensch insofern ein Ebenbild Gottes,
     als er verständig und vernünftig ist: "Die Menschen sind Gottes Eben-
     bilder in ihrer Gewohnheit, einen Mann mit seiner Antwort zu hören.
     Nicht der Weise allein ist sein Ebenbild, indem die Menge wie lauter
     Vieh wäre. Nicht der Weise allein ist sein (Gottes) Zögling, indem er
     allein vernünftig wäre, die ganze Menge dagegen töricht." (Epilog X
     7ff, zit. nach BRUNNER, Erziehung 167, vgl. aber SUYS, Ani 105ff). Vgl.
     auch OVID, Metamorphosen I 76 und 83.

a) Unterschiede zwischen den Kehrversen v.13 und v.21 galten in der Textüberlieferung als störend und wurden allmählich ausgemerzt. Andererseits
versuchen die alten Versionen bisweilen auch, die gleichbleibenden Teile
des Kehrverses durch Gebrauch von Synonyma zu variieren.[263]

b) Der Plural נדמו ist nach בהמות überraschend. Gleichzeitig wurde er
neben dem Singular נמשל bisweilen als störend empfunden (vgl. oben Anm.
130).

2. Man kann die vorhandenen Textzeugen sechs verschiedenen Lesarten zuord-
nen:

Lesart 1: v.13 נדמו, v.21 נדמו : TM (SEPT GAL ROM etc ?)

Lesart 2: v.13 נדמה, v.21 נדמה : HEBR (et exaequatus est/et silebitur)
                                         PESH (zweimal ואתדמי לה)
                                         TARG (zweimal אשתוא ללמא)
                                         SAH (er wurde geworfen mit/er wurde ver-
                                                 glichen)

Lesart 3: v.13 נדמה, v.21 נדמה : einige MSS: KENNICOTT Nr. 228 (=Urbin.1,
                                         um 1295 pC), evt. erste Hand von Nr. 125.
                                         DE ROSSI erste Hand von Nr.2, 879.

Lesart 4: v.13 נדמו, v.21 נדמה : (SEPT GAL ROM etc ?)

Lesart 5: v.13 נדמו, v.21 unbe- : EBP (νεδμου/ -)
                           legt   AQ (εξωμοιωθησαν/ -)
                                 SYM (σιωπηθησονται/ -)

Lesart 6: v.13 נדמה, v.21 unbe- : QUINT (ωμοιωθη/ -)
                           legt

Aus dieser Zusammenstellung lässt sich sogleich folgendes ersehen:

a) Die Zeugen für Lesart 3 verdienen keine Beachtung. Sie vermögen höchstens zu dokumentieren, wie naheliegend im Kehrvers - jedenfalls wenn
man ihn in v.13 zum ersten Mal las - die Form נדמה war.

b) Die Zeugen der Teillesarten 5 und 6 sind leider nur beschränkt verwert-
bar. Die Zeugen der Lesart 5 gehörten vielleicht zur Lesart 1, vielleicht zur Lesart 4, der Zeuge der Lesart 6 fast sicher zur Lesart 2.

c) Von den Lesarten 1 und 2 verdient erstere trotz der zahlenmässig
schwächeren Bezeugung als die schwierigere den Vorzug.

3. Diese bisher klare Situation wird nun aber durch die problematische
Uebersetzung der SEPT und ihrer Tochterübersetzungen getrübt.

---

263. So übersetzt die alte SEPT (vgl. unten) das נמשל einmal als συνεβληθη, (v.13), einmal als παρεβληθη (v.21). GAL übersetzt אדם
ביקר einmal mit "homo cum in honore esset" (v.13), einmal mit "homo
in honore cum esset" (v.21). HEBR variiert noch mehr: "homo in honore...
et exaequatus est" (v.13), "homo cum in honore esset...et silebitur"
(v.21). Die PESH übersetzt בהמות einmal mit לבעירא (v.13) und einmal
mit לחיותא (v.21).

Der textus receptus der SEPT lautet in v.13 und v.21 beide Male gleich
(παρασυνεβληθη τοις κτηνεσιν τοις ανοητοις και ωμοιωθη αυτοις).
Doch ist dies offensichtlich das Produkt einer allmählichen Zusammenziehung
der zwei verschiedenen Uebersetzungen von v.13 und v.21, die in der alten
SEPT, bezeugt durch den PAPYRUS BODMER XXIV (vgl. oben Anm. 113), vorge-
legen hatten:

v.13: συνεβλη [θη] τοις κτηνεσι τοις ανοητοις

v.21: παρεβληθη τοις κτηνεσι και ωμοιωθη αυτοις

Man kann das Ende dieser zwei Zeilen auf je zwei Arten deuten:

a) τοις ανοητοις von v.13 ist nichts als schmückender Zusatz, der den
   Vergleichspunkt unterstreichen soll, ähnlich wie in Dt 32,31. In diesem
   Falle fehlte in der Vorlage der alten SEPT das letzte Wort von v.13.
   Allerdings kann dieser kurze v.13 nicht Urtext sein, und einen Grund für
   den mechanischen Ausfall des letzten Wortes gibt es kaum.

b) τοις ανοητοις ist die Uebersetzung des letzten Wortes von v.13. Die
   Wahrscheinlichkeit ist gross, dass dieses Wort נדמו lautete. Es wäre
   von דמה II "schweigen" abgeleitet worden und dieses Schweigen hätte
   man wiederum aufgrund des Kontextes (schon die alte SEPT liest in v.13
   wie in v.21 לא־יבין) als Zeichen der Unvernunft verstanden (vgl. auch
   Ps 22,3 דומיה = ανοια) [264].

c) και ωμοιωθη αυτοις entspricht bestimmt einer Form von דמה (vgl. SEPT
   zu Ps 83,1; 89,7; 102,7; 144,4 u.ö.). Der Singular ωμοιωθη lässt an
   נדמה denken, αυτοις wäre dann eine sinngemässe Ergänzung, wie wir
   sie vielleicht schon in v.12a (οι ταφοι αυτων, doch vgl. oben Anm. 79)

---

264. Im griechischen Raum liegt der Zusammenhang wohl ziemlich auf der Hand,
     zumal mit dem Aufkommen der Stoa, die dem Tier im Gegensatz zum Menschen
     nur eine αλογος ψυχη zusprach (vgl. ZELLER, Philosophie III/1, 196),
     was auch in Jud 10 anklingt. Doch schon ISOKRATES z.B. scheint einen
     Zusammenhang zwischen Stummheit und Unvernunft vorauszusetzen, wenn er,
     nach der Feststellung, die Sprache sei das einzige, was den Menschen
     vom Tier unterscheide, betont: Δια τουτου [scil. λογου] τους τ'
     ανοητους παιδευομεν και τους φρονιμους δοκιμαζομεν. Το γαρ
     λεγειν ως δει του φρονειν ευ μεγιστον σημειον ποιουμεθα
     (Περι της αντιδοσεως XV 255) . Noch bei PLUTARCH (De sollertia
     animalium) bezichtigt ein Gesprächsteilnehmer die " ιχθυς...τους
     αμαθεις και ανοητους" (975B) der intellektuellen Unterlegenheit im
     Bezug auf die sprech- und singbegabten Vögel (973A). So werden die
     Vögel zu Götterboten, "αλλα κωφα παντα και τυφλα της προνοιας
     εις τον αθεον και τιτανικον απερριπται τοπον ωσπερ ασεβω
     χωρον, ου το λογικον και νοερον εγκατεσβεσται της ψυχης...
     (975C). Zur selben Vorstellung im frühjüdischen Bereich vgl. WEBER,
     Theologie 210.212, der auf TANHUMA, Emor 15 und die TARG zu Gen 2,7
     hinweist.

und sicher in v.12c (επι των γαιων _αυτων_ vgl. oben 3.2.41) ange-
troffen haben. Die Kritik an der Gottebenbildlichkeit (vgl. oben 4.3.25)
würde hier gesichert durch eine semantische Entscheidung (דמה heisst
nicht "vernichtet werden" sondern "gleichen") und eine sinngemässe Ergänzung.

d) και ωμοιωθη αυτοις könnte aber auch auf ein נדמו zurückgehen: "sie
(scil. Mensch und Tiere) gleichen sich" wäre hier übersetzt worden,
als "er (der Mensch) gleicht ihnen (den Tieren)". Wiederum würde so
die Kritik an der Gottebenbildlichkeit gesichert, diesmal durch eine
semantische Entscheidung und eine syntaktische Operation.

So leicht die Wahl zwischen den Möglichkeiten a und b fällt, so schwierig
ist sie zwischen c und d zu treffen. Eines ist aber sicher: Wies die Vorlage der alten SEPT tatsächlich in v.13 ein נדמו, in v.21 ein נדמה auf,
wäre dies aufgrund der eingangs festgehaltenen Prinzipien die schwierigste
Lesart (die mit der Lesart 3 nicht das geringste zu tun hat, da der leich-
tere Singular nicht wie dort beim ersten Erscheinen des Kehrverses auftritt!)

4. Trotz ihres recht hypothetischen Charakters möchte ich dieser Lesart 4
eine gewisse Wahrscheinlichkeit nicht absprechen. Zwei Gründe sprechen
für sie als ursprünglichstem Text:

a) Sie ist die einzige Lesart, welche die Entstehung der zwei (wenn man
von der SEPT - Tradition einmal absieht, fast gleich starken) Lesarten
1 (zweimal נדמו) und 2 (zweimal נדמה) plausibel erklärt[265].

b) Sie vermag das oben (3.3.12) nachgewiesene Wortspiel im Kehrvers noch
zu vervollkommnen, so dass es nun eine <u>doppelte</u> Vertauschung aufweist
(einerseits der Konsonanten b - l, andererseits der Vokale a - o/u):

$$b\ \underset{\text{״}}{\underset{\text{ᵪ}}{a}}\ l\ \ y\ a\ l\ i\ y\ n\ \ldots\ n\ i\ d\ m\ \underset{\text{׃׃}}{u}\ w$$

$$l\ \underset{\text{׃׃}}{o}\ '\ \ y\ \underset{\text{״}}{a}\ b\ i\ y\ n\ \ldots\ n\ i\ d\ m\ \underset{\text{ᵪ}}{a}\ h$$

5. Setzt man diese Lesart voraus, muss man das נדמו in v.13 wohl wie die
alte SEPT als stumme Unvernunft deuten und erst das נדמה von v.21 als
jähen Untergang (auch HEBR gibt den zwei Wörtern zwei verschiedene Bedeutungen, vgl. oben Anm. 263). Damit entsteht - bezieht man das, was oben

---

265. Auch die Tatsache, dass SAH, die doch sehr eng mit der alten SEPT zu-
sammenzusehen ist (vgl. BARTHELEMY, Histoire 175f), hier schon das
zweimalige נדמה aufweist, spricht m.E. eher gegen ein doppeltes נדמו
in der alten SEPT.

4.3.25 zu נמשל gesagt wurde, mit ein - zwischen den Verben des Kehrverses
zusätzlich ein sehr elegantes Wortspiel mit eingebautem Chiasmus ("nicht
übernachten - gleichen - stumm sein / nicht verstehen - beherrscht werden -
untergehen") und der ganze Grundpsalm erhält mit dem letzten Satz "נדמה"
einen so passenden wie brutalen Abschluss.

DER BEKANNTE GOTT

Der Grundpsalm war in seiner Skepsis bis zur ausdrücklichen Anzweiflung des Handelns Gottes vorgestossen (v.15d) und hatte damit Vorstellungen das Wort gesprochen, die (auch) in Israel schon seit der Zeit der vorexilischen Propheten (vgl. v.RAD, Theologie I 467) immer wieder vertreten und bekämpft wurden. Doch der Zweifel am Handeln Gottes entsprang in diesem Text weder einer fahrlässigen Oberflächlichkeit (vgl. Is 5,12; Hi 21,12ff) noch sollte er bloss ethische Liederlichkeit sanktionieren (vgl. Ps 94,6f). Er war vielmehr die notwendige Folge einer neuen und radikalen Art, den Tod zu erfahren. Einmal in seiner nivellierenden Allgemeinheit (v.11f) und "rückwirkenden" Schrecklichkeit (v.14f) erfasst, passte der Tod nicht mehr in die alte Ordnung, wie sie traditionell in und hinter der erfahrbaren Wirklichkeit gedacht und geglaubt wurde (vgl. v.RAD, aaO 440).

In dieser Situation konnte man entweder die neue Erfahrung bestreiten und verdammen, um die traditionelle Ordnung zu retten, oder aber die Ordnungsvorstellungen so weiterdenken, dass die neue Erfahrung in ihnen Platz hatte.

Ps 49 hat sich für das zweite entschieden. Der Grundtext wurde übernommen (vgl. unten Anm. 340a!), doch in einen ganz neuen Rahmen gestellt und so weitergeführt (vgl. Qoh 12,9). Obwohl es durchaus nicht die Regel bildet[266], entspricht dieses Vorgehen als einziges der genuin weisheitlichen

---

266. Hinweisen könnte man hier etwa auf das zweite Nachwort von Qohelet (12,12-14), wo das ganze Buch in drei Sätzen unter den Teppich gewischt wird oder auf die Elihureden (Hi 32-37), die die neue Frage nach dem Leiden des Unschuldigen unterhöhlen (vgl. SCHMID, Weisheit 195f.178ff).

Haltung: "Wo neue Erfahrungen mittels der bisherigen weisheitlichen Formulierungen nicht geordnet werden können, müssen neue Weisheitssätze entstehen - solange die Weisheit lebendig bleiben soll. Wo die Weisheit dagegen
zum Dogma geworden ist, darf der Mensch überhaupt keine grundsätzlich neuen
Erfahrungen machen."(SCHMID, Weisheit 181)

Auch der hedonistische Pessimismus des ägyptischen Harfnerliedes wird
im Gegenlied aus dem Grab des thebanischen Priesters Nefer-Hotep bloss
polemisch verurteilt, nicht aber überschritten: "Ich habe diese Lieder
gehört, die in den Gräbern der Vorzeit stehen. Was sie reden, wenn sie
das Leben auf Erden grosspreisen und die Totenstadt gering achten - wozu
dient es, so gegen das Land der Ewigkeit zu handeln? das rechte und
richtige, das ohne Schrecken ist?" (zit. nach ERMAN, Literatur 316).

5.   DIE VERDRAENGUNG DES TODES

5.1.   DIE IDEE DER TODLOSEN WELT (v.6-7)

5.1.1. Fersentreter und Arglistige

1. Solange man Ps 49 als Einheit betrachtete und mit der Auslegung ganz
normal am Anfang des Textes einsetzte, war v.6 (nach der offensichtlichen Einleitung v.2-5) der erste auszulegende Vers des eigentlichen Gedichtes. Er war damit für die Bestimmung der ganzen in Ps 49 vorausgesetzten
Problematik von ausschlaggebender Bedeutung, denn "das Motiv des Psalmes
liegt in v.6" (SACHS 69)[267].

Umso schwerwiegender ist es deshalb, dass sich gerade in diesem Schlüsselvers die meisten Exegeten Korrekturen erlaubten, so dass schon J.H.
MICHAELIS (322) feststellen musste: "Variae hic fiunt et perplexae interpretum sententiae."

Freilich - die Tragweite der Korrekturen, die sie mit einem Seufzer
der Erleichterung vornahmen ("So entsteht wenigstens ein befriedigender
Sinn." KITTEL 196), war wohl den wenigsten Kommentatoren bewusst. Der
einzige, der einsah, wie zweifelhaft es ist, die Auslegung eines ganzen
Psalmes auf einen halb verstandenen und halb aufs Geratewohl konjizierten
Vers abzustützen, war EHRLICH, der nach seiner Auslegung des Verses bekennt:
"Es muss jedoch zugegeben werden, dass diese Erklärung nicht sicher ist.

---

267. Vgl. z.B. ZSCHIESCHKE 10: "carmen ipsum incipit a commate 6, qui vel
     propterea gravissimus totius psalmi est, quod eius interpretatio uni-
     versi carminis intellectum regit."

Sie soll daher nur als schwache Vermutung gelten." (109f) Praktisch blieb
allerdings auch EHRLICH nichts anderes übrig, als den Psalm von dem Thema
her zu deuten, das ihm v.6 anzuschlagen schien.

2. Nun ist v.6 für sich genommen weder sonderlich dunkel noch speziell unsicher überliefert[268]. Wenn ihn trotzdem die meisten Exegeten schrecklich deplaziert finden, so nur, weil sie ihn unbedingt dem Dichter selbst
in den Mund legen wollen.

Nach der langen Einleitung v.2-5 erwarten sie nämlich ganz instinktiv,
nun endlich die persönliche Meinung des Weisen zu hören, und weil v.6 von
sich aus diese Erwartung nicht erfüllt, weiss man nichts Klügeres zu tun,
als ihn mit konjektureller Gewalt dazu zu zwingen.

3. Viele Exegeten nehmen das למה zum Ausgangspunkt ihrer Operationen. Für
sich allein genommen vermag dieses Wort augenblicklich eine ganze Klage-
liedatmosphäre herbeizuzaubern (vgl. GUNKEL, Einleitung 127; 217)[269]. Damit
steht nicht nur fest, dass "hier...einer (spricht), der Erfahrung hinter
sich hat" (BRANDENBURG 182), "den Stachel des Lebensproblems empfunden" hat
(MOWINCKEL, Psalmstudien I 128) und deshalb in einem Psalm, der "unmittelbar aus dem Leben für das Leben geschrieben" wurde (WEISER 261), die "am
eigenen Leibe schmerzlich erfahrene Lebensproblematik"(DEISSLER 33) erörtern
wird. Ebenso sicher ist dann, dass in v.6 irgendwelche Feinde auftreten
müssen - ja: "folgt man TM, so ist nicht zu verkennen, dass der Dichter des
Ps 49 von Feinden umringt war..." (KRAUS 364), denn "die mit למה eingeleitete Frage teilt eine wirkliche Notlage mit, sie führt mitten hinein in die
bange Ratlosigkeit derer, die hilflos den reichen Machthabern ausgeliefert
sind" (aaO 366). Setzt man dies voraus, so beschränkt sich die Auslegung

---

268. Einzig εβρ' hat mit der Vokalisierung von v.6b etliche Mühe gehabt
(αων ακοββαι ισωββουνι) und PESH nimmt sich einige Freiheiten heraus (die Frage למה wird als Negation לא übersetzt und עקבי als
בעלדבבי, "Feinde" gedeutet). Alle andern Versionen (SEPT AQ SYM QUINT
ROM GAL HEBR TARG) übersetzen ohne nennenswerte Abweichungen den heutigen MT.

269. MAILLOT (295) z.B. bietet gleich eine lange Erklärung des klagenden
למה , die zwar in sich sehr zutreffend ist, aber, wir wir (unten
5.1.21) sehen werden, hier völlig fehl am Platze ist: "On peut voir
ici [scil. beim למה] que, sans être une religion rationaliste,
c'est-à-dire une religion où n'est vrai que ce qui est compris, la
religion israélite était cependant, quoi qu'on en ait dit, rationnelle,
c'est-à-dire qu'elle avait besoin de mettre en ordre et en place ce
qu'elle croyait. Son Dieu était, certes, au-dessus de la raison, mais
son Dieu ne la dispensait pas de raisonner. Le fameux 'lammah', s'il
n'est pas seulement le cri d'une raison déchirée, est aussi le cri
d'une raison insatisfaite."

von v.6 darauf, in einem Satz, der absolut nicht von Feinden redet, den
Feind - wie in einem Vexierbild - dennoch zu finden.

Einige wenige (z.B. GEIER 721, MOLL 251) stellen den Feind schon im
ersten Teilvers, indem sie רע בימי gegen den sonstigen Gebrauch nicht als
"böse Tage" deuten, sondern als "Tage des Bösen", an denen der Böse wütet
(vgl. Ps 37,18; Hi 15,20)[270].

Im allgemeinen lokalisiert man aber den Feind, wie schon PESH (vgl.

oben Anm. 268) in עקבי, "meine Fersen".

"Der ungeschickte Ausdruck" (DELITZSCH 336, ähnlich PAULUS 249, PODE-
CHARD 10, HERKENNE 182) עקבי עון ist ja "nicht bloss dem Sinne nach dunkel
(denn welche Sünde ist damit gemeint?), sondern auch zweideutig (man würde
zunächst an die eigene Sünde denken, was hier gar nicht passt)" (MOLL 251,
ähnlich HITZIG 269). Zudem scheint auch syntaktisch klar, dass hier "nihil
sane exprimatur, quod cum insequenti (v.7) הבטחים jungi possit orationem
necessario continuante" (BOETTCHER, Inferi 193, ähnlich DELITZSCH 336). Darum kommt man meist sehr schnell zum Schluss, dass er "ganz und gar nicht
in den Zusammenhang passt, der nicht von der eigenen Sünde des Dichters,
sondern von den an ihm begangenen Sünden anderer handelt" (KESSLER 107,
ähnlich GUNKEL 211, SCHMIDT 95).

Zur Behandlung von עקבי bieten sich sodann verschiedene Methoden an:
Man kann das Wort tiefgreifend verändern[271], man kann es als Partizip עָקֵב
oder als Substantiv bzw. Adjektiv der Form עָקֵב aus dem arabischen ᶜaqaba
"(ver)folgen" (vgl. z.B. SCHULZ 207, PAULUS 249) oder aus einer supponierten hebräischen Wurzel ähnlicher Bedeutung herleiten[272]. Man kann schliess-

---

270. LEVEEN (Problems 58) entlockt den "bösen Tagen" die erwünschten Feinde
durch Rückgängigmachung einer angeblichen "wrong division of words":
לָמָּה אִירָא כִּי מְרָעִים עֲקֵבַי יְסָבֻּנִי

271. GRAETZ (339) etwa korrigiert in das noch dunklere קֵבְי , das er einfach als "meine Bedränger" versteht. PRAETORIUS (333) stellt עֹצְבֵי
oder עֹשְׁקֵי zur Auswahl. HERKENNE (182) liest יַעַן עֵקֶב יְבוּקְסָנִי, "wegen
der Vergeltung derer, die mit Füssen mich treten".

272. Diese Lösung ist bei weitem die beliebteste und wird mit Hinweis auf
Gen 27,36; Hos 12,3; Jer 9,3; 17,9 von sehr vielen Autoren vertreten.
Solche "Untertreter" (seit LUTHER) oder "Fersentreter" (THALHOFER 296)
sind Leute, "qui instar ferocientium equorum contra me suos elevant
calcaneos, conati iisdem me penitus concutere aut conquassare" (GEIER
721). Wer das Gefühl hat, diese Bedeutung sei "nur dieser Stelle zu-
liebe gemacht" (KESSLER 107), kann sich aus den Parallelstellen eine
andere Menschengattung aussuchen: "Ränkeschmiede" "KESSLER 108), נכלי
אורבים נפשי   (SIMONS 30), "Betrüger" (KRAUS 363), "slanderers" (DA-
HOOD 297)...

lich auch aus den "Fersen" selbst Feinde deduzieren[273] - der Endeffekt ist
stets derselbe: Der Dichter bekräftigt seine furchtlose Sicherheit, selbst
in bösen Tagen, wenn Feinde mit ihrem עון, ihrer aggressiven Bosheit, ihren
Anschlägen und Komplotten, ihn umzingeln.

4. Nun scheitert die eben dargelegte Deutung spätestens an diesem Wort עון.
Denn עון bezeichnet nie die schlechte Handlung, insofern sie ("transitiv")
an einem andern geschieht und ihm schadet. עון meint vielmehr die schlechte
Handlung insofern sie ("intransitiv") im Täter selbst bleibt und dort den
ganzen Mechanismus des Tun-Ergehen-Zusammenhangs in Gang setzt (vgl. z.B.
Spr 5,22; Hi 31,28). Der עון eines Menschen könnte andern also höchstens
indirekt schaden, wenn die "Schuld" nicht gesühnt wird oder überhand nimmt
(vgl. etwa Gen 19,15). Deshalb ist DUHM Recht zu geben, wenn er bemerkt:
"Was nun die Schuld, עון, eines andern mit meiner Furcht zu tun hat, das
ist, wenigstens in diesem Zusammenhang, nicht einzusehen" (201), zumal das
restliche Gedicht "gar nicht von Angriffen auf den Dichter oder seine Ge-
sinnungsgenossen spricht" (aaO 200, ähnlich dann VOLZ 254, PODECHARD 10
und, mit weniger Ueberzeugung, CALES 275[274].

---

273. So steht etwa nach LUTHER (Revisionsprotokoll 49) "'calcanei' pro con-
culcantibus per synechdochen".
    Klassisch ist aber die Deutung von עֲקֵבַי als genetivus objectivus,
d.h. "τὸ עון accipitur passive, pro injuria, non quam ipsi calcanei
aliis inferunt, sed quae calcaneis infertur ab hostibus" (POLUS 815).
Damit steht auch fest, dass diese "hinterlistige, von rückwärts nach-
stellende Bosheit" (SCHEGG 33, ähnlich LESETRE 233), "quae mordet calcaneum" (BUGENHAGEN 118, der hier zwecks Erfüllung von Gen 3,15 an die
Ferse Christi und der Christen denkt), notwendig ein nicht genanntes
feindseliges Subjekt haben muss. Auch wenn man wie DELITZSCH (336) denkt,
hier werde "der genetiven Verbindung Unmögliches zugemuthet", sollte
man es nicht unterlassen, die vielseitige Verwendbarkeit dieser Lösung
zu bestaunen: MANNATI (138) etwa schreibt: "La malice qui s'attache
aux talons, cette formule reste obscure, certes, mais rejoint celle de
Ps 89,52 et 41, 10b: il s'agit de pratiques magiques ('malice' est le
mot hébreu traduit ailleurs par 'néant') qui tendent à supplanter
quelqu'un (visent ses talons)." Und CERONETTI (90) nimmt diesen Faden
gierig auf: "La malia stringe, non i calcagni periferici, ma il centro
dell'uomo, i suoi genitali. Il testo è di solito corretto dagli inter-
preti, ma diventa chiaro (anche se non incastra col resto, è un ver-
setto naufrago) se si vede in 'aqevai' un eufemismo (come coscia, gamba,
piedi). In Geremia 13,22: 'I tuoi calcagni sono stati violati.'"
    Bei J.D. MICHAELIS (Varianten 156) führt die Idee eines "objektiven"
עֲקֵבַי zur Frage, ob man nicht besser עֲקֵבַי עֹוֵן punktieren sollte: "der
auf meine Fersen (d.h. auf meine Tritte) lauert, umgiebt mich von allen
Seiten."

274. "Le psalmiste ne se plaint nulle part d'être persécuté par les riches.
- A moins précisément qu'il l'insinue ici-même. Tout ce qu'on peut
affirmer, c'est qu'il n'y insiste pas dans le psaume, que ce n'est pas
cela qu'il tient à mettre en relief." Aus demselben Befund zieht PLOEG

Die Erkenntnis, dass in v.6 aggressive Feinde nicht zu finden sind,
führt allerdings nur ausnahmsweise (z.B. SCHULZ 29f, vgl. unten Anm. 287)
zum MT zurück, meist ermuntert sie nur zu andersartigen Konjekturen[275].
5. Um v.6 einen "passenden" Sinn zu finden, kann man nämlich statt von
למה auch von חדתי (v.5) ausgehen. Dieses Wort taucht den ganzen folgenden Satz sogleich in eine metaphysische Ambiance, in welcher für gewöhnlich Unschuldige und Tugendhafte nicht mehr in der Verfolgung klagen
und schreien, sondern in der Anfechtung grübeln und Welträtsel wälzen.

Wie in der vorigen Lösung enthält der Vers so durchaus noch böse
Leute, nur sind es nicht mehr angriffslustige Feinde, sondern, auf diesen
Unterschied wird grosser Wert gelegt, bloss reiche, geniesserische, fleg-
matische Frevler. Diese werden, wie in der vorigen Lösung, bald in רע (z.B.
KITTEL 197; PODECHARD 10), bald in עקבי[276], und bald implizit hinter ihrem
Reichtum geortet (vgl. etwa BIRKELAND, Feinde 275ff[277]).

---

(146) bereits wieder die gegenteiligen Folgerungen: "Il est remarquable
que seul le v.6 fait comprendre qu'il s'agit d'adversaires; dans le
reste du Psaume il n'est plus question de cette particularité et dans
les vv.17-21 elle semble avoir disparu de l'horizon."

275. Noch recht nahe an der obigen Erklärung bleiben dabei BRUNO und SCHMIDT:
BRUNO (238) korrigiert עון in עני und übersetzt: "wenn Not mir auf
den Fersen ist" (236). Bei SCHMIDT (94) wird עקבי עון zur Gottesbezeichnung יעקב גאון/עליון oder ähnlich "jedenfalls muss der Satz den
Grund für die Furchtlosigkeit angeben." Mit diesem Satz zerstreut der
Psalmist "das Bedenken, das er sich - schon im Begriffe, zur Sache
zu kommen - macht, ob er sich nicht fürchten müsse an Unglückstagen,
d.h. doch wohl, ob es nicht vielleicht vorsichtiger sei, zu schweigen."
(95)

276. Der Ausdruck wird wiederum als Adjektiv oder als Substantiv der Form
עקב gedeutet und bezeichnet - wie bei den vorsichtigeren unter den
oben Anm. 272 genannten Exegeten - stets "ceux qui reussissent par
la ruse et sans aucun scrupule sur le choix des moyens" (PODECHARD K
II 196).
    Wegen des Possessivsuffixes von עקבי ist allerdings die Angriffs-
lust dieser "Arglistigen" (BAETHGEN 138, WUTZ 124 u.a.), die keine
"Widersacher" sein dürfen, schwer zu unterdrücken und die Erklärer
geraten bisweilen in gefährliche Nähe der von ihnen feierlich zurück-
gewiesenen "Feind-Deutung": "Le mauvais riche...est un être non seulement égoiste, mais de plus malfaisant" (PANNIER 287), und der Psalmist
ist "a potential victim of hostile wealth" (SABOURIN 374), "but, as
there is no hint that he is actually the victim of their injustice,
we should probably read the plural without suffix or singular in
collective sense" (KISSANE 215). So wird bisweilen das Possessivsuffix
wegerklärt - das י ist dann Dittographie (z.B. PODECHARD 10, MAILLOT
293) oder "abgekürzter Plural...vielleicht auch alte Pluralform"
(VOLZ 254, ähnlich DUHM 201 u.a.).

277. Dass sich hinter dem Reichtum tatsächlich Frevler verbergen, schliesst
BIRKELAND (276) aus zwei Prämissen: "...erstens muss der Reiche hier

Sind die Bösen einmal gefunden, gilt es noch, Hinweise auf ihren Reichtum und ihr Wohlergehen zu suchen. Bisweilen sieht man welche in בימי,
den "Triumphtagen" (vgl. KITTEL 197, PODECHARD 10), oder in עוז, ihrer
einträglichen Sünde (BAETHGEN 138 u.a.). Meistens aber sichert man sich den
Reichtum, indem man עוז in אוז oder הוז korrigiert (HOUBIGANT 63 und viele
andere nach ihm[278]).

Versteht man schliesslich ירא als "erschüttert werden im Glauben und
an allem Glück verzweifeln" (KOENIG 593), so scheint man endlich das lang-
ersehnte "Rätsel vom Wohlergehen der Gottlosen" vor sich zu haben: "Wozu
soll ich verzweifeln in bösen Tagen/ in den Tagen des Frevlers, wenn die
Schuld/ der Reichtum des Arglistigen mich umgibt."

Diesen Satz kann man nun aber drehen und wenden wie man will, stets
stört die Vertrauensäusserung למה אירא das Rätsel ganz empfindlich[279].
Daran könnte höchstens die an Ps 73,3 angelehnte Korrektur von אירא in ארא
(BAETHGEN 139, u.a.) etwas ändern, wenn sie irgendwie zu begründen wäre...

Zum erstrebten Rätsel kommt man nur, wenn man den Vers seiner "ganz
persönlichen, religiösen Stimmung" (MUNCH 44, ähnlich GUNKEL 211) entledigt.
Das führt dann sehr schnell zu Sätzen, die mit dem überlieferten Text nur
mehr das למה gemeinsam haben: לָמָּה תִרְאֶה בִמְתֵי רַע עֲקֵבֵי עֲקֹבֶי סוֹבָאִים (GUNKEL 211,
mit Hinweis auf Ex 32,17 und Spr 23,17; 24,1; Sir 9,11) oder gar לָמָּה אֶתְחַר
בִַּמְרֵעִים וַאֲקַנֵּא שְׁלוֹם רְשָׁעִים (CHEYNE 219 mit Hinweis auf Ps 37,1.7; Spr 3,31;
24,19). Ganz offensichtlich ist also das rätselhafte Wohlergehen der Frevler dem Vers noch fremder als deren bedrängende Angriffe.

---

wohl derselbe sein wie in Ps 73 und 37, wo er ausdrücklich raša͑[c] usw.
benannt wird, nach unserer Auffassung also der fremde Oberherrscher. Zu
einer speziellen Deutung für unseren Psalm liegt kein Grund vor...
Zweitens haben wir zwei Verse, 6 und 16, wo der Beter sein persönliches
Schicksal behandelt...In V.6 muss, wie auch der Text zu verstehen sein
mag, liegen, dass eben die im Folgenden genannten Reichen den Beter
umstellen..."

278. Bei HOUBIGANT (63) ist die "scriptio mendosa" עון עֲקֹבֵי יסבני über
     אוז עקב כי יסבני aus dem ursprünglichen יסבני עקב כי אוז entstan-
     den. WUTZ (124) stellt zur Auswahl שיז "Glück, Zufriedenheit" oder
     "vielleicht einfacher שאנן=שנן=עון Sorglosigkeit".

279. Beinhaltet der Satz "die Sorge um den Fortbestand der sittlichen Welt-
     ordnung, wie sie Kleinglauben eignet" (KESSLER 109), so ist das gläu-
     bige למה אירא völlig deplaziert; ist es "der Kampf seines eigenen
     Innern, den der Sänger singt" (THOLUCK 241), so ist die Versuchung
     zur Nachahmung der Bösen ganz unsachgemäss formuliert (אירא !); will
     er "die Betrachtung selbst...sofort mit dem beruhigenden Resultat
     derselben" beginnen (HUPFELD 661, ähnlich WETTE 340f), so ist das zu-
     mindest eine seltsame Art, ein Rätsel darzulegen...

6. Um all den Fallen und Sackgassen der eben dargelegten Auslegungen auszuweichen, scheint es mir an der Zeit, den überlieferten Text selbst zu
Wort kommen zu lassen ohne ihm gleich über den Mund zu fahren, um ihm vor-
zuschreiben, was er sagen müsse.

   Erst nachdem man v.6 unkorrigiert angehört hat, sollte man entscheiden,
ob er dem Dichter selbst in den Mund passt und ob er ein Rätsel enthalte
oder nicht.

5.1.2. Die Furchtlosigkeit der Schuldigen

1. Der Ausdruck למה אירא ist im AT nur hier zu finden. Er erinnert aber
   stark an das לא אירא von Ps 3,7; 23,4; 56,5.12; 118,6 und 46,3 (נירא).
In diesen Passagen steht der Psalmist mitten in höchster Not - er ist von
tausenden von Feinden umringt (Ps 3,7; 56,5.12, 118,10f), muss eine finstere Schlucht durchqueren (23,4) oder sieht bei bebender Erde die Berge ins
Meer stürzen (46,3) - und doch zweifelt er nicht am Beistand JHWHs. "Ja,
das Vertrauen steigert sich bis zum Tone einer fröhlichen und sicheren Gewissheit, die nicht eigentlich mehr um das Erhoffte zu bitten braucht und
deshalb die Form des Gebetes, die Anrede der Gottheit, aufgibt." (GUNKEL,
Einleitung 232f)

   Die Gewissheit, die in der Formel לא אירא liegt, wird bisweilen noch
gesteigert: in Ps 56,5.12; 118,6 durch eine beigefügte Frage (מה יעשה
בשר/אדם לי), in Ps 27,1 dadurch, dass der Ausdruck selbst in Frageform
erscheint: ממי אירא ממי אפחד.

   Genau diese gesteigerte Heilsgewissheit scheint mir nun an unserer
Stelle ausgedrückt. Das למה pflegt sonst vor einer 1. Person Imperfekt
eine Handlung als ganz sinnlose und leicht vermeidbare hinzustellen (vgl.
Gen 27,45; 47,15; 1 Sam 19,17; Hld 1,7). Ganz ähnlich zeigt es auch hier an,
dass der Sprecher die Furcht nicht nur faktisch nicht kennt, sondern sie
auch für völlig unangebracht und sinnlos hielte: "Wozu sollte ich mich denn
fürchten?"[280]
2. Diese furchtlose Heilsgewissheit erscheint wie an den andern Psalmstellen
   gerade in der Not, בימי רע. Dieser Ausdruck bezeichnet recht unbestimmt
und allgemein eine schwere Zeit (vgl. עת רעה Ps 37,19; Qoh 9,12; Jer 11,12).

---

280. Ein klagendes למה ("Wozu muss ich mich fürchten, wie es faktisch der
     Fall ist?"), das die Feindhypothese automatisch annimmt (vgl. oben
     5.1.13) scheint mir in der Konstruktion למה אירא zwar nicht von vorn-
     herein unmöglich (auch in Ps 42,10; 43,2 wird nach dem Sinn eines Ge-
     mütszustandes, nicht von dessen objektiver Ursache, gefragt), aber an-
     gesichts der angeführten Parallelen äusserst unwahrscheinlich.

Er kommt sonst nur in Ps 94,13 vor (להשקיט לו מימי רע) im Zusammenhang mit
brutalen Frevlern. In leicht abgewandelter Form meint er das Alter (Qoh 12,1:
עד אשר לא-יבאו ימי הרעה), die Armut (Spr 15,15: כל ימי עני רעים) oder allgemein ein hartes Leben (Gen 47,9: מעט ורעים היו ימי שני חיי). Häufiger
ist die Singularform יום רעה (Am 6,3 יום רע), die, anders als der durative
Plural, vornehmlich (anders Qoh 7,14) eine jähe, katastrophale Vernichtung
bezeichnet (Ps 27,5; 41,2; Spr 16,4; Am 6,3; Jer 17,17f; 51,2), doch auch
hier im Allgemeinen bleibt.

בימי רע vermag also bestimmt nichts Konkretes über die in v.6 vorausgesetzte Situation auszusagen, und man darf erwarten, dass der folgende
Halbvers diesen vagen Ausdruck präzisieren wird.

3. Schon das יסובני (für יְסָבֻּנִי) weist in diese Richtung: Im Psalter dient
סבב Qal meist (Ps 17,11; 18,6; 22,13.17; 88,18; 109,3; anders 48,13;
71,21; 114,3ff) zur Ausmalung bedrängender Situationen - zumal in Ps 118,10ff
wo durch viermalige Wiederholung des Verbes die Notsituation evoziert wird,
in welcher sich das furchtlose Vertrauen des Psalmisten bewährt (לא אירא
118,6).

Man muss also diesen präzisierenden Stichos durch ein mitzuhörendes
Zeitadverb dem למה אירא unterordnen, was die meisten Kommentatoren tun,
und was auch nicht sonderlich auffällig ist, denn "für unser Ohr sind solche
lose Nebeneinanderstellungen hart, für den Hebräer nicht" (SCHEGG 33).
4. Was nun den Sprecher bedrohlich umringt, ist die Schuld seiner Fersen.

Ich vermag nicht einzusehen, weshalb dieser Ausdruck so sinnlos und
anstössig sein soll, wie man das immer wieder beklagt hat:

Warum soll Schuld den Menschen nicht wie Krieger oder Jäger umzingeln
und einschliessen können, wenn sie schon dem Menschen entgegengehen (1 Sam
28,10), ihn in der Verfolgung einholen (Ps 40,13), treffen (2 Kön 7,9),
straucheln lassen (Hos 5,5; 14,2; Ps 31,11), überwältigen (Ps 65,4), in die
Hand nehmen (Is 64,6) und fangen (Spr 5,22) kann, um dann wieder von ihm
zu weichen (Is 6,7) oder zertreten zu werden (Mi 7,19)[281].

Auch dass diese Schuld den Fersen angelastet wird, scheint mir kein
Grund zur Verzweiflung[282]. Denn im AT wird Schuld nicht nur durch deren
Subjekt (z.B. "die Schuld der Väter" Ex 20,5 u.ö.) oder Objekt ("die Ver-

---

281. Andere Bilder sind nicht der Jagd oder dem Krieg entnommen: Die Schuld
     trägt den Menschen fort wie der Wind (Is 64,5), bedroht ihn wie eine
     fallende Mauer (Is 30,13), steigt ihm wie Wasser über den Kopf (Ps 38,5;
     Esr 9,6; vgl. aber Ps 88,18 סבוני כמים).

282. Zumal die wenigen Exegeten, welche ihre kategorische Verurteilung des
     Ausdruckes עון עקבי zu begründen suchen, nicht gerade umwerfende
     Entdeckungen machen: HITZIG (269) z.B. findet es unmöglich, bei der

schuldung am Heiligtum" Num 18,1 u.ö.), sondern bisweilen auch durch deren
Umstände spezifiziert: so redet man von עון הקדשים (Ex 28,38: die Schuld,
die den Opfergaben anhaftet), עון פער (Jos 22,17: die Schuld, die am Peor
begangen wurde), עונות נעורי (Hi 13,26: die Schuld, die ich in meiner Ju-
gend auf mich lud), ... עון אשר ידע כי (1 Sam 3,13: die Schuld, die darin
bestand, dass...), עון קץ (Ez 21,30.34; 35,5: die "'Schuld', die das Ende
nach sich zieht, und 'Strafe', die nun am Ende sich vollzieht" [ZIMMERLI,
Ezechiel 493]), עון בצעו (Is 57,17: die Schuld, die zu seinem Profit führt
oder in ihm besteht), עון חטאתי (Ps 32,5: die Schuld, die sich aus meiner
Sünde ergibt). Eine solche Umstandsbestimmung scheint mir auch hier vorzuliegen.

Der Plural von עקב bezeichnet die Spur oder den zurückgelegten Weg,
wie dies in Ps 77,20 (die unsichtbare Spur Gottes, parallel zů שביל und
דרך), Ps 89,22 (die geschmähte Spur des Gesalbten, sein Weg und Schicksal),
Hld 1,8 (die Spur der Schafe, denen die Geliebte nachspürt) und vielleicht
auch Ps 56,7 (die "Spur", der Weg, den die Feinde beobachten) der Fall ist.
עקבי wäre demnach eine Bezeichnung des Lebensweges[283].

עון עקבי, "die Schuld meiner Spur" (vgl. SYM: η ανομια των ιχνεων
μου) ist also die Schuld, die ich in meiner Vergangenheit auf mich geladen
habe (vgl. Jos 22,17; Hi 13,26), die sich aus meinem Lebenswandel ergibt
(vgl. Ps 32,5) und die meinem Lebensweg anhaftet (vgl. Ex 28,38)[284].

> Ferse von "umgeben" zu reden, "wo der Vorderfuss frei bleibt". HOUBI-
> GANT (63) zweifelt nicht an der Korrekturbedürftigkeit des MT, "nam
> hodiernam scripturam non bonam esse vel id declarat, quod iniquitas
> attribuitur quidem in codicibus cordi, linguae, manibus, cogitationi,
> gressibus, nusquam autem calcaneo." Wenn sich jede dieser Zuordnungen
> belegen liesse (vgl. aber immerhin חטאת נפשי Mi 6,7 und חטאת פימו
> Ps 59,13), so wäre m.E. an der Richtigkeit des MT erst recht nicht
> mehr zu zweifeln!

283. Diese Deutung der Fersen als Lebensweg findet sich zu verschiedenen
Zeiten wieder: Schon bei Ps-ORIGENES (1444) steht der Satz: "" Ημεραν
πονηραν την ημεραν λεγει της κρισεως και πτερναν την οδον
και τον βιον. ", was auch THEODORET (1221) erwähnt: την γαρ πτερναν ενιοι μεν του βιου την οδον προσηγορευσαν. " Aehnlich
denkt NIKLAUS VON LYRA (783): "... hoc habebo timere in iudicio, si
iniquitas circumdet me, sicut mete involvens avem captam vel bestiam
et ideo dicit calcanei mei, id est operis mei, quia calcaneum facit
vestigium in pulvere: opera autem hominum aliquando vocantur in scrip-
tura vestigia eorum." AMAMA (281) schliesslich weist auf die verbale
Parallelvorstellung: "Calcaneus meus pro gressu, gressus pro actione
vel vita; sic ingredi, ambulare pro vivere." Aehnlich schon DIODOR
VON TARSUS (293):'Πτερναν' την οδον καλει απο του τη πτερνη
τριβειν την οδον· οδον δε την πραξιν καλει.

284. עון עקבי lässt sich, bei etwa gleichbleibendem Sinn, auch etwas anders
deuten. SACHS (71) etwa sieht hier wie in Ps 44,16 "eine Art Attraktion.

5. Damit ist nun der "böse Tag" klar genug umschrieben: er besteht darin,
dass die Schuld, die der Sprecher auf seinem vergangenen Lebensweg
liegen hat, ja die die einzige verbleibende Spur seines Lebens darstellt
(vgl. dagegen Weish 5,9-13!), nun plötzlich nach ihrer Art - als "Anstoss
zur Strafe" (R. KNIERIM, in: JENNI, Handwörterbuch II 244) - wirksam wird
und sein Leben bedroht (vgl. etwa Jer 31,30; Ez 3,18f = 33,8; 7,13; 18,18
u.o.), "quemadmodum solet contingere peccatori, ut extrema eius scelerato
fine claudantur" (CASSIODOR 434)[285].

Damit stellt sich aber die dringende Frage, wer sich denn hier zu Wort
meldet. V.6a passt scheinbar nur in den Mund eines tiefgläubigen JHWH-An-
hängers - und v.6b kann nur von einem abgebrühten Frevler gesprochen sein[286].

Der st.constr. zieht die logisch ferneren Begriffe zusammen, und da der
eigentliche Objektsakkusativ zum Genetiv geworden, ist dem Verbo das
Suffixum angehängt..."
Vielleicht unter dem Einfluss von Gen 49,19 scheint LUZZATTO
(210) עקב als Bezeichnung des unmittelbar, dicht auf den Fersen Folgenden zu verstehen (vgl. עָקֵב): הבא אחרי (המות ,העונש) העון. עון עקבי
ובעגבותי. Sicher unter dem Eindruck des TARG, der seine Uebersetzung
(בסופי)vielleicht auf Jos 8,19 stützte, meint QIMHI (344): ואמר עקבי
בלומר לסוף מעשי ימצאני עון ולפי שהעקב הוא סוף כל הגוף נקרא סוף כל דבר עקב
Auch EERDMANS (262) deutet die Fersen als Spuren des Menschen, über-
treibt dann aber etwas, wenn er mit Hinweis auf Ps 89,52 behauptet,
dass "the footprints were regarded as part of himself". Zur Begründung
fügt er bei: "Foot of holy and famous men were and are objects of ve-
neration. The footprints of the Buddha are still revered. The purport
of the long trailing dresses, worn by women in Lybia, originally was
to erase their footprints in the sand."

285. Diesen Sinn haben zwar mehrere Exegeten sehr rasch gefunden, doch ebenso rasch wieder verworfen: "Apparently this means, when his own false
steps and errors of conduct surround him and threaten to prove his
ruin. But apart from the strangeness of the expression, this meaning
does not suit the context." (KIRKPATRICK 270, ähnlich BRIGGS 407 u.a.)

286. In der Tradition finden sich verschiedene Lösungen dieses Dilemmas,
die es alle erlauben, den ganzen Vers dem frommen Psalmisten selbst
in den Mund zu legen.
Nach der einen Lösung ist v.6 sozusagen ein "kasuistisches Ver-
trauenslied": "Was sollte ich mich in bösen Tagen fürchten, es sei
denn, die Schuld meiner Fersen schlösse mich ein." (vgl. etwa TARG,
QIMHI 344, NIKLAUS VON LYRA 783 u.a.)
Eine andere Lösung bietet denselben Gedankengang im Katechismus-
stil: Frage: "Unter welchen Umständen muss ich mich fürchten in bösen
Tagen?" Antwort: "Wenn die Schuld meiner Fersen mich umringt." (vgl.
etwa THEODORET 1221, RASHI 47 u.a.)
Nach einer andern Lösung fragt sich der Psalmist - offenbar um
eine entsprechende Versuchung zu bekämpfen - weshalb er aus Angst vor
dem Alter (ימי הרעה Qoh 12,1) Geld zusammenraffen und so Schuld auf
sich laden sollte. (vgl. etwa YEFET BEN ELI, IBN ESRA, MEIRI 100)
Diese Lösungsversuche scheinen mir schon deshalb schwer vertretbar, weil sie entweder der Bedeutung von למה kaum gerecht werden

5.1.3. V.6 als Zitat

1. Dieser in sich scheinbar so widersprüchliche v.6 wird nun aber mit einem Schlag verständlich, wenn man ihn als Zitat eines Frevlers versteht. Ich schlage deshalb vor, v.6 den in v.7 genannten Leuten in den Mund zu legen[287]. So verstanden drückt v.6 genau das Verhalten aus, das Sir 5,4 beim selbstbewussten Reichen (Sir 5,1.8!) kritisiert:

> "Sage nicht: 'Ich habe gesündigt und was dann?
> Hat er/es mir irgend etwas gemacht?
> Denn Gott ist langmütig!'
> Sage nicht: 'Der Herr ist barmherzig,
> deshalb wird er all meine Schuld wegwischen!'"

(zweite Lösung) oder zwischen beiden Stichos zuviel Unausgesprochenes annehmen (erste Lösung: "ausser wenn", dritte Lösung: "sodass ich durch angstbedingtes Geldraffen").

287. Damit folge ich der Lösung von SACHS (70): "Dieses Vertrauen [scil. der Gottlosen] auf irdisches Gut wird im sechsten Verse als Formel, wie sie jenen machtstrotzigen Reichen wohl in den Mund gelegt werden kann, ausgesprochen: 'Wozu brauche ich mich in böser Zeit zu fürchten? Soll ich Strafe meiner Sünden fürchten? - Ich habe mich ja gegen alles verwehrt! - Dieser letzte, nicht ausgesprochene Zusatz ergibt sich aus dem gleich folgenden Verse...".
Just dieser Lösung, der schon nach WETTE (341) "kein schicklicher Sinn" zukäme, wusste BOETTCHER (Inferi 193) nichts anderes vorzuwerfen, als dass durch sie "nihil sani exprimatur, quod cum insequenti (=7) הבטחים jungi possit...". Dabei vermag doch gerade sie den Zusammenhang von v.6 und v.7 am natürlichsten herzustellen.
Auch TORCZYNER (53) versteht v.6 als Zitat und verteidigt ausnahmsweise einmal den MT mit Hinweis auf Ps 44,16 "gegen allerlei Emendationsversuche". Freilich ist v.6 bei ihm nur eine Zeile im Gesamt der "Ansichten der Gegner", die im Urtext "der Widerlegung durch den Dichter in einer eigenen Strophe gegenüberstanden und...jetzt aus dem Chaos der Verse 6-13, das wir der Unaufmerksamkeit des Kopisten verdanken, erst herausgeschält werden" müssen (aaO 50). (Die "herausgeschälte" Strophe umfasst die v.6+7+12+10+14!)
Für eine ähnliche Lösung entscheidet sich sonst nur noch SCHULZ (Psalmenfragen 30): "Der Weltmensch, mit dem sich der Dichter auseinandersetzen will, hat eine ähnliche Gesinnung wie der Reiche von Lk 12,19. Er meint keinen Grund zur Beunruhigung zu haben: er schwimmt ja im Ueberfluss. Er ist umgeben von dem, was ihm seine Schiebereien eingebracht haben." Kaum möglich ist es allerdings, עון עקבי als "das, was ihm seine Betrügereien eingebracht haben" zu verstehen. Inkonsequent ist zudem SCHULZ'Annahme, die "Weltmenschen" hätten - offenbar in einem letzten Rest von Furcht - dem Psalmisten die Frage v.6 als "Rätselspruch" zur Lösung vorgelegt. Was gibt es in v.6 schon zu erraten oder zu beantworten, wenn man die Zeile verstanden hat? V.6 ist ganz deutlich ein fingiertes Zitat, das der Dichter den Leuten von v.7 in den Mund legt, um ihre Gesinnung zu entlarven (vgl. KEEL, Feinde 179-181).

An unserer Stelle freilich erwähnen die selbstbewussten Sünder Gott nicht.
Sie machen sich nicht einmal mehr Gedanken über seine Barmherzigkeit, sondern setzen diese - was noch schlimmer und gotteslästerlicher ist - einfach
stillschweigend voraus, indem sie ganz selbstverständlich die Vertrauensäusserung למה אירא im Munde führen.

Diese Formel, die sonst nur im Munde von JHWH speziell verbundenen
Betern, die alles nur von ihrem Gott erwarten, zu finden ist, unterstreicht
in dieser Deutung das masslose Selbstvertrauen und die anmassende Ueberheblichkeit dieser Leute sehr stark und passt somit ausgezeichnet zu ihrer
Charakterisierung in v.7.

2. Dass v.6 im Text nicht als Zitat gekennzeichnet ist, scheint mir kein
    unüberwindliches Hindernis für die vorgeschlagene Lösung. Zitate ohne
Einleitungsformel sind auch sonst belegt[288]. Gerade in streng gebauten
Texten ist das Fehlen einer Ein- oder Ausleitungsformel nicht erstaunlich
und in Ps 49 übrigens auch nicht sonderlich unangenehm. Da nämlich v.6
durch seine Stellung am Anfang der Strophe eine Art Gegenstück zum Credo
von v.16 bildet, kann er schon so als zitiertes "Gegencredo" erkennbar
werden.

3. Schliesslich wird, wenn v.6 Zitat der Leute von v.7 ist, auch der stets
    als schwierig empfundene Uebergang zwischen den beiden Versen - zwar
nicht weniger abrupt, aber doch in seiner Abruptheit erträglicher.

   Man ist nun nicht mehr gezwungen, unter Annahme einer ganz unhebräi-
schen Satzperiode, הבטחים als Objekt zu למה אירא zu betrachten (z.B. SAADYA,
vgl. EWALD, Sprachgelehrte 39, u.a.) oder aber als Relativsatz, bzw. Apposition zu den feindlichen עקבי (z.B. GEIER 722 und später viele andere mit
einem immer wiederkehrenden Hinweis auf GESENIUS, Grammatik § 126 b, mit
dem man wohl 138 i meinte). Man muss auch nicht mehr v.7 vom - dann ganz
isolierten - v.6 losreissen, um ihn als "logisches Subjekt zum folgenden"
(EHRLICH 110) oder als Anrede der Bösen (MEIRI 100, wohl schon THEODORET
1224) mit v.8 zu verbinden.

---

288. WOLFF (Zitat 47) gibt dafür die Beispiele Is 22,13; 28,9ff; Hos 9,7;
     Nah 2,9. Besonders auffällig ist die Stelle Mi 2,6ff, wo nach etlichen
     nicht eingeleiteten Zitaten (ישפון führt kein Zitat ein, sondern
     gehört wie לא ישפון in den Mund der aufgebrachten und wild durcheinan-
     derschreienden Zuhörer: "Keifert nicht!" - "Die keifern aber wirklich!"
     - "Die sollen nicht über solche Dinge keifern!") in v.8 ohne weiteres
     die Antwort des Propheten einsetzt.
         Unserer Stelle am nächsten kommt aber Jer 49,4, wo ein nicht ein-
     geleitetes Zitat das durch finites הלל und בטח - Partizip umschrie-
     bene Vertrauen verbalisiert.

Man kann nun v.7 als selbständigen Hauptsatz ansehen, der (ähnlich wie
v.17) die praktische Konsequenz des Zitates erläutert ("Sie verharren im
Vertrauen auf ihr Vermögen..."). Man kann aber auch dem Artikel von הבטחים
eine demonstrative Bedeutung geben (vgl. GESENIUS, Grammatik § 126 b) und
in Anlehnung an Ps 73,12 (הנה-אלה רשעים) übersetzen: "Das sind die, die
ihrem Vermögen trauen...". Man kann sich schliesslich auch vor הבטחים ein
יאמרו hinzudenken ("...sagen die, die auf ihr Vermögen vertrauen...", vgl.
SCHULZ, Psalmenfragen 20)[289].

5.1.4. Die Absurdität der todlosen Welt

1. Nach ihrer erschöpfenden Jagd auf Feinde und Sünder in v.6 wissen die
Kommentatoren zu v.7 im allgemeinen kaum etwas zu sagen[290]. Deshalb
begnügen sie sich meist damit, mit stets wiederkehrendem Hinweis auf GE-
SENIUS, Grammatik § 116 x, den "Absprung von der Partic.-Konstr. ins Verb.
fin." (HUPFELD 661) festzustellen und den Vers kurz nachzuerzählen.

Diese einhellige Ratlosigkeit ist nicht zufällig. V.7 gehört (mit v.17f)
zu jenen seltenen Zeilen des Psalmes, die so klar sind, dass sie auf dem
dunklen Hintergrund des restlichen Textes leicht nichssagend wirken.

2. Der Vers enthält ein bekanntes Motiv der weisheitlichen und prophetischen Schriften. Wiederholt redet das AT vom ausschliesslichen Vertrauen
auf Reichtum (Ps 52,9; 62,11; Hi 22,24; Spr 11,28; 18,11; Sir 5,1ff; Jer
9,22; 48,7; 49,4; Ez 28,4f u.a.) und andere menschliche Grössen[291]. In seiner Ausschliesslichkeit besagt dieses Vertrauen jeweils automatisch eine Ab-
sage an JHWH[292].

---

289. Auch einige Kommentatoren, die v.6 nicht als Zitat verstehen, greifen
zu Ergänzungen, die mir aber viel weniger auf der Hand zu liegen
scheinen. SCHMIDT (94) findet es "am einfachsten", am Anfang הוו
zu ergänzen, wie es schon der TARG tat. LUZZATTO (210) denkt sich in
Anlehnung an Ps 1,4 gar ein לא כן hinzu.
Zum Numeruswechsel zwischen v.6 und v.7 vgl. unten Anm. 381.

290. So findet man etwa bei DAHOOD (298) als einzige Bemerkung zu v.7 den
Satz "Note the superb example of chiasm: A+B // B+A." Andere verlieren
sich in allgemeinen Erwägungen, die mehr Licht werfen auf die Gesinnung der Exegeten als auf den Sinn des Textes: "Was eigentlich
die Verwirrung in das Innere des Menschen bringt, ist weit weniger
die Ungleichheit der Vertheilung irdischer Güter als der ungestrafte
Missbrauch derselben in den Händen ihrer Besitzer, die Unterdrückung
der Armen und Machtlosen." (SCHEGG 34)

291. Menschen: Ps 118,8f; 146,3; Jer 9,3; 17,5; 42,25; Mi 7,5; militäri-
sches Potential: Ps 20,8; 33,16; 147,10f; Dtn 28,52; Is 31,1; Jer
5,17; Hos 10,13; eigene Weisheit: Spr 28,26; 35,7; Is 10,13; eigene
Kraft: Dtn 8,17; Hab 1,11 usw.

292. Auch in ägyptischen Weisheitstexten kommt dieses Motiv ansatzweise vor;
so z.B. in der Lehre des Amenemope (VII 9/10): "Hänge dein Herz nicht

Wer sich allerdings dieser Fehlhaltung schuldig macht (Feinde des Individuums, reiche Ausbeuter, ängstliche Politiker, ausländische Potentaten,
wohlhabende Gläubige, überhebliche Intellektuelle) sagt immer nur der Kontext. Aus den zahlreichen Parallelstellen erhalten wir also keine Auskunft
über die nähere Identität der selbstsicheren Leute von v.7.

Gleichzeitig ist nun aber mit dem Ausscheiden der aggressiven Feinde
oder betrügerischen Bösewichte aus v.6 auch unser hiesiger Kontext diesbezüglich nicht mehr sehr redselig. Aus ihm erfahren wir nur, dass die Leute
von v.7 schwere Sünder sind.

Schliesslich ist auch das Vokabular von v.7 so abgegriffen und vage,
dass eine präzise Wortanalyse hier kaum weiterhilft. Sie ergibt nur, dass
sich diese Sünder auf ihren beträchtlichen Reichtum, als der Quelle und der
Frucht ihrer Kraft[293] absolut verlassen, und dass dieses Vertrauen für sie

---

an Schätze: es gibt keinen, der Bestimmung und Geschick kennt! Wirf
dein Herz nicht hinter Aeusserlichkeiten her: jedermann hat seine
(ihm bestimmte) Stunde." (zit. nach BEYERLIN, Textbuch 80, vgl. PRIT-
CHARD, Texts 422) Auch der "beredte Bauer" schleudert dem Beamten entgegen: "Sei du nicht hochfahrend, weil du stark bist, dass nicht einst
das Böse (auch) zu dir komme." (4.Klage, zit. nach ERMAN, Literatur
169, vgl. GARDINER, Peasant 16) Ebenso steht in den "Sprüchen des
Ptah-hotep" die Mahnung: "Sei nicht stolz auf dein Wissen und vertraue
nicht darauf, dass du ein Gelehrter bist." (zit. nach ERMAN, aaO 88,
vgl. PRITCHARD, Texts 412). Dass wohl auch in der ägyptischen Weisheit
das Vertrauen auf irdische Güter das Verhältnis zur Gottheit belastet,
zeigt vielleicht das "Gebet an Amon im Gericht" (PAPYRUS ANASTASI II,
8,5f, zit. nach ERMAN aaO 381): "... ich habe nicht mein ...unter die
Kraft eines Menschen gesetzt - mein Herr ist (mein) Beschützer." Hierzu
gehört vielleicht auch der Rat des Ptah-hotep: "Verlasse (?) dich nicht
auf deine Schätze, die dir als Gabe des Gottes zuteil geworden sind."
zit. nach ERMAN aaO 95, anders PRITCHARD, Texts 414)

293. Der Reichtum, עשר , erscheint im AT in gut der Hälfte der Fälle in
einem schiefen Licht. In vielen weisheitlichen Texten führt er den
Menschen in eine Scheinsicherheit, die ihn dann umso schneller und
härter stürzen lässt (Jer 9,22; 17,11; Ps 52,9; Spr 11,28; Qoh 5,12f),
isoliert ihn vom Mitmenschen (Spr 22,1; Qoh 4,8) und führt automatisch
zum Atheismus (Spr 30,8). Zudem ist Reichtum sinnlos: Vielfach ist
er just gut genug, um die bei seinem Erwerb begangenen Sünden auszu-
bügeln (Spr 13,8), vielfach stirbt sein Besitzer, bevor er ihn geniessen konnte (Qoh 6,2). Man muss schon ein Weiser sein, um trotz des
Reichtums nicht zu scheitern (Spr 14,24). Sogar in erzählenden Texten,
die sonst dem Reichtum neutral (Gen 31,16; Est 1,4) oder positiv
(1 Sam 17,25; 1 Kön 10,23; 1 Chr 29,12.28; 2 Chr 9,22; 17,5; 32,27)
gegenüberstehen, finden wir ihn bisweilen am Anfang eines spektakulären Sturzes (Est 5,11; Dan 11,2; 2 Chr 18,1). Etliche Weise wussten
allerdings den Reichtum als relativen Wert zu schätzen (Ps 112,3; Spr
3,16; 8,18; 11,16; 22,4; 1 Kön 3,11ff= 2 Chr 1,11f) oder sich ihn als
solchen zumindest einzureden (Qoh 5,18; cf 6,2).
    Das Wort חיל, das "in allen semitischen Sprachen eine grosse Be-
deutungsbreite" besitzt (H.E. EISING, in: BOTTERWECK Wörterbuch II 903),
muss an unserer Stelle wegen v.11c wohl als strenges Synonym zu עשר

"einen existenzbegründenden Vorgang" (E. GERSTENBERGER, in: JENNI, Handwörterbuch I 303) darstellt[294].

3. Die Charakterisierung der reichen, selbstsicheren Sünder bleibt also wie
mir scheint, eigentümlich knapp, farblos und abstrakt. Weder die Höhe
ihrer Schuld, noch die Schuldhaftigkeit ihres Reichtums, noch die Masslosig-
keit ihrer Ueberhebung werden irgendwie ausgeführt. Offenbar liegt unserem
Text gar nicht daran, konkrete Zustände zu evozieren, wie dies Propheten-
sprüche, Klagelieder oder Lehrreden - wenn auch mit stilisierter, typisie-
render Sprache - tun.

Infolgedessen kann man schon jetzt vermuten, dass der Autor der Erweiterungen (v.6-10 und 16-20) auf dem gleich hohen Abstraktionsniveau
redet wie der Autor des Grundtextes. Hier schüttet kein Leidender sein
Herz aus, hier tröstet kein Seelsorger einen Verzweifelten, hier versucht
kein Schulmeister seinem Zögling ein bestimmtes Verhalten einzubläuen -
hier will wohl ein Denker ganz grundsätzlich zum Problem von Schuld und
Stärke Stellung nehmen - und zwar in Auseinandersetzung mit den Positionen
des Grundpsalmes.

Dieser Antwortcharakter der Erweiterungen muss m.E. in der Auslegung
unbedingt berücksichtigt werden, will man die Intention des Textes und damit seinen Sinn nicht vollständig verfehlen[295].

---

verstanden werden. Seiner Grundbedeutung entsprechend hebt dieses Wort
hier allerdings den mit dem Reichsein gegebenen (qualitativen) Aspekt
der Kraft, der Stärke, der Macht hervor ("Vermögen"), wogegen der Parallelvers eher (quantitativ) Ausmass und Grösse des Reichtums im
Auge hat (רב !)

294. Die Absolutheit und Radikalität dieses Vertrauens ergibt sich daraus,
dass בטח und הלל beide sehr oft Gott zum Bezugspunkt haben.
Allerdings kann בטח auch ganz ohne Emphase verschiedene rein
psychologische Vorgänge menschlichen Vertrauens (Ri 9,26) und Sicher-
seins (Ri 18,7.10.27; Am 6,1; Is 32,9; Spr 28,1) bezeichnen. Doch oft
meint es offenbar, wie an unserer Stelle, ein radikales Vertrauen in
eine Wirklichkeit, die dieses Vertrauen nicht verdient: Befestigungs-
anlagen (Dtn 28,52; Jer 5,17), Bundesgenossen (2 Kön 18,19ff; Jer
48,7; 49,4; Ps 52,9; Spr 11,28), Menschen (Jer 17,5; Mi 7,5; Ps 118,8f;
146,3) Götzen (Is 42,17; Hab 2,18; Ps 115,8; 135,18; vgl. Jer 7,14!),
Lüge und Gewalt (Is 30,12; 59,4; Jer 7,4; 28,15; Ps 62,11).
Aehnlich stehn es mit הלל Hit. Meist ist Gott der Anlass des Ju-
bels, manchmal ist es, ganz unemphatisch, eine menschliche Grösse
(Spr 20,14 ein günstiger Kauf; Spr 31,30 eine gottesfürchtige Frau),
und etliche Male wird, wie an unserer Stelle, über eine ganz unwürdige
Sache "göttlich" gejubelt: über Weisheit, Kraft und Reichtum (Jer 9,22),
Fruchtbarkeit (Jer 49,4 mit בוה), Götzen (Ps 97,7), Lüge (Spr 25,14),
Bosheit (Ps 52,3) oder eine, doch ungewisse, Zukunft (1 Kön 20,11;
Spr 27,1)

295. In der Gesamtkomposition freilich antwortet der Grundpsalm auf die
erste Strophe der Erweiterungen. Wie er das tut, werden wir deshalb

4. Rein für sich genommen ist jedenfalls der Anfang der Strophe v.6-10
nicht weltbewegend: irgendwelche nicht näher umschriebene Leute brüsten
sich in massloser Selbstüberschätzung und werden anschliessend über drei
Zeilen hinweg mit Hinweis auf ihren Tod zurechtgewiesen. Das ist wohl tatsächlich "so trivial wie möglich" (DUHM 204)[296].

Liest man diese Zeilen aber als Antwort auf den Grundpsalm, so gewinnen sie sogleich, als Elemente eines übergreifenden Gedankenganges, mehr
Gewicht und Profil: Im Grundpsalm war zunächst der faktische Tod der Weisen festgestellt worden. Daraus hatte man Schritt für Schritt auf die Zerstörung des Tun-Ergehen-Zusammenhanges, auf die Untätigkeit Gottes und damit auf den Zusammenbruch der Intelligibilität der Wirklichkeit schliessen
müssen. Demgegenüber setzen die Erweiterungen an beim denkbaren Ueberleben
der Sünder, welches seinerseits eine Zerstörung des Tun-Ergehen-Zusammenhangs (v.6) und eine Missachtung Gottes (v.7) einschliesst.

Es geht also nicht, wie beim יומתו חכמים von v.11, um die Fixierung
einer Erfahrungstatsache, sondern um die Anführung einer blossen Möglichkeit. Das Zitat v.6 lädt zu einer Art Gedankenexperiment ein. Nachdem im
Grundpsalm die Sinnlosigkeit der bestehenden Welt statuiert wurde, soll nun
offenbar nach der Sinnhaftigkeit denkbarer Alternativen zu dieser Welt
gefragt werden.

Eine dieser möglichen Welten, die schon am Ende des Grundpsalmes in
den Blick gekommen war, ist die todlose Welt, die Welt, in der die Scheol
"abgetragen" wäre (v.15) und das Sterben aufhörte. Diese Welt wird in v.6f
vorgeführt anhand der Leute, die sie für die wirkliche halten und sie deshalb am besten vertreten.

Sie sind es aber auch, die auch gleich am klarsten die Absurdität dieser möglichen Welt zeigen - genau wie es die sterbenden Weisen für die be-

---

unten (5.3.2) zu bedenken haben. Um dies aber tun zu können, müssen
wir v.6-10 so zu verstehen suchen, wie sie der Autor, unser literargeschichtlichen Hypothese gemäss (vgl. oben 1.4.3) verstanden wissen
wollte: als "These", die, vom Grundpsalm her, so konzipiert ist, dass
dieser Grundpsalm zu ihr eine "Antithese" bildet. Der offensichtliche
Zirkel im Werdegang des Verstehens ist dann zulässig, wenn am Ende
der Auslegung der ganze Text als sinnvolle Einheit verständlich ist.

296. Die wenigen interessanten Bemerkungen zu v.7 stammen von Autoren, die
sich erlaubten, den auszulegenden Text zu vergessen, wie etwa MAILLOT
(296), wenn er den Reichen beschreibt: "Il est sûr de lui. Lui ne se
pose aucun problème, il n'y a pas de pourquoi dans sa bouche et dans
son coeur. Sa richesse répond à tout... Le riche est un homme clos,
muet, imperméable. Son absence d'inquiétude est ambiguë. C'est un
privilège, mais c'est aussi le privilège des morts. Pour le riche,
ni Dieu, nie les autres...n'existent plus réellement."

stehende Welt getan hatten: In der todlosen Welt würde nämlich auch der
Sünder überleben[297]. Damit hätte der Tun-Ergehen-Zusammenhang wiederum
keine universale Gültigkeit - genau wie in der Welt des Todes. Er würde
lediglich von einer andern Seite her durchlöchert: statt dass die Weisen
trotz ihrer Weisheit stürben, würden nun die Sünder trotz ihrer Sünde
leben. Und da sie dann ihr Leben als ihr eigenes Vermögen und ihren persönlichen Erfolg betrachteten, wäre Gott ebensowenig wie in der Welt des
Todes der Fels des Menschen, nicht auf ihn würden sie bauen und nicht ihn
preisen - dies allerdings, nicht weil der unverständliche Tod ihn entstell-
te, sondern weil das selbstverständliche Leben ihn verdeckte.

Der todlosen Welt kämen Sinnlosigkeit und Beliebigkeit zu, so gut wie
der Welt des Todes - allerdings nicht vom Rand und vom Ende der Wirklichkeit her, sondern aus der Mitte des Seins und der Fülle des Lebens.

5.2.   DIE UNSINNIGKEIT DIESER IDEE (v.8-9)

In v.8f werden die Unsterblichkeitshoffnungen der selbstsicheren Reichen
von v.7 und damit die todlose Welt, die sie evozierten, zunächst einmal
auf gewissermassen theoretischer Ebene widerlegt. Die Möglichkeit einer
todlosen Welt ist gar keine reelle Möglichkeit, die Idee eines ewigen Lebens ist, schon rein in sich betrachtet, widersprüchlich, sie gibt gar
keinen Sinn. "Der Dichter will betonen, dass kein Mensch imstande ist, die
Erlösung vom Tode herbeizuführen." (SCHULZ, Psalmen-Fragen 31) Soviel ist
also klar und soweit sind sich auch alle einig. Streit entsteht aber, sobald man versucht, die beiden Verse näher zu erläutern.

5.2.1. Die Unklarheiten von v.8

1. Im Einzelnen ist schon v.8, dieser "wunderliche Satz" (GUNKEL 211) mit
   den zwei Personen (אח und אישׁ), die offenbar in ihm auftreten, nach
der Aussage von v.6f völlig undurchsichtig. "Man erwartet den Gedanken,
dass der Reiche sich selbst nicht vom Tode loskaufen könne. Statt dessen

---

297. Um das Ueberleben des Sünders geht es in v.6f, und nicht um sein Wohlergehen, wie es alle Kommentatoren mit Hinweis auf Ps 37 und 73 immer
wieder behaupten. Ein faktisches und erfahrenes Wohlergehen der Sünder,
wie es in Ps 37,35; 73,3 zum Ausdruck kommt, wird in Ps 49,6f natürlich
als bekannt vorausgesetzt. Doch nicht der unbehelligte Sünder als solcher
ist hier das Problem. Dieser wird nur eingeführt, um in der Diskussion
eines andern Problems, der Frage nach dem Tod, die Unmöglichkeit einer
der denkbaren Lösungen, das Modell der todlosen Welt, zu veranschau-
lichen.

heisst es, dass kein Mensch den andern vom Tode loskaufen könne" (DELITZSCH
336) - und auch das ist alles andere als eindeutig. Jedenfalls haben diejenigen, die "auf den zunächst zu erwartenden Gedanken verzichten" (DELITZSCH
336) und in v.8 die zwei Personen stehen lassen, weil sie finden, der"(MT
biete) keinen ernsten Anstoss" (KITTEL 196), grosse Mühe, einen grammatisch
und logisch annehmbaren Satz zu bekommen.

2. Grammatische Schwierigkeiten ergeben sich aus der Wahl des Subjektes
von v.8. Am natürlichsten bietet sich אח als Subjekt an. Doch angesichts
der formalen Parallelen in v.3 und v.17 scheint mir diese Möglichkeit äusserst bedenklich.

Ist nun aber folgerichtig איש Subjekt, so bleibt völlig undurchsichtig, warum das Objekt אח so betont wird (vgl. JOUON, Grammaire § 155 o)
und zudem kein Suffix aufweist, wie es bei Voranstellung des אח erst recht
nötig ist (vgl. in Jer 34,9 die schwere Form אחיהו איש)[298].

Viel gravierender als die grammatischen sind aber die inhaltlichen
Probleme. Ob man nun אח oder איש zum Subjekt macht, in beiden Fällen ist
"völlig unerklärlich, weswegen der Bruder genannt ist" (BAETHGEN 139).
Natürlich könnte v.8 einfach nur v.16 vorbereiten wollen (vgl. MOLL 251,
indem er - akzeptiert man den einmaligen Ausdruck פדה אח (vgl. unten Anm.
312) - betonte, "kein Mensch (könne) den andern, nur Elohim (könne) den
andern erlösen" (DELITZSCH 336f). Nur wäre diese Idee seltsam umständlich
ausgedrückt und besonders: sie liesse sich im Kontext der Strophe v.6-10
trotz grosser Anstrengungen nicht mehr unterbringen. Keine logische Akroba-
tik[299] und keine ethische Kasuistik[300] vermögen nämlich einsichtig zu ma-

---

298. Nach KESSLER (107) "(markiert) das Fehlen des Suffixes bei אח (אחיו)
... sicherlich, dass es sich nicht um die übliche Redensart איש-אחיו
in dem abgeschwächten Sinne alter-alterum handle; vgl. auch Mi 7,6;
Mal 1,6". Der "zusammenfassende Plural" (MOLL 251)נפשם beweist aber
für den MT just das Gegenteil.

299. KOENIG (594) etwa sieht in v.8 eine Art vollständiger Induktion:
"Denn indem verneint wird, dass ein Reicher (A) den Andern (B) los-
kaufen könne, wird zugleich verneint, dass der Reiche A durch den
Reichen B - und folglich überhaupt jemand - losgekauft werden könne."
Die vielen Exegeten, die im Vers die allgemeine Aussage finden, kein
Mensch könne den andern erlösen, nehmen offenbar stillschweigend einen solchen Induktionsbeweis an. Andere versuchen (wohl unter dem
Einfluss der SEPT, vgl. unten 5.2.32) eine Argumentation a maiori
zu konstruieren: "Er kann mit allem seinem Reichtum nicht einmal einen
andern, geschweige denn sich selbst erlösen" (HENGSTENBERG 461). Wer
diesen Satz schlüssig findet, muss dann allerdings zugeben, dass der
Text auch andere, ähnliche Deduktionen zuliesse: "Die betonte Stellung des אח am Anfang des Satzes" könnte z.B., wie BAETHGEN (139)
bemerkt, auch "den absurden Gedanken involviren, dass der Mann

chen, weshalb dem Selbstbewusstsein und der Selbstsicherheit der Reichen
von v.6f (und v.19!) mit einem Hinweis auf die Unmöglichkeit zwischen-
menschlicher Hilfeleistung begegnet wird.

3. Deshalb versteht man, dass viele Exegeten versuchen, den "Bruder" loszuwerden. Die meisten holen dabei Hilfe bei einigen Handschriften, die
für אח ein אך oder אף lesen[301], denn "nichts scheint so klar, als dass אח
nur andere Schreibart (wie Ez 18,10; 21,20) oder vielmehr falsche Lesart
für אך ist"(EWALD 253). Diese Lösung scheint mir ganz unmöglich - nicht
weil "der so gewonnene Sinn... viel matter" wäre (KESSLER 107), sondern
weil diese Angleichung an v.16 eine offensichtliche lectio facilior darstellt. Textkritisch ist das אח unanfechtbar[302].

(der Reiche) einen andern als seinen Bruder allerdings erlösen
(könnte)". Ueberhaupt entpuppen sich logische Figuren als ein ungemein
praktisches exegetisches Instrument, das jede beliebige Aussage bereit-
stellt und das zudem jedem Exegeten gestattet, seinen geheimen Hang
zur Spitzfindigkeit ungestraft auszuleben. Zu diesem Zwecke kann er
etwa wie GROSS (68) v.8 mit einem überinterpretierten v.3 (vgl. unten
7.2.23) verknüpfen, und dann deduktiv schliessen, "nicht einmal
ein Adliger, also ein Mann von Vermögen und Ansehen (sei) im Stande,
für seinen Bruder ein Lösegeld zu zahlen, geschweige denn jemand aus
dem gewöhnlichen Volk." Oder er kann PANNIER (287) in sein induktives
Gestolper nachfolgen: dann bedeutet v.8, dass "de deux frères riches,
l'un ne peut pas racheter l'autre, ou, plus généralement, selon le
sens du contexte, que le riche ne peut pas se racheter lui-même".

300. SACHS (70) etwa sieht in v.8 gewissermassen eine Anmerkung zu v.7, die
      erklärt, die Reichen "würden, wenn sie mit ihrem Geld den Bruder (im
      Hebräischen absichtlich und energisch vorangestellt!) lösen könnten,
      es nicht thun", damit "sie desto mehr für ihr eigenes Leben bieten
      können! ... Anderes können sie doch wohl nicht wollen, als für sich
      sparen." Aehnlich wendet sich bei HIRSCH (267f) der Vers gegen Leute,
      "deren Hiersein nur in selbstsüchtiges Gewinnen und Geniessen auf-
      gegangen, ohne durch, dem Vermögen, dem Können entsprechende Förderung
      des Nächstenheils den Tribut des Daseins zu zollen". Vielleicht auch
      "(setzt der Satz) den Fall, dass sich ein Reicher da, wo er sich nicht
      mehr selber helfen kann, etwa in den letzten schweren Augenblicken,
      auf einen Bruder verlässt" (SCHULZ 113), der für ihn heldenhaft zu
      sterben (v.8a) oder wenigstens zu zahlen (v.8b) bereit wäre (SCHEGG
      35), was sich allerdings als völlig nutzlos erwiese.

301. אך lesen die MSS KENNICOTT Nr. 148 171 224 235, ROSSI Nr. 371, אף
      ROSSI Nr. 670 683. Es handelt sich dabei durchwegs um späte MSS (12.-
      14. Jhd.) ohne jedes textkritische Gewicht.

302. Anders entledigen sich des Bruders BOETTCHER (Inferi 194), der אח
      als Verschreibung von אנו betrachtet (in Aehrenlese 250 zugunsten
      von אך aufgegeben), BRIGGS (413), der das אח kurzerhand als Glosse
      streicht und BRUNO (238), der gar das אח לא פדה zu אפחדה umbaut
      und das Verb als Nachsatz zu v.7 und als Parallele zu אירא dem
      למה von v.6 unterordnet!!

Nun könnte man ohne jede Textveränderung die zweite Person aus dem
Vers entfernen. Man müsste nur אח als poetische Umschreibung der Seele
selbst ansehen, wie wir sie in ägyptischen Texten finden[303]. So hätte man
eine genaue (sachliche) Parallele zwischen dem (grammatisch reflexiven)
יתן כפרו, "er gibt das Lösegeld für sich" und dem (grammatisch transitiven)
פדה אח, "er löst den Bruder (= die Seele = sich selbst)". Leider ist die
Bezeichnung der Seele als Bruder dem AT fremd. Unvereinbar mit dem atl.
נפש-Begriff wäre sie wohl nicht, denn immerhin kann auch im AT die Seele
eines Menschen mit einem entwöhnten Kind auf dem Schoss seiner Mutter verglichen werden (Ps 131,2) und ein Zwiegespräch mit der Seele ist möglich
(Ps 42,6.12 + 43,5; evt. Ps 57,9) - ja, gerade unser Psalm bietet in v.19
ein solches Gespräch, das, bei aller spürbar intendierten Identität zwischen
Seele und Mensch doch auf der Bildebene eine klare Unterschiedenheit voraussetzt (vgl. unten 6.1.33 und 6.3.14). Und doch, so willkommen diese Deutung
wäre, scheint sie mir zu gewagt: Ein hebräischer Dichter hätte sich kaum
damit begnügt, אח und כפרו in פדיון נפשו (v.9a vgl. unten 5.2.44) zu
wiederholen, um die übertragene Bedeutung von אח herauszustellen.
4. So bleibt eine letzte Möglichkeit[304]: אח als Interjektion zu deuten.

Diese Lösung erfreut sich zwar in der Exegesegeschichte nicht allzu
grosser Beliebtheit, denn neben dem MIDRASH TEHILLIM[305] haben sich für sie

---

303. Z.B. im "Gespräch des Lebensmüden mit seiner Seele": "Sei so freund-
     lich, du meine Seele und mein Bruder, und werde du mein Erbe, der da
     opfern und am Grabe stehen wird am Tage des Begräbnisses." (50ff, zit.
     nach ERMAN, Literatur 124f, vgl. PRITCHARD, Texts 405)) und: "Das
     ist es, was meine Seele zu mir sagte: 'Lass das Jammern beiseite, du
     mein Angehöriger, mein Bruder..." (145ff, zit. nach ERMAN aaO 130, vgl.
     PRITCHARD, Texts 407).

304. Wenn im Bezug auf אח etliche jüdische Exegeten אמרו בו שהוא בענין
     אחד מחסר ממנו (ABULWALID,Shorashim 20 zu אח), so taten sie das wie
     mir scheint aus purer Verzweiflung. Bezeichnend ist jedenfalls, dass
     etwa ABULWALID (aaO) diese aus der Konfrontation von Ps 49.8 und
     Ez 18.10 geborene Notlösung für unsere Stelle anpreist und für Ez 18.10
     verwirft, wogegen QIMHI (Shorashim 9 zu אח IV) die Dinge genau umge-
     kehrt sieht. In unserem Vers würde die Deutung von אח als אחד die
     erwähnten Schwierigkeiten ohnehin in nichts mindern.

305. Auch innerhalb der Midrashim steht allerdings der MIDRASH TEHILLIM
     mit seiner Bemerkung אח, האח להם שירדו הם וכל אשר להם חיים שאולה
     ziemlich einsam da. An anderen Stellen, wo unser Vers zitiert wird,
     ist die Deutung אח = Bruder ausdrücklich vorausgesetzt (so in PIRQE
     R. ELIEZER 34 = YALQUT SCHIMCONI II תצד = II תלד , wo ein Sterbender
     vergeblich auf die Hilfe seiner Verwandten hofft und in SIPHRE האזינו
     32,39 = YALQUT SCHIMCONI I תתקמו = II תשנא = II תשנח (ad loc.),
     wo der Nutzen verdienstvoller Werke für andere beschrieben wird.)
     Wieder an anderen Stellen (MECHILTA משפטים 21,30; TANCHUMA נשא 11;

soweit ich sehe nur gerade RUPERTI (284), PAULUS (250) und neuerdings DA-
HOOD (298) erwärmen können. Sie scheint mir trotzdem die gangbarste zu
sein.

Dass es eine Interjektion אח gibt, wird von niemandem bestritten. An
den meisten Stellen, wo sie m.E. vorkommt (Ez 6,11; 18,10.18; 21,20; Spr
18,9.19; Ps 49,8), versucht man aber, sie irgendwie loszuwerden. Das will
nur in Ez 6,11 keinem gelingen: ואמר־אח אל כל־תועבות רעות בית ישראל. Diese
Stelle ist denn auch besonders aufschlussreich, um die Bedeutung bzw. den
Gebrauch von אח festzustellen: אח ist jene Interjektion, die man braucht,
wenn man angesichts eines "Greuels", einer durch und durch unhaltbaren und
verwerflichen Sache, deren Verwerflichkeit ausdrücken und deren Verurteilung einleiten will.

Genau so wird nun die Partikel אח auch an unserer Stelle gebraucht:
Sie drückt die vehemente Verwerfung der in v.6f dargelegten Anschauung aus
und leitet die Antwort ein, die der Psalmist ihren Vertretern entgegenhält
(v.8f)[306]. Die Interjektion אח passt also, trotz gegenteiliger Behauptun-

---

TANCHUMA BUBER נשא 18 = MIDRASH NumRabba 12,3; YALQUT SCHIM[c]ONI I
שמא ; I שסה) wird auf das אח selbst gar kein Bezug genommen, es
scheint aber meistens eher die Interjektion אח vorausgesetzt zu sein.
Im MIDRASH TEHILLIM 46,8f schliesslich werden beide Interpretationen
verbunden.

306. Vielleicht sollte man auch in Spr 18,9 die Interjektion אח voraus-
    setzen. Sie würde dann gleich verwendet, wie an unserer Stelle: "Wer
    lässig ist bei seiner Arbeit - Weh, der gehört dem Herrn der Zerstö-
    rung." Sicherer als in diesem Spruch, dafür etwas anders als an unserer
    Stelle ist der Gebrauch von אח anderswo. In Ez 21,20 wird die Interjek-
    tion אח , substantiviert und verdinglicht (vgl. etwa הוי in Spr 23,29),
    zum Inbegriff des malum poenae: "Ueber all ihre Tore sende ich das
    Glitzern (?) des Schwertes: ein 'Weh!', umgebaut zum Blitz und ge-
    kleidet zum Abschlachten." An den restlichen Stellen kann man sehen,
    wie אח durch Uebertragung von der verurteilenden Interjektion zur
    Bezeichnung des Verurteilten wird: Ez 18,18 (wo allerdings auch der
    "Bruder" passen würde) redet von einem גזל־אח , von einer "Ach-Ausbeu-
    tung", einer besonders schlimmen Art von Ausbeutung also, der man nur
    mehr das verdammende אח entgegenschleudern kann. Von da aus kann man
    verstehen, dass schliesslich אח allein den "Ach-Tatbestand", die durch
    und durch verwerfliche Tat bezeichnet. So setzt in Ez 18,10 der miss-
    ratene Sohn einen "Ach-Tatbestand" (אח עשה) und fällt in eine völlig
    perverse Situation - vielleicht indem er von einem Laster ausgehend
    zu immer mehr Lastern greift (מאחד מאלה) und am Ende in allen steckt
    (גם v.11). Schliesslich wird mit dieser Bedeutung von אח vielleicht
    auch der verzweifelte Spruch Spr 18,19 etwas klarer. Er hält sehr zu
    Recht fest, dass die in grossem Rahmen betriebene Sünde eine entsprechen-
    de "Infrastruktur" voraussetzt: "Eine schreckliche Tat wird begangen
    (נפשע אח) von einer festen Stadt aus, und die Streitigkeiten sind
    gemäss dem Riegel des Palastes."

gen[307], bedeutungsmässig sehr gut an unsere Stelle. Auch formal wird mit
dieser Deutung von אח die Parallele zwischen v.8 (לא...לא אח) und v.18
(כי לא...לא) dank der emphatischen Wörter am Versanfang noch enger.
5. Freilich verlangt diese Deutung von אח in v.8 eine Umvokalisierung des
יִפְדֶּה in ein יְפַדֶּה und die Lesung נפשו statt נפשם in v.9. Letzteres
lässt sich textkritisch begründen, Ersteres dagegen muss man leider als
Konjektur bezeichnen[308]. Ich nehme beide Korrekturen vor, wobei ich mir
bewusst bin, mit der ersten den Bereich der internen Textkritik (vgl. oben
Anm. 52) einmal mehr zu verlassen und einen hypothetischen Urtext zu postulieren, an den man allerhöchstens glauben kann. Für einmal scheint mir aber
der mögliche Urtext besser vertretbar als der sichere, aber hinkende ältest-
bezeugte Text, zumal sich dieser - m.E. ziemlich plausibel - aus jenem erklären lässt (vgl. unten 5.2.32).

5.2.2. Unmögliche Selbsterlösung

· 1. Nimmt man die Korrektur in יְפַדֶּה vor, so wird v.8 in sich stimmig, passt
vollkommen in den Kontext der Strophe v.6-10 und bereitet v.16 genau so
gut vor wie der v.8 des MT.

אישׁ ist nun Subjekt des ganzen Satzes und bezieht sich (wie der Singular im Zitat v.6) distributiv auf jeden Einzelnen der selbstsicheren Leute
von v.7. Einen ähnlichen Numeruswechsel zeigt die verwandte Stelle Ex 30,12
(וְנָתְנוּ אִישׁ כֹּפֶר נַפְשׁוֹ).
2. Von den Reichen, die auf ihren Reichtum bauen, ist nun jeder einzelne,
trotz seiner gegenteiligen Hoffnung (v.6) ganz unfähig, sich selbst
freizukaufen.

---

307. BOETTCHER (Inferi 194) z.B. meint: "Interjectio autem illa nec suo
more posita, et in universali sententia ab Hebraismo alienissima est."
Für OLSHAUSEN (212) hingegen ist der beklagte Sachverhalt just zu
wenig universell: die Interjektion אח "wäre an dieser Stelle durchaus
unpassend, da es sich gar nicht um die beklagenswerte Hinfälligkeit
des Menschen überhaupt handelt, sondern lediglich um den Tod des
Reichen, in dessen dereinstigem Eintreten der Dichter grade seine
Beruhigung findet."

308. Die oben (Anm. 301) erwähnten Handschriften, die zu Beginn des Verses
אוֹ oder אַף lesen bilden für diese Korrektur keine ernstzunehmende
Grundlage. Das ιεφαε der zweiten Kolumne der Hexapla ist bestimmt
über eine Verwechslung von Δ und Λ aus ιεφδε entstanden (vgl.
MERCATI, Reliquiae II 386; SPEISER, Pronunciation 352) und nicht über
eine Haplographie (vgl. v.3 ιααΔσιρ !) aus ιεφαδε, zumal יְפַדֶּה
eher als ιφφαδε transskribiert würde.

Das <u>Niphal</u> von פדה ist hier nicht passiv (vgl. Lev 19,20; 27,29), sondern reflexiv (vgl. Is 1,27[309]), wie es nicht nur dem Kontext, sondern der
Grundbedeutung des <u>Niphal</u> überhaupt entspricht (vgl. GESENIUS, Grammatik
§ 51 c, JOUON, Grammaire § 51 c). Dies wird durch den Parallelvers eigens
präzisiert und sichergestellt. Dass der <u>Qal</u>-Infinitiv פדה nach der Korrektur nun ein <u>verbum finitum</u> im <u>Niphal</u> verstärkt, ist zu oft belegt (vgl.
GESENIUS, Grammatik § 113 w), um störend zu sein. "Sehr ungewöhnlich"
(OLSHAUSEN 212) ist hier nicht das פדה, sondern höchstens die Stellung des
לא <u>vor</u> dem absoluten Infinitiv. Sie soll wohl, wie in den immer wieder
zitierten Stellen Gen 3,4; Am 9,8 (vgl. GESENIUS aaO) der Verneinung besonderen Nachdruck verleihen. In diese Richtung weist jedenfalls in unserem
Text auch die viermalige (v.8a.8b.18a.18b) Stellung des לא am Satzanfang
(v.8b.18b), bzw. nach den emphatischen Ausdrücken כי (18a) und אז (8a)[310].

---

309. In ציון במשפט תפדה wird das <u>Niphal</u> von פדה zwar meist passivisch
verstanden, denn in diesem angeblich nachexilischen Zusatz weiss man
von vornherein, dass nur der Gott der Römerbriefes das logische Subjekt
der Erlösung sein kann, da "der Begriff der δικαιοσυνη ... hier
wie Hos 2,21 auf neutestamentlichem Wege (ist)" (DELITZSCH,Jesaia 66).
Dass משפט und צדקה hier göttliche Eigenschaften sein sollen, scheint
mir sehr unwahrscheinlich. Ein passives <u>Niphal</u> kann man deshalb höchstens dann annehmen, wenn man, wie etwa <u>VERMEYLEN</u> (Prophète I 106),
gestützt auf Ps 55,19 "Sion est rachetée 'en vue' de la justice et du
droit" übersetzt. Ich ziehe es vor, beim ב   pretii zu bleiben und das
<u>Niphal</u> von פדה reflexiv zu verstehen, was nach v.26 auch durchaus
sinnvoll ist: "Zion wird sich loskaufen können durch Rechttun und die
Bekehrten in ihr (vgl. ואשיבה 'v.26) durch Rechtschaffenheit." Durch
ihre gerechte Herrschaft werden also die Machthaber nicht nur den guten
Ruf der Stadt wiederherstellen (v.26b), sondern sogar das vergangene
Unrecht wiedergutmachen - und das bleibt, jedenfalls in der Formulierung תפדה , trotz allem ziemlich auffällig, was die passivischen Miss-
deutungen wenn nicht richtig, so doch verständlich macht.

310. Umständlicher ist AMAMAs (282) Erklärung: "Situm negationis diligenter
hic esse advertendum. Si praecedat utrumque verbum negatio, tum neque
certe neque universe rem negari, sed potius quodammodo, ut certitudo
tantum negetur, ut Gen 3,4 לא מות תמותון 'non utique moriemini, non
plane moriemini, vel non adeo certe moriemini', ut non ex diametro
pugnet cum verbis Dei 2,17. Sed neget mortis certitudinem, non utique
moriemini, non est certum vos morituros. Sed ut dixi, illud hic loci
non quadrat. Et contra Jer 46,28 in altera dispositione verborum
ונקה לא אנקך non quadrat universalis negatio."
    Vielleicht wirft AMAMA die Flinte zu schnell ins Korn. Der absolute
Infinitiv verstärkt ja auch die Modalitäten des Imperfekts ("müssen",
"dürfen" und zumal "können" Gen 43,7; vgl. JOUON, Grammaire § 123 h).
Wenn nun die Voranstellung des לא dementsprechend das Verb nicht in
seiner Inhaltlichkeit überhaupt (vgl. HITZIG 270), sondern "quodammodo",
in seiner Modalität, negiert, so könnte das gerade hier sehr gut
passen: "Ach, einer <u>kann</u> sich sicher nicht loskaufen..." Damit würde
durch die Inversion von פדה לא in לא פדה sowohl die Negation als
auch die im Verb ausgedrückte Modalität verstärkt (vgl. unten 6.2.31).

3. Ganz ähnlich wie der zweite Stichos die Handlungsart von פדה festlegt, so präzisiert er auch dessen Bedeutung. Einerseits spezifiziert der Ausdruck נתן כפר die allgemeine Bedeutung "lösen, loslassen, befreien", die פדה zunächst einmal hat, indem es dessen handelsrechtliche Sonderbedeutung "auslösen (durch Stellung eines Gegenwertes)" (vgl. J.J. STAMM, in: JENNI, Handwörterbuch II 397) hervorhebt. Dadurch wird die von den Reichen erhoffte Ueberwindung des Todes, dieser handelsrechtlichen Bedeutung von פדה entsprechend, als eine rein finanzielle Transaktion gekennzeichnet, in deren Umschreibung "das Gewicht auf der Erlegung des Lösegeldes liegt und nicht auf den am Rechtsvorgang beteiligten Personen" (aaO 396)[311]. Das passt sehr gut zu v.6f, wo Gott, wie wir (oben 5.1.31) festgestellt haben, für die Reichen überhaupt nicht mehr ins Blickfeld kommt.

4. Auf der andern Seite macht der zweite Halbvers deutlich, dass es hier nicht, wie im Sklavenrecht oder in der Kultgesetzgebung, um Befreiung aus einer subjektiv (vgl. 1 Sam 14,45!) unverschuldeten Gebundenheit geht (Sklaverei, Erstgeburt usw.), sondern um Ueberwindung einer Schuld[312]. In v.8b ist nun aber nicht sicher auszumachen, ob man כפר mit den meisten Exegeten als "Lösegeld" verstehen soll, das für bestimmte Fälle von Rechts wegen vorgesehen war (vgl. Ex 21,30; 30,12, Verbot Num 35,31f; als Bild Is 43,3; Spr 21,18; Hi 33,24), oder aber als "Bestechungsgeschenk", mit dem man dem Unrecht zum Durchbruch zu helfen suchte[313].

---

311. In Hos 13,14 scheint mir in ähnlichem Kontext eine gegenläufige Behandlung von פדה vorzuliegen: dort wird das Verb unter Ausblendung seiner handelsrechtlichen Nüance in seiner allgemeinen Bedeutung belassen, indem es durch das personalisierende גאל weitergeführt wird: damit wird die Befreiung vom Tode als interpersonaler Vorgang dargestellt, der eine Neubesinnung (v.14a) und einen Einsatz der Person Gottes (v.14b) voraussetzt.

312. Das ist nach v.6f nicht überraschend, etwas erstaunlich ist in diesem Zusammenhang lediglich das Verb פדה selbst; sonst steht es nur gerade in Ps 130,8 in einem Kontext, der nicht bloss von Not, sondern auch ausdrücklich von Schuld redet (vgl. J.J.STAMM in JENNI, Handwörterbuch II 400). Das zeigt - bei allem Zusammenhang zwischen Not und Schuld -, dass sonst in פדה "dem Erlösungsgedanken die Beziehung auf die Sünde" fehlt (PROCKSCH, in KITTEL, Wörterbuch IV 334).

313. Dass ursprünglich beide Bedeutungen ineins fielen, insofern die Bestechung darin bestand, dass bei gewissen bessergestellten Verurteilten Lösegeld angeboten und auch angenommen wurde, wo dies rechtlich nicht erlaubt war (A. SCHENKER, mündlich), scheint mir sehr wahrscheinlich (vgl. dazu das Verbot Num 35,31f). Daraus hat sich aber eine eigenständige Bedeutung "Bestechungsgeschenk" entwickelt, die heute an einigen Stellen des AT unabdingbar ist: schon in Am 5,12 scheinen die לקחי כפר von den Reichen Bestechungsgeschenke anzunehmen und anschlies-

Beide Bedeutungen passen gut in den Zusammenhang und beleuchten lediglich von zwei verschiedenen Seiten die Arroganz der Leute von v.7: wollen
sie Gott ein Lösegeld geben, so zeigt das, wie leichtfertig sie ihre Schuld
minimalisieren, indem sie von vornherein für sich mildernde Umstände in
Anspruch nehmen. Wollen sie Gott mit Bestechungsgeschenken übertölpeln, so
zeigt das wie niedrig sie von ihm denken, indem sie glauben, den Garanten
der gerechten Weltordnung zum Hampelmann ihrer Willkür machen zu können.

5.2.3. Textliche Glättungen in v.8

1. Damit wird m.E. deutlich, dass der Autor in v.8 nicht nur den Leuten
von v.7 heftig (אף) widerspricht, sondern - wie schon durch das Zitat
v.6 - ihre eigenen, krausen Vorstellungen von Schuld und Sühne aufnimmt,
um diese Punkt für Punkt (לא....לא) zu anathematisieren.

Weil also die Vorstellungen in v.8 von Haus aus "häretisch" sind, tönen sie auch einigermassen paradox: aus Schuld ist einfacher Loskauf möglich (seltenes Vorkommen von פדה in Schuldkontext), loskaufen kann man
sich selbst (seltenes reflexives Niphal von פדה), es gibt nur "lässliche"
Sünden (ein Lösegeld ist immer möglich), bzw. Gott lässt sich bestechen
(man kann ihm Bestechungsgeschenke anbieten). Diese bizarren Vorstellungen
können schon für sich genommen als ebensoviele Einladungen zur Korrektur
aufgenommen werden.

Nun kann (muss aber keineswegs!) die erste Vershälfte gleichzeitig
auch rein äusserlich Anstoss bieten: durch die seltene Interjektion אף,
die verbreitete aber unlogische Verstärkung eines Niphal durch einen Qal-
Infinitiv, die besondere Stellung der Negation und den Uebergang vom Plural
(v.7) in den Singular (v.8).

---

send die Armen, die mit diesen prozessieren und Geschenke nicht geben
können, zu benachteiligen (ואביונים בשער הטו). Freilich könnte man
hier noch behaupten, es gehe natürlich um illegale Annahme von Lösegeld für todeswürdige Vergehen, obwohl das nicht ausdrücklich gesagt
werde, und die anschliessend erwähnte Unterdrückung der Armen habe
sachlich damit nichts zu tun. Doch spätestens in 1 Sam 12,3; Sir 46,19
ist diese Ausflucht nicht mehr möglich: was Samuel nie angenommen hat,
ist "Bestechungsgeld oder < auch nur > Sandalen" (1 Sam 12,3 SEPT;
[Sir 46,19 griechisch]), "Bestechungsgeld oder überhaupt etwas
Verborgenes" (Sir 46,19 hebräisch), oder "Bestechungsgeld, um dann
in Bezug auf den Geber ein Auge zuzudrücken" (1 Sam 12,3 MT). Auch in
der - allerdings unklaren - Stelle Hi 36,18, wo die Grösse des כפר
den Angeredeten geneigt machen könnte, wird es wohl eher um ein Bestechungsgeschenk als um Lösegeld gehen. In Spr 6,35 schliesslich
scheint כפר noch unspezifischer, wie das parallele שחד , irgendein
Besänftigungsgeschenk zu meinen (vgl. Spr 21,14).

So ist es nicht erstaunlich, dass v.8a in seiner ursprünglichen Form
(nach unserer Hypothese) in allen Traditionen geglättet wurde.

2. Den kleineren Eingriff nahm die masoretische Tradition vor, zu der sich
TARG und HEBR gesellen. Hier wurde אח als "Bruder" gedeutet[314] und zum
Objekt eines transitiv vokalisierten יפדה gemacht: "Den Bruder erlöst einer bestimmt nicht"[315]. So verschwanden die seltene Interjektion אח, die
scheinbar unangebrachte Spannung zwischen dem Niphal יפדה und dem Qal פדה
sowie der Uebergang vom Plural von v.7 zum Singular von v.8. Zudem wurde
v.8a syntaktisch an v.16a angeglichen. Das schwierige אח ohne Suffix am
Satzanfang sowie die nach wie vor seltsame Stellung der Negation nahm man
dafür in Kauf.

Die erste dieser Schwierigkeiten wurde nun in PESH auf denkbar einfache (wenn auch in Ps 49 völlig widersinnige, vgl. v.3.17) Weise behoben,
indem איש kurzerhand zum zweiten Teilvers gezogen wurde: אחא לא פרק וגברא
לא יהב לאלהא פורקנה (Ein Bruder erlöst nicht, und ein Mann gibt nicht Gott
sein Lösegeld).

Gleich beide Schwierigkeiten verschwanden schliesslich in der SEPT-
Tradition, der GAL, SYM und QUINT folgen. Hier wurde v.8a in zwei Sätze

---

314. Die Versuchung zu dieser Deutung ist im engeren und weiteren Kontext
von v.8 sehr gross: פדה erinnert dank seines spärlichen sklaven-
rechtlichen Gebrauchs (Ex 21,8; Lev 19,20; vgl. Hi 6,22) an die Texte
über die Freilassung von Sklaven, wo - freilich neben גאל - der Bruder
אח zentral ist (Lev 25,25; 47ff). In Dt 15,12-18 begründet zudem die
göttliche Befreiung aus Aegypten (פדה v.15) die Bestimmungen über die
Freilassung (שלח חפשי) des Bruders (v.12). So scheint der Halbvers
einen wohlbekannten Vorgang zu beschreiben: "Familieleden ('broeders')
hadden de plicht in gevangenschap of slavernij geraakte bloedverwan-
ten vrij te kopen (in de veroderstelling dat zij er de middelen voor
hadden)." (PLOEG K 304) Auch der weitere Kontext des Todes kann zur
Deutung "Bruder" verleiten: in der Totenklage wird der Verstorbene
als "Bruder" angesprochen (vgl. z.B. 1 Kön 13,30; Jer 22,18; 2 Sam 1,26)
und GUNKEL (211) zitiert eine arabische Leichenklage, in der die Lösung
des Verwandten erwogen wird: "Ach, wenn er doch zu lösen wäre! / Wahrlich, ich zahlte das Lösegeld! / Löst mich, teure Blutsverwandte, /
mit feingliedrigen Rossen..." Ganz ähnlich wie an unserer Stelle bildete
vielleicht auch in Ez 18,18 der Kontext (אב, עמיו) eine Versuchung,
die Interjektion אח als "Bruder" misszuverstehen. Dieser Versuchung
wären fast alle alten Versionen (οι γ' TARG, VULG, PESH) erlegen.
Nur die SEPT übersetzt das Wort nicht, was zeigen könnte, dass sie
zwar אח nicht wirklich verstand, ab er immerhin merkte, dass ein
Bruder im Zusammenhang fehl am Platze war.

315. Im MT selbst ist zwar das Subjekt wie gesagt nicht sicher auszumachen.
Doch HEBR (fratrem redimens non redimet vir) und wohl auch TARG
(אחוהי דאשתבא מפרק יפרוק גבר מנכסוי), seinen (?) Bruder, der gefangen
weggeführt wurde, wird ein (?) Mann aus seinem Besitz nicht erlösen
können) sprechen eher für איש als Subjekt.

aufgespalten, was wohl eine Umvokalisierung von פָּדֹה in das erstaunliche
Perfekt פָּדָה zur Folge hatte: "Der Bruder erlöste nicht - wird der Mensch
erlösen?"[316].

Angesichts dieser Reihe von Textformen (hypothetischer Urtext - MT -
PESH - SEPT), von denen jede die vorhergehende unter Inkaufnahme neuer
Schwierigkeiten glättet, scheint mir der rekonstruierte härteste und zu-
gleich inhaltlich befriedigendste "Urtext" sehr wahrscheinlich.

3. Wer diese Meinung nicht teilt und beim MT bleiben will, tut vielleicht
besser daran, wenigstens den grammatischen Problemen auszuweichen und,
bei allen formalen Bedenken, את zum Subjekt zu machen: "Ein Bruder wird
jemanden bestimmt nicht auslösen können und Gott das Lösegeld für ihn geben."

Hier wird es wohl auch richtig sein, auf alle syllogistischen Tricks
zu verzichten und dem holprigen Satz keine allzu subtile und logisch ein-
wandfreie Aussage abringen zu wollen.

Der Vers entlarvt dann bei den Leuten von v.7f nicht so sehr das in-
dividuelle Bewusstsein, das in v.6 zur Sprache gekommen war, sondern gewissermassen ihr "Klassenbewusstsein", dessen Skizzierung man zur Not in
v.7 sehen kann: Diese Leute sind jeder für sich so furchtlos und arrogant
(v.6), weil sie auf die Macht und den Reichtum vertrauen, den die herrschen-
de und besitzende Klasse, der sie angehören gesamthaft ihr eigen nennt
(v.7). Doch ihre Zuversicht trügt, denn kein "Klassenbruder" wird je fähig
sein, ihnen das Sterben zu ersparen (v.8).

Diese Deutung, die unsern Psalmisten zu einem frühmarxistischen Sozial-
kritiker befördert, scheint mir eher vertretbar, als die gängigen syllogistischen Bockssprünge. Viel besser als beides scheint mir hier freilich
die Konjektur.

---

316. Die Deutung des zweiten Satzes als Frage bleibt in SEPT (λυτρωσεται
αvδρωπος), GAL (redimet homo), AQ und QUINT (λυτρωσεται αvηρ)
in der Schwebe. Die negative Formulierung, die - seltsamerweise -
schon der PAPYRUS BODMER XXIV bietet (ου λυτρωσεται α̅v̅ο̅ς̅), legt
sie nahe, der Finalsatz von SYM (ιvα λυτρωσηται αvηρ) verbietet
sie. In beiden Fällen kann man sich aber nach Herzenslust christolo-
gischen Syllogismen hingeben: bald werden die Gottlosen von Christus,
ihrem Bruder, fallen gelassen - und folglich erst recht von irgend-
einem Menschen (vgl. z.B. BUGENHAGEN 119), bald werden Gerechte von
ihrem Bruder, dem menschlichen Gesetz, nicht erlöst, aufdass sie umso
eher von dem Menschen erlöst würden, der auch Gott war (vgl. z.B.
LESETRE 234)

5.2.4. ויקר פדיון נפשם

1. Viele Kommentatoren gehen davon aus, dass v.8b in v.10 (den sie als
Folgesatz deuten) seine Fortsetzung findet (vgl. unten 5.3.11). V.9
wird so zum überflüssigen, ja lästigen Fremdkörper, den es loszuwerden gilt.
Dazu gibt es verschiedene Methoden: Will man nicht kurzerhand die Versfolge
umstellen (v.8 - 10 - 9, vgl. z.B. OLSHAUSEN 212, KISSANE 216 u.a.), so
kann man dem Vers den "Charakter des eingeschobenen Stossseufzers" (SCHMIDT
94) verleihen und ihn als Klammerbemerkung stehen lassen (vgl. z.B. ROSEN-
MUELLER 1064, WETTE 341 u.a.). Noch ungefährlicher wird er, wenn man ihn
"als sekundär eingeschaltete Parenthese" (KRAUS 363) versteht. Ehrlicher
ist es dann freilich, den Vers gleich als Glosse abzutun. Dies tun z.B.
BRIGGS (408), OESTERLEY (266) und BUTTENWIESER (648), der in v.9a eine
Marginalglosse zu v.8 und in v.9b eine solche zu v.11 sieht[317]. Andere
ziehen es vor, nur v.9a preiszugeben, um v.9b irgendwie in v.10 aufzulösen[318].

Alle diese "Lösungen" können wir beiseite schieben, da sie auf eine
Schwierigkeit eingehen, die ein Teil der Exegeten selbst durch die Verbindung von v.8 mit v.10 auf völlig willkürliche Art und Weise erst geschaffen
haben. Richtig verstanden lässt sich v.9 ohne weiteres an v.8 anschliessen -
ja, das Wort פדיון, das hier wie in Ex 21,30 auf כפר folgt, zeigt überdeutlich, dass v.8 in v.9 seine natürliche Fortsetzung findet. Wie sich v.9 seinerseits zu v.10 verhält, steht hier noch gar nicht zur Diskussion.

2. Das Verb[319] יקר heisst im Qal "kostbar, wertvoll sein". Es bezieht sich
stets auf Personen (Is 43,4; Sach 11,13 Gott) oder personale Grössen
(1 Sam 26,21; 2 Kön 1,13-14 die נפש; Ps 72,14 das Blut; 1 Sam 18,30 der Name;

---

317. PRAETORIUS, für den v.9 und v.10 natürlich "eine Reihe von Glossen"
(333) sind, kann es nicht unterlassen, auch hier noch zu korrigieren:
ויקר wird zu קבר ("wo immer wir das letztere Wort in diesem Psalm
finden, ist es verschrieben" - ein tragischer Sachverhalt, der nach
ihm ausser in v.12a noch in v.15.13a.21a vorliegt) und חדל wird zu
חדר , was den ganz unheimlich profunden Satz ergibt: "Und das Grab
ist das Lösegeld ihrer Seele... und die Grabkammer für die Ewigkeit."
(334) Nun: "Für manche Unsicherheit muss uns, wie oft, die sichere
Erkenntnis entschädigen, dass sekundärer Text vorliegt." (334)

318. V.9b wird bei KITTEL (180) zu ויחי לעולם ועד , bei GUNKEL (211) zu
חלדו עולם ויחי עוד , bei HERKENNE (182) zu מחדל עולם, "sodass er
nicht für immer vergehe, sondern..." Für WUTZ (124), der v.9a als
Klammerbemerkung beibehält, sind וחדל לעולם und ויחי עוד zwei alte
Dittographien für ויחי לעולם .

319. Die Vokalisierung וְיֵקַר ist durch die Parallele Ps 72,14 (allerdings
plene: וְיִיקַר) gesichert, wie auch immer man sie im Einzelnen erklären will: BAUER - LEANDER, Grammatik § 55 c') denkt an eine "Kom-
promissform zwischen *יְקַר? und *יֵקַר". Bis auf TARG (ויהי יקיר) und

Ps 139,17 der Wille, vgl. aber unten) und bezeichnet den Wert, den diese nicht in sich, sondern in den Augen anderer haben[320].

Trotz dieses klaren Befundes pflegt man das Verb an unserer Stelle durchwegs anders zu übersetzen[321]: "יקר hat für gewöhnlich die Bedeutung 'kostbar, teuer sein', doch ist in diesem Zusammenhang die Bedeutung 'zu teuer, unerschwinglich sein' unzweifelhaft" (BLAN, Textkritik 726). Da diese Auffassung kaum je offen angegriffen worden ist[322], hat man sie auch selten anders begründet als durch den Kontext. Die wenigen, die ausnahmsweise diese "unzweifelhafte" Sonderbedeutung herzuleiten suchen, berufen sich auf das Hiphil הוקיר "wertvoll, d.h. selten machen" in Jer 13,12; Spr 25,17 (vgl. etwa RASHI 47), auf das Adjektiv יקר in der Sonderbedeutung "wertvoll = selten" in 1 Sam 3,1 (vgl. etwa QIMHI 344) oder, da dies alles ja nicht weiterhilft[323], ganz einfach auf eine "stärkere Emphase", die der Wurzel den "Begriff des Unerschwinglichen" beilegen soll (WETTE 341). Das ist nicht gerade überzeugend.

Die einzige wirkliche Alternativbedeutung zu "wertvoll sein" liesse sich höchstens aus Ps 139,17 ableiten. Dort pflegt man יקר als "schwer, schwierig sein" zu verstehen. Diese Bedeutung, die vielleicht die ursprüngliche Bedeutung der Wurzel ist und sich z.B. im Aramäischen klar erhalten hat (vgl. Dan 2,11), ist auch im Hebräischen durchaus denkbar. Nur kommt man im Zusammenhang von Ps 139 (vgl. nicht nur v.6, sondern auch v.14) auch mit der normalen hebräischen Bedeutung "wertvoll sein" ohne weiteres durch...

PESH (הו יקיר) haben denn auch alle alten Versionen hier das Sustantiv יקר gelesen in der Bedeutung "Preis" (SEPT, AQ, SYM, QUINT: τιμην, GAL, HEBR: pretium) und folglich פדיון dann als "Akt der Erlösung" (λυτρωσις, redemptio) verstanden. Dieses Verständnis von יקר scheint mir eine lectio facilior zu sein: sie gleicht v.9 an v.13/21 an und führt zu einer syntaktischen Erleichterung (ויקר kann als zweites Objekt neben כפרו dem לא-יתן untergeordnet werden).

320. Ausser in 1 Sam 18,30, wo dieser subjektive Aspekt schon im Begriff "Name, Ruf" gegeben ist, wird יקר stets von einem Zusatz begleitet: "für mich" (Ps 139,17), "ihrerseits" (Sach 11,13), "in den Augen von" (restliche Stellen).

321. In der kleinen Herde der Verteidiger der gewöhnlichen Bedeutung "kostbar sein" sehe ich nur gerade SFORNO und DOEDERLEIN (101).

322. Nur gerade BOETTCHER (Inferi 194) widersetzt sich ihr ausdrücklich: "Fefellit omnes...ויקר , quod non est 'zu theuer, so theuer' (unde hoc?)...

323. Der Uebergang von "wertvoll" zu "selten" ist aufgrund der allgemeinen Erfahrung von der Seltenheit wertvoller Dinge, bzw. des Wertes seltener Dinge recht naheliegend. Mitnichten erklärt er aber eine ökonomische Sonderbedeutung "teuer, unerschwinglich".

Es wird hier wohl am vorsichtigsten sein, wieder einmal die Entscheidung zwischen beiden Bedeutungen aufzuschieben und von der Fortsetzung Klar-
heit zu erhoffen.

3. Das Wort פדיון kommt sonst nur gerade in Ex 21,30 vor. Man pflegt seine
Bedeutung bald mit "Lösepreis", bald einfach mit "Erlösung" anzugeben
und eine begründete Wahl zwischen diesen Bedeutungen ist aufgrund der Seltenheit des Wortes nicht möglich. Damit hilft uns פדיון in der endgültigen
Deutung von יקר nicht weiter.

Umgekehrt aber hilft uns das zweideutige יקר, die Bedeutungen von
פדיון enger zu umreissen: Wenn יקר "schwer, schwierig sein" bedeutet, muss
פדיון mit "Erlösung" übersetzt werden. Heisst aber יקר "wertvoll sein", so
kommt als Bedeutung für פדיון weder "Lösegeld" noch "Lösepreis" in Frage
(was eine Tautologie bzw. einen Unsinn ergäbe), sondern nur das Abstraktum
"Lösemittel", das auch in Ex 21,30 sehr gut passen würde: "Wenn man ihm
ein Sühnegeld (כפר) auferlegt, so gebe er das Lösemittel für sein Leben
gemäss allem, was ihm auferlegt wurde." In Ex 21,30 und Ps 49 würden demnach כפר und פדיון nicht einfach zwei variierende Wörter für dieselbe
Sache sein, sondern פדיון würde den formalen Gesichtspunkt präzisieren,
unter dem der כפר gegeben wird bzw. würde[324]. Ob nun freilich v.9a vom Wert
des Lösemittels oder von der Schwierigkeit der Erlösung redet, wird erst
in v.9b zu erfahren sein.

4. Vorerst bleibt aber noch ein textkritisches Problem zu erläutern (gelöst haben wir es praktisch schon in v.8!): das Pluralsuffix des masoretischen נפשם findet sich nur in PESH (דנפשהון), HEBR (animae eorum)
und der ersten hexaplarischen Kolumne (νεφσαμ) wieder. Die ganze SEPT-
Tradition bietet hingegen ein Singularsuffix (SEPT ψυχης αυτου, SYM, QUINT
ψυχης εαυτου , gewiss auch ROM,GAL animae suae) und auch TARG (פורקניה)
scheint ein solches vorauszusetzen[325].

---

324. Ich habe mit Bedacht Num 3,49 hier nicht berücksichtigt. Das seltsame
     פדיום scheint mir textkritisch zu wenig sicher: vielleicht ist es tat-
     sächlich ein פדיון , dessen Auslaut aus euphonischen Gründen an den An-
     laut des nachfolgenden מאת angeglichen wurde (vgl. GESENIUS, Grammatik
     § 85 t). Vielleicht ist es aber lediglich eine "Notvokalisierung", die
     ein verschriebenes Wort (Metathese פדוים - פדיום) retten will. Gegebe-
     nenfalls passen in Num 3,49 ohnehin beide Bedeutungen von פדיון , da
     Mose sowohl "das Geld der Erlösung" als auch "Geld als Lösemittel"
     nehmen kann (wobei letzteres im Falle eines ursprünglichen פדיום viel-
     leicht etwas wahrscheinlicher ist, da man nicht einsähe, weshalb "Er-
     lösung" fünfmal mit פדוים und ein einziges Mal mit פדיום ausgedrückt
     würde).

325. Leider ist AQ just in diesem Punkt unleserlich (vgl. MERCATI, Reliquiae
     II 388).

Auf den ersten Blick scheint dieser Singular נפשו eine eindeutige
lectio facilior zu sein: mit נפשו wird die Verbindung mit dem Vorhergehenden (כפרו) und dem Nachfolgenden (וחדל) viel einfacher; zudem ist auch das
einzige andere פדיון in Ex 21,30 vom Wort נפשו gefolgt.

Aber man darf wohl weder die Härte des Pluralsuffixes noch den Einfluss der Parallelstelle überschätzen[326]. Das נפשם passt ja ganz gut zu den
Reichen von v.7 und zu den zwei Personen von v.8a, die sich - nach der
gängigen Deutung - gegenseitig nicht erlösen können (vgl. etwa HENGSTENBERG
461). Deshalb wäre es durchaus denkbar, dass man schon recht früh in der
masoretischen Tradition ein ursprüngliches נפשו, das zumindest in der SEPT-
Tradition erhalten wäre, bewusst in ein נפשם verändert hätte, um eine dis-
tributive Deutung der Singulare in v.8-10 zu erzwingen und die zwei Personen in v.8a zu sichern. So hätte der Plural von v.7 bis zu v.11 durchgehalten werden können und man hätte den ganzen Abschnitt v.7-15 leichter
auf die bösen, selbstsicheren Frevler von v.7 beziehen können[327].

Aufgrund der in v.8 vorgenommenen Korrektur gebe ich hier der Lesung
נפשו den Vorzug. Wer in v.8 dem MT gefolgt ist (vgl. oben 5.2.33) mag ihn
auch hier beibehalten, das Pluralsuffix zusammenfassend auf die Leute von
v.7 (vgl. etwa BOETTCHER, Aehrenlese 249) und von v.8 (vgl. etwa HENGSTEN-
BERG 461) beziehen und die Singulare distributiv von jedem Einzelnen von
ihnen verstehen.

5.2.5. וחדל לעולם

1. Dass die recht häufige Wurzel חדל im Hebräischen wie in andern semitischen Sprachen die Bedeutung "aufhören, ablassen, unterlassen" hat, ist
ganz unzweifelhaft[328]. An verschiedenen berühmten Stellen (z.B. Is 38,11;

---

326. Das Pluralsuffix hat man etwa durch Rückbezug auf ein kollektives את
(vgl. z.B. ROSENMUELLER 1064) oder איש (vgl. z.B. BAETHGEN 139) ganz
wacker verteidigen können und der angenommene Einfluss der Parallele
Ex 21,30 ist in den Textzeugen fast nicht nachzuweisen: in der hebräischen Ueberlieferung bieten zwar 2 MSS gegen die masoretische Notiz
das פדיון wie in Ex 2,30 in defektiver Schreibung, aber kein einziges MS liest ein נפשו . In TARG und SEPT (die hexaplarischen Versionen, die in Ps 49,9 ein Singularsuffix haben, fehlen in Ex 21,30)
werden die zwei פדיון נפשו von Ps 49 und Ex 21 verschieden übersetzt.

327. Die schon von KNAPP (100, ähnlich z.B. HERKENNE, 182, CASTELLINO 823)
geäusserte Vermutung, נפשם וחדל sei durch Metathese aus נפשו מחדל
entstanden, scheint mir hingegen recht gesucht. Ungemein praktisch für
Leute mit entsprechendem lumen fidei ist hingegen DAHOODs (298) Erklärung von נפשם als "napšo-m with enclitic mem".

328. Vgl. dazu die genaue Analyse von Winton THOMAS (Observations 8-11).

Hi 10,20; 14,6; Ps 39,5; 1 Sam 2,5) findet man aber öfters diese Bedeutung unpassend und man glaubt, eine andere konstruieren zu müssen. So wurde auch an unserer Stelle versucht, dem Verb חדל die Bedeutung des Bleibens und Weiterbestehens abzuringen, um v.10 problemlos anschliessen zu können[329]. Dabei deutet man חדל regelmässig als Metathese der Wurzel חלד "fest sein" und führt stets die Beispiele כשב/כבש und שלמה/שמלה (vgl. GESENIUS, Grammatik § 19 n) als "Beweise" an. Mir scheint das völlig absurd: aus zwei Beispielen von semantisch folgenlosen Metathesen in abgeleiteten Nomina zu behaupten, dass es auf der Ebene der Wurzeln selbst Metathesen gebe - und erst noch solche, die von einer bestimmten Wurzel (hier חלד) in das semantische Feld einer andern bestehenden Wurzel (hier חדל) führen und dort Aequivokationen verursachen, ist logisch unhaltbar und lexiko-graphisch geradezu suizidär[330].

Es ist für mich ganz klar, dass חדל an unserer Stelle mit "aufhören" übersetzt werden muss[331].

2. Weniger klar ist freilich, was aufhört. Die meisten Exegeten beziehen חדל auf das Vorhergehende. Der Halbvers bedeutet dann, dass der Mensch von v.8 für immer "desistet ab hoc suo conatu, animam redimendi" (ROSEN-MUELLER 1064, ähnlich schon RASHI 47, IBN ESRA und viele andere)[332]. Diese Uebersetzung ist zwar denkbar, aber unwahrscheinlich, da bei חדל das, was man unterlässt bzw. unterlassen soll nur dann implizit bleibt, wenn es sich aus dem Kontext heraus eindeutig ergänzen lässt (vgl. 1 Kön 22,15; Jer 40,4; Ez 2,5-7; 3,11.27; Am 7,5; Sach 11,12; 2 Chr 25,16). An unserer Stelle ist das offensichtlich nicht der Fall. Viele Exegeten verstehen nämlich חדל

---

329. Vgl. etwa MICHAELIS, Varianten 157; SACHS 70; ABBOT, Arrangement 293; GORDIS, Roots 38-41; BONKAMP 236 u.a.

330. Bezeichnend ist, dass z.B. ZORELL als Lexikograph die Bedeutung "weiter-leben" anders begründet. Nach Darlegung der gängigen Bedeutungen "auf-hören, ablassen" usw. fährt er fort: "... porro (ut ḫaḏala dicitur de ove et similia quae, grege procedente vel abeunte, retro manet, et ea dicitur ḫâdil) fortasse, ex contextu: aliquis, aliis morientibus, in vivis remanet, vivere pergit" (Lexicon 223 b), woraus dann חדל an unse-rer Stelle und in Ps 39,5 zu verstehen wäre. Die Argumentation überzeugt mich zwar keineswegs, aber ich finde sie zumindest methodisch vertretbar.

331. Das ist auch die einhellige Meinung der alten Versionen, welche hier alle ein Aufhören (SEPT, THEOD, QUINT: και εκοπιασεν, AQ: και επαυσατο SYM: αλλα παυσαμενος, HEBR: sed quiescet; TARG: ויפסוק) oder zu-mindest ein Nachlassen bezeugen (PESH:לאי ; GAL:et laboravit).

332. Bisweilen wird das Auslösen selbst zum Subjekt von חדל gemacht, vgl. etwa PAULUS (250): "Dieses Kaufen fehlt ewig, ist nicht möglich." Für eine solche Deutung könnte man höchstens Spr 10,19 ins Feld führen.

5.2.5.

"nicht vom Zahlen des Lösegeldes, wie man meist erklärt, als wäre v.9
eine Parenthese und enthielte den närrischen Gedanken: der Reiche pflegt
zwar ein Lösegeld anzubieten, muss aber auf den Abschluss des Handels verzichten, weil Gott zu viel fordert. Kommt denn dergleichen vor?" (DUHM 201)[333].

So beziehen viele Exegeten וחדל לעולם auf das Folgende: פרושו דבק עם הפסוק
אשר לאחריו כלומר חדל זה הדבר לעולם כי הוא דבר שאי אפשר שיחיה עוד לנצח ולא יראה
חוא נמנע זה דבר השחת (QIMHI 344 und recht viele andere nach ihm). Wie aber
schon QIMHIs gewundene Formulierung zeigt, ist dies Lösung syntaktisch äusserst
fragwürdig[334].

Hingegen wird die m.E. nächstliegende Lösung nur ausnahmsweise (etwa von
OLSHAUSEN 213, EERDMANS 262 u.a.) vertreten: חדל wird nämlich auch absolut
gebraucht und bezeichnet nicht nur das zeitliche Aufhören von Vorgängen (Nie-
derschläge Ex 9,23-24; Jubel Is 24,8; Leben Hi 10,20) und das örtliche Aufhören von Dingen (Wege Ri 5,6f). Auch Personen "hören auf": die Armen als Arme
(Dtn 15,11), die Hungernden als Hungernde (1 Sam 2,5), die Nächsten als besorg-
te Mitmenschen (Hi 19,14) oder eben der Mensch als solcher; auch er kann verschwinden, und zwar, im Gegensatz zur Pflanze, endgültig, wenn Gott sich von
ihm abwendet: שעה מעליו ויחדל עד ...כי יש לעץ תקוה אם יכרת ועוד יחליף
וינקתו לא תחדל...וגבר ימות ויחלש ויגוע אדם ואיו (Hi 14,6-10)[335].

In unserem Vers finde ich dieselbe gedrückte Stimmung und dieselbe
fatalistische Aussage wie in dieser Hiobstelle: der Mensch hört auf für

---

333. Dergleichen kommt tatsächlich vor als eine Phase im Prozess des Sterbens
(vgl. KUEBLER-ROSS, Interviews 54-56: "Die dritte Phase: Verhandeln").
Fraglich bleibt aber, ob diese Lösung hier die naheliegendste ist.

334. Von חדל hängen zwar Infinitive mit ל , Infinitive mit מן oder Infinitive ohne Präposition ab, aber ein imperfectum consecutivum darf man
wohl mit OLSHAUSEN (213) "geradezu als eine sprachliche Unmöglichkeit"
bezeichnen. Daran ändert die Erklärung von PODECHARD (11) herzlich wenig:
"La construction est dure et peut-être ne devrait-elle pas être supposée
chez un autre auteur. Mais celui-ci affecte les tournures idiomatiques
et tend à les exagérer (cf. v.6b, 11a, 13b, 14a et b, 15c, 20b):
לחיות עוד (cf. Ps 36,4) lui aura paru trop ordinaire..."

335. Der Halbvers Hi 14,6b ist schwierig und hat zu allerlei Umdeutungen
von חדל von v.6a Anlass gegeben. Dass ויחדל hier aber "und er hört auf"
heissen muss, scheint mir das תחדל in v.7 genügend klar zu zeigen. Ich
bin allerdings versucht, hier wie auch in 1 Sam 2,5 und Ri 5,7 das עד
adverbiell zu verstehen (vgl. שכן עד Is 57,15 und die Formel עולם ועד)
und zu ויחדל zu ziehen: "schaue nur von ihm weg, und er verschwindet
endgültig: erfreut sich wie ein Lohnarbeiter an seinem Tag." Die Tage
(bzw. Jahre) des Lohnarbeiters galten offenbar als beschwerlich und
besonders als kurz (vgl. Hi 7,1 bzw. Is 16,14, wo die שנים כשני שכיר
nach dem Zusammenhang kurze, schnell verfliessende Jahre sein müssen -
königliche Masse sind grösser, proletarische kleiner als normal!).

immer, er verschwindet endgültig. Die auffällige Kürze von v.9b, die immer
wieder zu Umstellungen Anlass gab (vgl. oben Anm. 318), ist hier sehr passend: das plötzliche Aufhören des Stichos stellt das plötzliche Aufhören
des Lebens auch äusserlich dar[336].

3. Von hier aus müssen wir nun wieder auf v.9a zurückkommen. Zur Auswahl
stehen ja zwei Uebersetzungen: "und das Lösemittel seines Lebens ist
wertvoll" oder - semantisch weniger sicher - "und die Erlösung seines Lebens ist schwierig".

Leider passen immer noch beide Uebersetzungen in den Zusammenhang -
die erste allerdings nur, wenn man das וְיֶקְדַל mit POLUS (818) und DOEDERLEIN
(101) konzessiv versteht und an das Vorhergehende anschliesst, was zwar
möglich (vgl. KOENIG, Lehrgebäude III/2 § 363 c, § 193 a-b), aber doch etwas
schwierig ist. Damit haben wir zu wählen zwischen einem syntaktischen und
einem semantischen Wagnis. Ich entscheide mich für das erste, weil es mir
kleiner scheint und weil so ein Satz entsteht, der doch etwas Neues bringt
und das Vorhergehende steigert: der Mensch "kann Gott sein Lösegeld nicht
geben, und sei das Lösemittel für sein Leben noch so wertvoll - und so hört
er auf für immer."

5.3. DIE BEDEUTUNGSLOSIGKEIT DER IDEE (v.10.11-15)

Nachdem in v.8f die "theoretische" Unsinnigkeit der Idee von der todlosen
Welt aufgezeigt wurde, geht in v.10 der Psalmist nun daran, deren "praktische" Bedeutungslosigkeit nachzuweisen: Die Hoffnungen der Reichen von
v.6f sind nicht nur in sich widersprüchlich, sie widersprechen auch völlig
der Erfahrung und zielen deshalb ins Leere.

5.3.1. Idee und Erfahrung (v.10)

1. Die Kommentare sind im allgemeinen kaum darauf bedacht, v.10 auszulegen.
Sie begnügen sich meist damit, ihn auf möglichst scharfsinnige Weise an
irgend einen übergeordneten Satz anzuschliessen.

Einer alten Lösung gemäss wäre v.10 als Objektsatz v.9b unterzuordnen
(vgl. oben 5.2.52). Moderner ist es allerdings, ihn als Konsekutivsatz zu

---

336. Ein gutes Beispiel dafür, dass ein Dichter ein solches Ausdrucksmittel
bewusst einsetzen kann, ist in der deutschen Literatur "der römische
Brunnen" von C.F. MEYER. Dort wird die dem Versmass des Gedichtes entsprechende vierhebige Schlusszeile "und alles strömt und alles ruht"
in der endgültigen Fassung zwecks Darstellung der Ruhe, die den Brunnen
als Ganzen charakterisiert, auf zwei Hebungen verkürzt: "und strömt
und ruht" (vgl. MEYER, Werke III 248f).

v.8b zu ziehen und die "Parenthese" von v.9 in Kauf zu nehmen (vgl. oben
5.2.41). Eine zeitlang recht beliebt war es auch, v.10 als Konzessivsatz
dem כי יראה von v.11 unterzuordnen[337].

Bei all diesen Lösungen aber "bleiben die Worte ein holpriges Ge-
stammel; so hätte auch ein schwacher Dichter nicht geschrieben" (KITTEL
196).

2. Daher ist es vielleicht doch angebracht, zuzugeben, dass die syntaktische
Domestikation von v.10 nicht gelingen will und dass man diesen Vers
besser als selbständigen Satz verstehen sollte: "Difficulter satis hic ver-
sus cum praecedentibus conjungitur, arbitror interrogative recte sumi posse..."
(DE DIEU 141, ähnlich schon IBN ESRA, MEIRI 101 u.a.).

So jedenfalls wird zunächst einmal die Situation syntaktisch einigermassen durchsichtig: die Frage wird mit ו eingeleitet, was - zumal in der
Poesie - nicht sonderlich auffällig ist (vgl. GESENIUS, Grammatik § 150 a).
Das Apokopat יחי drückt wie überall die "erwartungsvoll vorwärtseilende
Regung des Seelenlebens" (KOENIG, Lehrgebäude II/2 § 189) aus, hier freilich
innerhalb einer Frage, was - auch im Deutschen - genau der inneren Struktur
des Dubitativs entspricht: "Er sollte immerfort weiterleben, würde das Grab
nicht sehen?"

Zudem erhält v.10 so auch eine genau angebbare Funktion. Er ist nicht
einfach ein rhetorisch verschnörkeltes Füllsel[338], sondern ein wohlüber-
legtes Zwischenstück, eine Art Scharnier, das die Strophe v.6-10 mit dem
Grundpsalm v.11-15 verbindet. Wie jedes Scharnier besteht v.10 aus zwei
Stücken: ein Stück, v.10aα, ist fest mit dem Vorhergehenden verbunden und
schaut zusammenfassend darauf zurück, ein Stück, v.10aβ, kündigt schon den
folgenden Grundpsalm an und nimmt ihn, ebenfalls zusammenfassend, voraus.

3. Der erste Teilvers fasst die Vorstellungen der Reichen von v.6f sehr
präzis zusammen: Sie möchten bis in alle Ewigkeit (לנצח) immer weiter
und weiter leben (עוד[339]). Doch diese Vorstellung wird jetzt nicht mehr mit

---

337. PAULUS (250) z.B. übersetzt: "Und mag er auch noch für lange Zeit leben
    und noch nicht die Todtenkluft sehen - so wird er sie doch sehen."
    Aehnlich schon GEIER 725, POLUS 818, MICHAELIS 324. EERDMANS (259)
    übersetzt: "May he still live always, he will not see the grave..."
    Da das Ganze für ihn nach v.6 das zweite Rätsel sein soll (262f) ist die
    Unsinnigkeit des Satzes durchaus willkommen.

338. Vgl. etwa AMAMA (282): "Solent Ebraei ubi aliquid posuerunt, illud re-
    petere cum negatione contrarii."

339. עוד umfasst zwar von sich aus sowohl die Bedeutung der "Fortdauer"
    als auch die der "Wiederholung" und nach dem חדל von v.9 - zumal
    wenn man dieses vor dem Hintergrund von Hi 14,7 liest - könnte man

überheblicher Sicherheit vorgetragen wie in v.6, sondern als zweifelnde
Frage. Zweifel und Frage sind hier bestimmt ein Echo der kritischen Verse 8
und 9. Gleichzeitig aber ergeben sie sich auch aus dem Parallelvers.
4. Im zweiten Teilvers kommt nämlich erstmals in Ps 49 die konkrete Erfahrung des Todes ins Blickfeld: das "Schauen der Grube".
Der Streit, der besonders in Ps 16,10 um das Wort שחת lautstark ausgetragen
wird, ist auch an unserer Stelle bisweilen noch schwach zu hören. Mir scheint
er aber - wie alle ideologischen Raufereien - völlig unergiebig. Grammatisch
kann das Wort שחת sowohl als "Grube" zum Hapaxlegomenon שוח, "sinken"
(Spr 2,18), als auch als "Verderben" zum häufigen שחת, "verderben" gezogen
werden, wie das immer wieder angeführte Parallelbeispiel נחת (1. "Ruhe"
von נוח, 2. "Herabkommen" von נחת) zeigt. Dass nun שחת meistens "Grube,
Grab" bedeutet, scheint mir sicher und dass es bisweilen das "Verderben"
bezeichnet (vgl. etwa Ps 55,24) scheint mir wahrscheinlich. Nur sind die
beiden Bedeutungen wohl kaum so klar zu trennen: wo vom "Grab" die Rede
ist, klingt wohl auch die andere Bedeutung mit und die "Grube" wird so zum

---

hier (wie im עוד לנצח von Jer 50,39) עוד eher auf ein erneutes Auf-
leben deuten. Aber die Parallele, die in diesem Fall von einem zweiten
Tod reden müsste, scheint mir entschieden dagegen zu sprechen. So verstehe ich עוד mit MICHAELIS (324) als "porro et constanter" (vgl.
Ps 84,5).
   Auf diesem Wort baut VOLZ seine ganze "textkritische" Konstruktion
auf (vgl. oben 3.1.21). Er geht aus von einem Text des KLEMENS VON
ALEXANDRIEN (Stromata I/X, 473): Παντος γαρ μαλλον αληθης ο
ψαλμος εκεινος ο δικαιος ζησεται εις τελος, οτι ουκ οψεται
καταφθοραν, οταν ιδη σοφους αποθνησκοντας. Dieser Satz entspricht von ζησεται an wörtlich der SEPT-Uebersetzung unseres Verses
und es wäre eigentlich naheliegend, anzunehmen, KLEMENS habe einfach
einen in der SEPT unklaren und in der Luft hängenden Vers auf den
δικαιος angewandt. Nach VOLZ darf man aber ganz im Gegenteil "mit
Wahrscheinlichkeit, fast mit Gewissheit rechnen, dass Clemens einen
alten Text vor sich hatte, der einen positiven Satz über das ewige Los
der Frommen enthielt" (257). Und dieser alte (griechische) Text ging
auf den ursprünglichen hebräischen Text zurück: ויחי העני לנצח (259).
Die abenteuerliche Textgeschichte, die VOLZ (257f) konstruieren muss,
um zu erklären, weshalb dieser Urtext erst bei Klemens wieder greifbar wird, vermag aber offenbar nicht einmal er selbst zu glauben. Darum beteuert er: "Auf jeden Fall ist das Zitat des Clemens ein sehr
bedeutsamer, ja meiner Ansicht nach entscheidender Fingerzeig, nicht
bloss für die Textaufhellung von v.10, sondern für das Verständnis
des ganzen Psalms..." (258) Zwischen der "Textaufhellung von v.10"
und dem "Verständnis des ganzen Psalms" (ob zeitlich nach der Aufhellung und vor dem Verständnis oder nach dem Verständnis und vor der
Aufhellung bleibe dahingestellt) kommt allerdings VOLZs eigentliche
Arbeit zu liegen: die Neudichtung des Psalmes unter der Bedingung,
dass eine "positive Botschaft" (263) herausschaut.

Sammelbecken aller vorstellbaren Verwüstungen, Vernichtungen und Zerstörun-
gen[340].

So verstanden wäre שחת jedenfalls besonders geeignet, um die zwei
Strophen des Grundpsalmes zusammenzufassen: die eigentliche Bedeutung
"Grube" wiese besonders auf die konkrete Erfahrung des Sterbens, die in der
ersten Strophe (v.11-12) zur Sprache kommt, das mitzuhörende "Verderben"
evozierte die ganze Sphäre der Vernichtung und des Todes, deren allmächtige
Präsenz im menschlichen Leben die zweite Strophe (v.14-15) ausmalt.

Wie dem auch sei, das "Sehen der Grube" wird in v.10a β verneint, doch
diese Verneinung wird gleichzeitig in Frage gestellt: die Idee der todlosen
Welt (v.10a α) zieht die Verdrängung und Leugnung der konkreten Todeserfahrung nach sich. Doch diese Verdrängung ist, wie jede Verdrängung, angesichts
der erfahrenen Wirklichkeit fragwürdig und ihre Fragwürdigkeit springt über
auf die Idee, aus der die Verdrängung entsprang.
5. So halten sich die beiden Fragesätze von v.10a gegenseitig in Schwebe.

Die in Frage gestellte Idee und die in Frage gestellte Verdrängung der
Erfahrung bilden miteinander ein labiles System grösster Unbestimmtheit,
gewissermassen ein "Gleichgewicht des Zweifels".

Wie ein Fallbeil macht der Satz כי יראה (v.10b) diesem Gleichgewicht
ein Ende, indem er die Fragen einseitig und brutal zugunsten der Erfahrung
entscheidet und so den ganzen Grundpsalm mit seinem illusionslosen, dunklen
Realismus einläutet: der Mensch sieht die Grube, wie die tägliche Erfahrung
lehrt. Das ist nicht zu leugnen oder auch nur zu übersehen, und wer dies
trotzdem tut, verdient nicht, erst genommen zu werden.

5.3.2. Von der Naivität der Skepsis (v.6-15)

1. Bisher wurde die Strophe v.6-10 ganz vom Grundpsalm her verstanden. Das
   entspricht unserer literargeschichtlichen Theorie und ist m.E. auch die
sicherste Art, die einzelnen Sätze richtig zu verstehen (vgl. oben 5.1.44
und Anm. 295). Es genügt aber nicht, um den Text unabhängig von seiner
Genese so, wie er jetzt vorliegt, zu erfassen. Deshalb scheint es mir jetzt

---

340. Dass שחת nicht allgemein ein "Verderben" bezeichne, sondern präzise
das Verfaulen von Menschenfleisch, ist m.E. die Behauptung einer dog-
matisch irregeleiteten Vernunft. Diese Behauptung schien bisweilen
nötig, um aus Ps 16,10 eine materialistisch verstandene Auferstehung
"beweisen" zu können. Jedenfalls dürfte das neutestamentliche ουτε
η σαρξ αυτου ειδεν διαφθοραν (Apg 2,31; vgl. 13,35f) schwerlich
eine chemische Aussage sein, sondern die Vernichtung (διαφθορα)
der konkreten, hinfälligen Person (σαρξ) im Auge haben.

an der Zeit, die ganze bisherige Auslegung von v.11-15 und v.6-10, ohne
sie im Einzelnen zu verändern, "vom Kopf auf die Füsse" zu stellen. Schliesslich kann es ja nicht zufällig sein, dass der Grundpsalm nicht als Einleitung, sondern als Mittelstück der Erweiterungen verwendet wurde[340a].
2. Vom Grundpsalm aus betrachtet schienen v.6-10 eine Idee zu enthalten,
die der Autor anführt, nicht so sehr, weil gewisse Leute danach leben,
sondern weil sie ihn aus einer denkerischen Aporie heraushelfen könnte -
was sie allerdings nicht tut, da sie keine kohärente Welt ergibt (v.6-7),
in sich widersprüchlich ist (v.8-9) und an der Erfahrung völlig vorbei-
läuft (v.10).

Nimmt man nun aber v.6-10 für sich und versteht sie nicht primär als
Antwort auf den Grundpsalm, sondern wirklich als Anfang des eigentlichen
Gedichtes, so verändert sich an der Auslegung im Einzelnen nichts. Einzig
die Tatsache, dass die todlose Welt nicht nur ein systematisch willkommenes
"Gedankenexperiment" ist, sondern auch die Welt, die konkrete Leute für
die wirkliche halten, wird nun besser sichtbar und erhält mehr Gewicht.
3. Damit gewinnt wieder die Frage nach der Identität der Leute von v.7 an
Bedeutung (vgl. oben 5.1.42). Ist hier wirklich die Oberklasse anvisiert,
sodass die ganze Strophe gegen eine bestimmte Klassenideologie polemisierte,
wie das alle Kommentare fraglos voraussetzen? Oder steht hier der Reiche als
Symbol für den Menschen überhaupt, insofern er "reich" ist? Damit sprächen
v.6-10 von jenem spontanen Lebensgefühl, in dem jeder Mensch dahinlebt, solange seine ursprüngliche, unproblematische und naive Einheit mit der Welt
nicht zerbrochen ist.

Die Alternative ist grundlegend für das Verständnis des ganzen Psalmes:
ist Ps 49 ein "prophetischer" Psalm, der in einem politisch-sozialkritischen
Diskurs über (d.h. gegen) den Reichtum auch den Tod erwähnt, oder ist Ps 49

340a. Ich gehe hier von der Voraussetzung aus, dass der Autor der Erweiterungen den Grundpsalm nicht nur in seinem materiellen Bestand übernommen
hat, sondern ihn auch in seiner ursprünglichen Intention verstanden
wissen wollte und dass er erst in v.16 seine eigene Antwort darauf
gibt. Diese Voraussetzung scheint mir insofern berechtigt, als sie die
Auslegung vereinfacht (v.11-15 bedeuten im ursprünglichen und im erweiterten Zustand dasselbe, vgl. auch oben Anm. 295). Sie ist jedoch
willkürlich und nicht weiter begründbar. So wäre es denn auch durchaus möglich, dass der Autor der Erweiterungen die zweite Strophe des
Grundpsalmes bewusst missverstanden hätte, um mit seiner tröstlichen
Antwort auf das Todesproblem schon in v.14 einzusetzen. In diesem Fall
müsste im Rahmen des ganzen Psalmes der verborgene zweite Sinn von
v.14 (vgl. oben 4.1.72) wegfallen und der ganze v.15 verlöre seinen
bitteren Ton (vgl. oben 4.2.46): "Das ist (allem Schein zum Trotz) der
Weg derer, die Vertrauen haben und über deren Worte man sich nach ihrem

ein "weisheitlicher" Psalm, der in einem psychologisch-anthropologischen
Diskurs über den Tod auch den Reichtum erwähnt?

Diese grundlegende Frage kann erst später wirklich beantwortet werden
(vgl. unten 6.2.25 und Anm. 389). Vorläufig bin ich aber nur imstande,
v.6-15 als gedankliche Einheit zu verstehen, falls der zweite Teil der Alternative zutrifft.

4. Dann meldet sich nämlich in v.6-7 durch den Mund des Reichen der Mensch
zu Wort, der, ganz in der Welt aufgehend und von Schuld und Leid völlig
unberührt, immer fort und fort vor sich hinlebt ohne in diesem Lebensfluss
eine Grenze zu sehen. Doch dieser Mensch wird noch seine Grubenerfahrungen
machen müssen und für immer verschwinden! Bei v.10 angelangt atmet der
Leser ob dieser Aussicht erleichtert auf: ohne den Tod wäre alles absurd,
der Mensch wäre kein echter Mensch, sondern - wie Gilgamesch vor dem Tod
des Enkidu - ein brutaler Kraftprotz, der, unbeachtet und ungestraft, "jenseits von Gut und Bös", in völliger Beliebigkeit daherschreiten könnte und
Gott wäre nichts als ein erbärmlicher, bestechlicher Götze.

In v.10 scheint die Welt wieder in Ordnung: der Tod gibt dem Leben
seinen Wert, er erniedrigt den rücksichtslosen Uebermenschen zum Menschen
und erhöht den manipulierbaren Götzen zum Gott.

Doch von v.11 an schlägt das Pendel plötzlich auf die andere Seite
aus und es zeigt sich, dass der Tod alles, was er ermöglicht, auch gleich
vernichtet. In der Strophe v.11-15 tritt ja mit dem Weisen der eigentliche
Mensch auf, der, in kritischer Distanz zur Welt, die Grenzen von Schuld,
Leid und Tod sieht, sie aber durch bewusste Setzung seines Lebens zu meiden
sucht. Doch dieser Mensch erweist sich als erbärmlicher, hilfloser Schwächling, der in all seiner Weisheit und Tugend, unbeachtet und unbelohnt, "jenseits von Gut und Bös", in völliger Beliebigkeit dahingetrieben wird, und
Gott ist hier nichts als ein weltabgewandter, brutaler Kraftprotz.

Tod noch freut: wie (Hürden)Vieh sind sie in der Scheol geborgen, der
Tod, der weidet sie, und wenn man sie auch unterdrückt - sie sind ja
Gerechte, die auf den Erlösungsmorgen harren, und so ist auch ihr Fels
da, um die Scheol zu zerstören, von seinem Hochsitz aus. Ja, Gott wird
meine Seele retten...". Sprachlich ist diese Uebersetzung akzeptabel -
ausser vielleicht die notwendige konzessive Deutung von בם וירדו. Doch
hier könnte man nun wieder die masoretische Akzenteinheit בם וירדו
ישרים לבקר hervorkramen und annehmen, der Autor der Erweiterungen
habe -unter Zerstörung der metrischen Struktur seiner Vorlage- frei
nach Ps 149,6-9 (vgl. Weish 3,7f; 6,20) die Vorstellung eines eschatologischen Friedensreiches unter Philosophenkönigen hier hineingeflickt.
Ich persönlich traue zwar einem so talentierten Dichter wie dem Autor
der Erweiterungen soviel poetischen Vandalismus nicht zu - aber letztlich ist das eine Ermessensfrage!

In v.15 liegt die Welt wieder in Trümmern: Der Tod nimmt dem Leben jeden Wert, er erniedrigt den Menschen zum Tier und erhöht Gott zum blasierten Zyniker.

6.   DIE ANNAHME DES TODES

Die zwei Strophen v.6-10 und v.11-15 haben den Leser in eine vollkommene
Aporie geführt, aus der es scheinbar kein Entrinnen gibt: ob mit, ob ohne
Tod, der Tun-Ergehen-Zusammenhang spielt nicht und damit wird das mensch-
liche Leben zur sinnlosen Posse und Gott zum Zerrbild seiner selbst.
    Dieser ganze Gedankengang von v.6-15 mag das in v.5 angekündigte
Rätsel sein (vgl. unten 7.2.53) und man kann nun gespannt sein, ob es dem
Autor   in den verbleibenden paar Zeilen tatsächlich noch gelingen wird,
den gordischen Knoten, den er mit soviel Scharfsinn geknüpft hat, wirklich
zu "öffnen".

6.1.   DES RAETSELS RAETSELHAFTE LOESUNG (v.16)

Als Hauptelement in der Lösung des Rätsels von Ps 49 gilt ganz allgemein
und m.E. sehr zu Recht v.16. Dieser Vers steht bei allen Kommentatoren -
auch bei denen, die sein theologisches Gewicht möglichst herunterspielen
möchten - im Zentrum der Aufmerksamkeit. Deshalb ist er auch der meist-
kommentierte und der meistumstrittene Vers des Psalmes: "C'est le verset-
clef du Psaume, et en même temps une 'crux interpretum'" (PLOEG 156).

6.1.1. Der Stellungskrieg in den Kommentaren

1. Im grossen Kampf um v.16 steht auf der einen Seite die kleine Partei
    derjenigen, die im Satz nur eine Errettung vor einem vorzeitigen Tod,
eine Bewahrung vor der "summarischen Katastrophe" (LINDBLOM 25ff) sehen[341].

---

341. Der erste, der diese Deutung klar vertreten hat, scheint mir CLERICUS
       (309) zu sein. Er findet nur bedingt Gefolgschaft, so z.B. bei RUPERTI

Sofern sie nicht überhaupt finden, das sei "natürlich" ganz evident
(vgl. etwa WETTE 343, HITZIG 273) und bedürfe keiner Begründung, können
sie sich für diese Auslegung auf die meisten ähnlich lautenden Stellen des
Psalters stützen (Ps 9,14; 13,4; 30,4; 33,19; 56,14; 68,21; 86,13; 103,4;
116,8; 118,17-18 usw.; vgl. Hi 33,27; Sir 51,2). Dort gilt stets die Faustregel: "'Vom Tode erretten' heisst vom bösen Tode erretten" (BARTH, Errettung 152) - warum sollte es hier anders sein, zumal v.19 doch zu sagen
scheint, dass "the man, who was saved from the Sheol, was praised by the
people for his earthly welfare" (EERDMANS 266) und wir aus den vorhergehenden Versen doch zur Genüge wissen, dass früher oder später jeder für immer
vom Tode ereilt wird (vgl. KISSANE 217, REUSS 139 u.a.).
2. Auf der andern Seite stehen die viel zahlreicheren Exegeten, welche dem
   Vers die im Alten Testament sehr selten Botschaft von der Errettung vom
Tode überhaupt entnehmen.

Auch diese Deutung scheint einigen "offenkundig" (SACHS 71, vgl. OLS-
HAUSEN 213) und an eine andere Lösung kann nach ihnen "nur denken, wer den
ganzen Psalm nicht verstehen will" (STIER 143). Meistens sucht man aber
doch nach Gründen. Man findet sie etwa - spärlich genug - in den ebenfalls
unsicheren Psalmstellen 16,10 und 73,24 oder in der feierlichen Lehreröffnung (v.2-5), die doch nur dann gerechtfertigt ist, wenn eine ganz besondere
Botschaft folgt. Dem wäre wohl die kaum beachtete, doch im Vokabular unserem
Vers recht nahestehende Stelle Ps 89,49 anzufügen, wo der Kontext (מִי גֶבֶר
יִחְיֶה וְלֹא יִרְאֶה-מָּוֶת) zeigt, dass יְמַלֵּט נַפְשׁוֹ מִיַּד-שְׁאוֹל die (hier allerdings
als unmöglich dargestellte) Errettung vom Tod überhaupt anpeilt.

Problematischer als die Begründung scheint allerdings die genaue Auslegung des so gedeuteten Verses (vgl. unten 6.1.42): Soll man mit einigen
hier tatsächlich eine Entrückung sehen, die "nicht erst nach dem Sterben,
sondern schon vor demselben" (SCHULTZ 114) stattfindet? לקח wäre dann "ein
terminus technicus für entrücken, in den Himmel oder ins Paradies versetzen"
(DUHM 203, vgl. Gen 5,24; 2 Kön 2,3ff). Oder soll man mit einigen anderen
Exegeten annehmen, dass der Beter von v.16 "in tegenstelling met het uit-
zonderlijke lot van een Henoch of Elia" (BOEHL 85) von Gott erst nach seinem Tod "genommen" werde und dass somit in unserem Vers "eine wirkliche
Auferstehungshoffnung geäussert" werde (KRAUS 367), wie "in der unwider-
leglichen Stelle Ps 17,15" (STIER 143)? Oder soll man schliesslich wie die

297, ROSENMUELLER 1073, WETTE 343, STUHLMANN 137, PAULUS 240, HITZIG
273, GUNKEL 210, EERDMANS 266, LINDBLOM 25ff, KISSANE 217, BARTH, Errettung 159f, WAECHTER, Tod 196.

meisten Exegeten hier ganz allgemein vom "Evangelium eines Ausgleichs in
der Ewigkeit" (SCHMIDT 95) reden ohne gross zu fragen, wie sich der Autor
das genau vorstellte, denn "il ne le savait probablement pas lui-même d'une
manière très précise. Le fait seulement est certain" (CALES 279)?
3. Diese zweite Deutung von v.16 scheint also auf recht schwachen Füssen zu
stehen, obwohl sie von der grossen Mehrheit der Exegeten vertreten wird.
Dass die Gegenpartei behauptet, v.16 stehe "abrupt und isoliert" (GRAETZ 342)
da, macht sie nicht glaubwürdiger - ja, sogar von Seiten der Mehrheit muss
man hören, dass der Gedanke von v.16 "nur in einem Distichon" (DUHM 203)
zum Ausdruck komme "as a parenthetical thought" (BUTTENWIESER 646), der
"auf den weiteren Gang des Liedes keinen Einfluss ausgeübt (habe), was bei
der Grösse des Gedankens von v.16 befremdlich erscheinen muss" (KITTEL 196)[342].

Das hat einige Vertreter der Mehrheit so beeindruckt, dass sie zum
Schluss gekommen sind, v.16 lasse sich "aus dem Zusammenhang des Liedes
herausnehmen, ohne dass eine Lücke bleibt" und sei deshalb "lediglich Rand-
notiz eines frommen Lesers" (STAERK 249, ähnlich GUNKEL 210), eines Heraus-
gebers, "wishing to make the Psalm more useful for public worship" (BRIGGS
411) oder eines Kopisten (vgl. OESTERLEY 266f)[343]. Doch abgesehen davon,
dass die Echtheit von v.16 ganz indiskutabel ist (vgl. oben 1.3.3), würde
ohne diesen Vers überhaupt der ganze Psalm von vornherein ins Leere schies-
sen, und es könnte "dem Dichter der Vorwurf nicht erspart bleiben, dass seine Lösung des Rätsels lange nicht dem entspricht, was die Einleitung erwarten liess" (KITTEL 196, ähnlich STAERK 249 selbst, PODECHARD K I 220 u.a.).
4. Auf der andern Seite trifft nun aber derselbe Vorwurf den Dichter, wenn
v.16 nur die Errettung vom vorzeitigen Tod meinen sollte. "Ein solcher
Umstand würde für den behandelten Gegenstand von gar keiner Bedeutung sein"
(OLSHAUSEN 219); denn "dans le contexte du psaume et étant donné la façon
très générale dont il pose la question de la rétribution..., il ne saurait

---

342. Vgl. auch PODECHARD (17): "On est surpris de voir une doctrine de cette
importance et évidemment nouvelle... si brièvement formulée." Aehnlich
OLSHAUSEN (219): "Wenn... des Dichters Meinung sein soll, dass er (und
etwa die übrigen Frommen) überhaupt dem Tode nicht verfallen werde, so
hätte man, auch abgesehen vom Widerspruche mit v.11, bei einer solchen
Ueberzeugung erwarten dürfen, dass das ganze Gedicht eine durchaus andere
Gestalt gewonnen hätte."

343. Nach MUNCH (Problem 44) ist der sekundäre Charakter von v.16 (wie von
v.6) gar eine Evidenz: "Schon aus stilistischen Gründen ergibt sich das.
Wenn man das Gedicht ohne vorgefasste Meinung durchgeht, so fällt sogleich auf, dass diese zwei Verse Fremdkörper sind. Der durchaus nüch-
terne und weltliche Ton des Gedichts bricht hier ab, um einer ganz persönlichen religiösen Stimmung zu weichen."

pas plus s'agir pour le psalmiste d'échapper à un danger actuel de mort,
dont l'existence n'est d'ailleurs pas indiquée, qu'il ne s'agit pour les
méchants de succomber à une mort prématurée." (PODECHARD 16, ähnlich PLOEG
163f).

5. Die Situation ist in den Kommentaren also recht verfahren. Beide möglichen Deutungen werden je mit umso mehr Vehemenz verteidigt, desto
weniger sichere Gründe man für sie anführen kann (wie man sich ja in jedem
Stellungskrieg umso tiefer in die Schützengräben verbohrt, je weniger Mittel man hat, voranzukommen) und beide Deutungen scheinen schlecht: Die
bescheidenere Deutung, die von den Parallelstellen her besser abgedeckt
ist, scheint inhaltlich absolut ungenügend und die spektakulärere Deutung,
die inhaltlich auf der Höhe der Fragestellung wäre, sieht äusserst fragwürdig aus.

6. Um aus diesem Dilemma herauszukommen, haben einige Exegeten versucht,
im Niemandsland zwischen den zwei verhärteten Fronten eine Lösung zu
finden, indem sie beide Deutungen kombinierten. Sie gehen davon aus, dass
"nach dem Zusammenhang und Gegensatze...die Erlösung der Seele des Gerechten aus der Hölle zunächst nur die Errettung aus dringender Lebensgefahr
bezeichnen (kann)" (HENGSTENBERG 465). Dabei halten sie aber fest, dass
"Gott den Psalmisten so vor dem drohenden Tod erlöst, dass er zu den Redlichen gehört, die am Morgen der anbrechenden Heilszeit als Sieger über
die Reichen dieser Welt triumphieren" (HUPFELD 667), d.h. die Erlösung
vom bösen Tod "verbürgt zugleich die Erlösung aus dem wirklich eingetrete-
nen Tode" (HENGSTENBERG 465, ähnlich vielleicht ROSENMUELLER 1073).

Diese Auslegungen mögen nun freilich recht unklar und kompliziert erscheinen. Sie entspringen aber einer guten Absicht, der Absicht, die zwei
gängigen Deutungen von v.16 zu verbinden. Es geht nun darum, diese gute
Absicht besser zu verwirklichen. Zu diesem Zwecke stelle ich die nun folgende Arbeitshypothese auf.

6.1.2. Zwei alte Antworten im Horizont einer neuen Frage

1. Die beiden Deutungen von v.16 - die bescheidene Deutung der Minderheit
("Rettung vom bösen Tod") und die spektakuläre Deutung der Mehrheit
("Rettung vom Tod überhaupt") - sind m.E. einfach zu addieren: die Minderheit erklärt v.16a richtig, die Mehrheit legt v.16b korrekt aus. Im Einzelnen heisst das folgendes:

2. Die angeführten Parallelen (vgl. oben 6.1.11) zeigen m.E. klar genug,
dass in v.16a zunächst einmal genau das traditionelle Glaubensbekenntnis

aus dem Klagelied angeführt wird. Darin ist der Minderheit recht zu geben.
Ebenso zutreffend ist aber der gegnerische Einwand, dass dieses
Glaubensbekenntnis als Antwort auf v.6-15 absolut ungenügend ist. In einem Psalm, in dem der Tod als solcher Gott (v.15d) und Mensch (v.13.21)
derart in Frage stellt, in dem bereits das Leben so vollständig von der
Todesmacht "unterwandert" und ausgehölt ist (v.14-15c) und in dem die Alternative höchstens "ewiges Leben oder ewiges Totsein" heissen könnte
(v.10.12), vermögen Erwägungen über den Zeitpunkt des Sterbens in der
Tat nicht mehr viel auszurichten. Höchstens als taktische Abweisung der
kritischen Anfrage und als billige Vertröstung des unbefriedigten Frage-
stellers wären sie vielleicht zu gebrauchen. Doch vom Autor der Erweiterungen, der auf die radikale Kritik des Grundpsalms so gelassen und so genau
eingeht (ansonsten er diesen Text ja kaum zum Herzstück seines Psalmes
gemacht hätte), erwartet man alles, nur nicht die Unterdrückung des begonnenen Gesprächs.

3. In Wirklichkeit scheint mir der Autor der Erweiterungen das Ungenügen
des traditionellen Credos durchaus gesehen zu haben. Deshalb geht er
sogleich daran, es neu zu interpretieren - vielleicht schon durch die Formulierung שאול מיד (vgl. unten 6.1.34), sicher aber durch die Weiterfüh-
rung in v.16b. Zu diesem Zwecke greift er auf die ebenfalls traditionelle
Vorstellung der Entrückung zurück (vgl. unten 6.1.42), wie einige Vertreter der "Mehrheitsexegese" richtig gesehen haben. Diese alte Vorstellung
wird allerdings durch die Verbindung mit der Frage, die beantwortet und
dem Credo, das interpretiert werden soll, "demokratisiert" und damit entscheidend verändert, was die meisten Vertreter der "Mehrheit", die es ja
vermeiden, von "Entrückung" zu reden, richtig, wenn auch unbewusst, gespürt haben.

4. Der Autor der Erweiterungen antwortet also auf das Problem des Grundpsalmes mit dem ganz traditionellen Credo von der Erlösung aus dem
vorzeitigen Tod[344]. Er bringt dieses jedoch auf die Höhe der neuen Frage-

---

344. Diese Verbindung von Altem und Neuem wurde von einigen Exegeten wahr-
genommen, doch m.E. etwas einseitig als im engsten Sinne des Wortes
gattungskritisches Problem behandelt. So sagt man etwa, der Autor von
Ps 49 drücke sich "mit Hilfe einer festgeprägten Sprache" aus, stehe
"unter dem Einfluss überpersönlicher Stilkräfte" (SCHMITT, Entrückung
205) und "(stütze sich stark) auf bestehende Literaturgattungen" (aaO
243), doch es gelinge ihm, "trotz dieser engen Verquickung mit der
Tradition...in Neuland vorzustossen" (aaO, vgl. MULDER 133). Das ist
zwar alles richtig, aber die Ausdrucksweise legt doch nahe, hier gehe
es um ein bloss formales und letztlich sekundäres Problem. Das, was
in Wirklichkeit ein freier, d.h. bewusster und schöpferischer Umgang

stellung, indem er es mit einer andern traditionellen Vorstellung, die der
"Entrückung", verknüpft, die sich dadurch ihrerseits verändert. Was das
inhaltlich genau heisst, wird noch zu überlegen sein (vgl. unten 6.1.3-6).
Formal können wir aber jetzt schon zwei Dinge festhalten:

5. Auf der einen Seite fällt auf, dass v.16 in seiner seltsamen masoretischen Akzentuierung, die beibehalten werden kann (vgl. unten 6.1.32)
ein genaues metrisches und logisches Gegenstück zum (korrigierten) v.10
ist. In beiden Versen folgt auf einen extrem langen Teilvers fraglichen
Inhalts ein extrem kurzer Teilvers, der die Frage löst: Nachdem in v.10
die Idee der todlosen Welt der Erfahrung gegenüber in ihrer Fraglichkeit
erschien, brachte das כי יראה die Entscheidung - zugunsten der unmittel-
baren Erfahrung. Nachdem nun in v.16 das Credo vom lebenserhaltenden Gott
sich derselben (nun in v.11-15 ausgeführten) Erfahrung gegenüber in seiner
ganzen Unzulänglichkeit zeigt, bringt das kurze כי יקחני die Entscheidung
- gegen die unmittelbare Erfahrung.

6. Auf der andern Seite zeigt sich, dass das כי יקחני (genau wie das כי
יראה, das mit grosser Vehemenz die ganze Strophe v.6-10 liquidiert) aus
metrischen Gründen sehr exponiert ist. Darin liegt eine gewisse Entkräf-
tung des Argumentes, v.16 sei zu isoliert und zu diskret plaziert, um
neue und spektakuläre Ideen zu enthalten (vgl. oben 6.1.13). Ganz abgesehen davon, dass die Vorstellung der Entrückung gar nicht unbekannt ist,
wird sie in geballter Kürze an einem neuralgischen Punkt des Textes zum
Ausdruck gebracht. Der dadurch entstehende Zusammenstoss mit dem Kontext
ist wuchtig genug, um die Aufmerksamkeit des Lesers auf die dadurch inten-
dierte Lösung des Rätsels zu lenken (vgl. unten 6.1.32)[345].

---

mit der Tradition ist, läuft so Gefahr, nur noch als halbbewusste Verfallenheit an antiquierte Denkformen oder als unverbindliche Spielerei
mit Traditionsbrocken in den Blick zu kommen. Dass es aber um bedeutend
mehr geht, nämlich um das stets wieder aktuelle Problem, alte Ueberlie-
ferungen und neue Fragestellungen aussöhnen zu müssen, hat A. ROBERT
selbst, der ja als erster auf diese "anthologische" Arbeitsweise hingewiesen hat, am klarsten ausgedrückt: "Du point de vue psychologique,
la constatation la plus instructive et la plus émouvante que nous
puissions faire est l'obstination des écrivains sacrés...à se retourner
vers leurs prédécesseurs...Loin de douter des Ecritures, c'est vers
elles qu'on se retourne: on les scrute, on y découvre des profondeurs
et une actualité; de là les convictions nouvelles qui s'expriment dans
les productions si nombreuses et si remarquables du judaïsme. Le procé-
dé anthologique prend à cette lumière sa plénitude de signification: il
atteste en même temps la continuité de la tradition doctrinale et ses
étonnants progrès." (ROBERT, Genres 417, vgl. auch SAMAIN 29)

345. Auf analoge Weise suchte schon KESSLER (108) die Schwierigkeit zu lösen:
"Der Satz ist deutlich parallel dem ebenso kurzen מות ירעם in v.15:

6.1.3. Das traditionelle Credo

V.16 bietet neben der enormen Schwierigkeit, seine globale Bedeutung richtig zu erfassen, zunächst einmal auch sprachlich einige kleinere Probleme.

1. Zunächst einmal kann die genaue Bedeutung von אך zu einigem Zögern Anlass geben. Man hat zunächst die Wahl zwischen einer hervorhebenden
("fürwahr" vgl. z.B. Ps 73,1) und einer einschränkenden Bedeutung. Wählt
man letztere, so bleiben immer noch drei Möglichkeiten: das einschränkende
אך bezieht sich entweder auf den ganzen Satz und stellt zwischen v.16 und
dem Vorhergehenden einen Gegensatz her ("aber:...") oder es bezieht sich
auf ein einzelnes Wort des Verses, sei es אלהים ("_Gott_ aber...", d.h.
nur Gott, im Gegensatz zum supponierten Bruder von v.8), sei es נפשי
("_mich_ aber...", d.h. nur mich, im Gegensatz zu den supponierten Ver-
dammten von v.15, vgl. etwa DELITZSCH 340). Die zwei letzten Uebersetzungen
können sogleich ausscheiden, da sie von Auslegungen abhängen, die wir verworfen haben. Eine Entscheidung zwischen den beiden andern Möglichkeiten
fällt sehr schwer, ist aber m.E. auch gar nicht nötig. Warum sollten hier
nicht _beide_ Funktionen von אך voll zum Tragen kommen, sowohl die Absetzung
des Folgenden vom Vorhergehenden als auch und in einem die Hervorhebung
des Abgesetzten ("Doch fürwahr...")? Jedenfalls scheinen mir nach der rhetorischen Frage von v.15 beide Funktionen unabdingbar: durch die Absetzung
wird der Antwortcharakter des Verses unterstrichen, durch die Hervorhebung
die Heftigkeit des Widerspruchs, die bei der Beantwortung rhetorischer
Fragen stets nötig ist.

2. Auch metrisch bleibt eine Schwierigkeit zu lösen[346]: Der MT, gefolgt
von allen erhaltenen alten Versionen (TARG, SEPT, GAL, ROM, HEBR) ausser
PESH, zieht in seiner Akzentuierung den Ausdruck מיד-שאול zum ersten Versteil. Damit entsteht ein recht erstaunliches metrisches Gebilde, bestehend
aus einer extrem langen und einer extrem kurzen Vers"hälfte".

Das ist vielen neueren Exegeten unerträglich und sie "normalisieren"
die Zeile durch Versetzung des _atnah_ unter נפשי. Als Begründung für diesen
Eingriff führt man neben dem gängigen Postulat der metrischen Monotonie[347]

_____

jene weidet der Tod, mich fasst die Hand Gottes." Leider ist _diese_
Parallelität kaum so "deutlich", wie sie KESSLER erschien.

346. Als letzter und sehr ausführlich hat SCHMITT (Entrückung 218-224) dazu
Stellung genommen.

347. Vgl. z.B. SCHMITT (Entrückung 221): "Wenn auch die Frage nach dem Metrum innerhalb der Psalmenforschung noch ein ungelöstes Problem darstellt, so erweist sich doch unverkennbar der Doppeldreier in Ps 49

die Ueberlegung ins Feld, die überlieferte Akzentuierung beruhe auf einer
Verkennung des hier vorliegenden emphatischen Charakters von כי durch alte
Uebersetzer und Masoreten. Abgesehen davon, dass mir diese Ignoranz der
Alten keineswegs einleuchtet[348], ist die Annahme eines emphatischen כי
in v.16 ein notwendiger, keineswegs aber ein hinreichender Grund für die
Versetzung des atnaḥ - auch ein emphatisches כי kann ja am Satzanfang
stehen. Auch die Beobachtung, dass פדה in v.8 ohne מן, לקח dagegen in
2 Kön 2, 3.5.9.10 mit מן konstruiert wird, dürfte kaum genügen, um die
Korrektur zu rechtfertigen, zumal in Gen 5,24 לקח absolut gebraucht wird
und in Hos 13,14 פדה in anderer syntaktischer Fügung[349] (מיד-שאול אפדם)
gleich konstruiert wird wie an unserer Stelle.

Ich bleibe also bei der masoretischen Akzentuierung, die v.16 ein besonderes Gewicht verleiht (vgl. oben 6.1.26), und sehe in der Verseinteilung von PESH ein frühes Zeugnis metrischer Phantasielosigkeit[350].

als dominierendes metrisches Prinzip, so dass mit guten Gründen dieses
Metrum auch für v.16 angenommen werden kann." Sogar wenn man das angeblich unverkennbare Prinzip akzeptiert, ist der Schluss unhaltbar.
Eine Abweichung vom "dominierenden metrischen Prinzip" kann nämlich
gerade ein sehr geeignetes Mittel sein, den aufmerksamen Leser auf
die Bedeutung eines Verses aufmerksam zu machen. So bemerkte schon
HIERONYMUS zu Recht: "Interdum quoque rhytmus ipse dulcis et tinnulus
fertur numeris lege solutis, quod metrici magis quam simplex lector
intelligunt." (Vorwort zu Hiob, zit. bei BARNES, Metre 375)

348. Wenn den Tradenten des hebräischen Textes aus welchen Gründen auch
immer die Kenntnis einer emphatischen Bedeutung von כי irgendwann
abhanden gekommen wäre, muss man sich wirklich fragen, ob sie diese
nicht auch an Stellen wie Ps 60,4; 118,10-12; 120,7; Hi 12,2 hätten
ausschliessen müssen, sei es durch andere Akzentuierung, sei es durch
gewichtigere Textmanipulationen, wie sie DAHOOD (Psalms III 403) noch
und noch glaubt feststellen zu können. Im TARG wäre eine Unkenntnis des
emphatischen כי erstaunlich, da ארי/ארום, das häufigste Aequivalent
von כי, durchaus auch emphatisch gebraucht wird. Auch scheint es
mir reichlich übereilt, wie SCHMITT (Entrückung 223f) aus der blossen
Tatsache, dass die SEPT ein emphatisches כי in Gen 18,20; Ps 118, 10-12;
128,2; Is 10,13 nicht übersetzt, schliessen zu wollen, sie hätte nur
die kausative Bedeutung von כי gekannt. Ein einziger Blick auf den
Index von CAMILO DOS SANTOS genügt, um schlagend das Gegenteil zu
beweisen. Schliesslich finde ich auch für die VULG das argumentum e
silentio alles andere als überzeugend.

349. Wodurch (gegen SCHMITT, Entrückung 224) die Wahrscheinlichkeit der
Assimilation von Ps 49,16 MT an Hos 13,14 stark reduziert wird und
nicht viel grösser sein dürfte, als die Wahrscheinlichkeit einer
Assimilation von Ps 49,16 PESH an die auffällige Wortstellung (Verb
nach der Umstandsbestimmung מיד-שאול, vgl. dagegen Ps 89,49) der
Hoseastelle.

350. Inhaltlich halte ich die hier getroffene Entscheidung für völlig folgenlos. Zwar behauptet SCHMITT (Entrückung 219, 233 zerstört er aller-

3. Aufgrund dieser masoretischen Akzentuierung wird nun sichtbar, dass das
   traditionelle Vertrauensmotiv vom Gott, der aus dem Tode rettet, hier
   so formuliert wird, dass es sehr genau den zwei vorausgegangenen Einheiten
   (v.6-10.11-15) widerspricht: In v.6-10 wurde die Unmöglichkeit der Befreiung statuiert, die der Mensch von sich aus einem willfährigen und bestech-
   lichen Gott gegenüber organisieren könnte. Im Gegensatz dazu verspricht
   v.16aα im Vokabular von v.8f (נפשי, פדה, אלהים) die Befreiung, freilich
   nicht als menschliche, sondern als göttliche Tat. Dementsprechend ist,
   im Gegensatz zu v.8, nicht von der Entrichtung eines Gegenwertes die Rede
   (vgl. J.J. STAMM, in: JENNI, Handwörterbuch II 398). Wie in Hos 13,14
   (vgl. oben Anm. 311) behält damit פדה seine allgemeine Bedeutung des "Be-
   freiens", sodass auch hier die Parallele (כי יקחני) am Vorgang den persona-
   len Aspekt hervortreten lassen kann. Die Bemerkung, dass "נפשי ponitur pro
   me" (AMAMA 284), was "durch die Tatsache erhärtet (werde), dass diesem
   Nomen im zweiten Halbvers das Suffix ני ('mich') entspricht" (SCHMITT,
   Entrückung 229), ist nur richtig, wenn man hinzufügt, dass durch נפשי
   neben einem Rückverweis auf v.9 eine ganz bestimmne "Färbung" der Selbst-
   bezeichnung bewirkt wird: gerade angesichts des Todes wird nämlich so das
   Ich gekennzeichnet als ein Lebewesen, "das das Leben weder aus sich selbst
   genommen hat noch erhalten kann, sondern das in vitalem Begehren auf Leben aus ist" (WOLFF, Anthropologie 47)[351].
   Auch dem Grundpsalm gegenüber meldet v.16 seinen Widerspruch an. Der
   Grundpsalm (v.11-15) hatte ja auf das vollständige und unüberwindliche
   "Sein zum Tode" hingewiesen, das den Menschen wegen des Desinteresses und
   der Passivität Gottes schon in diesem Leben zeichnet. Im Gegensatz dazu
   verkündet nun v.16aβ mit unüberhörbarem Anklang an v.15 (מיד-שאול) die Be-

---

dings die Grundlage dieser Behauptung!), sie habe "weittragende Konsequenzen" und "grosse Bedeutung für die Uebersetzung", da man aufgrund
der unterschiedlichen Abtrennung der beiden Vershälften zu abweichenden
Ergebnissen" komme. Doch ich vermag mit bestem Willen nicht einzusehen,
warum die masoretische Akzentuierung eine "Eintragung einer Anspielung
auf die Auferstehung" (WAECHTER, Tod 196) darstellen soll und deshalb
nach vorgenommener Korrektur "die Aussage...nun nichts mehr von einer
Entrückung ahnen (lasse), sondern... sich in die Reihe ähnlicher
Psalmstellen (füge), die von einer Bewahrung vor dem bösen und frühen
Tode sprechen" (aaO), wie etwa Ps 18,17. Sachlich gehört das מיד-שאול
ohnehin zu beiden Versteilen und dass לקח auch in der Bedeutung "entrücken" mit מן konstruiert werden kann, zeigt wie gesagt 2 Kön 2,3ff.

351. Dieser Aspekt der bedürftigen Abhängigkeit und gierigen Erwartung kommt
     etwa in Ps 34,23 (פדה יהוה נפש עבדיו), vgl. Ps 123) besonders schön zum
     Ausdruck.

freiung des Lebens aus der Verfallenheit an die totalitäre Todesmacht durch
einen aktiven Gott.

4. Da שאול hier genau wie in v.15 (vgl. oben 4.1.84 und 4.2.82) nicht als
Ort, sondern als gewissermassen politischer Herrschaftsbereich zu verstehen ist, bietet der Ausdruck יד kaum Probleme: man ist nicht mehr genötigt, einen undurchsichtigen Zusammenhang mit dem personifizierten Tod
zu konstruieren, um das Wort wörtlich zu übersetzen und muss auch nicht
mehr fürchten "to obscure the image rendering it 'power'" (DAHOOD 301).
יד bezeichnet wie öfters[352], zumal in der präpositionellen Wendung מיד[353]
den kraftvollen "Zugriff" und die "umgreifende" Gewalt einer feindlichen
Macht.

Wenn nun aber שאול wegen des Kontextes (v.15) abstrakt die Todesmacht
und יד deswegen deren "umgreifenden Zugriff" heissen muss, könnte man sich
fragen, ob nicht der Ausdruck מיד-שאול als solcher signalisieren soll, dass
es hier um eine Befreiung "nicht bloss aus einer einzelnen Todesgefahr...,
sondern aus der ganzen Machtsphäre des Todes" (KESSLER 108) geht. Auffällig
ist jedenfalls, dass an den zwei einzigen Stellen, wo dieser umfassende
Ausdruck sonst auftaucht (Ps 89,49; Hos 13,14) m.E. auch nicht eine bloss
vorübergehende und partikuläre Rettung vom "bösen" Tod gemeint ist[354].

Auch wer meint, damit verlange man von מיד-שאול zuviel, wird kaum
leugnen, dass dank dieser Wendung das traditionelle Credo in seiner Formulierung ganz auf seine Weiterinterpretation in v.16b hin angelegt ist[355].
5. Damit wird auf jeden Fall die weiterführende Präzisierung in v.16b nicht
etwa überflüssig, sondern erst recht notwendig - zumal der Widerspruch,
den v.16a im Namen der Tradition den v.6-15 entgegenschleudert, vorläufig
noch nicht viel mehr ist als eine blosse Behauptung, eine verbale Widerlegung, eine kontrafaktische Proklamation. Damit will sich aber unser Autor
(im Gegensatz zu den meisten Gralshütern der Tradition) nicht begnügen.
Er geht sogleich daran, das überlieferte Vertrauensmotiv, das er schon im

---

352. Im Psalter vgl. etwa Ps 63,11 על-ידי-חרב; 78,61 ביד-צר; 89,26 ושמתי
בים ידו.

353. Vgl. etwa Ps 22,21 מיד-כלב; 31,16 מיד-אויבי; 82,4; 97,10 מיד-רשעים;
107,2 מיד-צר; 144,7.11 מיד-בני-נכר.

354. So würde man vielleicht auch besser verstehen, wieso der Autor das
Wort יד, das als einziges Wort von v.16 in den vorhergehenden v.6-15
nicht vorkommt, hier überhaupt verwendet.

355. Ganz ähnlich kündigte sich auch in v.10 die Antwort schon in der Formulierung des ersten, langen Versteiles an (יראה, vgl. oben 6.1.25).

Gefolge der neuen Fragestellung neu formuliert hat, nun auch im Hinblick
auf dieselbe Frage explizit neu zu deuten.

6.1.4. כי יקחני

1. Im Streit um die theologische Bedeutung von v.16 war nicht selten das
Wörtchen כי das Zünglein an der Waage, dank dem man die Gesamtdeutung
beeinflussen konnte. Hier können wir nun die Bedeutung dieser Partikel
ganz ohne Hintergedanken und Nebenabsichten erwägen.

Drei Deutungen werden für כי zur Auswahl gestellt: die temporale, die
kausale und die emphatische. Alle drei Deutungen finden sich schon in den
alten Versionen: die temporale in SEPT (οταν λαμβανη με), ROM (dum
acceperit me) und sicher auch GAL (cum acceperit me) und HEBR (cum adsumpserit me); die kausale im TARG (ארום ילפנני אוריתיה לעלמין) und die emphatische wohl in der PESH, die das Wort einfach übergeht und den Vers umak-
zentuiert, ohne die Emphase weiter zum Ausdruck zu bringen (ומן אידא דשיול
נסכני)[356].

Ich sehe weder die Möglichkeit noch die Notwendigkeit, unter diesen
drei Bedeutungen und den subtilen logischen Nuancen, die sie darstellen
mögen, eine klare und ausschliessliche Wahl zu treffen[357]. Wie der Gebrauch
es zeigt, liegen im Wort כי offensichtlich alle drei Bedeutungen (und noch

---

356. Glaubt man allerdings DAHOOD (301), so haben erst die Texte von Ugarit
   in unserem Vers die beseligende Schau dieser emphatischen Bedeutung
   von כי ermöglicht: "the correct stichometric division is owed to the
   Ugaritic specialists, who identified in ki yiqqaheni the emphasizing
   particle ki which often causes the postposition of the verb." Vgl.
   aber oben Anm. 348.
357. Ein Uebersetzer wird diese Wahl zwar treffen müssen, das heisst jedoch
   nicht, dass der Ausleger ihm hier folgen soll. PLOEG (158) bemerkt
   diesbezüglich zurecht: "Pour nous, ces traductions différentes suppo-
   sent des sens différents du texte, mais je suis persuadé que pour
   l'ancien Israélite, ces 'sens' étaient moins différents l'un de l'autre
   que pour nous." Ueberhaupt scheint mir im Bereich der Funktionswörter -
   also der Wörter, "die im Gegensatz zu sogenannten Vollwörtern keine
   (oder eine nur sehr schwer erfassbare) lexikalische Bedeutung tragen,
   sondern rein strukturelle Funktionen erfüllen, indem sie syntagmatische,
   syntaktische und textuale Beziehungen herstellen" (LEWANDOWSKI, Lexikon
   I 216) - eine Abgrenzung verschiedener "Bedeutungen" eines gleichen
   Wortes äusserst problematisch: wie soll ein gleiches Funktionswort
   zu verschiedenen Bedeutungen kommen, da doch bei ihm eine "übertragene"
   Anwendung von einem bedeuteten Gegenstand (z.B. נפש - Gurgel) auf einen
   andern (z.B. נפש - Leben) auf Grund einer Beziehung zwischen den Gegen-
   ständen (z.B. der Atem) ausgeschlossen ist? Innerhalb derselben Sprache
   ist ein Funktionswort wohl die völlig univoke Darstellung einer Funktion
   - in der freilich eine andere Sprache verschiedene Teilfunktionen unterscheiden kann. Dadurch entsteht ein Problem der Uebersetzung, das zu
   keinem Problem der Auslegung werden darf.

etliche andere). Deshalb lässt sich auch an unserer Stelle keine ausschliessen. Wahrscheinlich hat man aber hier doch, ähnlich wie im כי יראה von
v.10/11aα und in Entsprechung zum אך am Versanfang (vgl. MORODER, Translation 259), die emphatische Note der Konjunktion besonders herauszuhören[358].

2. Bei der Auslegung von לקח stellen sich bald einmal zwei Fragen - erstens:
enthält diese "espressione enigmatica"(MINOCCHI 152) eine Anspielung auf
die berühmten Entrückungen von Henoch (Gen 5,24; vgl. Sir 44,16; 49,14) und
Elia (2 Kön 2,1ff; vgl. Sir 48,9.12; 1 Makk 2,58) - und zweitens: wenn ja,
wie ist diese Vorstellung an unserer Stelle zu verstehen?

Die Kommentatoren, die aus unserer Stelle eine Rettung vom Tode überhaupt herauslesen (die andern kommen hier ohnehin nicht in Betracht) sind
mit der Bejahung der ersten Frage äusserst zurückhaltend[359]. Meistens gehen
sie überhaupt nicht auf sie ein oder lassen sie offen[360] - dies wohl, weil
sie deren Wichtigkeit unterschätzen oder aber die zweite Frage, die der ersten auf dem Fuss folgt, fürchten.

Nun geht es aber hier darum, zu wissen, in welchen Vorstellungen sich
die Idee einer Ueberwindung des Todes artikuliert, und dieses Problem
scheint mir zu wichtig, als dass man sich in der Beantwortung der damit
zusammenhängenden Fragen die geringste Nachlässigkeit erlauben könnte.

3. Die erste Frage möchte ich durchaus bejahen, denn es scheint mir ziemlich sicher, dass an unserer Stelle das Verb לקח die Vorstellung der Entrückung evozieren soll[361]. Der Gebrauch (d.h. in einem Syntax und Kontext)
legt dies nahe.

---

358. Eine andere Frage ist natürlich, ob man sich diese Emphase so wild-
bacchantisch vorzustellen hat wie VOLZ (263), der zu כי bemerkt: "Es
ist das 'Ja' der Bekräftigung, ... man muss sich die Lieder mündlich
vorgetragen denken und muss annehmen, dass so ein Wort wie כי mit
Aufjauchzen, in anderen Fällen mit Händeklatschen, Aufstampfen des
Fusses und dgl. begleitet war..."

359. Ausnahmen sind etwa DELITZSCH 341, SCHULTZ 114, DUHM 203, BRIGGS 411,
DAHOOD 301.

360. So meint etwa PLOEG (159), לקח sei "un verbe trop commun pour qu'on
puisse facilement en expliquer l'usage dans le Ps 49 en faisant appel
à des textes où il signifie un enlèvement surnaturel. Il est évidemment
possible que l'auteur de notre psaume énigmatique ait en vue une pareille
chose, mais il ne le dit pas expressément et il faut donc que cela soit
prouvé. Tant qu'il ne l'est pas, on peut seulement dire que le psalmiste
exprime sa conviction que Dieu ne l'abandonnera pas au pouvoir du shéol..

361. Ich verstehe hier unter "Entrückung" vorderhand den "leiblichen Uebergang eines menschlichen Wesens aus diesem Leben in die andere Welt, ohne
dass der Tod dazwischen tritt" (F.R. WALTON, in RELIGION IN GESCHICHTE
UND GEGENWART II 499). Durch diese fünf Bestimmungsstücke lässt sich die

6.1.4.

Die syntaktische Fügung, in der Gott Subjekt und der Mensch Objekt
ist, kommt nicht sehr oft vor (35 Fälle von 939 Belegen für לקח im Qal).
Wie sonst wird לקח auch in dieser Fügung meist "sehr unspezifisch gebraucht
und dient - gefolgt von einem zweiten Verbum - lediglich zur Vorbereitung
einer anderen, wichtigeren Handlung." (H.H. SCHMID, in: JENNI, Handwörterbuch I 877)[362]. Einzig in Jer 15,15 (אל-לארך אפך תקחני) und 44,12 (ולקחתי
את-שארית יהודה, vgl. Is 52,5) scheint לקח eine spezifischere Bedeutung

------

Entrückung von verwandten Vorstellungen unterscheiden: a) "leiblicher
Uebergang"setzt sie ab von den "Himmelsreisen der Seele" der klassischen
Antike (vgl. LOHFINK, Himmelfahrt 32-34) oder der "Aufnahme der Seele"
der frühjüdischen Literatur (vgl. aaO 53f), b) "menschliches Wesen"
unterscheidet sie von den "Himmelfahrten",durch die Götter oder göttliche
Wesen automatisch an ihren "natürlichen Ort" zurückkehren (vgl. aaO
70-72 und SCHMITT, Entrückung 3,36-40, 325-338), c) "aus diesem Leben"
verdeutlicht den endgültigen Charakter der Entrückung als Abschluss
des Lebens, im Gegensatz zu den zeitweiligen "ekstatischen Reisen" des
klassischen (vgl. LOHFINK, Himmelfahrt 33f), altorientalischen (vgl.
SCHMITT, Entrückung 24-35) oder jüdischen Altertums (vgl. LOHFINK,
Himmelfahrt 51-53), d) "in die andere Welt" schliesst zeitweilige
Dislokationen aus, wie sie in 1 Kön 18,12; 2 Kön 2,16; Dan 14,34ff;
Ez 3,12ff u.ö. (vgl. SCHMITT, Entrückung 310-24; LOHFINK, Himmelfahrt
55) erwähnt werden, e) "ohne dass der Tod dazwischen tritt" ist im
biblischen Bereich ein sehr wichtiges Bestimmungsstück, um Entrückung,
die den Tod ausschliesst, und Auferstehung, die den Tod voraussetzt,
auseinanderzuhalten (vgl. LOHFINK, Himmelfahrt 74, die dort und 59
angeführten Ausnahmen betreffen nicht den Begriff der Entrückung,
sondern nur dessen Verwendung). In der klassischen Antike, wo auch
Sterbende und Tote "entrückt" werden (vgl. LOHFINK, Himmelfahrt 39f;
G. STRECKER, in REALLEXIKON FUER ANTIKE UND CHRISTENTUM V 465), würde
dieses Bestimmungsstück den Entrückungsbegriff unziemlich einschrän-
ken.
    Worauf die so umrissene Entrückungsvorstellung in Wirklichkeit hin-
weisen könnte ist durch diese "Nominaldefinition" freilich noch nicht
gesagt (vgl. unten 6.1.5), dass sie aber in dieser Form in der atl.
Literatur vorausgesetzt werden darf, zeigt die Erzählung 2 Kön 2,1-18
(vgl. unten Anm.363).

362. Fälle, wo לקח in einer ganzen Verbfolge steht sind Gen 2,15 (לקח -
הניח), Dt 30,4-5 (הביא - לקח - קבץ), Jer 3,14 (הביא - לקח - בעל),
Jer 25,9 (הביא - לקח - שלח), Jer 43,10 (שום - לקח - שלח), Ez
36,24; 37,21 (הביא - קבץ - לקח), Ps 18,17 = 2 Sam 22,17 (שלח -
משה - לקח), vgl. Ez 3,14; 8,3. Auch in den recht häufigen Fällen, wo
לקח in einem Kontext der Erwählung steht, wird das Verb nicht eigentlich spezifisch "im Sinne von 'erwählen'" (H.H. SCHMID, aaO 878) verwendet. Bisweilen bereitet es auch hier nur ein anderes Verb vor (Dt 4,20;
Jos 24,3; Hag 2,23), bisweilen liegt eine Opferterminologie vor ("annehmen"
Num 3,12; 8,16.18; 18,6; vgl. Ri 13,23; Ps 50,9; 68,19; Hi 35,7), bisweilen betont לקח den Aspekt der Trennung und Isolation, der zur göttlichen Erwählung gehört ("wegnehmen": Gen 24,7; 2 Sam 7,8 = 1 Chr 17,7;
Am 7,15). Nur in Ex 6,7 (ולקחתי אתכם לי לעם) 1 Kön 11,37 (ואתך
אקח) und Is 66,21 (וגם - מהם אקח לכהנים ללוים) scheint ומלכת
wirklich "für sich nehmen, auswählen" zu bedeuten.

zuzukommen: "jäh wegnehmen, d.h. im Tod plötzlich wegraffen". Ez 33,6 legt
es nahe, in diesem absoluten לקה eine Kurzfassung der Formel לקה נפש
(1 Kön 19,4; Jon 4,3; Ps 31,14) zu sehen. Da diese Art von jähem Untergang
in Gen 5,24 und 2 Kön 2,3.5.9.10 bestimmt nicht gemeint ist, kann das absolut gebrauchte לקח in seiner Prägnanz an diesen Stellen nur als <u>terminus
technicus</u> für "entrücken" verstanden werden[363].

Vor diesem Hintergrund ist m.E. eines ziemlich klar: wenn wir in Ps
49,16 unsere Auslegung auf Parallelen abstützen, d.h. begründen wollen, so
haben wir für das absolut gebrauchte יקחני aus <u>syntaktischen</u> Gründen nur
die Wahl zwischen den Bedeutungen "jäh wegraffen" und "entrücken"[364]. Der
<u>Kontext</u> nun schliesst, wie in Gen 5,24 und 2 Kön 2,3ff die Bedeutung "weg-
raffen" aus, denn nach v.16a ist mit einem jähen Untergang, dem Gott den
Beter zuführte, wirklich nichts anzufangen[365].

---

363. Die Annahme von zwei verschiedenen Bedeutungen "jäh wegraffen" und
"entrücken" für das absolut gebrauchte לקח drängt sich auf angesichts
der ganz verschiedenen Kontexte, in denen dieses Verb steht. Ob diese
beiden Sonderbedeutungen von לקח sich unabhängig voneinander aus der
Grundbedeutung "nehmen" entwickelt haben, oder ob die eine aus der
andern hervorgegangen ist (etwa dadurch, dass bei bestimmten Fällen
von plötzlichem Tod auch Entrückungsgeschichten erzählt wurden, in
denen dann allmählich לקח zum <u>terminus technicus</u> für "entrücken"
wurde) wage ich nicht zu entscheiden. Eine Entscheidung ist hier aber
auch gar nicht nötig, da לקח an unserer Stelle wie auch in Gen 5,24
(und 2 Kön 2,1ff) m.E. ein gängiger <u>terminus technicus</u> sein muss -
ansonsten ein so allgemeines Verb ja <u>niemals</u> so prägnant und absolut
gebraucht werden könnte. Ein solcher Terminus nun verfügt nur mehr
über einen verengten Sinn (vgl. LEWANDOWSKI, Lexikon 966), für deren
Bestimmung weder die Etymologie noch sonstige (nicht terminologische)
Anwendungsarten des Wortes massgebend sind, sondern einzig eine Definition. Da eine solche Definition des <u>Terminus'</u> לקח im AT selbst nicht
vorliegt, muss man sie aus der Erzählung <u>2 Kön</u> 2,1-18 rekonstruieren
(vgl. oben Anm. 361).

364. Die "Parallelen" Dtn 4,20; Hag 2,23 und besonders Ps 18,17, die gelegentlich angeführt werden, um dem לקח die Bedeutung irgendeiner allgemeinen Befreiung abzuringen (vgl. etwa ROSENMUELLER 1074, RUPERTI
297, SCHULZ 211), sind gar nicht einschlägig, da in ihnen לקח nicht
absolut, sondern als "Hilfsverb" (vgl. oben Anm. 362) gebraucht wird.

365. Der Widerspruch zwischen v.16a und v.16b liesse sich nämlich (anders
als in v.10) nicht dadurch lösen, dass man v.16a als zynische Frage
fasste: "Wird vielleicht Gott meine Seele aus der Gewalt der Scheol
retten?" Denn auf diese Frage wäre die Antwort: לא יקחני, "Nein, er
wird mich dahinraffen!" Die Bedeutung "wegraffen" käme höchstens
dann in Frage, wenn man die שאול oder deren יד als Subjekt des יקחני
nähme (Gott rettet mich "aus der Faust der Scheol, wenn sie nach mir
greift" SCHMIDT 93). Das zweite ist syntaktisch gesehen nicht unmöglich, da das feminine יד bisweilen auch männlich gebraucht wird (vgl.
ALBRECHT, Geschlecht 74), scheint mir aber an unserer Stelle wegen der

Damit ist wohl deutlich genug aufgezeigt, dass לקח in unserem Vers
aus Gründen der Syntax und des Kontextes nichts anderes als "entrücken"
heissen kann[366].

6.1.5. Entrückung als Interpretament

Steht nun einmal fest, dass durch לקח in v.16 die Vorstellung der Entrük-
kung evoziert wird, muss man sich fragen, was diese Vorstellung hier des
näheren bedeuten mag. Mit dieser - zweiten - Frage beginnen die wirklichen
Schwierigkeiten.

1. Viele Exegeten scheinen v.16b gegenüber von vornherein gleich zu ur-
teilen wie DEISSLER (Dennoch 14): "An eine Entrückung wie bei Henoch
(Gen 5,24) und Elias (2 Kön 2,3) wird der Psalmist wegen der Einzigartig-
keit des Ereignisses sicher nicht denken. Es bleibt dann nur noch die
Möglichkeit, dass er an ein doppeltes Los der Verstorbenen im Jenseits
glaubt oder - was nach der Offenbarungsentfaltung der Spätzeit des Alten
Testaments wahrscheinlicher ist - an die Auferstehung der Gerechten zur
unvergänglichen Lebensfülle in Gott (Is 26,19; Dan 12,2)."

Nähe des andern möglichen Subjektes אלהים äusserst unwahrscheinlich -
ganz abgesehen davon, dass dieser Satz "ja etwas ganz Ueberflüssiges
aussagen" würde (KOENIG 601).

366. Die alten Uebersetzungen legen diesem Verständnis zumindest nichts
in den Weg: Die SEPT übersetzt οταν λαμβανη με, wodurch zwar nicht
wie in Gen 5,24 (vgl. Sir 44,16) der griechische terminus technicus
für "entrücken", μεθιστανναι (vgl. LOHFINK, Himmelfahrt 41f) gebraucht wird, aber immerhin dieselbe, wörtliche Wiedergabe vorliegt,
wie in 2 Kön 2,3.5 (vgl. 2,9.10.11; Sir 48,9; 49,14; 1 Makk 2,58:
αναλαμβανομαι). Die PESH übersetzt wie in Gen 5,24; 2 Kön 2,3.5
wörtlich mit נסב . Mit der Uebersetzung "cum adsumpserit me" gibt
HEBR die Stelle zwar anders wieder als die Entrückungen in Gen 5,24;
2 Kön 3.5.9.10 (tollere), Sir 48,9; 49,16 (recipere), Sir 44,16;
Weish 4,10 (transferre), doch gleich wie die Entrückung des Esra in
IV Esr 8,20 (und auch wie die Himmelfahrt Jesu in Apg 1,2.11.22;
1 Tim 3,16). Sogar aus der TARG-Paraphrase, die mit dem MT nicht mehr
viel zu tun hat (ארום ילפנני אוריתיה לעלמין "denn er lehrt mich sein
Gesetz auf immer"), könnte man vermuten, dass der Uebersetzer die Entrückungsvorstellung in unserem Vers ganz selbstverständlich erkannt und
sodann bewusst ausgemerzt hat. Dies entspräche genau der allgemeinen
Tendenz der frühjüdischen Literatur (vgl. LOHFINK, Himmelfahrt 72 und
GINZBERG, Legends V 156,163), die denn auch unsern Vers nie zitiert
und z.B. auch die Entrückung des Henoch Gen 5,24 wegerklärt (MIDRASH
GenRab 25,1 = YALQUT SHIMONI I מ'ב) oder ignoriert (MIDRASH LevRab
29,11 = YALQUT SHIMONI I רע'ו, TANHUMA במדבר 26 = TANHUMA- BUBER
במדבר 12, MIDRASH NumRab 5,3 = YALQUT SHIMONI I תרצה - alle diese
Stellen berücksichtigen nur die Tugendhaftigkeit Henochs und sogar im
ZOHAR I 56 = II 10 ist die Entrückung lediglich ein Mittel, ihm diese
zu erhalten!) vgl. schon Weish 4,10f.

Die Entrückungsvorstellung wird also überhaupt nicht ernst genommen.
Man nimmt sich nicht erst die Mühe, auf sie einzugehen, sondern versucht
gleich, an ihr vorbei den Text mit denjenigen Kategorien in den Griff zu
bekommen, die uns heute geläufig sind: die Unsterblichkeit der Seele oder
die Auferstehung[367].

Noch verbreiteter, weil ungefährlicher ist es, die Entrückungsvorstellung anders zu umgehen: Man behauptet einfach, unser Vers beinhalte
zwar ein klares Bekenntnis zur Ueberwindung des Todes, jedoch nicht die
geringste Spur einer Vorstellung über die Art und Weise, wie diese vor
sich gehen sollte. In dieser Sicht genügt es dann dem Psalmisten, "die
Gewissheit zu haben, dass Gott sich des Menschen nach seinem Tode annimmt
und ihn nicht der Macht der Unterwelt überlässt. Es ist darum ein vergeb-
liches und wenig textgemässes und sachentsprechendes Bemühen der Ausleger,
das den eigentlichen Intentionen des Dichters nicht gerecht wird, die
Frage, wie sich der Psalmist die Erlösung vom Tode vorstelle, in den Mittel-
punkt des Interesses rücken zu wollen, wenn der Dichter selbst das nicht
tut." (WEISER 263)[368].

---

367. Ganz selbstverständlich findet SACHS (71, ähnlich etwa HERKENNE 182,
SABOURIN 376 u.a.) hier "deutlich und offenkundig das Bewusstseyn von
der Unsterblichkeit ausgesprochen" und PANNIER (291) ist überzeugt,
dass "ce texte exprime moins l'idée de la résurrection des corps que
celle d'une union plus intime de l'âme immortelle avec Dieu". Auch
nach PLOEG (168-72) kann der Autor nur an Unsterblichkeit der Seele
oder an Auferstehung gedacht haben, wobei ihm aber aus geistesge-
schichtlichen Gründen das letztere wahrscheinlicher scheint.

368. Dem hat PLOEG (171) zu Recht entgegengehalten, aus einem blossen
Schweigen des Textes über das "Wie" der Erlösung dürfe man nicht
schliessen, "que l'auteur n'en avait aucune idée précise; cela aurait
été étranger à la mentalité israélite, qui se représentait d'une façon
concrète ce qu'elle espérait". Doch dient diese richtige Feststellung
bei PLOEG nur dazu, die Auslegung von v.16 mit Kategorien der Auferstehung oder Unsterblichkeit zu rechtfertigen: "Waarin het 'wegnemen' zal
bestaan, wordt niet gezegd; men kan aan de verrijzenis denken, maar
ook aan een gelukkig bestaan in het hiernamaals..." (K 305, ähnlich
schon 171f). Noch krasser liegen die Dinge bei DELITZSCH (341): auf der
einen Seite kann er in seiner philologischen Akribie gar nicht leugnen, dass hier von Entrückung die Rede ist: "Die Entrückungen Henochs
und Elia's waren Fingerzeige, die über die trostlose Vorstellung von
dem Wege aller Menschen in die Tiefe des Hades hinauswiesen. Auf diese
himmelan Entrückten hinblickend spricht der Dichter..." Dann geht er
aber sogleich daran, die Entrückungsvorstellung wegzuargumentieren,
da infolge "eines göttlichen Erziehungsplanes" das Alte Testament bezüglich der letzten Dinge in ein "nur allmählich sich aufhellende(s)
Dunkel" gehüllt bleiben muss: "Es ist eine Hoffnung, die kein direktes
Gotteswort hat, auf das sie sich stützen könnte; sie ist vorjetzt
nur ein 'kühner Aufschwung' des Glaubens. Wir dürfen eben deshalb

2. Hier scheint es mir nun wichtig, sowohl den Text in seinem Wortlaut,
als auch die Schwierigkeiten und Fluchtversuche der Exegeten ernst zu
nehmen. Das bedeutet zweierlei:
Einerseits ist es ganz klar, dass sich der Psalmist mit der "Wahl
des überaus gefüllten Zeitwortes 'entrücken' "(DEISSLER, Dennoch 14)
notwendigerweise auch die Ueberwindung des Todes als Entrückung vorgestellt
hat. Daran lässt sich nicht rütteln, und es ist unzulässig, diese Tatsache
zu ignorieren oder zu leugnen.
"Andererseits wäre die Erwartung, dass Gott ihn wie Henoch hinweg-
nehmen wird..., doch zu kühn" (BAETHGEN 141), "nam psalmista non potest
absurde supponere, se iri a morte praeservatum" (KNABENBAUER 194). Das
haben die Exegeten sehr richtig gespürt. Die Schlüsse, die sie daraus
ziehen, sind freilich falsch. Man kann nämlich ohne weiteres die richtigen
Bedenken der Exegeten teilen, ohne den Wortlaut des Textes zu opfern.
Man muss zu diesem Zweck nur annehmen, dass der Psalmist im כי יקחני nicht
ein erwartetes Faktum seiner persönlichen Biographie beschreiben wollte,
sondern seiner tiefsten Hoffnung bildlich Ausdruck verlieh. In diesem
Fall ist die Entrückungsvorstellung ein "Interpretament" - d.h. ein Ausdruck, der nicht ein empirisches Datum abbildet, sondern eine transzendentale Erfahrung kategorial zur Sprache bringt und interpretiert, und deshalb bei der Lektüre seinerseits gewissermassen "zurück"-interpretiert
werden muss, um richtig (d.h. als kategorialer Ausdruck einer nicht kate-
gorialen, sondern transzendentalen Erfahrung) verstanden zu werden[369].

___

auch nicht bestimmen wollen, wie sich der Dichter jene Erlösung,
jene Hinnahme dachte; er hat darüber selbst kein entfaltetes Wissen,
seine Hoffnung hat zu ihrem Inhalt nur eine dunkle Ahnung." (aaO)

369. Ich wähle hier mit Bedacht den Begriff "Interpretament", der durch
die Diskussion um die Auferstehung Jesu so vorbelastet ist: nicht
nur, weil es m.E. beide Male um dasselbe Problem geht, sondern weil
durch diese Diskussion im atl. Bereich womöglich auch die denkbar heik-
lere Lage im Neuen Testament etwas geklärt werden könnte.
Leider versteht unter "Interpretament" kein Autor genau dasselbe
wie der andere. Ich meine damit wie MARXSEN "das Ergebnis eines Schluss-
verfahrens" (Auferstehung 14). "Der offensichtlich in Analogie zu
'Prädikament' gebildete Begriff des Interpretaments" (BISER, Sprachtheorie 295) soll dabei in meinem Verständnis verdeutlichen, dass das
Objekt der Interpretation nicht einfach ein "Widerfahrnis" ist, wie
der missverständliche Ausdruck bei MARXSEN (aaO passim) lautet, sondern
eine transzendentale Erfahrung, die allerdings durch das Interpretament
bildlich und damit kategorial vorgestellt wird, was das Verständnis
natürlich erschweren kann und an unserer Stelle auch wirklich erschwert
hat, aber andererseits die einzige Möglichkeit ist, eine transzendentale
(d.h. ungegenständliche) Erfahrung durch Sprache (die in ihrem Wesen
gegenständlich ist) auszudrücken.

3. Die transzendentale Erfahrung, die im יְקִנְי כִּי zur Sprache kommt,

könnte man etwa mit den Worten von RAHNER umschreiben als "die im Akt
verantwortlicher Freiheit gegebene und transzendental notwendige Hoffnung
auf Endgültigkeit der Freiheitsgeschichte eines Menschen" (Jesu Auferstehung 344)[370]. Es ist jene Erfahrung, die in jedem wirklich freien menschlichen Akt als solchem notwendig immer schon mitgegeben ist aufgrund der
"Endgültigkeit, mit der das freie Gute, die personale Liebe, die radikale,
unbelohnte Verantwortlichkeit sich selber setzt. Eine solche sittliche
Tat kann sich nicht selber, ohne dass sie sich in ihrer absoluten Gefor-
dertheit aufheben würde, als radikal vergänglich denken; ihre Absolutheit
würde sich selbst aufheben, wenn sie das Verenden als das ihr Gebührende
anerkennen und zum Moment ihres eigenen Wesens machen würde." (Zu einer
Theologie des Todes 195)

4. Diese transzendentale Erfahrung ist nun im Alten Testament durch verschiedene Interpretamente ausgedrückt und zur Sprache gebracht worden[371].
Das erfolgreichste, das sich später so allgemein durchgesetzt hat, dass
man heute vielfach meint, es sei das einzig mögliche, ist natürlich die
Auferstehung (in ihren verschiedenen Spielarten, vgl. MARXSEN, Auferstehung 136f). Auf sie stösst man in Is 26,19, Dan 12,2f und 2 Makk 7,9ff
(14,46). Das nicht minder erfolgreiche Interpretament der Unsterblichkeit

---

Ich verstehe "transzendentale Erfahrung" im Sinn von Karl RAHNER
als "das subjekthafte, unthematische und in jedwedem geistigem Erkennt-
nisakt mitgegebene, notwendige und unaufgebbare Mitbewusstsein des
erkennenden Subjekts und seine Entschränktheit auf die unbegrenzte
Weite aller möglichen Wirklichkeit" (Grundkurs 31). "Kategorial" sind
dementsprechend die gegenstandsbezogenen Einzelerfahrungen des Erkennens
und des Strebens, die innerhalb des durch jenen apriorischen "Vorgriff
auf die ursprüngliche Ganzheit möglicher Wirklichkeit überhaupt" (Wörterbuch 332) eröffneten, ungegenständlichen "Horizontes" erst möglich
werden. Ich wende diese Unterscheidung von kategorialer und transzen-
dentaler Erfahrung hier ohne Bedenken an, denn ich halte sie für eine
adäquate Beschreibung der notwendigen Struktur jeder menschlichen
Erfahrung als solcher, unabhängig von allen kulturellen Prägungen
und historischen Bedingtheiten.

370. Ich bin mir durchaus bewusst, wie problematisch es ist, in einem so
alten Text wie Ps 49 mit einem so modernen Vokabular zu operieren.
Aber ich behaupte im Folgenden ja nicht, dass der Psalmist dasselbe
dachte und sagte wie RAHNER in der zitierten Passage, sondern nur,
dass er vergleichbare Erfahrungen (die doch unabhängig von einer
konkreten Verbalisierung und vor ihr bestehen müssen) meinen könnte.

371. Die folgende Aufzählung zeigt, dass die Vielfalt der Interpretamente
keineswegs nur in der Verschiedenheit der Anthropologien ihren Grund
hat, wie es noch bei MARXSEN, Problem 29f den Anschein hat (anders
Auferstehung 136ff und Sache 106ff).

der Seele findet man im griechisch beeinflussten Weisheitsbuch (2,23)[371a].
Kaum je beachtet hat man das Interpretament der Zerstörung des Todes,
das in Is 25,8; Hos 13,14[372] und im v.15 unseres Psalmes erscheint. Ebensowenig hat man schliesslich - wie die oben referierten Positionen zeigen
- die demokratisierte Entrückung in Ps 49,16 (und evt. Ps 73,24) als ein
Interpretament der transzendentalen Hoffnung des Menschen erkannt.

371a. Dass es hier um Unsterblichkeit der Seele geht, scheint mir aus dem Kontext klar hervorzugehen. Die Verse 23f sind ja Teil der Antwort an "jüdische Freigeister, die die Geistigkeit der Seele (2,2-3) und damit ihr
Fortbestehen nach dem Tode abstreiten" (BUECKERS, Unsterblichkeitslehre
11), sie erläutern das γερας των ψυχων αμωμων (v.22) und münden in
den Satz: Δικαιων δε ψυχαι εν χειρι θεου (3,1). Freilich unterscheidet sich die Unsterblichkeitsvorstellung des Weisheitsbuches insofern
von der griechischen, als sie ethisiert wird: Unvergänglich ist die Seele nicht aufgrund ihres eigenen metaphysischen Wesens, sondern dank ihrer ethischen Vollkommenheit. Der Mensch (bzw. seine Seele) wird nie
direkt "unsterblich" genannt (vgl. REESE, Influence 64), er ist nur
επ' αφθαρσια, auf Unvergänglichkeit gegründet (2,23), diese bleibt
für ihn eine ihm äusserliche, erhoffte Grösse (3,4). Er muss sie sich
aneignen, indem er durch Halten des Gesetzes (6,18), dessen Licht unvergänglich ist (18,4), zur Erkenntnis Gottes kommt (15,3), dessen un-
vergänglicher Geist in allem ist (12,1). Als Abbild der göttlichen
Ewigkeit (2,23) ist der Mensch nur dann unzerstörbar, wenn er, εν
συγγενεια σοφιας (8,17), sich diese Ewigkeit aneignet, indem er
sich zum Bilde Gottes macht (vgl. unten 7.12!). Deshalb wäre es vielleicht richtiger, in Weish nicht von der "Unsterblichkeit der Seele",
sondern von der "Unvergänglichkeit des gerechten Tuns" zu reden (vgl.
1,15: Δικαιοσυνη γαρ αθανατος εστιν), denn die erstere scheint
lediglich die modisch-hellenistische Einkleidung der letzteren zu sein.
Auf jeden Fall entspricht die Vorstellung einer Unvergänglichkeit der
gerechten Tat viel besser sowohl der Art und Weise, wie sich in der atl.
Tradition das Todesproblem (als Frage nach der "Vergeltung", vgl. oben
3.1.42) stellte, als auch der atl. Anthropologie.
So ist es auch nicht erstaunlich, dass etwa in Qumran die Zukunftshoff-
nung nicht auf der Vorstellung einer unsterblichen Seele gründet, sondern m.E. auf der Vorstellung einer Unzerstörbarkeit des gerechten Tuns,
bzw. der Menschen insofern und in dem Masse, wie sie gerecht handeln:
‎ובדרכיהן יתהלכו וכול פעולת מעשיהם...לפי נחלת איש...לכול קצי עלמים (1 QS
IV 15f, vgl. XI 4f, ferner CD III 20, 1 QH VII 6-10, XV 15 und evt. IV
1-4). Daraus entsteht jene seltsame "präsentische Eschatologie", dergemäss die Versammlung der Auserwählten auf geheimnisvolle, unsichtbare Weise schon jetzt verbunden ist mit den "Söhnen des Himmels" (den
Engeln) ‎נהיה קץ כול עם עולם למטעת קודש מבנית וסוד יחד יעצת (1 QS XI 8f,
ähnlich 1 QH III 19-23 [vgl. dazu PLOEG, Immortalité] und,das Bild der
Pflanzung ausführend,1 QH VIII 4-14).

372. Genau wie in Ps 49,16 wird da übrigens der Satz ‎מיד שאול אפדם ממות
‎אגחלם der traditionell eine Rettung aus Todesgefahr umschreibt, durch
ein nachfolgendes Interpretament, in diesem Fall das der "Zerstörung
des Todes", so umgedeutet, dass er nur noch eine Rettung vom Tod
überhaupt bezeichnen kann.

5. Dabei scheint mir nun gerade die demokratisierte Entrückungsvorstellung[373]
als Interpretament dieser Hoffnung ganz besonders gut geeignet, und
dies in dreifacher Hinsicht: Bei all ihrer Bildhaftigkeit umschreibt sie
den Inhalt der transzendentalen Erfahrung, die sie als Interpretament kon-
kretisieren soll, erstaunlich gut, sie schliesst viele Missverständnisse
aus und besonders: sie gibt sich sogleich als blosses Interpretament zu
erkennen.

Zum Ersten: Das Bild vom Gott, der den Menschen "nimmt" illustriert
in der Tat kurz, einprägsam und genau den Grund der transzendentalen Hoffnung, den man sonst nur äusserst umständlich und abstrakt umschreiben kann
als: "die dem bisherigen Zeitraum und der bisherigen Raumzeit radikal ent-
nommene und Raum und Zeit schlechthin disparate Endgültigkeit und Unmittel-
barkeit-vor-Gott des hier in Freiheit ein für allemal getanen Lebens, die
Endgültigkeit der Geschichte, die in ihr selbst vollzogen worden ist" oder
als: "die radikale und zu sich selbst befreite Inseitigkeit unserer Freiheitsgeschichte, die wir jetzt leben, und die, im Tode ganz geboren, sich
nicht mehr verlieren kann, nur noch in die liebende Unmittelbarkeit zum
letzten Geheimnis des Daseins, Gott genannt, sich hinein verliert und dadurch sich selbst gefunden hat" (RAHNER, Theologie des Todes 186.187).

Dass es dabei um Endgültigkeit des Lebens geht, insofern es in Freiheit und Verantwortung vollzogen wurde und durchaus nicht um "Versteine-
rung seiner...Banalität und Fragwürdigkeit" (aaO 187), ist freilich aus dem
Bild der Entrückung nicht ohne weiteres ersichtlich. Deshalb wird dies auch
am Schluss des Psalmes eigens präzisiert (vgl. unten 6.2.34).

---

373. Zwar scheint das GILGAMESCH-Epos (XI 193-96) im Vergleich zum sumerischen Sintflutbericht (254-60, vgl. PRITCHARD, Texts 44) eine schwache
Tendenz zur Demokratisierung der entrückungsähnlichen Vorstellung auf-
zuweisen (der einfache Bürger Utnapishtim wird mit seiner Frau umgesiedelt, vgl. SCHMITT, Entrückung 17). Doch von wirklicher Demokratisierung der Entrückung im strengen Sinne des Wortes kann man nur in
Ps 49,16 (und 73,24, vgl. Anm. 414) sprechen. Ich halte diese Demokratisierung für eine eigenständige Leistung des Autors von Ps 49 (Erweiterungen), bzw. seiner Schule. Damit legt er ein sehr umsichtiges und
differenziertes Verständnis der alten Entrückungstraditionen an den
Tag - genau wie die hellenistischen Gebildeten, die sie spiritualisier-
ten (vgl. LOHFINK, Himmelfahrt 49f) oder die frühjüdischen Autoren,
die aus ihnen die Vorstellung von der "Aufnahme der Seele" entwickelten
(vgl. aaO 53f und Weish 4,10). Das zeigt m.E., dass - auch ohne theoretische Durchdringung - der praktische Sinn für das, was wir hier ein
"Interpretament" genannt haben, zumindest bei den Gebildeten, durchaus
kein Vorrecht der neuesten Zeit ist, wie es sogar MARXSEN (Problem
8-10, 19) im Bezug auf die Auferstehung als "selbstverständlich" an-
sieht.

Zum Zweiten: Die Entrückungsvorstellung schliesst viele Missverständnisse aus, die sich aus den Vorstellungen von "Auferstehung" oder "Unsterblichkeit der Seele" fast zwangsläufig ergeben: Unmöglich ist es hier, an
eine bloss physische, materielle Reanimation des Leibes zu denken, wie es
oft bei der Auferstehung geschieht, schwierig, an ein automatisches, in unbegrenzte Zeiträume sich erstreckendes "Weiter"leben "nach" dem Tod, wie
es die Unsterblichkeit der Seele nahelegt. Viel kleiner ist damit auch und
besonders die Versuchung, mit Blick auf ein "Jenseits" den Tod zu baga-
tellisieren und das Leben vor dem Tode zu entwerten. Denn die Entrückungsvorstellung macht bald einmal klar, dass es das "diesseitige" Leben ist, das,
im Tode ganz geworden, durch Gott "genommen" wird, um in ihm verendgültigt
zu werden[374].

Zum Dritten schliesslich: Die Entrückungsvorstellung ist, sobald sie
demokratisiert auf jeden Menschen angewendet wird (vgl. aber unten Anm. 376),
dermassen kontrafaktisch, dass sie sich von selbst als Interpretament zu
erkennen gibt und niemand die Lust verspürt, dieses zu historisieren[375].
6. Gerade diese Vorzüge des Interpretamentes "Entrückung", die es heute so
modern machen, waren vielleicht ebensoviele Gründe, warum es sich nie
durchzusetzen vermochte: Es erinnert den Menschen zu sehr an seine absolu-

---

374. In diesem Sinn darf man vielleicht den Schluss von 4 Esr (12 [14],
     9f) verstehen, wo nach der Erwähnung der Entrückung von Esra ("und
     Esra ward entrückt und an den Ort zu seinesgleichen aufgenommen, nach-
     dem er alles das geschrieben hatte") der Satz steht: "Er heisst für
     immer: Der Schreiber der Wissenschaft des Höchsten." (vgl. LOHFINK,
     Himmelfahrt 60)

375. Das mag paradoxerweise der Grund sein, warum so wenig Exegeten an un-
     serer Stelle die Entrückungsvorstellung verstanden haben: der lange Um-
     gang mit dem leicht historisierbaren - und im Christentum aus dogma-
     tischen Gründen auch historisierten - Interpretament "Auferstehung"
     hat ihnen offenbar jegliches Gespür geraubt für die ein Interpretament
     charakterisierende Differenz zwischen dem Vorstellungsmodell und dem
     damit gemeinten (vgl. RAHNER, Theologie des Todes 183-85). Deswegen
     sind sie (im Gegensatz zu den biblischen Denkern selbst, vgl. oben
     Anm. 373) gänzlich unfähig, ein Interpretament, das ihnen diese Diffe-
     renz aufzwingt, ernst zu nehmen. Auffällig ist jedenfalls, dass die
     jüdischen Exegeten in der Regel mit der Entrückung in v.16 durchaus
     etwas anzufangen wissen: RASHI (48, ähnlich SFORNO) treibt vielleicht
     (wie in Gen 5,24, vgl. oben Anm. 366, letzte Deutung) die Moralisie-
     rung etwas weit, kann aber dafür MT und TARG erklären (אלהים יפה
     נפשי שלא אלך אל שאול כי יקחני בחיי ללכת דרכיו). IBN ESRA, QIMHI
     (347) und MEZUDAT DAVID deuten die Stelle als Aufnahme der vom Körper
     entkleideten Seele (vgl. oben Anm. 373). MEIRIs (102) Erklärung schliess-
     lich liest sich fast wie eine Kurzfassung der hier vorgelegten Ausle-
     gung: מיד שאול בשעה שיקחני סלה ר"יל שיקחני קיחת עולם והוא ענין יום
     המות כענין לקח אותו אלהים (בראי ה כד).

te Verantwortung im "Diesseits" und entlastet ihn nicht, indem es ihn durch blendende Jenseitsspekulationen von der Gegenwart ablenkt[376]. Die Entrük- kungsvorstellung ist ja nichts als ein Wegweiser zu einer Hoffnung, die immer schon in jedem verantwortlichen Menschen als solchem lebt: dass seine gerade auch in zeitlicher Hinsicht endliche Existenz endgültig vor Gott bleibt und in ihm "aufgehoben" wird. Die Entrückungsvorstellung schweigt sich aber - wenn sie richtig, d.h. als Interpretament einer transzendentalen Hoffnung, verstanden wird, und sie kann wie gesagt kaum falsch verstanden werden - beharrlich aus über die Art und Weise, <u>wie</u> diese erhoffte Endgültigkeit gegebenenenfalls realisiert ist. Das ist frei- lich durchaus verständlich, ist doch "gerade der Tod, ohne den diese End- gültigkeit unmöglich bleibt, der wesentliche Verzicht und die radikale Entsagung gegenüber jedem Vorstellungsmodell des 'wie' solcher Endgültig- keit" (RAHNER, Jesu Auferstehung 349)[377].

6.1.6. Ein Ausweg aus der Aporie

An dieser Stelle wird nun sichtbar, dass der Autor der Erweiterungen den Leser in v.16 nicht nur verbal (v.16a, vgl. oben 6.1.35), sondern dank der Entrückungsvorstellung auch denkerisch aus der Aporie hinausführt, in die er ihn in den Abschnitten v.6-10 und v.11-15 hineingeführt hatte (vgl. oben 5.3.24, 6.0.).

Im Abschnitt v.6-10 war das naive Vertrauen der "Reichen", vor den Augen eines ohnmächtigen Gottes immer weiter und weiter dahinzuleben, mit Hinweis auf die Erfahrung zurückgewiesen worden (vgl. oben 6.1.25): der Tod gibt dem Menschen seine Endlichkeit wieder, und dem unendlichen Gott seine Grösse.

---

376. Ich rede hier natürlich nur von der Entrückungsvorstellung in ihrer demokratisierten Form. In ihrer ursprünglichen Form konnte diese Vorstellung leicht zu allerlei Spekulationen Anlass geben, wie be- sonders die Henochliteratur zeigt. Damit war sie aber wohl auch gründ- lich missverstanden, denn schon die Entrückungen der Frühzeit waren "nur" Interpretamente für die Ehrfurcht der Gruppe vor den ersten grossen individuellen Persönlichkeiten. Deshalb auch konnte die Vor- stellung demokratisiert werden, in dem Masse als der Einzelne sich von der Gruppe löste und zum Individuum wurde (vgl. oben 3.1.42).

377. Hier könnte es so aussehen, als ob die oben (6.1.61) kritisierten Exegeten schliesslich doch Recht behielten. Aber sie bestreiten ja gerade nicht die <u>prinzipielle</u> Möglichkeit, zu wissen, wie die Ueber- windung des Todes "technisch" vor sich geht. Sie bestreiten vielmehr <u>für unsere Stelle</u> das Vorhandensein irgendeiner diesbezüglichen Vor- stellung und zwar m.E. weil sie von anderswoher (nämlich aus der christ- lichen Dogmatik) zu wissen glauben, dass die Ueberwindung des Todes in Form von "Auferstehung" ablaufen wird.

Daran ändert v.16 nichts. Im Bild der Entrückung behalten der sterbende Mensch seine Endlichkeit und der tätige Gott seine Grösse.

Im Abschnitt v.11-15 hatte nun aber die Erfahrung, konsequent weitergedacht, zu einer völlig absurden Welt geführt. Stirbt der "Weise", also
der Mensch, der durch sein Handeln dem Tod zu entrinnen sucht (vgl. oben
5.3.24) und so im Bewusstsein seiner Endlichkeit die Verantwortung gelernt
hat, so wird nachträglich und "rückwirkend" sein gesamtes Leben vernichtet:
der Tod nimmt dem endlichen Menschen seinen gesamten Lebenssinn und dem
grossen Gott seine letzte Güte.

Hier nun werden im Bild der Entrückung die Dinge zurechtgerückt: Die
Erfahrung wird natürlich nicht negiert, aber doch auf ihre Möglichkeits-
bedingungen hin hinterfragt und so gewissermassen transzendental unterwandert. So findet der todverfallene Mensch gerade im Akt der Kritik, der
Auflehnung gegen den Tod und der Verzweiflung als dessen innere Ermögli-
chung jene hintergründige Hoffnung, in der ihm unmittelbar sein Gott gegeben ist als der, der alles Werdende als Endgültiges setzt, alles Vergängliche als Bleibendes und alles Endliche als Vollendetes.

6.2.   HABEN (v.17-18)

6.2.1. Ein überflüssiger Schluss?

1. "De reliquis versibus pauca satis est" - mit dieser Bemerkung fasst
BOETTCHER (De Inferis 202) gut zusammen, was sich an dieser Stelle
alle Exegeten im Geheimen sagen: nachdem sie in v.16 den Gipfel des
Psalmes gestürmt haben, lassen ihre Kräfte plötzlich nach und sie scheinen ganz froh zu sein, in v.17-20 "eine Rekapitulation und Schlussversi-
cherung" zu finden, "die von den in Hölle und Himmel blickenden Aufschlüs-
sen des Geistes, dessen Schauen gleichsam mit der Sprache rang, in ru-
higere, populärere Sentenzen einlenkt" (STIER 143). Viele sind aber gleichzeitig von dieser "Nutzanwendung" (KALT 180), die "aus dem lyrischen Tone
wieder in den gnomisch-didaktischen" (DELITZSCH 341) abfällt sichtlich
enttäuscht: "Ohne von den inhaltsschweren Gedanken des letzten Verses
weitere Anwendung zu machen, kehrt der Dichter...zu der werthlosen Betrachtung zurück, dass der Reiche doch seine Habe beim Tode zurücklassen
müsse " - das stellt OLSHAUSEN (220) kopfschüttelnd fest, und DUHM (199)
spottet verärgert: "Fühlt man sich nicht wesentlich weiser werden, wenn
man das erfährt? das hat man doch vorher nicht gewusst?" Aber eben, so
meint PODECHARD (K I 221) vorwurfsvoll, "il était plus facile à l'auteur

de reproduire les lieux communs de la littérature sapientielle sur la fin
des heureux de ce monde que de développer au sujet du sort futur des justes
une espérance qui gardait quelque chose de mystérieux et d'obscur quant
au mode de sa réalisation" - immerhin: "l'essentiel était de l'avoir
affirmée." Allgemein scheint man nur deshalb bereit zu sein, dem Psalmisten
v.17-20 nachzusehen, weil er der Autor von v.16 ist[378]. So sucht man denn
auch verbissen nach Entschuldigungsgründen: "Ce qui suit n'a pas la même
force et aurait pu manquer sans que le psaume en fût appauvri. Ces versets
permettent toutefois à l'action du verset 16 de s'exercer plus longtemps."
(MANNATI 141, ähnlich etwa ZSCHIESCHKE 33).

2. Wie mir scheint verdienen v.17-20 keineswegs soviel Verachtung, auch
   wenn sie weniger spektakulär sein mögen als die vorhergehenden Zeilen.
Denn immerhin gelingt es diesen vier Versen, die gesamte vorherige Denkbewegung gleich zweimal unter verschiedenen Gesichtspunkten zusammenzufassen (vgl. unten 6.3.25), die immer noch offene Frage nach der eigentlichen Intention des Gedichtes (vgl. oben 5.3.23) endgültig zu klären
(vgl. unten 6.2.25) und die durch die Entrückungsvorstellung evozierte
"Lösung" des Todesproblems zu differenzieren (vgl. unten 6.2.34). Gleichzeitig wird in diesen letzten Zeilen das Vorhergehende "in die Form einer
'adhortatio' gekleidet" (KRAUS 368): unüberhörbar ergeht hier an den Leser
die eindringliche Aufforderung, sein Leben so zu gestalten, dass es "entrückungsfähig" wird. Damit lenkt der Schluss des Psalmes (der neu plazierte
v.21 eingeschlossen) genau wie die Entrückungsvorstellung, die er entfal-
tet, den Blick resolut auf das 'diesseitige' Leben, das das einzige ist
(v.20): auf die Endlichkeit, die ihm auch zeitlich anhaftet, auf die Endgültigkeit, die ihm von Gott her zukommt und auf die absolute Verantwortung, in der es deshalb gelebt werden muss.

6.2.2. Die Furcht der Besitzlosen (v.17)

1. Die scheinbar so problemlosen Schlusszeilen unseres Psalmes beginnen
   gleich mit einer doppelten Schwierigkeit: das אל-תירא ist hier nach
Inhalt und Form überraschend, "denn zu fürchten, wenn jemand reich wird,
klingt sonderbar" (GRAETZ 342) und die angeredete Einzelperson wirkt,
verglichen mit der angeblich immensen Zuhörerschaft von v.2f, leicht deplaziert. Die Exegeten, die es ja seit v.16 eilig haben, warten hier mit

---

378. Sogar das ist gewissen Exegeten zuviel. Für sie sind v.17-20 möglicher-
weise (OESTERLEY 267) oder gar wahrscheinlich (SNAITH,Sela 46) eine
spätere Zutat.

zwei raschen Lösungen auf (sofern sie sich überhaupt Zeit nehmen, auf die
zwei Schwierigkeiten einzugehen): der MT ist in אַל-תֵּרֶא zu korrigieren[379]
und die Anrede (zumindest <u>auch</u>) als Selbstanrede zu verstehen[380]. Nun ist
aber die Korrektur völlig willkürlich (wie schon der entsprechende Eingriff in v.6, vgl. oben 5.1.15) und die recht häufige Wendung אל-תירא
ist sonst nirgends Selbstanrede. Wir müssen uns also nach andern Lösungen
umsehen.

2. Dass an unserer Stelle überhaupt eine Anrede erscheint, ist nicht sonderlich auffällig: das gehört zum weisheitlichen Stil (vgl. GUNKEL,
   Einleitung 390f) und schliesslich sind wir schon in v.8 mit der Interjektion אך auf eine Art Anrede gestossen (vgl. oben 5.2.14 und unten 6.3.3).

   Doch auch die Form der Anrede lässt sich durchaus vertreten, sie ist
sogar recht aufschlussreich: Dass hier die weisheitliche Mahnung nicht im
Plural gesamthaft an alle in v.2f Angeredeten ergeht, unterstreicht vielleicht einen Umstand, der schon durch die erste Person in v.16 angedeutet
wird: die Hoffnung, um die es hier geht und in der auch das אל-תירא wur-
zelt, stützt sich nicht auf offensichtliche Tatsachen oder allgemeine
Vorgänge, die alle Menschen in ihrer täglichen Erfahrung unmittelbar und
problemlos einsehen und über die man auch in allgemeingültigen und objek-
tiven Sätzen reden kann (wie etwa die Allgemeinheit und Unausweichlich-
keit des Todes, v.8-15, 18-20). Die Hoffnung, um die es hier geht, eröffnet sich jedem nur in der Reflexion über seine je eigene Existenz und über
die grundlegende ("transzendentale") Bedingung der konkreten in ihr gesetzten freien und verantwortlichen Akte. Deshalb kann man von dieser transzendentalen Hoffnung zunächst eigentlich immer nur "existenziell", d.h.
als Einzelner für sich reden (v.16) und man kann die andern nur als Einzelne einladen, ihr individuell nachzuspüren[381].

---

379. So etwa GRAETZ 342, DUHM 204, HALEVY 145, EHRLICH 111, GUNKEL 210,
     DAHOOD 202. Das ראה wird entweder als blosses hinsehen und beachten
     oder als gieriges mustern und beneiden gedeutet.

380. So schon IBN ESRA. Ihm folgen etwa LUZZATTO 211, BAETHGEN 142, KIRK-
     PATRICK 275, ANDERSON 380.

381. Ein ähnlicher Numerusunterschied wie zwischen den Anreden von v.2 und
     v.17 findet sich zwischen v.6 und v.7; auch da lässt er sich vielleicht
     erklären: eine erste Person Plural (למה נירא) würde in v.6 gewiss
     besser zum Plural von v.7 passen, doch der Singular unterstreicht
     demgegenüber, wie subjektiv die Illusion der todlosen Welt ist und
     wie selbstsicher und borniert die Leute von v.7 sind, die nicht ein-
     mal glauben, ihre Ueberzeugung sozial absichern zu müssen.

3. Hat man sich einmal mit der Form der Anrede abgefunden, so bietet deren
   Inhalt kaum mehr Probleme, dazu ist das אל-תירא zu banal. Diese Wendung wird in ganz verschiedenen Situationen verwendet, wenn es darum geht,
   dem "der Herzklopfen hat", "die schlaffen Hände zu stärken und die schlot-
   ternden Knie fest zu machen" (Is 35,3f). Es ist eine Formel der Aufmunte-
   rung, die alle möglichen Formen von Angst überwinden soll, von der blossen
   Schwellenangst (z.B. Ri 4,18) und der Schüchternheit (z.B. Is 40,9) über
   den Mangel an Zivilcourage (z.B. Jer 1,8) oder an Kampfeslust (z.B. Jos
   8,1) bis hin zur völligen Verzweiflung (z.B. Gen 21,17) und höchsten Todesangst (z.B. Ri 6,23)[382]. Welche Angst jeweils im Spiele ist, ergibt sich
   gewöhnlich aus dem Kontext - auch bei objektlosem אל-תירא ist es keineswegs immer "die absolute Furcht..., deren Gegenstand nicht erst angegeben
   werden muss" (KOEHLER, Offenbarungsformel 36). Nur an zwei Stellen wird
   der Grund der Angst eigens umschrieben: in 1 Sam 22,23 und an unserer
   Stelle. Beide Male wird in einem ersten כי -Satz (der in Ps 49,17 aus
   Gründen des Parallelismus zweigliedrig ist) der Grund der Angst umschrieben und erst in einem zweiten כי -Satz (hier v.18) folgt die gängige
   Erklärung, warum man sich <u>nicht</u> zu fürchten brauche[383].

---

382. Es scheint mir arg übertrieben, wie GRESSMANN (Analyse 187-9), KOEHLER
     (Offenbarungsformel), BEGRICH (Heilsorakel), BECKER (Gottesfurcht
     50-55) oder DEROUSSEAUX (Crainte 90-97) in der Wendung eine spezifi-
     sch theologische Formel sehen zu wollen, die daneben "auch dem All-
     tag angehört" (KOEHLER, aaO 37). Das Gegenteil scheint mir zuzutreffen:
     אל-תירא(ו) ist im AT eine banale Allerweltsfloskel, die unter anderem
     auch Gott im Munde führt, wenn er dem - aus welchen Gründen auch immer -
     verängsteten Menschen Mut einflössen will. Dass die Wendung als solche
     trotz ihres häufigen Vorkommens in kriegerischem Kontext kein "Kriegs-
     orakel" ist (H.-P. STAEHLI, in JENNI, Handwörterbuch I 773 und zu-
     rückhaltender BECKER, aaO 54), sondern eine gewöhnliche Aufmunterung
     vor dem Gemetzel, zeigt z.B. ihre Verwendung in 2 Sam 13,28, wo Ab-
     salom kaum ein Orakel bemüht haben wird, um seine Gesellen auf Amnon
     zu hetzen. Und wenn die Wendung tatsächlich Element eines rekonstruier-
     baren priesterlichen Heilsorakels gewesen wäre, könnte BEGRICH (aaO)
     wohl mehr als die dürftigen "zwei Psalmstellen" (aaO 81) Ps 35,3
     (wo die Wendung überhaupt nicht vorkommt) und Klgl 3,57 (wo die Wen-
     dung mitten in Bildern aus Jagd und Rechtsprechung steht) anführen.
     Ueberhaupt entsprechen die nach BEGRICH gattungsspezifischen Elemente
     des Heilsorakels (אל-תירא, Bezeichnung des Angeredeten, Zusicherung
     des Beistandes, Hinweis auf bevorstehende und frühere Lösungen) ge-
     nau dem, was jedermann sagt, wenn er einem Verzagten Mut machen will.
     Völlig rätselhaft ist mir schliesslich, wie DEROUSSEAUX (aaO 95) allein
     aus der Stelle Klgl 3,57 schliessen kann, dass a) "la forme 'oracle
     de salut' a existé en Israel bien avant l'exil, comme en témoigne
     explicitement Lm 3,57" und b) "avant l'exil l'oracle de salut était
     déjà démocratisé (cf. Lm 3,57)"!

383. Im schwierigen Vers 1 Sam 22,23(יבקש את-נפשי כי אשר כי אל-תירא אתי שבה
     עמדי אתה כי-משמרת את-נפשך יבקש)der schon der SEPT sichtlich Mühe be-

4. Der Grund der Angst wird in unserem Vers mit einem recht allgemeinen
und abgeschliffenen Vokabular umschrieben, das ganz an v.7 erinnert.
Auf diesen Vers wird hier auch Bezug genommen: das dortige וברב עשרם
taucht hier in den ziemlich blassen Verben יעשר und ירבה wieder auf[384].
Nur gerade das Wort כבוד fällt etwas auf. Wir werden es aber nur bei seinem zweiten Erscheinen in v.18 zu bedenken haben. Hier bezeichnet es wie
auch anderswo (Gen 31,1; Is 10,3; 61,6; 66,12 u.a. vgl. das Verb כבד in
Gen 13,2) das ökonomische "Gewicht" eines Menschen, seinen imponierenden
Reichtum (vgl. Est 1,4 עשר-כבוד; 5,11 כבוד עשרו). Der Genetiv בית, der
sonst nur in Is 22,24 (Gewicht des Clans) und Hag 2,9 (Prunk des Tempels)
bei כבוד steht (vgl. PLOEG 159f), mag hier in seiner Unschärfe zu verstehen geben, dass sich dieser Reichtum im "Haus", in der "Familie", im "Haus-
halt" - kurz: "an einer Fülle von Phänomenen (zeigt)" (C.WESTERMANN, in:
JENNI, Handwörterbuch I 799), wie dies auch in den Konstruktionen כבוד
ישראל (Mi 1,15 u.a.), כבוד מואב (Is 16,14 u.a.) der Fall ist (vgl. aaO).

Im grossen und ganzen bleibt aber, wie in v.7 (vgl. oben 5.1.43),
die Erwähnung der immer reicher werdenden Reichen auch hier eigentümlich
blass und formelhaft. Man kann also auch hier wiederum (vgl. oben 5.3.23)
vermuten, der Text interessiere sich nicht für die Reichen als solche, sondern für die Reichen als typische Vertreter einer menschlichen Haltung,
die eigentlich anvisiert wird: die Illusion von der todlosen Welt.

V.17 erlaubt es nun, diese Vermutung nicht nur zu wiederholen, sondern
auch, sie zu bestätigen.

---

reitet, kann der erste כי -Satz unmöglich den Grund der Furchtlosigkeit angeben wollen, wie es zunächst aussieht. נפשי und נפשך aus-
zutauschen, wie man es seit WELLHAUSEN (Text 126) versuchte, ist
textkritisch völlig unhaltbar. Alles geht auf, wenn im ersten כי-
Satz der Grund der Furcht umschrieben wird ("Fürchte dich nicht,
wenn der, der mir nach dem Leben trachtet, nun auch dir nach dem Leben trachtet") und erst der zweite כי - Satz angibt, warum die Furcht
doch nicht am Platz ist ("denn mit mir bist du in Sicherheit").

384. רבה, "viel werden", ist ein völlig neutrales Verb. Wo es, wie dies oft
der Fall ist, die Vermehrung von Menschen und Tieren bezeichnet, muss
es durch ein zweites Verb (z.B. פרה) verstärkt werden, was zeigt,
dass רבה allein ein rein quantitativer Ausdruck ist. Nur in Dt 8,13
(und Qoh 5,10) wird es im Zusammenhang mit Geld und Besitz verwendet.
עשר Hi ist ambivalent, wie der Reichtum selbst (vgl. oben Anm.
293). "Reich (gemacht) werden" erscheint bald als Belohnung des Guten
und Tüchtigen (transitiv: Gen 14,23; 1 Sam 2,7; 17,25; Ps 65,10;
Spr 10,4.22; intransitiv: Spr 21,17; Qal Hi 15,29), bald als Wurzel
oder als Symptom von Dummheit und Sünde (transitiv vielleicht Ez 27,33;
intransitiv: Jer 5,27; Sach 11,5; Spr 23,4; 28,20; Dan 11,2; Qal Hos
12,9).

5. Gerade in v.17 wird nämlich überdeutlich, dass die Illusion von der todlosen Welt nicht klassenbedingt ist (auch wenn sie bei der wohlhabenden
Schicht am klarsten zum Ausdruck kommt). In v.17 wendet sich ja der Dichter
an jemanden, der bestimmt nicht reich ist, aber trotzdem genau gleich denkt,
wie die Reichen von v.6f: das Ueberleben ist eine Frage des Besitzes, das
Haben ist der "nervus rerum", deshalb kann nur der Besitzende angstfrei
leben; der Arme hingegen lebt in ständiger "Besorgnis, seine eigentliche
Lebensbestimmung zu verfehlen, die ihm durch die Wahrnehmung angeregt (ist),
dass von den äusseren materiellen Gütern, in deren Erstreben und Erringen
Andere ihr ganzes Lebensziel und ihren ganzen Lebenswerth erblicken, ihm
nur ein so kümmerlicher Antheil zugemessen (ist)" (HIRSCH 266).

   Diese Furcht des Besitzlosen entspringt genau derselben Illusion wie
die Furchtlosigkeit des Besitzenden in v.6. Furcht und Furchtlosigkeit sind
hier zwei klassenbedingte Manifestationen derselben menschlichen Haltung.

   Wenn der Psalmist nun im אל-תירא daran geht, die Furcht des Besitzlosen zurückzuweisen, genau wie er in v.8f die Furchtlosigkeit des Besitzenden blossstellte, zeigt er damit, dass es ihm in seinem Psalm zunächst um
diese menschliche Grundhaltung geht und nicht um den sozialen Status ihrer
Träger. Daran, dass in v.17 nach dem Reichen von v.6-9 nun auch der Arme
entlarvt wird, zeigt sich, dass Ps 49, wie wir oben (5.3.23) vermuteten,
ein anthropologisches Interesse verfolgt, und nicht ein sozialkritisches:
hier wird nicht die konkrete Ausgestaltung der Besitzverhältnisse untersucht, um deren Veränderung zu fordern; hier wird viel grundsätzlicher nach
dem menschlichen Besitzen, dem Haben als solchem gefragt, und nach dessen
Verhältnis zur Sterblichkeit[385].

6. Die menschliche Grundhaltung, die in der Illusion einer todlosen Welt
   impliziert ist und die sich beim Besitzenden als Furchtlosigkeit, beim
Besitzlosen aber als Furcht manifestiert, könnte man mit FROMM (Haben 73
u.ö.) als den "Habenmodus der Existenz" bezeichnen[386].

---

385. Paradoxerweise hat man aber verschiedentlich gerade aus v.17 die soziale
     Position des Psalmisten zu bestimmen versucht und ihn so stillschweigend
     zum Sozialkritiker befördert. SCHMIDT (95) etwa meint, es werde "hier
     sehr deutlich, dass der Dichter selbst zu den 'Leuten aus dem Volk' ge-
     hört, dass er den Reichtum von aussen betrachtet." GUNKEL (210) weiss
     auch gleich, warum der Dichter "im Kreise der Armen zu suchen sein
     wird": es muss "im Altertume die Dichtkunst ihren Mann schlecht genug
     ernährt haben". Solche soziologische Analysen scheinen mir so unmöglich
     wie verfehlt.

386. Auch hier will ich natürlich nicht behaupten, der Psalmist habe FROMMs
     Unterscheidung von Haben- und Seinsmodus der Existenz vorweggenommen.

Dieser Existenzmodus lässt sich besonders an den Reichen exemplifi-
zieren (obwohl nicht nur sie ihm verfallen), denn: "Der Habenmodus der
Existenz leitet sich vom Charakter des Privateigentums ab. In dieser
Existenzform zählt einzig und allein die Aneignung und mein uneingeschränk-
tes Recht, das Erworbene zu behalten." (aaO 80) Allein der Besitz des Objektes definiert das Subjekt: "Das Subjekt bin nicht ich, sondern ich bin,
was ich habe. Mein Eigentum konstituiert mich und meine Identität." (aaO)

Von daher wird auch der Zusammenhang zwischen Habenmodus und Unsterb-
lichkeitsillusion einsichtig: "Wenn sich mein Selbst durch die Dinge konstituiert, die ich besitze, dann bin ich unsterblich, wenn diese unzerstörbar sind." (aaO 85).

Von dieser menschlichen Haltung her ist die Angst des in v.17 Angeredeten völlig verständlich: ohne Besitz sieht er sich auch um seine Identität betrogen. Und wenn der Psalmist hier seine Angst beschwichtigt, kämpft
er damit gegen den "Habenmodus der Existenz" und erhebt so eine Forderung,
die "eines der Hauptthemen des Alten Testamentes ist: Verlasse, was du hast,
befreie dich von allen Fesseln, sei!" (FROMM, Haben 55)

6.2.3. Der Tod als Vernichtung des Habens (v.18)

1. Was in v.18 die Exegeten am nachhaltigsten bewegt hat, ist die Vernei-
nungspartikel לא . Zwar kann der Vers kaum etwas anderes meinen, als
dass der Reiche von seinem in v.17 eben erwähnten Reichtum gar nichts
mitnehmen kann, wenn er stirbt - v.18b ist nicht anders zu deuten. Doch
v.18a kann man mit etwas schlechtem Willen durchaus falsch verstehen:
Man kann sich daran stossen, dass das לא regelwidrig (vgl. GESENIUS,
Grammatik § 152 e, JOUON, Grammaire § 160 e) vom Verb getrennt ist und
auf einer Textkorrektur כי במותו לא יקח הכל beharren (vgl. etwa GUNKEL
213, PODECHARD K II 201). Man kann sogar weiter gehen und wie EHRLICH (111)
das הכל als archimedischen Punkt wählend, den ganzen Vers aus den Angeln
heben: "הכל kann im Unterschied von כל nur kollektiv, nicht distributiv,
verstanden werden. Etwas nimmt der Tote schon mit, das Leichentuch, seine
Waffen und wohl auch manchen Schmuck; hier kommt es darauf an, dass er
nicht alles mitnimmt, was ihm gehört."

Ich finde beide Probleme ziemlich künstlich und gesucht. Die Stellung
des לא lässt sich durchaus rechtfertigen. Genau wie in v.8 (לא-פדה statt
פדה לא, vgl. oben 5.2.22) wird durch die Inversion (לא-במותו statt במותו

Ich vermute nur, dass er von analogen Erfahrungen ausging (vgl. oben
Anm. 370)

לא) eine starke Betonung erreicht, einmal des vorgezogenen לא und zum
andern auch des nachfolgenden במותו (vgl. GESENIUS, Grammatik § 152 e):
"denn bei seinem Tod - da wird er bestimmt nicht..."[387]. Das הכל ist hier
völlig regelmässig, der Artikel markiert eine bestimmte Gesamtheit und
hat zudem, wie meistens in diesem Ausdruck (vgl. Ex 29,24; Lev 1,9.13;
8,27; Dt 2,36; Jos 11,19 u.ö.) einen demonstrativen Sinn: "das alles",
was eben in v.17 erwähnt wurde. Dass לא in Verbindung mit כל eine absolute Negation ausdrückt, ist im Hebräischen selbstverständlich (vgl. GE-
SENIUS, Grammatik § 152 b und schon QIMHI 347)[388].

Damit scheint mir auch v.18a ganz unmissverständlich zu sagen, der
Reiche von v.17 könne im Sterben nichts mitnehmen.
2. Die vielen Exegeten, die - wenn auch nach einigem Zögern - zu diesem
Schluss gekommen sind, haben sich sogleich daran gemacht, mit Bienen-
fleiss allerhand Sinnparallelen zu dieser Aussage zusammenzutragen.

So findet man in den Kommentaren immer wieder Hinweise auf Qoh 5,14,
auf Hi 1,21 oder auf den berühmten Refrain des ägyptischen Harfnerliedes:
"Make holiday, and weary not therein! Behold, it is not given to a man to
take his property with him..." (zit. nach PRITCHARD, Texts 467.). Aus dem
NEUEN TESTAMENT wird 1 Tim 6,7 zitiert, aus dem babylonischen TALMUD Aboth
6,10, aus der griechischen Literatur werden die Totengespräche (besonders
X) des LUKIAN angeführt und aus der römischen Dichtung der Vers von PROPERZ
(Elegien III 5,13-14): "Haud ullas portabis opes Acherontis ad undas:/
Nudus ad infernas, stulte, vehere rate."

Nützlich sind solche Parallelen, die sich sicher in noch grösserer
Anzahl anführen liessen, nur dann, wenn man darob nicht den zu kommentie-
renden Text in seiner Spezifizität vergisst. So müsste eigentlich gerade
im Vergleich mit den paar angeführten Parallelen auffallen, dass an unserer Stelle der Topos von der Unmöglichkeit, im Tod etwas mitzunehmen, ein
ganz anderes Gewicht hat als in den meisten dieser Texte (ausser Aboth
6,10): weder steht er als beiläufiger Hinweis in einer ausführlichen Polemik gegen den Reichtum (1 Tim 6,7) noch dient er als Illustration in
einer resignierten Klage über die Vergänglichkeit (Hi 1,21), bzw. in ei-

---

387. Ausser in Ps 6,6; Lev 11,31f (2 Sam 1,23) und dort, wo es präpositionales Objekt eines Verbs ist (Ez 18,32; 33,11), ist במות stets Zeitbestimmung.

388. AMAMA (285) betont ganz richtig, hier handle es sich eben um eine
"Phrasis hebraica: 'non omne', i.e. 'nihil'... Apud latinos aliter
est. Ibi enim non contradicunt sibi haec duo 'omnis' et 'non omnis',
sed sunt subalterna, nam 'non omnis' est 'aliquis'."

nem pessismistischen Aufruf, zu geniessen, solange es noch Zeit ist (restliche Stellen). In unserem Psalm ist dieser Topos die endgültige Antwort
auf die gestellte Frage nach dem Haben als solchem und nach dessen Verhältnis zur Sterblichkeit (vgl. oben 6.2.25). Damit erhält er (ähnlich
wie in der Talmudstelle) bedeutend mehr Gewicht und Eigenständigkeit. Was
anderswo eine etwas abgegriffene Floskel sein mag, wird hier zu einem harten, entlarvenden Urteil: der Besitz ist angesichts des Todes völlig wertlos, das Haben und die darauf gegründete Existenzform sind deshalb aufs
Ganze gesehen völlig sinnlos und damit wird auch die Angst des Besitzlosen aus v.17 völlig grundlos[389].
3. Wenn nun aber v.18 mehr ist als ein beiläufig zitierter Gemeinplatz,
    drängt sich die Frage auf, ob nicht auch in der konkreten Formulierung
dieses Verses zwei Wörter, לקח und כבוד, bedeutungsträchtiger sind, als
es zunächst aussieht. Für לקח hat PLOEG (160) die Frage bereits verneint:
"Je ne crois pas qu'il y ait opposition consciente entre le mot 'yiqqah'
de ce verset et celui du v.16, comme si le psalmiste eût voulu dire: le
riche ne 'prendra' rien dans son tombeau, mais le dévot sera 'pris' par
Dieu; le verbe 'laqah', en effet est d'un emploi trop commun pour qu'on
puisse établir avec probabilité une telle opposition. Le texte dit simple-
ment, que le riche ne pourra pas emmener ses possessions au moment de sa
mort..."
    Ich bin überzeugt, dass dem nicht so ist: in einem so kunstvoll ge-
bauten Gedicht wie Ps 49 ist doch wohl jedes Wort 'bewusst' gesetzt -
zumal in den Erweiterungen, wo die Wiederholung ein Stilmittel ist. Zudem kann ich mir schwer vorstellen, dass der Psalmist sein spektakuläres
כי יקחני von v.16 in v.18 schon vergessen hätte. Und schliesslich: wie Qoh
5,14 zeigt, hatte der Autor hier die Wahl zwischen לקח und נשא ; dass er
ersteres gewählt hat, zeigt m.E., dass er die Anspielung auf v.16 zumindest nicht ausschliessen wollte. Damit besteht der von PLOEG geleugnete
Gegensatz tatsächlich - und zwar nicht als blosse Spielerei ohne Bedeutung,
sondern als Quelle eines diffusen Doppelsinnes: Besitz wird im Tod nicht
"genommen", was auch heissen kann: das Haben ist nicht "entrückungsfähig",
weil es nicht untrennbar zum Ich gehört.

---

389. Dieses vernichtende Urteil, das v.18 über den Besitz ausspricht, wäre
     eine durchaus solide Grundlage für eine umfassende Sozialkritik. Unser
     Text ist jedoch an einer solchen offensichtlich nicht interessiert.
     Man vergleiche aber dazu etwa die Nachdichtung von CARDENAL (Psalmen
     126f).

Bei כבוד ist die Frage schon viel schwerer zu beantworten - ja, es
braucht schon fast kabbalistische Kühnheit, um sie überhaupt zu stellen!
Denn, im Text wird durch nichts wirklich angezeigt, dass כבוד mehr meinen
könnte als "Glanz und Reichtum", wie in v.17. Einzig die seltsame, nach'
dem zusammenfassenden הכל eher überraschende Insistenz auf diesem Wort
und die m.E. plumpe Wiederholung im Abstand von einem Vers, die damit in
Kauf genommen wurde, gibt mir in diesem kunstvollen Gedicht zu denken.
Sollte כבודו vielleicht doch an das יקר von v.13 und 21 erinnern wollen,
wie das וייקר von v.9, der unserem Vers in der konzentrischen Struktur der
Erweiterungen entspricht (vgl. unten 6.3.3)? Das würde die Lehre von der
Gottebenbildlichkeit diskret weiterentwickeln und differenzieren, sodass
sie auch angesichts des Todes vertretbar würde: "Der Mensch in seiner
Grösse besteht nur dann nicht", wenn er diese Grösse bloss _hat_, wenn sie
von ihm abtrennbar ist, wenn sie ihm nicht nachfolgt - dann kann sie nicht
verhindern, dass er "für immer aufhört".

Dürfte man im כבודו von v.18 diese Anspielung auf die Gottebenbildlichkeit annehmen - was mir so waghalsig wie anziehend scheint - würde
v.18 zum Schlüsselvers der Erweiterungen. Hier würden nämlich die Entrük-
kungsvorstellungen aus v.16 und die Theorie der Gottebenbildlichkeit aus
dem Refrain des Grundpsalmes, also die tragenden Vorstellungen aus den
beiden literarischen Schichten, miteinander verknüpft, parallelisiert und
weiterentwickelt. Dadurch erst würden Stellung und Bedeutung von v.21
am Ende des ganzen Psalmes wirklich einsichtig (vgl. unten 7.12).
4. Wie dem auch sei, dass im לקח von v.18 die Entrückung von v.16 leise nach
klingt, scheint mir ziemlich sicher. Damit wird m.E. schon rein äusserlich signalisiert, dass die Schlussstrophe von Ps 49 das Haben als funda-
mentale anthropologische Dimension nicht nur thematisiert, um den allein
darauf gegründeten Existenzmodus zu kritisieren, sondern auch und besonders, um durch die Kritik dieses Existenzmodus' die Entrückungsvorstellung
(und womöglich auch die Theorie der Gottebenbildlichkeit) genauer zu fassen,
was umgekehrt wieder der Kritik mehr Brisanz verleiht.

In v.17-18 (und wie wir sehen werden, auch in v.19-20) wird durch die
Darstellung vom kläglichen Ende des Reichen stillschweigend ein Gegensatz
geschaffen zwischen diesem und dem "Ich", das in v.16 entrückt wird. Aus
dieser impliziten Gegenüberstellung muss man wohl oder übel schliessen,
der Reiche, der nur auf seinen Besitz vertraut und sich nur durch ihn
definiert, werde, im Gegensatz zum freien, d.h. dem Besitz entnommenen

Ich, das im כי יחקני zu Worte kommt, nicht entrückt (was ja auch ganz dem
durch das Wortspiel um לקח entstehenden Doppelsinn entspricht)[390].

Damit wird die Vorstellung der Entrückung ganz im Sinne der transzendentalen Erfahrung, die sie interpretieren soll, präzisiert (vgl. dagegen
oben 6.1.55):Gott "nimmt" den Menschen nur, insofern er wirklich Mensch
<u>ist</u>, d.h. der Habgier und dem blinden Vertrauen auf Besitz enthoben sein
endliches Leben in Freiheit und Verantwortung setzt. Die Endgültigkeit der
menschlichen Existenz besagt damit nicht deren Erstarrung in all ihren Voll-
zügen. Wie man sich allerdings diese "Aufgehobenheit" des wahren Menschseins
im Einzelnen denken soll -so weit man dies überhaupt kann-, ist eine philo-
sophische Frage, auf die hier nicht eingegangen werden kann [390a].

---

390. Man kann also auch ohne wie VOLZ (vgl. oben Anm. 339) den Text zu mal-
     trätieren zum Schluss kommen, "dass der Psalmist nicht von der durch
     den Tod eintretenden Gleichheit, sondern im Gegenteil <u>von der durch</u>
     <u>den Tod eintretenden Verschiedenheit</u> rede, dass er von <u>einem doppelten</u>
     <u>Geschick nach dem Tode wisse.</u>" Nur scheint sich der Psalmist dieses
     doppelte Geschick bedeutend weniger plump zu denken als VOLZ und viele
     andere vor und nach ihm...

390a. Mir scheint, Denker wie etwa PARMENIDES, MEISTER ECKHART, SPINOZA,KIER-
      KEGAARD, G.MARCEL oder A.N.WHITEHEAD hätten diese Frage auf befriedigen-
      de Weise zu beantworten versucht. Als Beispiel sei lediglich ein Ab-
      schnitt aus KIERKEGAARD (Entweder/Oder II 218f) angeführt, der sich stel-
      lenweise anhört wie eine Paraphrase zur Schlussstrophe unseres Psalmes:
      "Aller menschliche Stolz ist nur eine gebrechliche Sicherheit. Siehst
      Du, lieber junger Freund, dies Leben ist Verzweiflung, verbirg es vor
      andern, vor Dir selbst kannst Du es nicht verbergen, es ist Verzweiflung.
      Dennoch, in einem andern Sinn ist dies Leben nicht Verzweiflung....Was
      fürchtest Du also?...Indes, ich weiss es wohl, es ist ein Ernst darin,
      welcher die ganze Seele erschüttert; seiner sich bewusst werden in sei-
      ner ewigen Giltigkeit ist ein Augenblick, der bedeutungsvoller ist denn
      alles sonst in der Welt. Es ist, als ob Du gefangen würdest und verstrickt
      und nun niemals mehr, weder in Zeit noch in Ewigkeit, entwischen könn-
      test; es ist, als ob Du dich selbst verlörest, als ob Du aufhörtest zu
      sein... Es ist ein ernster und bedeutungsschwerer Augenblick, wenn man
      für eine Ewigkeit sich bindet an eine ewige Macht, wenn man sich selbst
      empfängt als den, dessen Andenken keine Zeit austilgen wird, wenn man
      seiner in ewigem und untrüglichem Sinne sich bewusst wird als der, der
      man ist."

6.3. SCHEINEN (v.19-20)

6.3.1. Ein autistischer Hymnus (v.19)

1. V.19 ist die einzige Zeile der Schlussstrophe, die unklar genug ist,
um das Interesse der Exegeten zu wecken. Die SEPT-Tradition weicht
hier vom MT ab, und viele wissen diese Gelegenheit zu nutzen, um sich ein
letztes Mal in diesem Psalm "textkritisch" auszutoben.
Es scheint mir allerdings ziemlich klar, dass die SEPT hier den MT
nicht ernsthaft in Frage stellen kann. Sie hat infolge eines naheliegenden Missverständnisses die v.19-20 glätten müssen und dadurch auch die
PESH zu Glättungen ermutigt.
Wurzel der Schwierigkeiten war wohl das ויורך, aus dem man mit guten Gründen (vgl. unten 6.3.15) glaubte schliessen zu dürfen, die
Personalpronomina der zweiten Person seien auf Gott zu beziehen. Unter
dieser Voraussetzung konnte nur der TARG dank kühner Paraphrasen den MT
unverändert wiedergeben[391], SEPT und PESH mussten ihn zurechtbiegen[392].
Der MT ist nur in SYM und HEBR genau wiedergegeben[393]. Diese beiden Ue-

---

391. In v.17-18 hatte nach dem TARG David den Mose angesprochen: "Ueber Korah
und seine Rotte prophezeihte er: 'Fürchte Dich nicht, Mose, wenn Korah,
der streitsüchtige Mensch, reich wird, wenn... etc." In den v.19-20
wechselt die Optik plötzlich, und David wendet sich an Gott: "Denn Moses
Seele preist Dich in seinem Leben, und die Gerechten verherrlichen Dich,
denn Du tust Gutes an denen, die dienen vor Dir."

392. Die SEPT wendet das יברך ins Passiv (יְבֹרַךְ, was auch die MSS KENNICOTT
74 und 97 lesen), übersetzt ויורֵהוּ und יראוֹ singularisch (als וְיוֹרֵהוּ
und יראה, letzteres wie im MS KENNICOTT 37 und vielleicht 130), ändert
לך in לו und wohl auch תבוא in יבוא. So reden die Verse schliesslich
von einem in allen Dingen (von Gott) gesegneten Reichen, der für immer
untergeht, weil er Gott aus rein utilitaristischen Gründen verherrlichte:
Οτι ψυχη αυτου εν τη ζωη αυτου ευλογηθησεται εξομολογησεται σοι, οταν αγαθυνης αυτω. Εισελευσεται εως γενεας πατερων αυτου, εως αιωνος ουκ οψεται φως. Die PESH behält die Idee
der SEPT bei, vergrössert aber die Schuld des Reichen, der sich nun wie
im MT selbst rühmt (יברך aktiv), und unterstreicht die Souveränität
Gottes, der nun persönlich den Frevler in den Untergang schickt (aus
תבוא des MT wird nicht יבוא sondern תביא)

393. Die restlichen hexaplarischen Versionen neben SYM sind leider nur sehr
fragmentarisch erhalten. Was bleibt, stützt in v.19-20 den MT - bis auf
die QUINT - Lesart ουκ οψεται, die mit der SEPT übereinstimmt, was
an sich durchaus nicht erstaunlich ist (vgl. VENETZ, Quinta 13ff).
Allerdings könnte man sich angesichts des beigefügten Exzerptes "AQ
SYM SEXT SEPT ουκ οψονται" (vgl. FIELD, Hexapla II 172) fragen, ob
nicht einfach ein Kopist die Bezeichnungen für QUINT und SEPT versehent-
lich vertauscht hat, da sonst für SEPT ein ουκ οψονται nicht belegt ist.

bersetzer sehen in den Pronomina der zweiten Person in v.19b eine Selbstanrede des Reichen und verstehen somit den ganzen Halbvers als Zitat in
seinem Mund, was sie in der Uebersetzung durch einen Einschub hervorheben. SYM übersetzt demnach: Αλλα την ψυχην αυτου εν τω ζην αυτον
ευλογησει, λεγων εν εαυτω, επαινεσουσι σε εαν καλως ποιησης
σεαυτω. Ganz ähnlich ist die Lösung von HEBR: "Quia animae suae in vita
sua benedicet, laudabunt inquient te cum benefeceris tibi."[394]
Wie wir sehen werden, lässt sich dieses Verständnis von v.19 sehr
gut begründen. Vorläufig belegt es jedenfalls die Vertrauenswürdigkeit
des MT.

2. In v.19a stellt sich gleich mit dem ersten Wort, כִּי, die Frage nach
dem Anschluss der Zeile an das Vorhergehende. In den Kommentaren findet man zwei Antworten: Bald wird v.19 vermittels eines kausal verstandenen כִּי an v.18 angeschlossen und enthält damit die Begründung der in v.18
beschriebenen Strafe, bald wird v.19 von v.18 gelöst und dank eines konzessiv verstendenen כִּי mit v.20 verknüpft ("Mag er auch..., so geht er
doch...").

Nach der ersten Erklärung wird der Text unsäglich plump (v.18 ist ja
Begründung von אַל־תִּירָא, v.19 wird dann zur Begründung der Begründung) und
auch inhaltlich zweifelhaft.

Die zweite Erklärung scheint mir bedeutend natürlicher, besonders
wenn man das כִּי nicht unbedingt konzessiv, sondern ganz einfach bekräfti-
gend versteht: "Ja, fürwahr, er preist..." So wiederholt sich in v.19-20
genau die Struktur von v.17-18: die in der ersten Zeile für den Reichen
scheinbar günstige Lage (v.17.19) wird in der zweiten Zeile in ihrer ganzen Haltlosigkeit demaskiert (v.18.20)[395].

---

394. Das völlig singuläre (vgl. THESAURUS LINGUAE LATINAE VII/1, 1764, 20)
"inquient" kann - soll es nicht völlig sinnlos sein - nur den Reichen
von v.19a zum Subjekt haben. Deshalb ist die rätselhafte Form entweder
eine frühe, durch den Plural "laudabunt" nahegelegte Verschreibung aus
dem recht häufigen (vgl. aaO 1775, 60ff, für die VULG 1 Chron 22,18)
"inquiens" oder aber HEBR wollte in v.19b bewusst eine Mehrzahl, nämlich den Reichen und seine Seele in gegenseitiger Ermunterung, zu Wort
kommen lassen, um so auf subtile (vielleicht zu subtile) Art der etwas
erstaunlichen zweiten Person maskulinum, mit der der Reiche seine weibliche נפשׁ fehlerhaft anredet, gerecht zu werden (vgl. unten Anm. 404)

395. Damit hängen v.19-20 auf ganz gleiche Weise von אַל־תִּירָא ab, wie v.17a-18,
jedenfalls vom logischen Gesichtspunkt aus betrachtet. Syntaktisch muss
wohl wie erwähnt das כִּי von v.19 einen Neueinsatz markieren, da eine
Periode v.17-20 im Hebräischen kaum denkbar ist.

3. Damit wird auch das בחיו syntaktisch und semantisch klar: weder ist der
   Ausdruck präpositionales Objekt zu יברך (so z.B. EHRLICH 111, seltsamerweise mit Hinweis auf Gen 24,1), noch hat er die "Bedeutung von dem
   äusserlichen, <u>weltlichen</u> Leben" (HUPFELD 668 mit Hinweis auf Ps 17,14)
   oder ist mit "when being in good health" zu übersetzen (EERDMANS 266 mit
   Hinweis auf Spr 4,22; 14,30). בחיו heisst "'in this life-time', in antithesis to his death-time, v.18" (BRIGGS 412) und ist als Zeitbestimmung
   dem במותו (v.18) gegenüberzustellen, wie in Ri 16,30 und 2 Sam 1,23[396].

   בחיו "zeitlebens" fungiert allerdings nicht nur als Antithese zu
   במותו, die hinter v.18 zurückblendet, sondern auch als Verstärkung von
   יברך. Wie in Ps 63,5 (כן אברכך בחיי); 104,33; 146,2 dient es hier dazu,
   die Hingabe und Beharrlichkeit zu unterstreichen, mit der etwas getan
   wird.

4. Was an unserer Stelle mit soviel Hingabe getan wird, ist ziemlich klar:
   Das <u>Piel</u> von ברך mit Menschen als Subjekt und als Objekt wird im Alltag
   gebraucht und bedeutet "jemandem 'bārūk' sagen" (C.A. KELLER, in: JENNI,
   Handwörterbuch I 359, ähnlich schon JENNI, Piel 217), ihn "glücklich"
   nennen. Je nach Situation heisst das des näheren (vgl. dazu KELLER aaO)
   "grüssen" (Gen 47,7; 1 Sam 13,10; 25,14; 2 Sam 6,20; 2 Kön 4,29; 10,15;
   Spr 27,14; 1 Chr 16,43), "(sich) verabschieden" (Gen 24,60; 28,1; 32,1;
   47,10; Jos 22,6; 2 Sam 13,25; 19,40), "danken" (Dtn 24,13; 2 Sam 14,22;
   Hi 31,20) oder auch "beglückwünschen, gratulieren" (Ex 39,43; 2 Sam 8,10 =
   1 Chr 18,10; 1 Kön 1,47; Neh 11,2). Diese letzte Bedeutung drängt sich an
   unserer Stelle auf: der Reiche verbringt sein Leben damit, seine Seele,
   also sich selbst (vgl. oben 6.1.33) in einem fort zu loben und zu beglückwünschen.[397]

---

396. Ausser in Gen 27,46; Hi 10,1; Dtn 28,66 hat חיים mit ב und Pronominal-
     suffix stets die Bedeutung "zeitlebens", vgl. 2 Sam 18,18; Ps 63,5;
     104,33; 146,2; Qoh 3,12; 9,3.

397. So verstehen die meisten Exegeten den Halbvers. Nach einigen freilich
     redet (schon, vgl. unten Anm. 405) v.19a vom "Realsegen des Essens und
     Trinkens" (MOLL 253); ברך heisst dann "animam beare durch Essen und
     Trinken" (HITZIG 274). Wenn man נפש eng genug fasst, liegt auch die
     an Phil 3,19 angelehnte Uebersetzung "he worshiped his appetite"
     (DAHOOD 302) in Greifnähe. Natürlich muss man annehmen, dass ein Reicher
     bisweilen seiner Seele "durch Wollustpflege schmeichelt" (DELITZSCH
     341), nur ist davon in v.19a nicht die Rede... Noch abwegiger ist es,
     wie EERDMANS (267) ברך nach Hi 1,5.11; 2,5.9 als "forsake, take leave
     of" zu deuten, um dem Vers eine Aussage über den plötzlichen Tod des
     Reichen aufzuzwingen: "for he will lose his life in its fullness"
     (aaO 259, vgl. oben 6.3.13 zu בחיו).

Es fällt freilich sogleich auf, dass ברך Pi sonst nie mit נפש konstruiert wird und dass für reflexives Piel bei ברך das Hitpael zur Verfügung stünde, wie die unserer Zeile sehr ähnliche Stelle Dtn 29,18 zeigt[398].
Offenbar soll das Piel, zumal dank des verstärkenden בחיו, die Widergött-
lichkeit des Selbstruhmes hervorheben; sonst pflegt man nämlich nur Gott
ein Leben lang zu "segnen" (vgl. Ps 63,5; Is 38,20 usw.), nicht seine
נפש, d.h. sich selbst als "Mängelwesen". In diesem Sinn passt die Wendung
יברך נפשו vorzüglich zum יודך, das folgt.

5. ידה Hi bezeichnet stets das Loben Gottes. Die wenigen Ausnahmen (Gen
49,8; Ps 45,18; vgl. Hi 40,14) bestätigen nur diese Regel[399]. Es scheint
also von daher ganz unzweifelhaft, dass ויודך auch in unserem Vers das
Gotteslob meint. Gleichzeitig aber ist eine Anrede an Gott hier völlig undenkbar - zumal Gott bisher (sogar in v.16!) nie angeredet, sondern bloss
- in der dritten Person - erwähnt wurde.

Aus diesem Dilemma erklären sich die Schwierigkeiten der alten Uebersetzungen (vgl. oben 6.3.11) und wohl auch die völlige Verwirrung, die unter den Exegeten herrscht: einige folgen einfach der SEPT (vgl. HENFLER
90, SCHMIDT 94, GRAETZ 342 u.a.), etliche vermuten hinter der zweiten Person eine Anrede des Psalmisten an den Hörer von v.17[400] oder an den Reichen

---

398. An den anderen Stellen (Gen 22,18; 26,4; Jer 4,2; Ps 72,17 und wohl
auch Is 65,16) hat das Hitpael dagegen eher reziproke Bedeutung
(gegen WEHMEIER, Segen 180-186).

399. In Gen 49,8 dient das Verb lediglich zur - je nachdem volkstümlich-
ironischen oder höfisch-hyperbolischen - Erklärung des Namens יהודה
In Ps 45,18 fügt sich der Ausdruck als letzte Steigerung ganz am Ende
des Psalmes durchaus in den Rahmen der Königsideologie der Psalmen
(vgl. KEEL, Bildsymbolik 223). Die sarkastische Verwendung in Hi 40,14
schliesslich setzt voraus, dass man ein Wesen im Sinne von ידה nur
dann "preisen" kann, wenn es sich als Gott erwiesen hat.

400. So etwa ŞALMON BEN YERUCHAM, YEFET BEN ELI, RASHI 48, MEIRI 102,
MEZUDAT DAVID, SCHULZ 114, BUDDE 60, NOETSCHER 112. EWALD (255)
meint dazu: "Es thut ganz wohl dass der dichter gegen das ende seines
lehrwortes hin v.19b einmal die gewöhnliche ruhe der lehrhaften rede
unterbrechend den zuhörer auch selbst anredet: das kommt ihm wie im
eifer der rede so einmahl an..." Dank der kleinen Korrekturen וֹיוֹדֶה
und ראה (v.20) und etwas Märchenstoff gelingt es EHRLICH (111) gar,
den Rest des Psalmes ins klassische Dunkel der homerischen Nekuyia
zu tauchen: "Dabei muss daran erinnert werden, dass der Verstorbene
von dem hier die Rede ist, nicht ein im Reichtum geborener war... Er
war ein Sohn armer Eltern und wurde nachher reich. Im Scheol nun be-
neidet er jeden Armen auf Erden, der es nicht weiter gebracht, als
seine eigenen Eltern." Diesen Neureichen beschreibt nun der Psalmist
seinem armen Schüler, frei nach HOMER (Odysse XI, 489f): "Ja, er
würde sich mit dem blossen Leben glücklich schätzen und dich glücklich

selbst[401], viele eliminieren kurzerhand die zweite Person aus dem ganzen
Halbvers, indem sie die Korrekturen וייודה und לה vornehmen[402].

Die schon von SYM und HEBR vertretene Deutung, dergemäss v.19b Zitat
im Mund des Reichen ist (vgl. oben 6.3.11), findet dagegen nur wenig Anklang[403], obwohl sie sich nach v.19a geradezu aufdrängt. Das widergött-
liche Selbstlob, von dem in v.19a die Rede war, muss geradezu so tönen, wie
es uns in v.19b entgegentritt: Der Reiche, der sich selbst in v.19a wie einen Gott pries, sieht sich auch von den andern wie ein Gott angebetet. Dies
drückt er in einem Satz aus, der nichts anderes ist, als die Parodie auf
einen Hymnus. In Aufbau (Verb des Lobens, mit כי eingeleitete Begründung)
und Wortwahl (ידה Hi, Wurzel טוב) von v.19b klingt m.E. - grotesk verzerrt - das "הודו ליהוה כי טוב" (vgl. Ps 106,1; 107,1; 118,1.29; 136,1;
1 Chr 16,34; abgewandelt 2 Chr 7,3; Esr 3,11; Ps 54,8) nach. Wie alle Völker (Ps 67,4.6), alle Könige (Ps 138,4) oder alle Geschöpfe (Ps 145,10)
Gott oder seinen königlichen Statthalter (Ps 45,18) preisen, preist "man"
den Reichen[404], und man tut dies paradoxerweise, weil er nicht etwa - wie

---

preisen, dass du dir gütlich tust, dass du es so weit gebracht wie
das Geschlecht seiner Väter, während er nimmer das Licht erblickt."

401. Diese Deutung wird allerdings meist ohne grosse Ueberzeugung vorgetragen. So stellt etwa STIER (143) resigniert fest: "Es bleibt nur
übrig, eine plötzliche Apostrophe an den bisher geschilderten Lebe-
mann anzunehmen..." und OLSHAUSEN (220) bemerkt kleinlaut: "Uebrigens
bleibt der plötzliche Uebergang in unsern Augen unter
allen Umständen hart." Nur ganz wenige können sich für die "Lebendig-
keit des Gedankenfortschritts" (SACHS 71) bzw. der "Anschauung" (KESS-
LER 109) begeistern, die in der so gedeuteten zweiten Person angeblich
zum Ausdruck kommen soll.

402. Das ist die "Lösung", die sich seit 1900 in den "kritischen" Kommentaren fast allgemein durchgesetzt hat und die von DUHM (Psalmen, 1.
Auflage 1899, 141) bis KRAUS (Psalmen, 5. Auflage 1978, 518) mit derselben Treuherzigkeit gepredigt wird.

403. Man findet sie etwa bei DOEDERLEIN 102, HENGSTENBERG 466, LUZZATTO
211, HIRSCH 270, PLOEG 160, HERKENNE 183 und auch bei HALEVY (146) in
einer Anmerkung - in seiner (allerdings sehr freien) Uebersetzung steht
er schon nicht mehr dazu... BOETTCHER (Aehrenlese 250) glaubt, "Gedan-
ken-ausdruck des יברך, als stünde לאמר dahinter" könne nur ein יודך
ohne waw sein, weswegen er letzteres mit Berufung auf die SEPT streicht.
Ich halte im Gegenteil dieses hervorhebende waw ("Ja, man lobt dich...")
für eine der Möglichkeiten, mit der man eine direkte Rede markieren
und einleiten kann (vgl. etwa Hi 41,2; Mal 3,1 u.a.).

404. Ich vermute, dass die zweite Person maskulinum diese Anspielung auf
den Hymnus verdeutlichen soll. Normal wäre ja in einem Gespräch mit
der Seele das Femininum (vgl. etwa Ps 35,3; 42,6.12; 43,5; 116,7;

Gott - zu andern, sondern zu sich selbst "gut" ist[405]. So sieht es jedenfalls der Reiche in seinem zitierten Selbstgespräch...

Dieses Zitat bedeutet zudem verglichen mit dem ersten in v.6 eine
Steigerung. Dort ignorierte zwar der Reiche Gott, doch eine Schuld und damit eine gewisse (wenn auch nach ihm völlig unwirkliche) Bedrohung konnte
er noch wahrnehmen. Hier ist diese Bedrohung ganz verschwunden, dafür
fühlt sich der Reiche so gut und so gütig (Ps 119,68) wie Gott selbst. Weiter kann man den Autismus kaum treiben...

V.20 geht nun daran, diese heile Scheinwelt des Reichen zu zerschlagen.

6.3.2. Der Tod als Vernichtung des Scheinens (v.20)

1. Das erste Wort von v.20 ist just noch seltsam genug, um das durch die
scheinbaren Schwierigkeiten von v.19 geweckte Interesse der Exegeten
noch eine Zeit lang wach zu halten. Denn ob man nun תבוא als zweite Person maskulinum oder als dritte Person femininum deutet, die Spannung zum
Suffix von אבותיו ist nicht zu vermeiden. So greifen denn die Ungeduldi-
geren kurzerhand zur Konjektur und stellen durch ein אבותיך bzw. ein יבוא
die Harmonie wieder her. Dies ist freilich völlig willkürlich[406].

_____

146,1). Doch im Satz כִּי תֵיטִיבִי לָךְ וְיוֹדֻךָ (den etwa PRAETORIUS 336 als
Urtext vorschlägt), wäre die Anspielung auf das häufige יוֹדֶךָ der
Psalmen weniger klar. Dass das Maskulinum nicht unmöglich ist - zumal
wenn נפש wie hier klar Reflexivpronomen ist - zeigt Ps 3,3.

405. יטב/טוב Hi ist ein sehr allgemeines Wort (vgl. etwa das adverbiell
gebrauchte היטיב!). Deshalb ist es nicht gerechtfertigt, das תיטיב
לך aufs Gastronomische einzuschränken, wie es viele Exegeten - unbewusst wohl von Lk 12,19 beeinflusst - zu tun scheinen. Zwar erscheinen einmal in Ri 19,22 Esser als מיטיבים את-לבם, doch beschreibt
der Ausdruck nicht das eigentliche Essen und Trinken, das vorher (v.21)
zur Sprache kommt, sondern die friedliche Atmosphäre der Tischgesell-
schaft, kurz bevor sie in die Katastrophe schlittert. In unserem Vers
bezeichnet היטיב die Schaffung eines sehr allgemeinen und umfassenden
Wohlbefindens, die sonst Gott zum Subjekt hat (vgl. Ps 51,20; 119,68;
125,4 u.o.).

406. אבותיך konjizieren z.B. WELLHAUSEN (Edition 85), PANNIER (291) und
vielleicht schon WETTE (340). DAHOOD dagegen versteht es natürlich,
sein "your fathers" (296) "with no change of consonants" herbeizuzaubern: er zieht das ו von אבותיו zum Folgenden und lässt das Suffix von יודך (v.19!) weiterwirken auf das verbleibende "'abōtī, the
oblique plural as in Ugaritic" (303)! Viel verbreiteter als אבותיך,
aber nicht minder willkürlich - die einzige "Variante" zu תבוא, das
mutmassliche תבוא der PESH, stützt gerade das ת - ist יבוא . Seit
sie HOUBIGANT (64) vorschlug (allerdings in der Form von ויבוא , denn
nach ihm war das ת eine Verlesung aus וי), findet sie immer wieder

Andere (etwa ROSENMUELLER 1076, CAHEN 110 und vielleicht WETTE 340)
versuchen den MT zu retten, indem sie אבותי als Enallage von אבותיך
anpreisen, was STIER (144) wohl zu Recht für "unmöglich und beispiellos"
hält.

Nun schliesst unsere Auslegung von v.19a תבוא als zweite Person aus,
denn v.20a kann ganz unmöglich zum zitierten Selbstruhm des Reichen gehören. So bleibt nichts anderes übrig, als in תבוא eine dritte Person
femininum zu sehen: שב אל נפשו של העשיר (IBN ESRA). Das ist unter den Exegeten, die am MT festhalten, ohnehin die beliebtere Lösung. Sie nimmt nämlich zwischen נפשו und אבותי eine Spannung an, die "sich als 'enallage
generis' viel eher vertragen" lässt (STIER 144) als die Enallage der Personen[407] - ja vielleicht gar keine Enallage mehr ist, "da die Väter dem
איש מעשיר, ganz und auch dem Leibe nach, nicht bloss seiner Seele zugehö-
ren" (STIER 144).

2. Man mag es nun wie OLSHAUSEN (220) "sehr unbequem" finden, "das Subjekt
aus dem ziemlich entfernten נפשו zu entnehmen", widersinnig ist es deshalb noch lange nicht - ganz im Gegenteil: Ein יבוא würde nämlich nur gerade die Sterblichkeit des Reichen festhalten. Demgegenüber unterstreicht der
etwas umständliche und deshalb auffällige Rückbezug auf נפשו, dass der Reiche gerade unter dem Aspekt, den er an sich besonders göttlich findet, vergänglich ist. Gerade insofern er sich glücklich preist, weil er besitzt,
ist er schon immer unterwegs zum toten Geschlecht seiner Väter, gerade dadurch, dass er hat und scheint, ist er nicht.

Ferner entsteht dank des תבוא ein Gegensatz zwischen dem Leben, das
Gott aus der Sphäre der Vergänglichkeit heraushält (v.16) und dem Leben,
das automatisch darin untergeht (vgl. etwa Ps 1,6!). Wie das לקח von v.18
(vgl. oben 6.2.33) weist also auch das תבוא an unserer Stelle diskret auf

---

Anhänger, so etwa KNAPP, MUENTHINGE, STUHLMANN, HUPFELD, THALHOFER,
DUHM, WELLHAUSEN (Translation), GUNKEL, BRUNO, SCHMIDT, BUTTENWIESER,
OESTERLEY, BOEHL, WEISER, KISSANE, McCOLLOUGH, CASTELLINO, NOETSCHER,
LAMPARTER, KRAUS, MAILLOT, DEISSLER, ANDERSON, PERDUE (Wisdom 316).

407. BOETTCHER (De Inferis 202) freilich versucht die Spannung zwischen den
Genera möglichst zu dramatisieren: "ac ne animae quidem convenit illud,
in quo multi offendunt, וי ad אבות affixum, quod debebat esse הי ."
Anschliessend versucht er die Spannung zwischen den Personen herunter-
zuspielen: "At in illo אבותיו suff. וי restitit ex tristissimis
אל אבותי בוא, אי אל נאסף in tertia plurimum persona usitatis, sicut idem ו vel ם etiam cum aliis personis mansit in יחדו et
כלם ." Wer diese Erklärung annimmt (vgl. dafür Ri 2,10, dagegen aber
Gen 15,15; 47,30; 49,29 u.a.), kann allerdings nicht umhin, sie erst
recht für die 'ennallage generis' gelten zu lassen.

v.16 zurück. Damit wird nochmals (vgl. oben 6.2.34) angedeutet, dass Gott
nur den Menschen nimmt, der wirklich Mensch _ist_, und nicht den, der es
bloss, aufgrund dessen, was er _hat_, zu sein _scheint_.

3. Anders als in v.18 wird nun aber in v.20 das Ergehen dessen, der nicht
   "genommen" wird, erläutert: er ist unterwegs zum Geschlecht seiner
   Väter[408]. Der Psalmist greift damit eine alte Vorstellung auf, die sonst
   nur im Zusammenhang mit den Patriarchen der Genesis oder mit Königen - sofern sie eines natürlichen Todes starben - gebraucht wird. Man verband also offensichtlich mit dieser Vorstellung "non seulement une certaine so-
   lennité, mais encore un certain calme, une quiétude" (ALFRINK, שכב 110).
   "Zu den Vätern gehen, versammelt werden oder sich legen" hiess soviel wie
   "mit sich und der Welt versöhnt, nach einem langen, erfüllten Leben den
   Tod willig annehmen" (vgl. dazu etwa WAECHTER, Tod 71). Genau das wird
   dem Abraham als Teil seines "sehr grossen Lohnes" verheissen: ואתה תבוא
   אל-אבתיך בשלום תקבר בשינה טובה.

4. An unserer Stelle wird nun diese, wenn nicht gerade idyllische, so doch
   einigermassen tröstliche Vorstellung in der zweiten Vershälfte ganz bös
   entstellt. Gewiss, "der Gedanke, dass die Verstorbenen in der Unterwelt
   das Licht entbehren müssen, ist aus der Literatur des Alten Orients hin-
   reichend bekannt" (SCHMITT, Entrückung 238) und die Kommentare sind auch
   nicht um Parallelen verlegen[409]. Was sie aber kaum beachten, ist, dass

---

408. Seltsamerweise hat das Wort דור hier bisweilen Anstoss erregt und
     man glaubte die aus Is 38,12 gewonnene Bedeutung "Wohnung" sei "cer-
     tainly preferable, indicating the abode of the dead where the fore-
     fathers already are" (ACKROYD, Meaning 4, ähnlich schon KNAPP 103,
     WETTE 340, STIER 144, DUHM 204 UCHELEN 71 u.a.). Doch seit NEUBERG
     auf "an unrecognized meaning of hebrew _dor_" hingewiesen hat, fand
     man, dass "'assembly' appears even better in this context" (ACKROYD
     aaO, ähnlich z.B. MAILLOT 306, DAHOOD 303, SCHMITT, Entrückung 238).
     Mir scheint das ganze Problem ziemlich künstlich. Ich sehe nicht ein,
     welche Vorteile hier die "Wohnung" bringen soll, auch wenn sie in
     Is 38,12 am Platze ist (obwohl ich sogar da gewisse Zweifel hege: der
     Vergleich mit dem Hirtenzelt ist viel sprechender, wenn דורי "meine
     Zeitgenossen" bedeutet, die ja in v.11 erwähnt werden und von denen
     sich der Beter trennen muss, weil sie wie Zelte zusammengerollt wer-
     den und auf ihrem Lebensweg weitergehen, dieweil er als Sterbender
     stehen bleibt). Auch die "Versammlung" der Väter drängt sich an un-
     serer Stelle nicht auf. Es scheint mir klar, dass דור, dem ursprüng-
     lichen Sinn der Wurzel entsprechend einen "Personenkreis" meint, der
     bald zeitlich ("Generation"), bald räumlich ("Versammlung") abgehoben
     und definiert werden kann. In der Formel דור אבות scheint mir die
     zeitlich definierte Bedeutungsvariante viel naheliegender.

409. Aus dem Alten Testament führt man etwa an Ps 36,10; 58,9; 97,11;
     Hi 3,16; 3,20; 18,18; Qoh 6,4f. Für die altorientalischen Parallelen
     vgl. KEEL, Bildsymbolik 55-57, 67f und SCHMITT, Entrückung 239.

dieser Gedanke hier eingesetzt ist, um die Vorstellung vom "Gang zu den
Vätern" zu torpedieren. Wie in v.16 wird eine traditionelle Vorstellung
durch die Verknüpfung mit einer andern traditionellen Vorstellung grundlegend verändert, hier allerdings im Sinne einer unfeinen Entlarvung, die
ganz an die Kritik des בית עולם in v.12 erinnert[410].

So kehrt am Ende des Gedichtes - gerade vor der Wiederholung des Re-
frains - die dunkle Atmosphäre des Grundpsalmes wieder. In ihr zerrinnt
die heile und prunkvolle Scheinwelt von v.19 allmählich durch etappenwei-
sen Abbau ins Nichts: Sie wird zunächst in v.20a durch die friedliche und
leicht beschönigende Vorstellung vom "Gang zu den Vätern" recht mild und
nachsichtig in Frage gestellt, um dann in v.20b an der nunmehr unverblümt
dargestellten Schrecklichkeit des Todes brutal zu zerschellen[411].

5. In v.20 als Ganzem wird also die heile Scheinwelt von v.19 zerschlagen,
genau wie in v.18 der כבוד des Besitzenden von v.17 am Tod zerbrach.
Damit wiederholen die beiden Verspaare v.17f und v.19f jeder für sich unter zwei verschiedenen Gesichtspunkten, dem des Habens und dem des Scheinens, die Denkbewegung des "Rätsels" von v.6-15: das problemlose Vertrauen
in das eigene Leben (v.6-10) zerbricht an der Erfahrung des Todes (v.11-15),
angesichts des Todes sind der Besitz (v.17f) und die Selbsteinschätzung,
die er begründet (v.19f), völlig wertlos. Das Sterben ist die grosse
Demaskierung von jedem Haben und von jedem Scheinen, und damit auch die
grosse Einladung zu sein. Diese Einladung wird v.21 ausdrücklich vor-
bringen.

---

410. Wie unangenehm diese Ironisierung des 'Ganges zu den Vätern' für da-
malige Ohren sein musste, lässt sich noch am TARG ablesen, der sie
aufhebt, indem er v.20a auf die Gerechten und v.20b auf die Frevler
bezieht: תעול דוכרנהון דצדיקיא עד דר אבהתהון ורשיעיא לעלמי עלמיא
לא יחמון נהורא, "Das Andenken der Gerechten wird eingehen zum Geschlecht
ihrer Väter, doch die Frevler werden auf immer und ewig das Licht
nicht sehen."

411. Damit verhalten sich v.20a und v.20b zueinander ähnlich wie v.10a
und 10b (vgl. oben 5.3.15).
     Es ist übrigens beachtenswert, wie sich in der Strophe v.16-20
der allmähliche Wiedereinbruch der drückenden Atmosphäre des Grundpsalmes auch lautlich bemerkbar macht: Während in den v.16 und 17 die
hellen i-Laute vorherrschen, machen sich allmählich die dunklen o-
und a-Laute breit, die in v.20 schliesslich das Feld fast ganz beherrschen.

6.3.3. Zum Aufbau der Erweiterungen

Nach dieser Auslegung der Erweiterungen drängt sich nochmals ein kurzer
Vergleich zwischen v.6-10 und v.17-20 auf. Wenn man nämlich an diesen zwei
Strophen nicht bloss das Aeusserlichste und Formalste Berücksichtigt, wie
dies oben (1.3.3) geschehen musste, ergeben sich in Ergänzung der dort
bereits aufgezeigten "mechanischen" Entsprechungen, weitere Entsprechungen
zwischen beiden Strophen.

Schon während der Auslegung zeigten sich Aehnlichkeiten
- zwischen v.10 und v.16, in denen auf einen sehr langen und unbestimmten
  Teilvers ein kurzer Teilvers folgt, der die Unbestimmtheit aufhebt
  (vgl. oben 6.1.25);
- zwischen v.8 und v.17, die beide mit einer (Art) Anrede einsetzen
  (vgl. oben 6.2.22);
- zwischen v.6 und v.19, die beide ein Zitat enthalten (vgl. oben 6.3.15).

Daraus kann man schliessen, dass beide Strophen in je drei Teile zerfallen,
die spiegelbildlich angeordnet sind, sodass die Erweiterungen eine dreifache Inclusio zum Grundpsalm darstellen:

v.6-7: Selbstvertrauen: überhebliches Zitat und erklärender Nachsatz

   v.8-9: Besitz: Anrede und Darlegung der Nutzlosigkeit des Reichtums

      v.1o: Ueberwindung des Todes: Verneinung durch Hinweis auf die Er-
                           fahrung (כי יראה)

        v.11-15: Grundpsalm

      v.16: Ueberwindung des Todes: Bejahung durch Hinweis auf die transzen-
                         dentale Bedingung der Erfahrung (כי יקחני)

   v.17-18: Besitz: Anrede und Darlegung der Nutzlosigkeit des Reichtums

v.19-2o: Selbstvertrauen: überhebliches Zitat und verurteilender Nachsatz

Im Psalm 49 überlagern sich damit drei verschiedene Systeme von Bezügen:
- auf der Ebene der "äusseren Form" die oben 1.3.3 dargelegten Entsprechungen, vornehmlich zwischen gleichen Lexemen und syntaktischen
  Fügungen vor und nach dem Grundpsalm;
- auf der Ebene der "inneren Form" die eben skizzierte, vornehmlich durch
  die angeschlagenen Themen gebildete, dreifache Inclusio des Grundpsalmes;
- auf der Ebene des Inhaltes die oben 6.3.25 angedeutete zweimalige Zusammenfassung des Gedankenganges der v.6-15 in den v.17-18 und v.19-20.

Angesichts dieser hochkomplexen Form ist der denkerische Tiefgang des
Psalmes erst recht erstaunlich und bewundernswert.

Dieses äusserst subtile Kunstwerk ist auch entsprechend eingerahmt durch den versetzten Kehrvers (v.21) und die Lehreröffnung (v.2-5), auf die jetzt einzugehen ist.

7.   ZUM RAHMEN DES PSALMES

7.1.   EINLADUNG ZUM SEIN

1. Für sich allein genommen lässt v.21 wie wir oben (4.3.23) sahen, zwei
grundlegend verschiedene Deutungen zu: er kann entweder als resignierter
Seufzer ein skeptisches Menschenbild skizzieren, oder als polemischer Aus-
ruf gewisse uneinsichtige Leute zur Vernunft bringen wollen.

Im Rahmen des Grundpsalmes schien die erste Deutung die naheliegendste zu sein (vgl. oben 4.3.24). Vor dem Hintergrund des ganzen Gedichtes
ist sie nun kaum mehr möglich. Denn es ist ja wenig wahrscheinlich, dass
der Autor der Erweiterungen seinen Leser am Ende des Psalmes wieder in den
resignierten Skeptizismus des Grundpsalmes zurückstossen will, aus dem er
ihn vorher mit so viel Scharfsinn herausgeführt hat. Wenn der Autor der
Erweiterungen den Kehrvers bei seinem zweiten Erscheinen an das Ende des
ganzen Gedichtes versetzt, so tut er es wohl, weil er dessen Doppeldeutig-
keit bemerkt hat und durch die Versetzung dessen zweite Deutung sicherstellen will.

Solchermassen als "missionarische Polemik" verstanden, gewinnt der
versetzte v.21 bei gleich bleibendem Sinn eine andere Bedeutung: der Widerspruch zwischen der Herrlichkeit des Menschen (אדם ביקר) und seiner
tierischen Verständnislosigkeit (ולא בין) bleibt zwar bestehen, aber er
weist jetzt nicht mehr hin auf einen prinzipiellen, unverrückbaren Sachverhalt, an dem man verzweifeln müsste, sondern auf einen faktischen Miss-

stand, der sich verändern lässt. Als Hinweis auf einen Missstand ist nun
v.21 durchaus auch eine diskrete Aufforderung, diesen Missstand aufzuheben[412].

2. Damit wird die Theorie der Gottebenbildlichkeit weitergedacht und dif-
ferenziert: die Gottebenbildlichkeit ist nun nicht mehr eine anthropologische Bestandesaufnahme, die man zur Kenntnis nehmen kann bzw. die man
verwerfen muss, wenn sie den Fakten widerspricht, sondern die Gottebenbildlichkeit wird hier zur ethischen Norm, die es zu realisieren gilt. Nicht
jeder Mensch ist einfach von vornherein Gottes Ebenbild. Gottes Ebenbild
ist der Mensch nur insofern er seinen Tod nicht verdrängt, sondern zu seiner Endlichkeit steht und so die Scheinwelt des Habens durchschaut und
überwindet. Nur so ist der Mensch wirklich Mensch, nur so ist er Gottes Ebenbild und nur so kann er auch verstehen. "Verstehen" heisst hier, wie wir
oben (4.3.22) gesehen haben: die Wirklichkeit in ihrer Bedingtheit als Tat
Gottes erkennen - und das wiederum kann nach v.16 nur heissen: als Tat dessen,
der allem Bedingten seine unbedingte Gültigkeit verleiht (vgl. oben 6.1.6).
Das Verstehen, das kraft der Gottebenbildlichkeit möglich ist und wohl auch
deren eigentlichen Inhalt konstituiert (vgl. oben 4.3.25) fusst also in
nichts anderem als in jener hintergründigen, "transzendentalen" Erfahrung,
die in v.16 im Interpretament der Entrückung zur Sprache kam[413]. Weil Gott,
dieser Erfahrung zu glauben, den Menschen "nehmen" kann, bleibt der Tun-
Ergehen-Zusammenhang schliesslich doch gewahrt und die Wirklichkeit lässt
sich wieder verstehen. Am Schluss des ganzen Psalmes sagt v.21 also ziem-

---

412. Unter den neueren Exegeten (vgl. aber unten Anm. 413) hat einzig
MAILLOT (300) bemerkt, dass im versetzten v.21 der Autor der Erweiterungen dem Unverständigen, gewissermassen kopfschüttelnd über soviel Unverstand, ins Gewissen redet, nur beachtet er m.E. zu wenig,
dass dieses Reden nicht einfach ein lyrischer Erguss ist, sondern
durchaus der Belehrung und Bekehrung dient, wenn er sagt: "Et c'est
la reprise du refrain, mais cette fois avec une certaine tristesse
du poète: j'ai beau parler, le riche ne comprendra pas (Lk 16,31)!
Rien n'y fera, seule la mort lui dessilera les yeux."

413. Die alten Exegeten, die im Gegensatz zu den modernen in v.21 durchaus eine Aufforderung zum Verstehen sahen, verbanden diese allerdings
nicht mit v.16, da sie Ps 49 in der Fassung von SEPT oder GAL lasen
und deshalb den Wortlaut von v.21 schon in v.13 vorfanden und auslegen mussten. Der Gegenstand des Verstehens war deshalb für sie die
Gottebenbildlichkeit selbst (vgl. APOLLINARIS 32, Ps-HIERONYMUS 967,
THOMAS v. AQUIN 367, NIKLAUS v. LYRA 785 vgl. oben Anm. 141   ,
ähnlich THEODORET 1225, AUGUSTINUS 574 u.a.). Der Unterschied zur
hier vorgeschlagenen Deutung ist aber praktisch bedeutungslos, insofern in meinem Verständnis die Erfahrung der eigenen Gottähnlichkeit
eben jene transzendentale Erfahrung ist, in der das Verstehen der
Wirklichkeit gegeben ist.

lich genau das Gegenteil von dem, was er am Schluss des Grundpsalmes sagte
(vgl. oben 4.3.24): Weil der Mensch erfahrungsgemäss nicht besteht (בל-ילין),
ist er prinzipiell überhaupt fähig, den Schleier des Habens und Scheinens
zu durchschauen und zu verstehen. Er steht deshalb seiner faktischen Unein-
sichtigkeit (ולא-יבין) zum Trotz durchaus über den Tieren - wenn er sich
nur entschliesst, wirklich Mensch zu sein (ביקר).
3. So verbinden sich in v.21 die ethisierte Theorie der Gottebenbildlichkeit und die ethisierte Vorstellung der Entrückung (vgl. oben 6.2.34)[414],

---

414. Ich vermute eine ganz ähnliche Verbindung von Entrückung und GottebeN-
bildlichkeit auch in Ps 73, den man traditionell in die Nähe von Ps 49
rückt. Wie die Denker in Ps 49 ist der Beter in Ps 73 am offensichtlich
nicht funktionierenden Zusammenhang zwischen Tun und Ergehen irre
geworden. Für ihn ist allerdings nicht der Tod der Weisen, sondern -
etwas konventioneller - das Ueberleben der Schuldigen (vgl. Ps 49,
6-10) der Stein des Anstosses (v.2-16). Dann aber findet er Zugang
zu Gottes heiligen Ordnungen (v.17, מקדש, "mit Heiligkeit Behaftetes"
meint nicht immer einen Tempel, was Stellen wie Num 18,29; Is 8,14;
Jer 51,51; Ez 11,16; 45,46 zeigen). Was er dabei versteht, drückt er
m.E. mit den Vorstellungen von Entrückung und Gottebenbildlichkeit
aus: Die Bösen verschwinden wie ein Traum am Morgen, d.h. Gott "hebt"
sie nicht "auf", denn zeitlebens sind sie eigentlich gar nichts und
ihr Bild (צלם, vgl. Gen 1,26f) kann Gott nur verachten (v.20). Anders der Gerechte: auch wenn er vor lauter Verzweiflung (v.21) wie der
Autor unseres Grundpsalmes (Ps 49,11-15.21) zum Schluss kommt, er
sei nichts als ein unverständiges Tier (v.22 abα , ואני-בער ולא
אדע בהמות "und ich: auch als Tor, auch als einer, der nichts versteht, als Tier...", vgl. MANNATI, Avec toi 61f) ist er doch schon
immer und für immer mit Gott (v.22 bβ - 23a ואני תמיד עמך הייתי עמך),
ist von ihm bei der Hand erfasst und geleitet (v.23b-24a), geniesst
seine Nähe und steht bereits in ihm (v.28, שתי, vgl. Ps 49,15!). Mitten in diesen Aussagen, die alle um Entrückung und Gottebenbildlichkeit zu kreisen scheinen, fallen nun m.E. in v.24b auch die zwei
Schlüsselbegriffe zu diesen beiden Vorstellungen: לקח und כבוד.
Für תקחני ist die Deutung auf die Entrückung ziemlich verbreitet,
hingegen ist die Verknüpfung von כבוד mit der Gottebenbildlichkeit
an unserer Stelle eher selten. SFORNO etwa sagt zum Satz אחר כבוד
ואחר שאשיג צלם אלהים אשר בו כבוד שלמותי תקחני ותאספני אליך: תקחני.
Ich schliesse mich dieser Deutung an und übersetze (gegen die masoretische Akzentuierung) den berüchtigten Stichos mit: "Du nimmst mich
nach, d.h. gemäss der Herrlichkeit." Für אחר nun plötzlich die Bedeutung "gemäss" zu postulieren, scheint mir insofern nicht völlig
willkürlich, als die Sinnverschiebung von "nach" zu "gemäss", die in
etlichen (allerdings nichtsemitischen) Sprachen anzutreffen ist, im
Hebräischen in der Formel הלך אחר bisweilen (vgl. z.B. 2 Kön 13,2;
Is 65,2; Ez 13,3) fast erreicht wird und vielleicht in Rt 2,2 ("je nach
dem") und Neh 5,15 ("im Wert von") vorliegt. Mit dieser Bedeutung
von אחר wird die ebenfalls berüchtigte Parallele in Sach 2,12 zumindest nicht schwieriger. Im Relativsatz אחר כבוד שלחני bestimmt
nun אחר כבוד, "gemäss 〈seiner〉 Herrlichkeit" das שלחני näher,
ähnlich wie ברוחו in Sach 7,12. Dank eines so gedeuteten אחר כבוד würde nun Ps 73,24b genau wie unser Kehrvers ethisierte Gottähnlichkeit
und ethisierte Entrückung kurz und prägnant verbinden:"genommen" wird

um den Hörer und Leser einzuladen, das zu sein, was er sein kann: ein Mensch,
der im Bewusstsein seines Todes (v.11-15) die Welt des Habens und des Scheins
durchbricht (v.6-10.17-20) und der im Aufstand gegen seine Sterblichkeit
(v.11-15) Jenen erahnt, der ihn in seinem todverfallenen Leben "nehmen"
kann, weil er der ist, der jedes Sein und alle Endlichkeit "unendlich sanft
in seinen Händen hält".

7.2. EINLADUNG ZUM HOEREN

7.2.1. Ueberdimensioniertes Blendwerk?

1. Die "feierlich gehaltene, im Verhältnis zu dem Ganzen etwas breit ange-
   legte Vorrede (v.2-5)" (KESSLER 109) wurde in den Kommentaren immer wieder zum Gegenstand eines mehr oder weniger verhaltenen Spottes. Man fand
diesen "gewaltigen Posaunenstoss am Anfang" (DUHM 204) "ein bisschen feierlich" (REUSS 138). Diese "der Kunstpoesie geläufig gewordene Floskel"
(OLSHAUSEN 211) schien gewiss "volltönend, aber ganz und gar nicht originell"
(STAERK 248). Man sah in dieser "feierlichen, etwas zu viel versprechenden
Ankündigung" (WETTE 339), die "cum quadam magniloquentia effertur" (KNABEN-
BAUER 191), nichts als ein wortreiches (PAULUS 248, WEISER 260), "umständ-
liches" (KOENIG 592) und "hochtönendes" (HERKENNE 182) "artificium rhetori-
cum" (POLUS 814), das höchstens als "Probe der damaligen literarischen Mode,
der ruhmredigen Vortragsweise der 'Weisen'" (DUHM 199) Beachtung verdiene.
2. Nun bilden diese "hohen Worte" (GUNKEL 209), aus denen gewisse Exegeten
   ein "beachtenswertes...Selbstgefühl des Dichters" (BUDDE 112) glaubten
herauslesen zu dürfen, einen der zahlreichen "Lehreröffnungsrufe" des AT[415].
Insofern kann man in ihnen tatsächlich eine "der Kunstpoesie geläufig ge-

---

der Mensch nur insofern und in dem Masse er sich als Bild Gottes konstituiert hat, er bleibt in dem Masse er seinsmässig "Gewicht" hat.
Eine recht ähnliche Auffassung -freilich im Rahmen eines andern Inter-
pretamentes- liegt m.E. in der oben (Anm. 371a) zitierten Stelle
1 QS IV 15f (womöglich verknüpft mit der Theorie der Gottebenbildlichkeit in CD III 20; 1 QH XV 17) vor.

415. Neben den Situationen, wo sie sich ganz natürlich ergibt (vgl. Ri 9,7;
2 Sam 20,16; 2 Kön 18,18 = Is 36,13), begegnet die Aufforderung zum
Hören schon in alten Liedern wie Ri 5,3 oder Gen 4,23. Gehäuft findet
man sie aber erst in der Weisheitsliteratur (vgl. Spr 1,8; 4,1; 4,10;
5,7; 7,24; 8,6; 8,32f; 19,20; 23,19; Hi 13,6; 13,17; 15,17; 21,2;
32,6ff; 34,2; 34,10; 37,2; Sir 3,1; 6,23; 16,24; 31,22; 33,18; Weish
6,1ff; Ps 34,12; 78,1). Wohl von da her hat sie die prophetischen
Schriften überflutet (vgl. Is 1,2; Jer 2,4; Ez 6,3; Hos 4,1; Joel 1,2;
Am 3,1; Mi 1,2 u.o.). Vgl. zum Ganzen WOLFF, Hosea 122f.

wordene Floskel" sehen. Damit ist aber noch nicht erklärt, was diese Aufforderung zum Hören überhaupt bedeutet und warum sie in unserem Psalm so
breit ausgefallen ist. Nur die wenigsten Exegeten gehen auf diese Fragen
ein.

3. Statt einer Antwort auf die erste Frage findet man lediglich in einigen
   Kommentaren scharfsinnige Spekulationen über den Unterschied von שמעו
und האזינו [416]. Die Fragestellung scheint mir nicht sehr ergiebig, da die
beiden Verben wie die meisten Ausdrücke im synonymen Parallelismus nur dazu
dienen, "einen bestimmten Sinnbereich zu umstecken" (RAD, Weisheit 47, vgl.
25-27)[417].

Das Hören ist schon in der ägyptischen Weisheit ein zentraler Begriff:
"Nützlich ist das Hören für einen gehorsamen Sohn, denn das Hören dringt
ein in den Hörer und so wird der Zuhörer zu einem Gehorsamen." (Lehre des
Ptahotep 34ff, zit. nach SCHMID, Weisheit 31, vgl. PRITCHARD, Texts 414).
Das "Hören" meint also sowohl das aufmerksame Aufnehmen des Gesagten, als
auch das verstehende Eindringen in den Sachverhalt und das gehorsame Tun
aus der so geborenen Einsicht[418]. Aehnlich verhält es sich im AT: שמע-אתה
בני וחכם ואשר בדרך לבך (Spr 23,19). Die Einladung zum Hören der Weisheits-
rede ist somit auch eine Einladung zur Auseinandersetzung mit der Sache
und zum sachgerechten Handeln.

4. Von daher kann man verstehen, weshalb die "Lehreröffnung" in unserem
   Psalm so breit ausgefallen ist[419]. Die wenigen Exegeten, die diese Frage
einer Antwort für würdig halten, drücken sich sehr vorsichtig aus. LAM-
PARTER (250) etwa beteuert: "Diese weit ausgreifende Anrede ist kein Aus-

---

416. HIRSCH (265) z.B. sieht ihn so: "Während שמעו die Aufforderung ent-
     hält, unser Ohr Dem nicht zu verschliessen, was dieser Gesang zu be-
     herzigen geben will, fordert האזינו, aus dem Gefühle des Bedürfnisses
     durch Hinneigen des Ohres der Aufnahme der dargebotenen Lehre entgegen-
     zukommen." Noch verzweifelter ringt PLOEG (140) um eine scharfe Di-
     stinktion: "L'impératif šimᶜu est employé par ceux qui ont quelque
     chose à dire à d'autres, prophètes et sages... Le mot plus solennel
     haᵓazinu se retrouve principalement chez les prophètes..."

417. Bald stehen שמעו und האזינו parallel (Ri 5,3; Is 1,2.10; 28,23a;
     32,9; Jer 13,15; Joel 1,2; Hi 34,2; vgl. Gen 4,23), bald שמעו und
     הקשיבו (Mi 1,2 u.ö.), bald האזינו und הקשיבו (Is 51,4), vgl. WOLFF,
     Hosea 122f.

418. Vgl. dazu SCHMID, Weisheit 31-33. BRUNNER, Erziehung 131-134 betont
     dagegen viel stärker den Aspekt des blinden Gehorsams, der das Hören
     in andern ägyptischen Texten kennzeichnet.

419. Sehr lange Lehreröffnungen sind auch in Hi 32,6-33, 7 und Weish 6,1-11
     zu finden.

druck einer anmassenden Selbstüberschätzung des Verfassers. Er will damit
nur das Gewicht der Frage verdeutlichen, die in seinem Lied aufgeworfen
wird." PAULUS (248) ist noch vorsichtiger: nach ihm zeigt "der wortreiche
Eingang" bloss, "wie wichtig und feierlich (mystisch) damals noch Einsich-
ten genommen werden mussten, die nach und nach Kinderwahrheiten geworden
sind." SEILER (270) schliesslich bezweifelt, dass sich der Inhalt von Ps 49
je als besonders spektakulär darbot - "aber wie viele Menschen sind denn
wohl, welche diese wichtigen Wahrheiten und Erfahrungen wohl überlegen?"

Mit scheint besonders diese letzte Bemerkung die Sache zu treffen. Gewiss ist die in Ps 49 aufgeworfene Frage bedeutsam und auch die vorgetragene
Antwort scheint mir künstlerisch und denkerisch so eindrücklich, dass sie
durchaus erhöhte Aufmerksamkeit beanspruchen darf. Richtig ist wohl auch,
dass der Versuch, dem Tod "entgegenzudenken" heute weniger neu und spektakulär sein mag als zur Zeit des Psalmisten. Doch das liegt nun vielleicht
gerade daran, dass heute noch weniger Menschen als damals die Erfahrung
des Todes in seiner Schrecklichkeit und Unannehmbarkeit unverdrängt aus-
halten und "wohl überlegen". Und da liegt nun primär der Punkt, wo die
ausführliche Einleitung - bis heute - ihre Rechtfertigung findet: sie lädt
den oberflächlichen Hörer und Leser ein, dem Psalm seine volle Aufmerksamkeit zu schenken, nicht nur, um den komplizierten Text in seiner ganzen
Subtilität erfassen zu können, sondern auch und besonders, um sich durch
ihn seine eigenen verschütteten Erfahrungen freilegen und aufschlüsseln
zu lassen.

Die Einleitung v.2-5 will also, wie jede "Lehreröffnung", den Hörer
in erster Linie nicht informieren, sondern motivieren, damit er sich ganz
dem Gesagten, und durch das Gesagte hindurch ganz sich selbst zuwende und
so, "unterwegs zur Sache", von einem Zuhörer zu einem Gehorsamen werde.
5. Gleichwohl gibt aber die Einleitung von Ps 49, besonders in den Teilen,
in denen sie vom üblichen Schema abweicht (v.2b.3b.5a) auch schon wichtige
Hinweise für das Verständnis des Psalmes - Hinweise freilich, die wir heute
z.T. erst nach der Lektüre des Gedichtes verstehen...

7.2.2. Das Zielpublikum (v.2-3)

1. Was die Kommentatoren in v.2 am meisten beschäftigt, ist der Ausdruck
כל-ישבי חלד, der "in seiner exklusiven Universalität nicht seinesgleichen
im AT" habe (DEISSLER 33). Das ist zwar stark übertrieben, da spätestens
mit den Propheten des 8. Jahrhunderts "alle Völker" immer häufiger in den
Blick kommen (vgl. schon 1 Kön 22,28, später Mi 1,2 u.ö.; im Psalter vgl.

Ps 47,2; 67,4.6; 96,3; 97,6; 99,2; 117,1; 148,11) - allerdings in ganz
anderen Zusammenhängen (des Gerichtes, des hymnischen Lobes usw.). Im
weisheitlichen Kontext ist dieser ausdrückliche Universalismus tatsächlich
einmalig, denn "les sages ne s'adressent jamais explicitement au monde
entier" (PLOEG 141)[420]. An unserer Stelle ist deshalb das כל-העמים wohl
weniger ein Ausdruck der "perspectives universelles de la sagesse" (PANNIER
287), als vielmehr ein - dem prophetischen Stil entlehntes - Mittel, das
"auf die hohe Wichtigkeit der Belehrung aufmerksam machen" soll (HENGSTEN-
BERG 458). "On a donc l'impression, que l'auteur du Ps 49 se sert consciem-
ment d'une expression prophétique pour donner plus de poids à ses paroles."
(PLOEG 141)[421].

2. Aufschlussreicher als "alle Völker" scheinen mir die ישבי-חלד zu sein.

Dass חלד "een zeldzaam, dicherlijk woord" ist (PLOEG K 302), dürfte
wohl den meisten Exegeten klar sein, doch über seine Bedeutung werden
trotzdem kaum je Zweifel wach.

Einige nehmen für חלד, gestützt auf das arabische ḫuld (von ḫalada,
[ewig] dauern) die Bedeutung "ewige Dauer, Ewigkeit" in Anspruch, die
sich an unserer Stelle zur Bedeutung "Welt" weiterentwickelt hätte. "Cette
évolution du sens du mot est analogue à celle de עולם en néo-hébreu et en
araméen, elle est peut-être un indice de basse-époque." (PODECHARD 7)

Andere möchten schon hier einen Zusammenhang mit dem Tod finden. Deshalb kanalisieren sie die Bedeutung "dauern" in eine etwas andere Richtung;
dann heisst חלד "zunächst die unbemerkt hingleitende Zeitlichkeit, dann
die zeitlich vergehende Welt selbst", "die 'Zeitwelt'" (DELITZSCH 335.334;
ähnlich KIRKPATRICK 269 u.a.), "le monde considéré du point de vue de sa
fragilité" (LESETRE 233), die "dem 'Rost' hinfällige Welt", die "unaufhör-

---

420. Höchstens in Weish 1,1; 6,1-11.21.25 finden sich vergleichbare Anreden
an die Könige und "Richter" der Erde. Da aber gebraucht sie der Autor
wohl, "um die den zeitgenössischen Lesern wohlverständliche Fiktion,
es spreche in der Schrift der König Salomo, durchzuführen" (HEINISCH,
Weisheit 3, ähnlich FELDMANN, Weisheit 25). Der ideale Schriftgelehrte
von Sir 39,4 reist εν γη αλλοτριων εθνων umher, um Erfahrungen zu sammeln und seinen Horizont zu erweitern, nicht um dort zu predigen, obwohl er angesichts von Sir 24,6-8 allen Grund dazu hätte.

421. Bei ROSENMUELLER (1061) hat die Anrede ihren Grund in der allgemeinen
Lasterhaftigkeit der Menschen, "quod rari admodum sint, quos divitiarum aut speratarum cupiditas non alliciat, aut habitarum fiducia non
insolentes efficiat." Noch origineller ist die Begründung von KOENIG
(591): "Der Dichter wendete sich an ein weltweites Auditorium... weil
er nicht so kurzsichtig war, dass er nicht gewusst hätte, dass die
pessimistische Stimmung weithin ein Gebrechen der Menschheit bildete,
soweit sie 'von des Gedankens Blässe angekränkelt war'."

lich dem Zahne der Vergänglichkeit" erliegt (HIRSCH 265). Wer anthropo-
logische Begriffe vorzieht, wird in dieser Sicht חלד mit "Zeitlichkeit"
(STIER 131, HUPFELD 268 u.a., vgl. MEZUDAT ZION), "in der Zeit verlaufende
Existenz" (MOLL 251), "Vergänglichkeit" (SACHS 68, TORCZYNER 53 u.a.),
"Sterblichkeit" (vgl. SIMONS 30) übersetzen.

Beide Lösungen scheinen mir unbefriedigend zu sein: Die erste, weil
חלד in der Bedeutung "Welt" an den andern Stellen, wo das Wort vorkommt
(Ps 17,14; 39,6; 89,48; Hi 11,17), nicht recht passen will; die zweite,
weil der Beiklang des "Vergänglichen" schlecht zu vereinbaren ist mit der
Grundbedeutung "ewig dauern, beständig sein", die im Arabischen noch sichtbar ist[422]. Ich schlage vor, möglichst nahe an dieser Grundbedeutung zu
bleiben und חלד mit "das Sichere, das Beständige, das Feste" wiederzugeben. Diese Bedeutung passt an allen alttestamentlichen Belegstellen vorzüglich[423], und sie entspricht genau der υποστασις der SEPT und der
substantia des GAL in Ps 39,6; 89,48.

---

422. In seiner langen Untersuchung zu חלד an unserer Stelle stellt BOETTCHER
(Inferi 138) sehr zu Recht fest: "Fragilitatis notio voci חלד ubique
adjuncta et hoc loco percommoda est: Sed unde nascatur illa in sub-
obscuro nomine חלד fragilitatis significatio, ambiguunt Grammatici...
Itaque ipse eam quaestionem aggressus rursus dedici, magnopere erra-
tum esse relictis veterum interpretum vestigiis, quae sectatus equi-
dem, collatis et paucis hebraici חלד exemplis...hoc invenisse mihi
videor: חלד neque temporis (propter Ps 39,6) neque loci proprie (ob
יושבי) sed materiae nomen fuisse." Ich komme zum selben Schluss wie
BOETTCHER, möchte aber חלד weniger konkret übersetzen, als er es
(aaO 139) tut ("Staub, Dreck", was für Ps 89,48 מה-חלד, "welch ein
Dreck" ergibt!).

423. Aus allen Belegen scheint mir klar hervorzugehen, dass חלד die Bezeichnung für die (scheinbar) feste äussere Existenzgrundlage des
Menschen ist.
In Ps 17,14 bittet der Beter Gott, ihn ממתים מחלד, "von den
Leuten aus dem חלד", zu retten. Die חלד -Leute werden dann beschrieben: sie besitzen ihren Anteil im Leben, sind wohlbewahrt, haben einen
vollen Bauch, satte Kinder und sogar ihre Enkel profitieren noch von
ihnen. חלד ist also jene Existenzgrundlage, die dem Einzelnen Sicherheit und Bestand gibt und sogar den Tod überdauern kann, insofern sie
auf die Erben übergeht.
In Ps 39,6 wird das Wort ganz gleich gebraucht. Zwar übersetzt
man es hier meistens mit "Lebensdauer", doch eine Beachtung des Aufbaus der direkten Rede v.5-7 zeigt, dass dies falsch ist:
v.5a "Lass mich mein Ende wissen, JHWH,
   b   und welches das Mass meiner Tage sei,
   c   ich muss wissen, wie vergänglich ich bin.
v.6a   Sieh, als eine Spanne hast du meine Tage gegeben,
   b   und mein חלד   ist wie Nichts vor dir.
v.6a Ja, ganz Hauch ist jeder Mensch, der steht,
v.7a ja, im Traum ist der Mensch der geht,

In dieser Bedeutung ist חלד an unserer Stelle (auch klanglich!) ein vorzüglicher Ersatz für תבל, "das Festland", das man hier eigentlich erwartete (vgl. Is 18,3; 26,9.18; Neh 1,5; Ps 24,1; 33,8; 98,7; Klgl 4,12)[424]. Anders als תבל gibt aber חלד zu verstehen, dass hier nicht einfach die Bewohner des Festlandes als solche angesprochen sind, sondern jene, die allgemein und in jeder Hinsicht im Festen, Sicheren und Unverrückbaren zu existieren glauben, weil sie sind, was sie haben und sich ganz von ihrem חלד, von ihrer (scheinbar) festen äusseren Existenzgrundlage her definieren.

Im Ausdruck ישבי-חלד sind also genau die angeredet, die im Psalm entlarvt werden. Mit dem Wort חלד wird damit die Lehreröffnungsformel bereits auf den Gehalt des nachfolgenden Textes hin modifiziert[425].

3. Viel Kopfzerbrechen und Haarspaltereien hat das גם-בני-אדם גם בני-איש von v.3 verursacht. Die allermeisten Exegeten sehen in den בני-אדם "den grossen Haufen, den gemeinen Pöbel" (THALHOFER 298), während mit בני-איש "wahrscheinlich die Angehörigen der 'regimentsfähigen' Geschlechter, des Patriziates" (DUHM 199) gemeint wären. Man pflegt zugunsten dieser Unterscheidung vier Gründe anzuführen: Einige glauben, aus dem Wortsinn von אדם und איש herauslesen zu können, dass בני אדם für "Kinder gemeiner Leute, welche Menschen sind und sonst nichts Auszeichnendes haben" (DELITZSCH 335) steht, dieweil בני-איש auf "Abstammung von einem ausgezeichneten Manne" (HIRSCH 266) hinwiese[426]. Andere bemühen die Etymologie, nach welcher אדם

---

    b ja, als Hauch rauscht er herum.
    c Er häuft an, und weiss nicht, wer es erhält."
Es ist klar, dass in v.6a-b der Uebergang von der Feststellung der zeitlichen Inkonsistenz des Menschen zu der Feststellung seiner seinsmässigen Inkonsistenz stattfindet, wobei v.6b deutlich zur letzteren gehört. חלד ist demnach auch hier die äussere, materielle Sicherheit, die "vor Gott" nichts gilt und durch Zeit und Tod gefährdet wird (v.7c).
    Auch in Ps 89,48 heisst חלד nicht "Lebenszeit" (v.47-49 enthalten keine zeitlichen Aussagen), sondern bezeichnet die scheinbar feste Existenzgrundlage, die in Wirklichkeit sehr unstabil ist, weil Gott den Menschen auf "Nichts" gegründet hat, was sich daran zeigt, dass er nicht die Kraft hat, dem Tod zu widerstehen.
    Die gleiche Bedeutung ist auch in Hi 11,17 sinnvoll. In der beliebten Korrektur von Is 38,11 ist sie bezeichnenderweise unbrauchbar.

424. GRAETZ (339) scheint denn auch, gestützt auf das οικουμενη der SEPT das "unverständliche" חלד in ein תבל zurückführen zu wollen, denn der MT "verwechselt ח mit ח und ב mit ד und versetzt ל "!

425. Es ist auch wahrscheinlich, dass im וחדל לעולם von v.9b das חלד aufgegriffen wird: gerade die, die im (vermeintlich) Sicheren und Festen wohnen, müssen für immer aufhören und vergehen.

426. Zum gleichen Resultat führt übrigens auch die - methodisch geradewegs umwerfende! - Begriffsbestimmung BOETTCHERs (De Inferi 193): "Adver-

nichts anderes meinen könne, als "les hommes ordinaires, dont le nom Adam
rappelle qu'ils sont faits de terre" (MANNATI 137). Den meisten scheint die
Unterscheidung aber aus syntaktischen Gründen unausweichlich: "das doppelte
גם muss hier deutlich Gegensätze gleichstellen und kann hier nicht so
einfach, bloss rednerisch wiederholt seyn wie Ri 5,4; Hi 15,10." (EWALD 253)
Für einige ist schliesslich auch der Parallelvers v.3b wichtig: "l'opposition
entre 'riche' et 'pauvre' dans le second stique indique qu'il y a également
opposition entre les deux termes du premier." (JOUON, Notes 313)

Einige wenige Exegeten sind allerdings anderer Meinung: "בני אדם und
בני איש sind schwerlich mehr als gleichbedeutende Ausdrücke, die dem bloss
zur Formel herabgesunkenen Parallelismus dienen müssen." (OLSHAUSEN 211,
ähnlich etwa WETTE 340, HUPFELD 659, EHRLICH 109, TORCZYNER 53, EERDMANS
260f, NOETSCHER 110, PLOEG 141f)

Eine Entscheidung zwischen beiden Möglichkeiten ist nicht ganz leicht
zu treffen, denn אדם und איש kommen zwar sehr oft nebeneinander vor, aber
meistens stehen dann beide Ausdrücke in einem Parallelismus und es ist nicht
klarer als in Ps 49,3, ob sie streng synonym sind oder nicht. Immerhin drängt
sich der Bedeutungsunterschied an keiner Stelle wirklich auf und man muss
auch von vornherein erwarten, dass zu אדם synonyme Ausdrücke (איש, אנוש,
גבר) existierten, die im Parallelismus den nicht eben seltenen Begriff
"Mensch" variieren konnten[427]. Wie schwerfällig Verse ohne diesen Wechsel
werden konnten, zeigt das einzige Beispiel, das sich dafür im AT finden

tant docti homines, quam bene, quam constanter pueri ancillaeque
nostrae, quum foris adesse aliquem nuntiant distinguere soleant di-
cendo 'es ist ein Mensch, ein Mann, ein Herr da'! His apud Hebraeos
respondent אדם, איש, גבר ut non possint non בני אדם tenuiroes esse
quam בני איש."

427. Dies geschieht an folgenden Stellen:
אדם   // איש   Is 2,9 = 5,15; 31,8; 44,13; Jer 2,6; Ps 39,6f.12;
                 Ps 31,30; Spr 6,12; 24,30; Hi 32,21; 38,26; 11,12;
       // אנוש   Is 2,17; 13,12; Ps 73,5; 104,14-23; 144,3f (בן א');
                 Hi 36,25;
       // גבר   Hi 14,10; 33,16f; Spr 20,24; (28,2f;) Klgl 3,36.39;
       // אנשים Hi 33,16; 37,7;
בן אדם // איש   Num 23,19; Is 52,14; Jer 49,18=33 = 50,40; 51,43;
                 Mi 5,6; Hi 35,8; Ps 31,20f; 80,18;
       // אנוש   Is 51,12; 56,2; Hi 25,6; Ps 8,5; 90,3;
       // אנשים 2 Sam 7,14; Is 2,11;
       // גבר   Hi 16,21.
(Ich gebe hier jeweils alle mir bekannten einschlägigen Stellen an, weil
deren Auffinden - auch mit einer Konkordanz - zeitraubend ist.)

lässt: אשרי אדם מצא חכמה ואדם יפיק תבונה (Spr 3,13)[428]. Die Synonymität

von אדם und איש scheint mir also in unserem Vers schon von vornherein

wahrscheinlicher.

Sie wird es erst recht dadurch, dass keines der obigen Argumente zugunsten des Bedeutungsunterschiedes wirklich stichhaltig ist: Was den <u>Wort-
sinn</u> anbelangt, lassen sich gewiss einige Stellen finden, in denen אדם

den Menschen im allgemeinen (gewissermassen die menschliche Gattung), איש

dagegen das Individuum bezeichnet[429]. Daraus aber den ersehnten Klassenun-
terschied ableiten zu wollen scheint mir äusserst waghalsig[430]. Das <u>etymo-
logische</u> Argument gehört wohl eher in den Bereich der allegorischen Spiele-

---

428. Ausser Betracht bleiben hier natürlich die Wortspiele Gen 9,6; Qoh
8,9; Spr 27,19, wo zweimal אדם stehen <u>muss</u>. Angesichts von Spr 3,13
wird klar, wie ungerecht das (bezüglich אדם und איש richtige) Urteil von TORCZYNER (53) über Ps 49,3 ist: "Wirklich liegt nur tauto-
logische Ausdrucksweise des wenig stilgewandten Verfassers vor, der
keine andere Teilung seines Publikums fand..."

429. Das klarste Beispiel dafür ist Num 12,3: האיש משה ענו מאד מכל האדם
אשר על-פני האדמה. Aehnlich Gen 9,5; Lev 24,17; Num 9,6f; 2 Sam 24,
14f; 1 Kön 8,38f; 2 Kön 7,10; Jer 32,19; Sach 8,10; 11,6; Mi 7,2;
Spr 19,22; 20,6; Ps 12,2; 22,7; Dan 10,18f; Neh 2,12.
Von hier aus könnte man ein ähnliches Verhältnis zwischen אדם
und איש auch für Stellen annehmen, in denen beide Ausdrücke parallel
stehen. So könnte man etwa im Lehreröffnungsruf Spr 8,4 vermuten, der
Weise wende sich zuerst an die einzelnen Leute, die er vor sich hat,
und dann an alle Menschen überhaupt, wenn er sagt: אליכם אישים אקרא
וקולי אל-בני-אדם (ähnlich auch Spr 30,2; Hi 34,11; Jer 10,23; Ps 140,
2). An unserer Stelle wird diese (eigentlich recht spitzfindige) Nuance
durch die Konstruktion בני-איש erschwert.

430. Im Singular bezeichnet בן-איש stets den Sohn eines bestimmten Mannes,
der nach Herkunft (Lev 24,10; 1 Sam 9,1; 17,12; 2 Sam 1,13; 1 Chr 11,
22) und Charakter (2 Sam 23,20 = 1 Chr 11,22) beschrieben wird. Genau-
so liegen die Dinge auch in 2 Sam 17,25 (...ועמשא בן-איש ישמו יתרא
הישראלי). Gewiss könnte man hier versucht sein, בן-איש als "Sohn eines
besonderen, reichen, angesehenen Mannes" vom Folgenden abzuheben, dadurch würde aber der Anschluss von ושמו, das sich ja nicht auf Amasa
beziehen kann, um nichts leichter.
Die Stellen mit pluralischem בני-איש (Ps 4,3; 62,10; Klgl 3,33)
geben nicht den Anschein, von Patriziern zu reden - im Gegenteil: der
strenge Parallelismus von Ps 62,10 (אך הבל בני-אדם כזב בני איש) spricht
eher für die Synonymität beider Ausdrücke.
An all dem vermag m.E. der Hinweis auf das akkadische "mar awilim"
(vgl. etwa KRAUS, Psalmen I 33, zu Ps 4,3) kaum etwas zu ändern (vgl.
auch unten Anm.432). Auch CROWs (Meaning) Vorschlag, in Anlehnung an
die Formel "Mann (der Stadt...)" der Amarna-Briefe, dem Wort איש bisweilen (z.B. in Ex 2,14; 1 Kön 2,1f; 8,25) "the sens of prince, king,
leader or agent for another" (110) zu geben, scheint mir nicht sonderlich überzeugend. In Ps 49,3 ist er jedenfalls unbrauchbar.

reien, zu denen unsere Stelle ganz natürlich einlädt[431]. In diesem Zusammenhang ist es übrigens nicht uninteressant, zu bemerken, dass die einzige
Stelle, auf die man sich zur Begründung eines Klassenunterschiedes zwischen
אדם und איש berufen könnte, dem etymologischen Argument diametral zuwider-
läuft und damit - peinlich genug - auch der einhelligen Meinung aller Vertreter des Klassenunterschiedes, איש bezeichne im Gegensatz zu אדם den
Vornehmen. Diese Stelle ist Sach 13,5: לא נביא אנכי איש-עבד אדמה אנכי כי
אדם הקנני מנעורי[432]. Auch das - recht starke - syntaktische Argument scheint
mir nicht zwingend, und zwar nicht, weil ich wie WETTE (340) glaubte, man
dürfe גם hier "nicht urgiren; es (diene) bloss zur Ausfüllung der Parallel-
glieder", sondern weil ich gewisse Zweifel hege an der hier allgemein ge-
brauchten Faustregel "particula copulativa גם ubi geminatur, vertenda est

---

431. So nützt etwa AUGUSTINUS (552) die Beziehung von אדם und אדמה allego-
rich aus: "Quod ait:' terrigenae', ad peccatores retulit; quod ait: 'fili┆
'filii hominum' ad fideles et iustos. Videtis ergo, quia servatur ista
distinctio. Qui sunt ergo 'terrigenae'? Filii terrae. Qui sunt filii
terrae? Qui hereditates terrenas requirunt. Qui sunt 'filii hominum'?
Qui pertinent ad filium hominis. Aliquando iam ista distinximus sancti-
tati vestrae, et invenimus quia Adam homo erat, filius hominis non erat;
Christus autem filius hominis erat et Deus erat. Quicumque enim pertinent ad Adam, 'terrigenae'; quicumque pertinent ad Christum, 'filii
hominum'." Andere Allegoresen finden sich etwa im TARG (אוף בני אדם
קדמאה אוף בנוי דיעקב, sowohl die Kinder des ersten Adam als auch die
Kinder Jakobs) oder bei RASHI (43): בני אברהם שנקרא האדם. גם בני אדם.
הגדול בענקים (יהושע ידי טוי) בני ישמעאל ובני קטורה. גם בני איש בני נח
שנקרא איש צדיק (בראשית ו' ט').

432. Von hier aus könnte man auch in Ps 45,3; 82,7;58,2 sowie 118,8f; 143,3,
ferner Qoh 9,15, die בני-אדם als Vornehme ansehen. Viel wahrscheinlicher ist aber, dass z.B. in Ps 143,3 (118,8f) das zu נדיבים parallele
אדם eben gerade zeigen soll, dass die Fürsten nur Menschen sind (vgl.
Jer 17,5.7).
     Schon TORCZYNER (53) hatte übrigens die Brüchigkeit der traditio-
nellen Unterscheidung von אדם und איש durch ihre Umkehrbarkeit aufzu-
zeigen versucht: "In גם בני איש גם בני אדם sucht man, indem man בן
אדם mit syr. בר נש vergleicht, den Unterschied von arm (אדם 'בי) und
reich (איש בן). Wegen der etymologischen Verwandtschaft von איש בן)
und בש (בר) und ass. mar awelim, 'der freie Mann' als Prototyp zu בן
אדם (bes. bei Ezechiel) könnte man auch das Gegenteil begründen." Das
hatte denn auch tatsächlich HOUBIGANT (63) bereits getan und hatte damit dem etymologischen Argument seine letzte Ueberzeugungskraft ge-
raubt: "Filiis Adam respondet in membro altero dives, filiis hominum, pauper. Itaque filii Adam sunt illi qui divitiis abundant, & quos
non male Graeci Intt. 'terrigenas' appellant, ex 'terra', eo quod in
terris, seu praediis illis nati sint, quae nominibus suis ornare solent. Vide infra v.12. Filii autem hominis illi, qui ex iis patribus
sunt nati qui, cum praediis carerent, nihil habuere praeter corpus
suum; sic ut nomen aliud habere eorum filii, nisi hominis, non possent.

'tam...quam'" (ROSENMUELLER 1061). Die Partikel dann durchaus noch in ihrer
Grundbedeutung "zusammen, miteinander" gebraucht werden[433]. Das ist an unserer Stelle sogar besonders sinnvoll, da das zweimalige גם , so verstanden,
nicht nur dem parallelen יחד , sondern auch dem zweimaligen כל in v.1 entspricht. Dadurch wird jede Teilanrede durch einen "umfassenden" Ausdruck
charakterisiert, was die Allgemeinverbindlichkeit der Anrede steigert. Dass
schliesslich "der Parallelismus mit seinem chiastischen Effekt" die Unterscheidung von "Herrensöhnen" und "einfachen Leuten" erlaube (KRAUS 365), hat
schon EERDMANS (261) bestritten: "The subsequent words 'rich and poor' cannot
be quoted in favour of this interpretation, as the precedings terms 'all
people' and 'all inhabitants of the earth' were certainly no antithesis."
Damit scheint mir die hohe Wahrscheinlichkeit der Synonymität von בני־אדם
und בני־איש zur Genüge dargetan.

4. Im folgenden Halbvers fragen sich die Exegeten immer wieder, warum neben
   den Reichen auch die Armen angesprochen werden. Meistens kommen sie zum
Schluss, offenbar habe der Psalmist "beiden Teilen... etwas zu sagen, jenen,
dass sie sich nicht überheben, diesen, dass sie nicht neidisch werden."
(GUNKEL 209) "Denn nicht nur Diejenigen, welche Macht und Reichthum haben,
sondern ebenso sehr und vielleicht noch in höherem Masse überschätzen und
vergöttern Die Macht und Reichthum, die sie entbehren. Und gerade Diesen, in
dieser Hinsicht die richtige Erkenntnis zu bringen, ist die Absicht dieses
Psalmes." (HIRSCH 266)

   Das ist grundsätzlich richtig: Die hier genannten Reichen werden ja in
v.6-10, die Armen in v.17-20 angesprochen und beide Male wendet sich der
Psalmist nicht gegen den faktischen Besitz der Reichen als solchem, sondern
gegen die grundlegende Lebenshaltung, die Reiche und Arme dazu führt, den
Wert und die Würde ihrer Person ganz von ihrem - wirklichen oder bloss ersehnten - Besitz her zu definieren (vgl. oben 6.2.25f). Die Nennung der Armen lässt also schon ganz am Anfang des Gedichtes vermuten, dass wir es hier
nicht mit einem sozialkritischen Psalm zu tun haben.

5. Ueberhaupt stimmt die Art und Weise, wie das "Zielpublikum" vorgestellt
   wird, auffällig gut überein mit der schon oben (5.3.23 und 6.2.24) gemachten Feststellung, Ps 49 sei primär anthropologisch interessiert und erwähne
den Reichtum eher nebenbei: In v.2 und v.3 werden zuerst die Menschen ganz
allgemein als Menschen angeredet (כל־העמים) und besonders die insistierende

---

433. גם heisst "zusammen" in Gen 27,45; Jer 25,14; Ps 118,11; Spr 20,12
     (vgl. 22,2) Hld 7,14; besonders eindeutig aber Spr 17,15 = 20,10 und
     Ps 133,3; שבת אחים גם־יחד.

Verdoppelung בני-איש - בני-אדם). In v.2b wird dann gewissermassen das Formalobjekt des Psalmes angetönt: das Sitzen im Festen der Haben-Existenz
und erst ganz am Schluss folgt der sonst nirgends gebrauchte (vgl. PLOEG
142) Merismus עשיר ואביון, der den konkreten Menschen vorstellt in
seiner faktischen sozialen Verfasstheit, an welcher denn auch das eigentliche Problem des Psalmes - die Haben-Existenz - konkret exemplifiziert
werden wird.

7.2.3. Der Gegenstand der Untersuchung

1. In v.4 beschäftigen sich die Exegeten vornehmlich mit den Endungen von
חכמות und תבונות.
Die einen sehen darin einen wirklichen Plural, der bedingt ist durch "die
Zahl der Einzelfragen, mit denen sich die Weisheit beschäftigt" (BONKAMP 236).
חכמות und תבונות meinen in dieser Sicht die "Dinge, an welchen sich der
Begriff חכמה und תבונה zeigt, die ihnen gemäss, von ihnen erzeugt sind...
Es ist die Weisheit in einer Vielheit ihrer concreten Anwendungen" (HIRSCH
266), "la sagesse exprimée en paroles" (PLOEG 143), und wird dann übersetzt
mit "'des sentences sages', 'des pensées clairvoyantes'" (CALES 274).

Andere Exegeten hingegen sind der Ueberzeugung, hier liege eine "Steigerung der Brgriffe Weisheit und Einsicht durch Pluralform" (MOLL 251) vor
und חכמות meine deshalb "nicht: ein Mancherlei weiser Lehren, sondern: ge-
wichtsvolle Weisheit, ebenso (bedeute) תבונות 'gründliche Einsicht' "(DELI-
TSCH 335, vgl. GESENIUS, Grammatik § 124 e).

Wieder andere schliessen in beiden Formen einen "Singular mit der seltenen Endung ôth" (BAETHGEN 138, vgl. GESENIUS, Grammatik § 86 1), die sie
aramäischem (vgl. etwa SCHMIDT, Studien 42) oder phönizischem (vgl. etwa
DAHOOD 297) Einfluss zuschreiben.

Diese letzte Lösung scheint mir, obwohl nicht oft vertreten, die beste
zu sein, denn die erste Lösung ist generell nicht sehr wahrscheinlich[434]
und die zweite ist schwer anzunehmen, da sie in Ps 49 nur partiell anwendbar ist: in v.12 und v.13/21 versagt sie völlig, da sich weder "Erde" noch
"Vieh" sinnvoll intensivieren lassen (vgl. oben 3.2.51 und 3.3.32). Für un-

---

434. חכמות kann nur in Spr 24,7 ein Plural sein (muss es aber nicht!), sonst
(in Spr 1,20; 9,1; 14,1) wird das Wort mit dem Singular konstruiert.
תבונות könnte zwar an allen Stellen, wo es sonst belegt ist (Is 40,14;
Spr 11,12; 28,16) ein Plural sein, in Is 40,14 (דרך תבונות, vgl. בדרך
בינה Spr 9,6) und Spr 11,12 (איש תבונות, vgl. איש תבונה Spr 10,23;
15,21; 17,27; 20,5) ist dies aber sehr unwahrscheinlich.

sern Psalm drängt sich also die dritte Lösung zur Erklärung der וֹ -Endun-
gen von v.12.13/21 und v.4 auf[435].

2. Auch am Hapaxlegomenon הָגוּת haben einige Exegeten mit Wonne herumgerät-
selt, meist in der Absicht, es in einen Infinitiv (constructus oder
absolutus) Qal הגות zu verwandeln, denn "a verbal form is needed to keep
the sentence moving" (DAHOOD 297)[436].

Doch das והגות ist textkritisch kaum anzufechten[437]. Syntaktisch finde
ich es ganz unproblematisch, da ich nicht einsehe, weshalb ich mich in v.4b
an einem Nominalsatz (מחשבות לבי תבונות הם, RASHI 47) stossen soll. Auch
morphologisch ist die Form völlig regelmässig, da das Afformativ וֹ- eine
verbreitete Femininendung der Stämme ל"ו ist und eine Vokalisierung sowohl
in der Art von דְּמוּת, פְּדוּת, זָנוּת, עֲנוּת, כְּסוּת (vgl. BARTH, Nominalbildung
§§ 76 a α, 260 c), als auch von גָּלוּת, חָזוּת, בְּרוּת, בָּכוּת (vgl. JOUON, Grammaire
§ 88 i, GESENIUS, Grammatik § 95 t) möglich ist. Es ist in diesem Zusammenhang übrigens nicht unwichtig zu bemerken, dass dieses וֹ- als Femininendung
von ל"ו -Verben wohl zu unterscheiden ist vom später daraus abgeleiteten
selbständigen Afformativ וּת-, das als Abstraktendung an jeden Stamm angehängt werden kann und sich erst in den jüngeren Schichten des AT dank aramäischen Einflusses bemerkbar macht (vgl. BARTH, Nominalbildung §§ 260-261).
Da an unserer Stelle in והגות die nicht notwendigerweise junge[438] Feminin-

---

435. Ich halte diese Erklärung generell für die beste, weil sie die einfachste und umfassendste ist. Wie VIGANO, Exemples zeigt, bewährt sie
sich sogar ausserhalb der Weisheitsliteratur vorzüglich. Allerdings
ist man mit dieser Erklärung fast genötigt, v.4 dem Autor des Grundpsalmes zuzuschreiben. Da v.5 in unserer Auslegung (vgl. oben 7.2.45)
nur vom Autor der Erweiterungen stammen kann und der Inhalt von v.3b
dies auch für den ganzen v.3 nahelegt, erhält die oben 1.4.34 (letzter
Abschnitt) angedeutete Hypothese eine gewisse Wahrscheinlichkeit: v.2
und v.4 hätten die Lehreröffnung des Grundpsalmes dargestellt, die der
Autor der Erweiterungen um v.3+5 erweitert hätte (evt. mit Redaktion
von v.2: חלד !).

436. Freilich riskiert etwa BRIGGS (412) diesen Vorschlag nur in Form einer
schüchternen Frage in einer Anmerkung: "Why not הַגוּת Qal inf. cstr. vb.?"
und sogar DAHOOD (297) hat Gewissensbisse: "To be sure, the normal infinitive absolute is hāgō (Is 59,13), but the poet may have chosen this
unusual form to create a rhyming sequence with hokmot and t^{e}bunot."

437. Bis auf SYM, der wohl frei übersetzt (και μηνυρισει / μινυρισει
η καρδια μου συνεσιν), bezeugen hier alle alten Versionen ein
Substantiv, und dies obwohl den meisten unter ihnen der Nominalsatz
offenbar unangenehm war, weswegen sie תבונות als Akkusativobjekt zu
einem impliziten יֹדבר verstehen (sicher SEPT, THEOD συνεσιν, HEBR
prudentias, unbestimmt AQ: φρονησεις, QUINT: συνεσεις, TARG, PESH)

438. Das Urteil hängt im Einzelnen natürlich an literarkritischen Einzel-
entscheidungen. Immerhin scheint mir z.B. דמות sicher exilisch (Ez,

endung תו- vorliegt, fällt ein beliebtes Argument (vgl. etwa DUHM 199,
PODECHARD 8) für die ausgesprochene Spätdatierung von Ps 49 dahin (vgl.
unten Anm. 468).

3. Inhaltlich ist der Vers auf ebensoviel Unverständnis gestossen wie die
ganze Einleitung: "Grandi invitationi respondet grandis promissio",
spöttelt KNABENBAUER (191), und BERTHOLET (173) kann die Bemerkung nicht
unterdrücken, "der Aufwand an Ausdrücken, die der Dichter der Weisheitsliteratur entnimmt, (stehe) zur Lösung, die er für das Problem zu geben (habe)
in einem gewissen Missverhältnis". Selbst WEISER (261), der in v.5a dem
Psalmisten durchaus wohlwollend begegnet war, verliert hier die Geduld und
bemerkt leicht gereizt, "auf den ersten Blick könnte es scheinen, als ob ein
gewisses stolzes Selbstbewusstsein ob seiner Erkenntnis ihn erfüllte".

Nun scheint mir der Psalmist in v.4a zunächst einmal nichts anderes
sagen zu wollen, als dass er etwas sagen wolle! Ein solcher Hinweis gehört
als fester Bestandteil in eine Aufforderung zum Hören (vgl. etwa Dtn 32,1
האזינו השמים ואדברה; Ps 78,2 אפתחה במשל פי...עמי האזינה u.a.) und wenn man
unsern Halbvers mit andern Lehreröffnungen vergleicht (etwa Dtn 32,1; Spr 1,9;
4,2; 4,11f; 8,6-9; Hi 36,4; Weish 6,11ff; Sir 16,25), muss man zugeben, dass
er recht schlicht ausgefallen ist. חכמות will ja, wie wir gesehen haben,
nicht auf spezielle "Weisheitsfülle" (HERKENNE 182) oder "profound wisdom"
(KISSANE 215) hinweisen, sondern charakterisiert bloss nach Gattung und
Intention den folgenden Psalm (vgl. Ps 78,2 במשל): "Met de reeks van bekende
woorden voor 'wijsheid', 'inzicht' (vs.4) en 'vergelijking', 'spreuk' (vs.5)
is het chokmatisch karakter van de psalm als geheel aangegeven." (UCHELEN 63)
Damit bestätigt nun in gewisser Weise auch der Text selbst ausdrücklich, was
oben schon mehrmals (6.2.25, 7.2.25) gesagt wurde: der Autor will sich nicht
sozialkritischen, sondern "philosophischen" Ueberlegungen hingeben.[439]

4. Im zweiten Halbvers haben die meisten Exegeten den Gegensatz zwischen לב
und פי hervorgehoben. Dieser Gegensatz erscheint ihnen als Hinweis bald
auf die rhetorischen Vorzüge des "wohldurchdachten Vortrages" (DELITZSCH 335),

---

P Gen 1,26; 5,3) und זנות (Hos 4,11; 6,10), פדות (JE Ex 8,19),
כסות (JE Gen 20,16), גלות (Am 1,6.9), בכות (E Gen 35,8) sehr wahrscheinlich vorexilisch.

439. Das ist auch die Meinung von MICHAELIS (Anmerkungen 111):
"Was hier, 'Vernunft', und 'Weisheit', heisst, würde man vielleicht im
gewöhnlichen Deutschen'Philosophie'nennen: allein dieser ausländische
Ausdruck schickte sich nicht in ein erhabenes Gedicht, wenigstens nicht
in ein biblisches, darum behielt ich jene die Sache nicht so deutlich
ausdrückende deutsche Wörter bey. 'Der Dichter will über Glück und Unglück dieses Lebens philosphieren', würden wir ganz prosaisch sagen."

bald auf die Wahrhaftigkeit des Autors[440], bald auf die Wissenschaftlichkeit
des Psalmes[441].

Grundsätzlich scheint mir dieser Gegensatz richtig gesehen. Die Wurzel
הגה meint zwar auch ein wirkliches Reden, "not internal of the mind, but
the murmur of the voice in giving expression of the reflection of the mind"
(BRIGGS 407). Dann ist sie aber jeweils von einer Bezeichnung für ein
Sprechorgan begleitet (לשון Is 59,3; Hi 27,4; Ps 35,28; 71,24; גרון Ps 115,7;
חך Spr 8,7). Ist dies nicht der Fall, bezeichnet die Wurzel eher ein "Nachdenken" oder "Ueberlegen" (vgl. Ps 63,7; 77,13; 143,5, wo das Verb parallel
zu שיח oder זכר steht). Das ist besonders klar, wenn הגה mit לב verbunden wird, wie in Is 33,18; 59,13; Spr 24,2 und 15,28. Diese letzte Stelle
ist Ps 49,4 besonders ähnlich: לב צדיק יהגה לענות ופי רשעים יביע רעות. Sie
zeigt, wie genau LUZZATTO (209) den Sinn unseres Verses trifft, wenn er ihn
folgendermassen paraphrasiert: מה שאדבר בפי אינם דברים אומרים במקרה אבל הם
דברים שהגיתי בהם בלבי ומחשבותי שחשבתי בלבי הם דברי תבונה. Der Dichter will
Weisheit vortragen, nicht indem er einfach in den ausgefahrenen Bahnen der
Tradition daherredet, sondern indem er - in genuin weisheitlicher Haltung
(vgl. oben S. 167f) - die überlieferte Lehre mit seiner eigenen reflektier-
ten Lebenserfahrung konfrontiert und so als "Weisheit" nur "das Beste seines Innern" (Merikare 143f, vgl. PRITCHARD, Texts 418) weitergibt (vgl. dazu SCHMID, Weisheit 29): Προφερω εκ στοματος την σοφιαν, προτερον
μελετησας εν καρδια συνεσιν. Τοτε γαρ αληπτως δυνησεται τις
σοφον προσενεγκασθαι λογον, οταν συγγεγυμνασμενην κατα συνεσιν
εχη την διανοιαν." (DIDYMUS 357)

7.2.4. אטה למשל אזני

1. In den Augen vieler Exegeten ist v.5 "eine der wenigen Stellen im A.T.,
   wo das Bewusstsein göttlicher Eingebung auch für die Lehrdichtung, die
   nicht Weissagung oder Orakel im engen Sinne ist, klar hervortritt" (STIER
   132). So können sie es bei der Auslegung eines Verses, der "von dem Myste-
   rium der Inspiration handelt" (KRAUS 365), schwerlich unterlassen, aller-

---

440. Vgl. etwa QIMHI (343): החכמות והתבונות שיהגה לבי ידבר אותן פי

441. So etwa GEIER (719): "הגות i.e. non meditor ego ludicum aliquod carmen,
     vel poema vulgare aut de re nauci, sed materiam scientia dignam, scien-
     tia etiam vera plenam, imo sine qua intelligentia recta est plane
     manca."

hand fundamentaltheologische Erwägungen zum Besten zu geben[442]: Angesichts
einer "Einsprache des Herrn" (THOLUCK 241) verhält sich der Dichter "als
Prophet, dessen Spruch ein Gotteswort ist. Der Gedanke kommt ihm unwillkür-
lich; mit dem geistigen Ohr hört er ihn aus der Tiefe des Geistes herauf,
indem er ihn denkend ins Bewusstsein kriegt (Sir 51,16)" (HITZIG 268). Aus
v.5 soll man sogar ablesen können, "in welchem Verhältnisse der Prophet
zu den höheren Mittheilungen stand. Sie waren eine innere Erleuchtung, eine
Begeisterung der Seele, die sich als göttlich zu erkennen gab, ohne die
persönliche Freiheit und Eigenthümlichkeit aufzuheben oder zu beschränken"
(SCHEGG 33). Solche Begeisterung der Seele ist auch bitter nötig, "denn wie
sollte Menschenwort dem Strome allgemeiner Verwirrung der Grundsätze und
Verkehrung der Dinge wirksam entgegentreten können?" (aaO 32). Und so verstehen es einige tatsächlich, der Einleitung von Ps 49 eine Verurteilung
des menschlichen Denkens abzuringen: die hier dargebotene Weisheit "ist eben
nicht Menschenweisheit" (WEISER 261), "es ist kein eigener Fund, keine er-
grübelte Lösung" (VOLZ 244) und zum "Verstehen eines dunklen Tatbestandes...
fühlt sich der Dichter nicht etwa durch überlegene Klugheit oder Schulung
des Verstandes berufen" (SCHMIDT 94), denn das Verstehen gelingt ihm ohnehin "more by a mystical communication or by inspiration than by the processes
of reason" (McCULLOUGH 255)!

Dass hier ein Offenbarungsvorgang beschrieben wird, glaubt man zudem
auch aus v.5b ableiten zu können: "Ici seulement, nous voyons un sage accom-
pagner son chant des sons de la lyre, comme un prophète qui solliciterait
l'inspiration divine (2 Kön 3,15); il est difficile, dès lors, de ne pas
discerner, dans les formules du v.5, la prétention (disons plutôt la certi-
tude) qu'a le psalmiste d'apporter une révélation nouvelle..." (PODECHARD
K I 219) Für einige freilich ist das Leierspiel nicht eine Methode, die der
Weise wirklich anwandte, "to catch the inspiration" (BRIGGS 407, DAHOOD 297),
sondern ein bloss literarisches Mittel, das die Wichtigkeit des Psalmes signalisieren soll (vgl. REUSS 139) - ja ein an 2 Kön 3,15 anknüpfender, un-
lauterer Werbetrick: "Hier redet ein Epigone, sein ihm schon feststehendes
Gedicht durch Nachahmung jener älteren Weise beim Vortrag als göttliche Offenbarung einführend." (KITTEL 197)

---

442. Obwohl ich diese Erwägungen für ziemlich abwegig halte, möchte ich
     sie hier recht ausführlich referieren, denn in unserem Vers kommt
     für einmal besonders explizit zum Ausdruck, in welch erschreckendem
     Masse sich Exegeten bis heute durch völlig textfremde dogmatische
     Ueberlegungen (ver)leiten lassen (7.2.41) und wie schwer es ihnen
     auch beim besten Willen fällt, davon loszukommen (7.2.42).

2. Andere Exegeten versuchen, m.E. zu Recht, diesen Inspirationstheorien aus
   dem Wege zu gehen. Zu diesem Zweck ersetzen einige einfach die "göttliche
Eingebung" (WUTZ 124) durch die "Eingebungen der Muse" (WETTE 340). "Poeta
ενθεος Musam quasi praecinentem auscultare sibi videtur." (RUPERTI 282,
ähnlich SCHULZ 207). Bei dieser Erklärung muss man aber wohl oder übel mit
EHRLICH (209) die Behauptung aufstellen, "משל (bezeichne) hier den Geist der
Poesie, die Muse", und das ist recht kühn. Deshalb lassen andere die Muse
einfach weg: "Unser Dichter stellt sich vor, als höre er gleichsam lauschend
einen himmlischen Gesang von Philosophie über Glück und Unglück, den er auf
der Cither nachspielen wolle." (MICHAELIS, Anmerkungen 112, vgl. ZSCHIESCHKE
10, ähnlich KNAPP 99f mit Hinweis auf Ps 81,6; Hi 4,12-16) Wieder nach andern
lauscht der Dichter "auf eine aus seinem Herzen (4b), d.h. aus seiner Denk-
werkstätte, hervortönende Kunde" (KOENIG 592, vgl. MAILLOT 295, PLOEG 145)
und dies, "ne quid aut ineruditum aut inconcinnum elabatur" (POLUS 814)
oder wenigstens "um auf die passendste form zu lauschen" (EWALD 253). So
verstanden hat nun aber der Satz tatsächlich "etwas sehr Gesuchtes" (OLS-
HAUSEN 211)

   Deshalb glauben wieder andere, "der Dichter bei der Citter (horche)
auf ein Lied, als ob es ihm aus den Saiten zutöne" (HERDER, Geist I 372). So
wird v.5a schnell zu einer spieltechnischen Angabe, in welcher der "gestus
canentium vel pulsantium fides" (AMAMA 281) beschrieben wird: לפי שהמזמורים
היו נאמרים על ידי כנור ונבל אמר יאטה למשל אזני׳ כלומר אטה אזני אל הכנור
שינגן בו המנגן עם דברים אלה שהם משל (QIMHI 343). Wie die gewundene Formulierung verrät, steht dieser Deutung wiederum das Wort משל im Wege.
3. Dieses Wort versuchen nun viele Exegeten ernster zu nehmen. Sie stossen
   dabei sehr bald wie DUHM (199) auf eine naheliegende Lösung, die sich
aber scheinbar als Sackgasse erweist: "Der Dichter will v.5 einen Spruch
durchnehmen, der nicht von ihm selber stammt, da er ihm 'sein Ohr neigen'
will und dessen rätselhaften Sinn im Gesange erklären. Aber nun folgt der
'Spruch' gar nicht, und der unkritische Leser - es gibt solche, wie die
Kommentare beweisen, die zwar eigentlich ein wenig kritischer sein sollten -
verfällt auf den Gedanken, der Verfasser wolle vielleicht auf eine göttliche
Eingebung lauschen, und mit deren Hilfe ein Problem lösen. Wer dann weiter-
liest und seinen eigenen Gedanken nicht schon wieder vergessen hat, merkt
leider auch nichts von einer Inspiration und nicht einmal von einem Problem..."
DUHM als kritischer Leser findet natürlich eine Lösung: für ihn ist der frag-
liche משל der Kehrvers (v.13/21), den allerdings der Abschreiber - "wie es
diesen Braven oft passiert" (aaO) - zwischen v.5 und v.6 vergessen hat (vgl.

oben Anm. 10). TORCZYNER (50) dagegen erklärt, mit Hinweis auf Ez 12,22;
18,2, kurzerhand den "frechen Spruch der reichen Sünder (v.6)" (vgl. oben
Anm. 287) zum מָשָׁל. RASHI (47) deutet wegen 1 Sam 24,14 das למשל als לדברי
תורה שנקראת משל הקדמוני und daraus macht NIKLAUS VON LYRA (782) "verba legis
et prophetarum, quae frequenter sunt parabolica".

Bei anderen ist מָשָׁל irgendein "menschlicher Ausspruch... Es kann gar
wohl so übersetzt werden: 'Ich pflege mein Ohr zu Weisheitssprüchen zu neigen.' Das Futurum hat oft die Bedeutung des Pflegens. Hiemit harmoniert das
Folgende vollkommen. Ich - dies wird nun des Verses Inhalt - ich habe sonst
sorgfältig mir Andrer Weisheitssprüche gemerkt, nun will ich dergleichen
selbst vortragen." (HENFLER 91f)[443].

In dieser Sicht bezeichnet das Neigen des Ohres ganz allgemein die Verwurzelung in der weisheitlichen Tradition, כלומר לשמוע משלי החכמים וחדותם
להוכיח נפשי בהם ואחרי-כן יאפתח בכנור חידתי להוכיח בה האחרים (MEIRI 100).
4. Diese letzte Deutung hat durchaus einiges für sich. Denn Weisheitslehre
ist ja stets Unterweisung "im Reden der Hörenden und in den Gedanken der
Vorgänger, derer, die einst den Vorfahren gedient haben" (Lehre des Pta-hotep
30, zit. nach ERMAN, Literatur 87f, vgl. PRITCHARD, Texts 412), und ein
rechter Weiser ist "einer, der gut gehört hat und nun seinerseits zu der
Nachwelt redet, dass sie es höre" (aaO 519, zit. nach ERMAN aaO 96, etwas
anders ZABA, Maximes 100, vgl. zum Ganzen SCHMID, Weisheit 27). Damit würde
unser Halbvers betonen, dass die Weisheit, die hier ausgesprochen werden soll
(v.4a) zwar auf die persönliche Erfahrung und Reflexion des Autors abgestützt
ist (v.4b), aber trotz allem aus den Quellen der Tradition gespeist ist und
dass der Autor, ganz wie jener von Ps 78[444] seinen "Mund im מָשָׁל öffnen will,
um die Rätsel aus der Vorzeit sprudeln zu lassen, die wir hörten und uns
dann merkten, die unsere Vorfahren uns überlieferten" (Ps 78,2; vgl. Spr 21,18
Sir Prolog; 3,29; 8,8f; 39,1-3.8; Hi 8,8-10; 15,17-18).

Ich halte diese Auslegung für durchaus zutreffend, möchte aber noch einen Schritt weiter gehen.
5. Der Dichter will ja sein Ohr למשל, einem Spruch neigen, nicht allgemein
den Rätseln oder Sprüchen der Weisen oder Väter, wie in den eben angeführ-

443. Aehnlich lautet schon die erste Erklärung bei THOMAS VON AQUIN (335):
     "Parabola est sententia aliqua, quando habet obscuram similitudinem:
     quasi dicat: Dabo studium ad intelligendum aliorum dicta."

444. Ausgerechnet die Einleitung dieses Psalmes hat allerdings einige ver-
     zweifelte Exegeten auf die ausgefallene Idee gebracht, unsern Halbvers
     in Anlehnung an Ps 78,1 in הטו למשל אזנכם zu korrigieren (vgl. etwa
     BUDDE, Text 187, STAERK 266, GUNKEL 210, OESTERLEY 265, CASTELLINO
     822).

ten Stellen. Dass משל nur gerade "hier allgemein 'Dichtung', gebundene Rede,
wie משלים , Dichter" (GRAETZ 339) bedeute, scheint mir nicht sonderlich wahrscheinlich. Auf der andern Seite ist ein einzelner Spruch, auf den Bezug genommen würde, tatsächlich schwer zu finden: der Kehrvers v.13/21 liegt zu
weit weg und v.6 ist kein eigentlicher משל .

Nun ist aber der משל keineswegs nur ein "Sinnspruch, eine praktische
Wahrheit, in kurzer Form in körniger Volkstümlichkeit, gleichsam als Sprichwort ausgedrückt" (REUSS 138). "The term משל besides denoting the simple pro-
verb, was also used to describe something of the same literary genre, al-
though more technical and much more elaborate, which could likewise be em-
ployed as a recognized medium of instruction by those who claimes to know
something of the mystery of living and the secret of a happy life." (JOHN-
SON, משל 165, ähnlich EISSFELDT, Maschal 36)

Als Beispiele für solche "Maschallieder" (DELITZSCH, Spruchbuch 10,
zit. bei EISSFELDT aaO) führt JOHNSON (aaO) nebst den grösseren Kompositio-
nen von Spr 1-9 (vgl. auch 25-29) und Hi 27-31 auch die Pss 78 und 49 an.

Wenn der ganze Psalm 49,6-21 der משל ist, hat man freilich wieder mit
den oben (7.2.41-42) beschriebenen Problemen zu kämpfen. Deshalb sehe ich
hier nur eine wirklich allseits befriedigende Lösung: der משל , dem der
Dichter sein Ohr neigen will, ist nichts anderes als der "Grundpsalm" v.11-
15.21! In dieser Sicht können nun endlich למשל und אטה אזני ohne jede Umbiegung übersetzt werden. Auch die relative Distanz der Verse 11-15 fällt
nun nicht mehr ins Gewicht, denn unser Halbvers leitet ja nicht einen zitierten Spruch ein, sondern kündigt ganz allgemein das Kompositionsprinzip
des Psalmes an, ähnlich wie die vorhergehenden Verse dessen Leserkreis,
"Formalobjekt" (v.2-3), "Gattung" (v.4a) und Originalität (v.4b) angedeutet
hatten[445]. Damit erhält nun überraschenderweise auch die hier vertretene
literarkritische Scheidung im Text selbst ihre explizite Bestätigung. Wir
werden in der Bestimmung der Gattung des Psalmes darauf zurückkommen müssen
(vgl. unten 7.2.6).

---

445. Ein solcher Hinweis ist gewiss nicht überflüssig in einem Text wie
Ps 49, wo der behandelte Maschal durch nichts als solcher gekennzeichnet ist und gleichzeitig so subtil und einfühlsam gerahmt und
weiterentwickelt wird, dass ein nicht vorbereiteter Leser, der ihn
nicht bewusst sucht, ihn als eingeständige Grösse übersehen muss (und
auch tatsächlich jahrhundertelang übersehen hat!) vgl. oben Anm. 18.

7.2.5. אפתח בכנור חידתי

1. Das אפתח חידתי hat die Exegeten vor nicht geringe Rätsel gestellt.
Zunächst einmal wird eine חידה von dem der sie löst sonst "mitgeteilt"
(נגד Hi, Ri 14,12.13.14.15.16.17; 1 Kön 10,3 = 2 Chr 9,2), "getroffen"
(מצא , Ri 14,12.18) oder zur Not "verstanden" (בין , Spr 1,6), nie aber
"geöffnet". Deshalb glaubten nicht wenige betonen zu müssen, "die Oeffnung
des Räthsels (bestehe) nicht in Lösung, sondern in Darlegung desselben"
(DELITZSCH 336)[446].

Tatsächlich scheint das Lösen eines Rätsels in der Regel mit נגד Hi
ausgedrückt worden zu sein. Da aber diese Regel lediglich auf zwei Stellen
beruht (Ri 14,12ff; 1 Kön 10,3) und ausserdem bereits zwei "Ausnahmen" bekannt sind (מצא, בין), sehe ich wirklich nicht ein, warum man sich an unserer Stelle durch das פתח, das offenbar nichts als die dritte Ausnahme
ist, so verwirren lässt.

2. Noch deplazierter als das Verb פתח erscheint freilich manchen Exegeten
das Wort חידה selbst, das offensichtlich ein Rätsel ankündigt, das man
dann im folgenden Text im allgemeinen (vgl. aber oben 5.1.15) vergeblich
sucht.

Wer nicht bereit ist, diesen Text solange zu rühren und zu kneten, bis
er ein wirkliches Rätsel hergibt[447], und auch nicht zugeben will, חידה weise

---

446. Aehnlich MOLL 251, PLOEG 145 u.a. Nach OESTERLEY 265 meint אפתח
"either that he will 'begin' his dark saying, or that he will explain
it". DAHOOD (297) bemüht (wie in Jer 1,14; Ps 119,130; Spr 8,6;
17,19) ein t-Infix, um אפתח von פוה "wehen, verbreiten" ableiten
zu können. Noch weiter geht MUELLER (Rätsel 481f): Das פתח ist (zusammen mit der Leier und dem Parallelvers 5a) für ihn Grund genug,
das "Rätsel" selbst zu liquidieren. Nach ihm ist חידתי an unserer
Stelle "durch eine Art dissimilatorischen Silbenschwundes" aus יחידתי
(vgl. Ps 22,21; 35,17) entstanden und heisst wie dieses "mein Selbst,
mein Innerstes": "Ich will 'mein Innerstes' beim Harfenklang öffnen."

447. Das ist die Methode, die PERDUE ("The Riddles of Psalm 49" und in Wisdom 313-319) anwendet, um schliesslich, gelinde gesagt, "zu einer ab-
wegigen Ver-rätselung von Ps 49" (KUECHLER, Weisheitstraditionen 142)
zu gelangen. Nach ihm gliedert sich Ps 49, der wie Ps 19A (!) zur Gattung der "Riddle Poems" gehört (vgl. Wisdom 313) folgendermassen: v.1-5
Einleitung; v.6-7 Strophe I; v.8-9 Rätsel B, 1. Teil; v.10-12 Strophe II;
v.13 Lösung zu Rätsel A; v.14-15 Strophe III; v.16 Rätsel B, 2.Teil;
v.17-20 Strophe IV; v.21 Rätsel A. Die Frage, warum denn v.21 (auch mit
den Korrekturen בָּקָר, כְּבָהֵמוֹת, נִדְמוּ) und v.8+16 überhaupt Rätsel sein
sollen und warum gerade sie (die v.12.14.15 etwa schienen dazu geeig-
neter), ist m.E. das einzige echte Rätsel, das PERDUEs Arbeiten enthalten, und gerade dieses Rätsel bleibt bei aller methodologischen Um-
ständlichkeit ohne jede befriedigende Antwort. Uebrigens führt die
"application of our methodology for genre analysis of riddles" (Wisdom

auf den elitären Charakter des Psalmes hin, "dont l'interprétation - et
l'application aux circonstances concrètes de la vie humaine - ne réussira
qu'au sage" (PLOEG 146), kann hier höchstens versuchen, die Bedeutung von
חידה zu verwässern: Der Gebrauch des Wortes in Ps 78,2; Spr 1,6 zeigt z.B.
"dass es hier nicht etwa auf die Tiefe des Inhalts oder die Dunkelheit des
Ausdrucks der Lehre geht" (HUPFELD 660). "חידה, Rätsel...nennt der Sänger
seine Dichtung, weil sie, obwohl zunächst bloss vom einzelnen handelnd,
das Geschick auch der grossen Gemeinschaften ahnen lassen will." (SCHULTZ
112), oder weil "חידה gleich חדה (חדד) auch scharfe Rede, spitzige Stachel-
rede" bedeutet (GRAETZ 339) und hier ein "enseignement proposé sous forme
de piquer l'attention" (LESETRE 233) vorliegt.

Wiederum finde ich das Problem nicht so alarmierend, wie es bei vielen Kommentatoren erscheint. Stellen wie Hab 2,6; Ps 78,2; Spr 1,6; Sir
8,8; 47,17, "an denen חידה als Gattungsbegriff der höfisch-schulischen Weisheit verwendet wird, setzen bereits einen Einebnungsprozess voraus, der
die ursprünglich sicher vorhandene grössere Differenzierung der weisheitlichen Gattungsbezeichnungen verwischt hat" (MUELLER, Rätsel 482)[448]. An
unserer Stelle wird חידה gattungsmässig wohl tatsächlich nicht wesentlich
Anderes bedeuten, als משל und es ist sicher verfehlt, im Folgenden nach
Rätseln im strengsten Sinne des Wortes (vgl. Ri 14,14.18) zu fahnden.

Trotzdem würde ich nicht ausschliessen, dass חידה noch etwas vom
"sermo involutus et nodosus" (GEIER 720) evoziert und so an משל die "rätselhaften" Aspekte unterstreicht (vgl. EISSFELDT, Maschal 10f): das sachlich Schwierige (vgl. 1 Kön 10,1), das inhaltlich Paradoxe (vgl. Ri 14,14),
das formal Verspielte (vgl. Ri 14,18).
3. So sehe ich für den Ausdruck אפתח חדתי drei mögliche Deutungen:

Entweder heisst חידתי "das 'Rätsel', das ich mir vorgenommen habe" und
meint genau dasselbe wie משל, nämlich den Grundpsalm v.11-15.21. פתח be-

---

320) in Ps 19A zu m.E. ebenso seltsamen Ergebnissen: Strophe I: Lösung
    A = v.2-3; Rätsel A = v.4-5ab; Strophe II: Lösung B = v.5c+7c; Rätsel
    B = v.6-7ab.

448. Ganz ähnlich sah schon GEIER (720) die Dinge:"חידה est proprie sermo
     involutus ac nodosus quali plerumque sapientes suam solent obvelare
     sententiam, ne eadem nimium patescens, protrita fiat ac vilescat."
     Hier folgt ein Hinweis auf Ri 14,12ff; 1 Kön 10,1; Ez 17,2; Hab 2,6.
     "Non vero tam stricte semper accipitur sensuque rhetorico, sed quando-
     que aliis etiam accomodatur sententiis historicisque sacris prudenter
     ac concinne prolatis, ubi non tam respectus habetur ad obscuritatem
     quam ad gravitatem." Diesen Gebrauch findet GEIER in Spr 1,6 und Ps
     78,2, sowie an unserer Stelle.

zeichnet dann das blosse Auslegen und Interpretieren dieses Textes (vgl.
Ps 119, 130) oder auch ein Auflösen des "Rätsels", das er enthält, dies insofern man im Wort חידה auch einen Hinweis auf die besondere sachliche
Problematik sehen will, die in diesem konkreten משל angeschnitten wird:
das "Rätsel" des Leidens und des Todes. In beiden Fällen wären die Erweiterungen (v.6-10.16-20) das Produkt dieses "Oeffnens".

Oder aber der Psalmist meint mit חידתי die Aporie, die er selbst, unter
Beiziehung des Grundpsalmes, in v.6-15 aufbaut (vgl. oben 6.0). So stünde
der hiesige Gebrauch von חידה dem ursprünglichen Gebrauch dieses Wortes besonders nahe, insofern ein Rätsel im ursprünglichen Sinn des Wortes "eine
Paradoxie (beschreibt), die paradigmatisch für die Paradoxie der Wirklichkeit überhaupt ist" (MUELLER, Rätsel 488). Damit könnte פתח hier nur
das Auflösen dieser Aporie meinen, wie sie in v.16-21 vollzogen wird[449].
Diese Deutung scheint mir die Befriedigendste zu sein, weil sie dem Halbvers am meisten Eigenständigkeit und Gewicht zugesteht.

חידתי könnte schliesslich auch den ganzen Psalm v.6-21 meinen, der
dann höchstens in seiner formalen Verschnörkelung noch "rätselhaft" wäre:
אמר דרך משל וחידה אדבר בזה כי זה המזמור דברים סתומים הוא (QIMHI 343). פתח
müsste dann im ganz allgemeinen Sinn von "eröffnen, vorlegen" (wie גלה Am 3,7;
Spr 20,19[450]) verstanden werden. Diese Erklärung von פתח ist aber doch nicht
ganz einfach. Deshalb halte ich diese dritte Möglichkeit für die am wenigsten wahrscheinliche.

4. Es bleibt zum Schluss ein Wort zu erklären, das in unserem Zusammenhang
zunächst etwas unerwartet ist: בכנור. Zu Recht bemerkt OESTERLEY (266)
hierzu: "Nowhere in the wisdom literature, or indeed elsewhere in the Old
Testament, is there mention of wise sayings being thus accompanied", und
er fährt begütigend fort: "but it may well have been the practice on special occasions". Die Frage ist dann nur, wie man diese "special occasions"
versteht.

Einige deuten sie, wie schon (7.2.41) bemerkt, als Inspirationsvorgang
und schliessen von der Leierbegleitung auf einen "inspirierten Gesang"
(KRAUS 365). Nach anderen war die Musik für die Weisen bloss gelegentliches
Aufputschmittel, das mithalf, "die rechte poetische Stimmung, wie 2 Kön 3,15

---

449. In dieser Sicht sagt RUPERTI (283) durchaus zu Recht: "Ceterum bene
     hoc loco aenigma dicitur illa quaestio, quae omni tempore philosopho-
     rum torsit ingenia, nec facile solvi potest, nisi ab iis, qui certam
     futurae vitae spem alunt."

450. Zur Ersetzbarkeit von גלה durch פתח vgl. etwa Ez 25,9 und Is 50,5.

die prophetische, zu gewinnen, die Seele in die erforderliche Schwingung zu versetzen" (HITZIG 268)[451]. Wieder nach andern diente Musik nur "zur Erhöhung der Feierlichkeit beim Vortrage des prophetisch-poetischen Wortes" (KESSLER 106).

Nun wissen wir m.E. viel zu wenig über die konkrete Verwendung der althebräischen Poesie im allgemeinen und der weisheitlichen Gedichte im besonderen, um aus der Leierbegleitung[452] an unserer Stelle besondere Folgerungen über den spektakulären Charakter von Ps 49 zu ziehen. Im Gegenteil - bei näherer Ueberlegung kommt man eher zum Schluss, dass die Verwendung der Leier zur Begleitung grösserer Weisheitsgedichte eigentlich recht naheliegend ist.

Einerseits ist ja kaum anzunehmen, dass grössere Weisheitsgedichte nur gerade als Vorlage für den Kalligraphieunterricht in Schreiberschulen oder als stille "Lektüre für eine in der Weisheitsschule ausgebildete Schicht" (HERMISSION, Spruchweisheit 136) dienten. Irgendwann mussten sie doch erst einmal vorgetragen - und das heisst doch wohl wie bei der Kultdichtung (vgl. Ps 43,4; 57,8f; 71,22; 92,4; 108,2f; 144,9 u.a.) zur Instrumentalbegleitung gesungen werden[453].

451. Bei Ps-ORIGENES (1243) findet sich sogar eine genaue Erläuterung des 'psychologischen Mechanismus':"Ο ευθυμων ψαλλει δια δε του ψαλτηριου ανοιγει το προβλημα. Δια της ευθυμιας διαγινωσκει το προβλημα Ευθυμια δε εστιν απαθεια ψυχης λογικης."

452. Dass in בכנור ein "ב der Begleitung"(SCHULTZ 112, KESSLER 106) vorliegt, und der Leier somit nicht bloss ein "Präludium" zufällt (vgl. etwa CHOURAQUI 106) scheint mir klar.

453. Vgl. etwa BUTTENWIESER (647): "In ancient and medieval times every poet was also a composer and musician: he set his poem to music himself and singing it publicly, was his own accompanist." LANG (Weisheit 36) weist in diesem Zusammenhang auf Spr 1,20 und 8,3, wo er - wie die SEPT (υμνειται) - das רנן mit "singen" übersetzt. Das ist m.E. zu kühn; an beiden Stellen weist רנן nur auf die Lautstärke der Anrede (vgl. das קול נתן in 1,20b und das קרא in 8,1a). Hingegen darf man vielleicht für die späte Weisheit einen kleinen Hinweis auf den musikalischen Vortrag der "philosophischen" Poesie Sir 51,29 entnehmen, wo der Weise in einem Werbetext für seine Schule (v.23, vgl. MUNCH, Weisheitspsalmen 135) sagt: "Ich habe meine Freude an meiner ישיבה (= Studium, oder gar: Akademie?) und ihr werdet euch meines Liedes nicht schämen müssen!" Sir 39,15 weist in die gleiche Richtung: der eingeflochtene Hymnus (v.16-35) ist ja wohl ein konkretes Beispiel nicht nur für die rechte Art und Weise, Gott מינים וכלי נבל zu preisen, sondern gleichzeitig auch für die vorher (38,34-39,11) beschriebene (schrift)gelehrte Arbeit. Auch in Sir 44,5 könnte man sich fragen, ob der Vers nicht die Tätigkeit der "in ihren Publikationen unermüdlichen Gelehrten und berufsmässigen Maschal-Autoren" von v.4 umschreibt: "sie suchen Melodien, die allen Regeln der Kunst entsprechen

Andererseits werden die Berufsmusiker am Hof[454] und allgemein die Sänger und Musiker bei Festen (vgl. Hi 21,12; Is 5,12; 22,13; 24,8f; Ez 26,13; Am 6,4f) schwerlich nur JHWH-Lieder vorgetragen haben (Is 5,12!). Allzu trivial war aber ihr Repertoire im allgemeinen wohl auch wieder nicht, ansonsten der vornehme Jesus Sirach den מזמור על משתה היין (Sir 49,1; vgl. 32,5f) kaum solchermassen hochjubeln würde[455]. Was ist da naheliegender als anzunehmen, dass diese Musiker, wie ihre ägyptischen Kollegen, unter anderem Werke in der Art des "Harfnerliedes" (vgl. PRITCHARD, Texts 467) vortrugen, also Weisheitsgedichte. Dass hier wie in Aegypten gerade auch pessimistische Lieder wie das "Harfnerlied" oder eben Ps 49 in seinem Grundbestand dazugehörten, darf man vielleicht angesichts der Polemik in Is 22,13 ahnen.

Es scheint mir also recht wahrscheinlich, dass beim Vortrag auch nicht-kultischer Poesie[456] die Instrumentalbegleitung selbstverständlich war - das ist vielleicht auch der Grund, weshalb sie nur gerade hier explizit erwähnt wird[457].

---

und halten den Text schriftlich fest." Das würde bedingen, dass in v.3-6 nicht zwölf verschiedene Berufsstände aufgezählt würden (vgl. PETERS, Sirach 375), sondern nur deren zwei: die Politiker (v.3-4a = 6 Stichen) und die Denker (v.4b-5 = 4 Stichen), die dann gemeinsam beschrieben würden als "tüchtige Männer von unerschütterlicher Tatkraft, die feststanden auf dem Sockel ihres Ruhmes" (v.6 = 2 Stichen). Schliesslich sind auch in Sir 32,3f Musik und Weisheit keine Gegensätze. Hier ist es nämlich kein professioneller Weiser, der dem Gesang in die Quere kommt, sondern ein redseliger Greis, der sich bloss weise glaubt (vgl. v.4b חכם Hit) und sich deshalb vielleicht gerade in den musikalischen Vortrag von Weisheitsgedichten störend einmischt.

454. Vgl. 2 Sam 19,36; 1 Kön 10,12; Am 8,33; Qoh 2,8 sowie die Notiz im Sanherib-Prisma (vgl. PRITCHARD, Texts 288), vgl. Is 14,11.

455. Im Gegensatz zu den Propheten, die die Musik als Symptom der Oberflächlichkeit oft sehr ironisch erwähnen (vgl. die eben gerade angeführten Stellen), ist solches in der Weisheit kaum je zu spüren. In Hi 21,12 erscheint die Musik ganz und gar nicht ironisiert als Krönung eines erfüllten Lebens, und auch wenn Sirach (9,4) vor einer Leierspielerin warnt, denkt er dabei primär kaum an ihre musikalischen Talente (vgl. Is 23,16). Auch wenn Qohelet (7,5) das Schelten des Weisen dem Singen des Toren vorzuziehen behauptet, ist das erst dann aussagekräftig, wenn für ihn die Musik als solche etwas sehr Wertvolles ist (vgl. Qoh 2,8; 12,4). Auch in Aegypten warnt man den Schüler vor dem Musizieren ("Man lehrt dich zur Flöte zu singen und zur Pfeife zu..., zur Kinnor zu sprechen und zu dem Nezech zu singen", PAPYRUS ANASTASI IV 11,8, zit. nach ERMAN, Literatur 244), weil er dabei Bier trinkt und von Dirnen umgeben ist...

456. Dass Ps 49 wohl dazu gehörte, wird unten 7.2.64 dargelegt.

457. Die Instrumentalbegleitung ist ja ohnehin, wie in Aegypten (vgl. HICKMANN, Musik 146), ganz dem Gesang untergeordnet: "Flöte und Harfe ver-

Die Erwähnung der Leier an unserer Stelle ist deshalb wohl keineswegs
so auffällig, wie es zunächst den Anschein hat. Für die Auslegung ist sie
höchstens insofern von Bedeutung, als sie ausdrücklich auf etwas hinweist,
was schon aus der äusserst komplexen Form des Textes klar wird: der Autor
will sein ernstes Thema "nicht in nackter Prosa" (THALHOFER 298, ähnlich
GRAETZ 339, MAILLOT 295 u.a.) abhandeln, und bei allem spekulativen Tiefgang bleibt sein Werk ein Lied (vgl. dazu RAD, Weisheit 72f): Auch das
schärfste Denken bleibt musikalisch. Darin drückt sich vielleicht das aus,
was für den atl. Denker den "Anfang der Wissenschaft" bildete (vgl. Ps 110,10;
Spr 1,7; 9,10; 15,23; 28,28) und was er bei aller Skepsis nie verlor: das
grundlegende Vertrauen in jene durchgängige Ordnung, die die Wirklichkeit
auch dann noch durchwaltet, wenn sie in den Phänomenen längst nicht mehr
unmittelbar gegeben ist - ωσπερ εν ψαλτηριω φθογγοι του ρυθμου το
ονομα διαλλασσουσι παντοτε μενοντα ηχω (Weish 19,18).

7.2.6. Zu Gattung und Alter von Ps 49

1. Diese "Musikalität" des atl. Denkens mag an sich vorbildlich sein. Sie
führt aber den modernen Exegeten, der die Produktion dieser "poetischen
Wissenschaft" nach Gattung und Verwendung ("Sitz im Leben") sichten will,
in schier unüberwindliche Schwierigkeiten. Diese Schwierigkeiten sind durch
die Einführung der unklaren (vgl. von RAD, Weisheit 70) Gattung der "Weisheitspsalmen" wohl mehr verdrängt als gelöst worden. Das wird m.E. in Ps 49
besonders deutlich.

Kaum ein Exeget, der sich mit der Frage beschäftigt, zögert, Ps 49 als
"Weisheits-" oder "Lehrpsalm" zu bezeichnen[458]. Aber auch kaum einer wagt
es, auszuführen, was das für den "Sitz im Leben" des Psalmes genau bedeute[459].

---

süssen den Gesang, aber wichtiger als beide ist eine klare Aussprache."
(Sir 40,21)

458. Eine Ausnahme ist MOWINCKEL (Psalmstudien I 127), der Ps 37; 49 und
73 "nicht als didaktische oder Problempsalmen an sich (betrachtet),
sondern sie als Dankpsalmen auffassen muss". Auch BIRKELAND (Feinde 279)
meint, "bloss Lehrgedichte" seien diese Psalmen nicht. Er fährt vorsichtig fort: "Ihre Gattung ist überhaupt schwer zu bestimmen. Am
nächsten stehen sie wohl den Klagepsalmen." In beiden Fällen ist allerdings die Bestimmung der Gattung eng verknüpft mit der Identifizierung
der vermeintlichen Feinde, die in Ps 49 auftreten sollen und die MO-
WINCKEL (aaO 132) für Zauberer, BIRKELAND (aaO, vgl. oben Anm. 277)
für ausländische Machthaber hält.

459. Nur etwa PERDUE (Wisdom 318) macht in diese Richtung tastende Vor-
stellungsversuche: "While the poet refers to his lyre and addresses

Dafür stürzt man sich in eine beharrliche Suche nach gattungsfremden Elementen[460] oder verliert sich in subtilen Erwägungen über mögliche weisheitliche Untergattungen, zu denen unser Psalm gehören könnte[461]. In beiden Fällen verfällt man aber einem gattungskritischen Formalismus, der ganz nutzlos ist, weil er weder das Problem des Sitzes im Leben löst noch das Gesamtverständnis des Gedichtes fördert.

2. Will man sich nicht damit begnügen, zu sagen, Ps 49 gehöre zur Gattung der "Weisheitsgedichte", was ja die Einleitung ausdrücklich unterstreicht (v.4a, vgl. oben 7.2.33), so tut man gut daran, sein Augenmerk auf das Kompositionsprinzip des Gedichtes zu richten. Der Autor hält dieses immerhin für so wichtig, dass er in v.5a speziell darauf hinweist (vgl. oben 7.2.45). Der Umstand, dass in Ps 49 ein bestehendes sehr kritisches und pessimistisches Gedicht in extenso zitiert und völlig unpolemisch weitergedacht wird, ist ja auch auffällig genug, um bei der Gattungsbestimmung mitberücksichtig zu

---

an audience, there is no indication that the situation is specifically a cultic one. Rather, we consider the poem to be a didactic poem written either within the context of a school or even within the milieu of the court, especially since the wealthy and 'men of the world' (diplomats?) are among the audience."

460. So kann angeblich "nicht übersehen werden, dass in 6-7 der Sänger in der Form eines Klageliedes anhebt, dass in 16 Klänge eines Dankliedes wahrnehmbar sind und dass schliesslich in 17ff die Belehrung in der charakteristischen Form eines 'Heilsorakels' gegeben wird..." (KRAUS 364). Die Bemerkung trifft höchstens für v.16 zu (vgl. oben 6.1.22), bleibt aber in dieser Form völlig folgenlos, es sei denn, man wolle wie GUNKEL (Einleitung 389) diesen Vers aus stilistischen Gründen eliminieren...

461. Meist geht man dabei vom Inhalt aus und zieht Ps 49 etwa mit Ps 37,73 und 139 zur Gruppe der "Theodiceen" (WETTE 339, HUPFELD 658, HEKRENNE 181 u.a.), "Lehrgedichte über das Schicksal der Frommen und Gottlosen" (WETTE 3, vgl. HITZIG 268, HUPFELD 658, DELITZSCH 335, BONKAMP 238, WEISER 260 u.a.), "Problem- und Reflexionsdichtungen" (von RAD, Weisheit 71, KRAUS 518). Diese Gruppenbildung entbehrt nicht der Willkür, denn was verbindet schon gattungsmässig den straffen Ps 49, der kein Wort über die Frevler sagt und von Gott nur in der dritten Person redet, mit der ausschliesslich am Ergehen der Frevler interessierten, alphabetischen Spruchsammlung von Ps 37 einerseits und mit den an Gott gerichteten Gebeten Ps 73; 139 andererseits? Höchstens zur Herleitung ästhetischer Fehlurteile ist die Gruppierung der Ps 37; 49; und 73 zu gebrauchen. Wenn man nämlich den Ps 49 nicht dem Ps 37, "qui reste beaucoup plus à la surface de la position du problème et de sa solution" (CALES 280), gegenüberstellt, sondern wie das öfters geschieht, dem "viel tieferen Ps 73" (STAERK 248), "qui est au contraire sensiblement plus net et dans l'énoncé et surtout dans la solution, consolante aux justes" (aaO), kann man genüsslich folgern, Ps 49 sei "der schwächere der beiden Unsterblichkeitspsalmen von lehrhaftem Charakter (DUHM 198, ähnlich BUTTENWIESER 647 u.a.).

werden - zumal er sowohl für die Gesamtbeurteilung als auch für die Bestimmung der Verwendung des Gedichtes ins Gewicht fällt.
3. Die literarische Schichtung des Psalmes ist für dessen Gesamtbeurteilung
   in der Tat alles andere als nebensächlich. Wäre nämlich der ganze Text,
entgegen unserer Hypothese, das Werk eines einzigen Autors, könnte der Mittel-
teil (v.11-15) sehr gut aus der berechnenden Absicht heraus entstanden sein,
den Leser zunächst einmal tüchtig mit makabren Bildern zu traktieren, um ihm
dann umso leichter das befreiende Bekenntnis von v.16 eintrichtern zu können.
So verbreitet diese Methode auch sein mag, sie bei einem atl. Autoren anzutreffen, wäre wohl doch etwas enttäuschend.
       Ganz anders liegen die Dinge, wenn in Ps 49 zwei Autoren zu Worte
kommen. Beide sind in diesem Fall gleich bewundernswert und gleich vorbildlich: der erste, weil er im "Grundpsalm" einer neuen Todeserfahrung und damit
einem neuen "Lebensgefühl" so unverblümt und so furchtlos Ausdruck verleiht,
der zweite, weil er in den Erweiterungen gerade diese äusserst kritische
Position zum Ausgangspunkt seiner Ueberlegung macht und sie so sachlich und
so kühn weiterdenkt.
4. Doch gerade diese Vorzüge werfen eindringlich die Frage nach dem ursprünglichen Sitz im Leben von Ps 49 auf: wo, im Rahmen welcher Institution
soll man sich eine solch gründliche und unpolemische Diskussion auf so hohem
"wissenschaftlichem" und literarischem Niveau denken? Ps 49 will in seiner
erweiterten Endform nirgends mehr recht hinpassen: Er scheint zu scholastisch
(v.5a) für das Trinkgelage, zu kritisch (v.15) für den Tempelkult, zu konzer-
tant (v.5b) für die Schule und zu subtil für das Tor. Das heisst nicht, dass
er an diesen Orten nicht schliesslich doch Eingang gefunden hätte (die Aufnahme in den Psalter beweist zumindest für den Kult das Gegenteil), nur kann
ich mir schwer vorstellen, dass er ursprünglich für Bankett, Liturgie, Elemen-
tarschule oder Marktplatz gedichtet worden wäre[462].

462. Wäre Ps 49 für den Kult gedichtet worden, hätte er bestimmt - wie z.B.
     der ganz ähnliche Ps 73 - die Form eines Gebetes angenommen (Anrede
     Gottes, keine Lehreröffnung). Wäre er für die Schule geschrieben worden -
     sofern für die Schule wirklich Neues geschrieben (vgl. MUNCH, Weisheits-
     psalmen 122ff) und nicht vielmehr nur Bestehendes kompiliert wurde
     (vgl. LANG, Schule 195ff) - enthielte er wohl bedeutend mehr moralische
     Appelle (vgl. LANG, Lehrrede 39f). Auch verglichen mit dem, was sonst
     über die altisraelitische Gassenmusik bekannt ist (vgl. etwa Ez 33,32;
     Is 23,16) scheint mir Ps 49 entschieden zu wenig "trivial". Schliess-
     lich bezweifle ich auch, dass man für ein durchschnittliches Trinkge-
     lage den Grundpsalm (der übrigens nicht einmal eine Aufforderung zum
     Geniessen enthält!) dermassen subtil weitergedacht hätte - das ägyp-
     tische Gegenlied zum Harfnerlied (vgl. oben Anm. 266) wurde doch ein-
     fach anschliessend an das Harfnerlied "gleichsam als Entschuldigung"
     (ERMAN, Literatur 316) gesungen.

Ich würde eher vermuten, ein formal so kompliziertes, denkerisch so
subtiles und ideologisch so gewagtes Werk wie Ps 49 sei zunächst einmal
für den internen Gebrauch in einem kleinen und geschlossenen Kreis fortschritt-
licher Gelehrter des Tempels geschrieben worden.

Damit setze ich also voraus, dass die atl. Denker und Dichter keine ein-
samen Individualisten waren, sondern - auch am Tempel - in Gruppen arbeiteten,
wie die Jünger Elishas (2 Kön 4-6) oder die Männer Hiskias (Spr 25,1)[463].
Ich setze weiter voraus, dass diese Gelehrtenkreise modern ausgedrückt "in
Lehre und Forschung" tätig waren, dass sie also nicht nur kleinere Schüler-
gruppen und später grössere Kreise des Volkes unterwiesen, sondern zunächst
einmal "Gelehrte waren" (Qoh 12,9[464]), die Denken und Wissenschaft voran-
trieben, ohne unbedingt alle ihre Erkenntnisse und literarischen Erzeugnisse
sogleich im Kult oder in der Schule zu verbreiten. Eher wird man, so stelle
ich mir vor, das Neueste aus der literarischen und theologischen Produktion
zunächst einmal intern in wissenschaftlichen Sitzungen den Kollegen vorgetragen haben.

Ob man dabei wie JANSEN (Psalmendichtung 100) von "erbaulich-belehren-
den Zusammenkünften der Weisen" reden soll, oder ob man für damals nicht mit
wirklichen "Symposien" - im ursprünglichen Sinne des Wortes - rechnen kann,
ist freilich eine andere Frage. Mir scheint letzteres wahrscheinlicher[465].
Unser Psalm würde jedenfalls dank seiner scholastischen Kompositionsweise,
seines kritischen Inhalts, seiner subtilen Form und der konzertaten Aufführ-
rung, die er voraussetzt, vorzüglich in den Rahmen solcher akademischer Symposien, d.h. wissenschaftlicher Trinkgelage von Gelehrten hineinpassen.

Wäre Ps 49 solchermassen ein "sympotisches Disputationslied" würde man
auch besser verstehen, wieso er im Psalter steht, und dabei doch so kritische

---

463. Wenn sich schon um die Schriftpropheten, die am ehesten als grosse In-
     dividualisten erscheinen, "Schulen" bildeten, die ihre Werke sammelten
     und ihr Denken weiterführten (vgl. etwa Deutero- und Tritojesaia), so
     dürfte dies in der Weisheit erst recht der Fall sein.

464. Nach LOHFINK (Kohelet 85f) muss "Vermittlung von Bildung an einfache
     Leute oder (Alternativübersetzung!) öffentliches Lehrangebot an alle
     Interessenten" wie sie in Qoh 12,9 erwähnt wird, noch zur Zeit Qohelets
     "etwas Neues oder Aussergewöhnliches gewesen sein - sonst würde es hier
     nicht so herausgestellt".

465. In diese Richtung weist jedenfalls die oben 7.2. 54 erwähnte Begeiste-
     rung des Siraziden für literarische Trinkgelage (Sir 32,3ff; 40,20;
     49,1) oder auch Texte wie der Wettstreit der Leibpagen des Darius in
     3 Esr 3,1-5, die Tischgespräche im Aristeasbrief 186ff (zit. bei
     KUECHLER, Weisheitstraditionen 150ff) oder das fromme Gastmahl im
     Testament Hiobs 14 (zit. bei SENDREY, Musik 158).

Töne anschlägt: In den Psalter wäre Ps 49 zu stehen gekommen, weil er zu
den besten Werken eines wichtigen und einflussreichen Kreises von Tempel-
theologen gehörte, und so kritisch konnte er sein, weil sich offenbar auch
am Tempel die Intellektuellen einiges an Kritik erlauben konnten, wenn es
für den internen Gebrauch bestimmt war[466].

Allerdings frage ich mich, ob nicht gerade der Gelehrtenkreis, dem
Ps 49 entstammt, vielleicht doch etwas zu kritisch und zu "progressiv" war
und deshalb bei andern Gruppen am Tempel auf Opposition stiess. Denn immerhin könnten die בני קרח, die "Söhne, d.h. Schüler[467] Qorahs", denen Ps 49
in der Ueberschrift zugewiesen wird, genau die Gruppe sein, an der in den
verschiedenen Schichten von Num 16 (vgl. dazu LEHMING, Num 16) so heftige
Kritik geübt wird.

5. Noch problematischer als die Bestimmung der Gattung ist die Bestimmung
   des Alters unseres Psalmes. Wie die meisten Psalmen wird auch Ps 49 von
den Kommentaren je nachdem in ziemlich alle Epochen der atl Geschichte da-
tiert, von der davidischen (vgl. etwa DELITZSCH 335) bis zur makkabäischen
(vgl. etwa MINOCCHI 150), und dies mit dem immer wiederkehrenden Hinweis
auf dessen Sprache und dessen Inhalt. So besteht etwa für HITZIG (267) kein
Zweifel: "seine ungesuchte, natürliche Schönheit, der Charakter der Sprache
und die Beschaffenheit des Lehrgehaltes im Verein weisen auf hohes Altertum hin", und ebenso bestimmt urteilt DEISSLER (33): "Vokabular und Inhalt...
weisen auf eine spätere Abfassung (vielleicht um 200 v.Chr.) hin."

Sprachgeschichtliche Argumente sind also mit grösster Vorsicht zu
gebrauchen, zumal ja unklar ist, ob in unserem Text nicht eine dialektale
Form des Hebräisch vorliegt (vgl. MULDER 134)[468]. Auch inhaltliche Aspekte,

---

466. Auch das Buch Qoh mag zunächst eine interne "Vorlesungsnachschrift"
     des Leiters eines "philosophischen Zirkels" (LOHFINK, Kohelet 11)
     gewesen sein, bevor es zum mehr oder weniger ofiziellen Schulbuch
     avancierte.
     Aehnliche Umstände kann man wohl auch für die Gelehrten am Hof
     annehmen, die intern offenbar recht viele königskritische Traditionen
     (vgl. etwa Ri 9,7ff; 1 Sam 8,11ff; 2 Sam 11ff) bewahrten und sammelten
     (vgl. dagegen die Folgen einer "Veröffentlichung" in Jer 36,10).

467. Vgl. dazu die Bezeichnung des Schülers als Sohn in Spr (1,8.10.15; 2,1;
     3,1 u.ö., vgl. LANG, Schule 192ff), sowie die Bezeichnung בני-הנביאים
     für den Kreis um Elia und Elisha (1 Kön 20,35; 2 Kön 2,3ff u.ö.).

468. In "eine sprachgeschichtlich späte Epoche" (250) weisen etwa nach
     SCHMITT (Entrückung) die Abstraktplurale חכמות und תבונות und das
     Verbalabstraktum הגות (v.4), die lexikalischen Aramäismen חידה (v.5)
     und יקר (v.13.21), das absolut (d.h. nicht in Verbindung mit einem
     Nomen) gebrauchte אחר (vgl. Neh 5,5; Qoh 7,22; Sir 14,4.15.18; Dan 11,4)

etwa das Problem des Reichtums, helfen für die Datierung kaum weiter[469].
Ebenso sind aus der Form von Ps 49 Rückschlüsse auf sein Alter nur schwer
zu ziehen, denn durchkomponierte Weisheitsgedichte - zumal so subtile wie
Ps 49 - sind zwar bestimmt jünger als kurze Einzelsprüche oder lose Spruch-
sammlungen, aber dieser formgeschichtliche Grundsatz ermöglicht keine absolute Datierung, was der Streit um die Ansetzung von Spr 1-9 zeigt (vgl.
dazu etwa LANG, Lehrrede 46-60, bes. 60).

Der einzige ziemlich sichere Anhaltspunkt für die zeitliche Ansetzung
von Ps 49 scheint mir dessen Problemstellung zu sein. Der Grundpsalm statuiert ja den Zusammenbruch des Tun-Ergehen-Zusammenhanges und setzt somit
jene tiefgreifende Krise der Weisheit voraus, die in der biblischen Tradition erst nach dem Exil in den Büchern Hiob und Qohelet greifbar wird
(vgl. SCHMID, Weisheit 173ff). Auf die gedankliche und "stimmungsmässige"
Nähe zu Qoh sind wir denn auch im Grundpsalm wiederholt gestossen, und obwohl sie abgesehen von PAULUS (248), CALES (280), BEAUCAMP (213) und be-

---

und das zweimalige עד v.20. Doch scheint mir das alles nicht so klar.
Z.B. könnten gerade die נו -Endungen dialektal sein und es ist durchaus nicht sicher, dass sie auf aramäischen Einfluss zurückzuführen sind
(vgl. oben 7.2.31), das נו - von הגות ist nicht die junge Abstrakten-
endung (vgl. oben 7.2.32) und warum das Wort חידה ein so überaus junger
Aramäismus sein soll, leuchtet angesichts seiner Verwendung in Ri 14
nicht ein (vgl. BARUCQ 303).
       PODECHARD (19) findet darüber hinaus auch in der Syntax junge Ele-
mente. So weisen nach ihm Konstruktionen wie נמשל כ (v.13.21), יחד ו
(v.3) auf späte Sprache. Da er aber gleichzeitig viele klassische Wen-
dungen findet (Partizipialkonstruktion v.7; asyndetischer Relativsatz
v.13b=21b.20b.6b.14a+b; affirmatives כי v.16.19) sowie "une accumula-
tion de tournures idiomatiques" (Belege dafür gibt SCHMITT, aaO 201-207)
schliesst er auf bewusst antiquierenden Stil: "On sent une recherche
voulue, qui trahit le caractère en partie artificiel du style et par
conséquent la date récente de l'oeuvre." Doch wie unterscheidet man
mit Sicherheit einen antiquierenden von einem echt antiken Stil?

469. So weist etwa für KIRKPATRICK (268) das Thema "Reichtum" ins 8. Jhd.,
     "when the existence of great wealth and great poverty side by side in
     the reigns of Uzziah and Jotham could not fail to suggest the problem
     here discussed. There seems to be an allusion in (v.12) to the vaste
     estates which are condemned by Isaiah and Micah." Mit einer ähnlichen
     Argumentation datiert GRAETZ (337) Ps 49 in die Exilszeit, denn "im
     Exile hatten die exilierten Judäer Bewegungsfreiheit und Gelegenheit,
     in den Handelsstaate Babylonien sich zu bereichern. Die Reichgewordenen
     behandelten die Armen mit Hochmuth." BRIGGS (406) wiederum meint: "The
     antithesis between the wicked rich and the pious poor implies a commer-
     cial situation, either the Greek period, if the writer lived in Palestine,
     or possibly a late Persian period, if he lived in the Diaspora." Ange-
     sichts dieser Widersprüche hat SCHMIDT (96) nicht Unrecht, wenn er
     unterstreicht, es sei "für die zeitliche Ansetzung dieses Gedichtes aus
     seinem Inhalt nur mit grosser Vorsicht ein Schluss zu ziehen. Die Arme-
     Leute-Hoffnung dieses Liedes ist im Grunde zeitlos."

sonders von BARUCQ kaum jemand beachtet hat, scheint sie mir für die Datierung von Ps 49 sehr wichtig.

In Ps 49,11-15.21 und in Qoh sind in der Tat die neue und ernüchternde
Erfahrung der Sterblichkeit gleich zentral, die deshalb notwendige Kritik
an der klassischen Weisheit gleich radikal und die daraus resultierende Verzweiflung gleich bedrückend. Beide Texte scheinen einer gleichen "Denkrich-
tung" anzugehören (vgl. BARUCQ 308). Allerdings wirkt Qoh etwas jünger: bei
ihm ist die Empörung gegen Gott (vgl. Ps 49,15!) schon weniger heftig und die
zunehmende Resignation macht sich in seinem Rückzug aufs Gastronomische bemerkbar. Gleichzeitig zeigt sich bei Qoh in Sprache und Komposition griechi-
scher Einfluss (vgl. LOHFINK, Kohelet 9), der in Ps 49,11ff noch völlig fehlt
(vgl. BARUCQ 308). So könnte man Ps 49 in seinem Grundbestand als Vorläufer
von Qoh (3. Jhd., vgl. LOHFINK, aaO 7ff) ins 5. Jhd. oder in die erste Hälfte
des 4. Jhd. datieren[470]. Auch die Erweiterungen werden wohl im gleichen Zeitraum entstanden sein, denn einerseits lassen auch sie nichts von griechischem
Einfluss erkennen und andererseits kann man vermuten, dass der Autor der
Erweiterungen einem damals modernen Text sein Ohr neigte, als er sich an-
schickte, das Rätsel zu lösen, das der Tod den Lebenden stellt.

---

470. Wenn die Endredaktion des Psalters vor die Endredaktion der Chronik fällt,
     was die Doxologie in 1 Chr 16,36 = Ps 106,48 wohl tatsächlich nahelegt
     (vgl. BECKER, Psalmenexegese 116), muss ein Gedicht, das einer älteren
     Teilsammlung angehört, auch entsprechend alt sein. GESE (Kultsänger 158)
     nimmt an, die korahitische Psalmensammlung habe vor 350 vC vorgelegen,
     was vorzüglich zur vorgeschlagenen Datierung passt.

8.   GIBT ES EIN LEBEN VOR DEM TODE ?   (ZUSAMMENFASSUNG)

Ps 49 gehört nicht zu jenen Gedichten, die man beim ersten Durchlesen versteht. Deshalb sind die Exegeten immer wieder der Versuchung erlegen, den
angeblich verdorbenen Text dieses Psalms solange zu korrigieren, bis er
sich in jener klaren und simplen Sprache ausdrückt, die sie von einem durch-
schnittlichen Psalm glauben erwarten zu dürfen. Man kann nun aber auch dieser
Versuchung widerstehen, die Dunkelheit von Ps 49 als dessen spezifisches
Stilmerkmal akzeptieren und den überlieferten Text möglichst unverändert zu
verstehen trachten.

Tut man dies, so stellt man bald einmal zwischen v.6-1o und v.16-2o
ganz auffällige formale Entsprechungen fest, die diese paar Verse so stark
vom Rest des Psalmes abheben, dass man schnell zur Ueberzeugung kommt, das
Gedicht bestehe aus zwei literarisch zu unterscheidenden Schichten. Die
ältere Schicht liegt in v.11-15.21 vor, und dieser "Grundpsalm" wurde später
um die zwei Strophen v.6-1o.16-2o ("Erweiterungen") sowie um die (Hälfte
der?) Einleitung (v.2-5) erweitert (Kapitel 1).

Der "Grundpsalm" ist ein pessimistisches Gedicht, das im Ton des Buches
Qohelet nach der Vereinbarkeit von menschlicher Sterblichkeit und göttlichem
"Da-sein" fragt. Die erste Strophe (v.11-12) bringt eine im Vergleich zur klas-
sichen Weisheit ganz neue Erfahrung des Todes zur Sprache, indem sie gleich
zu Beginn betont, auch Weise müssten sterben. Damit wird der Tod nicht mehr
als die spezielle Strafe der Frevler gesehen, sondern er trifft ganz allgemein jeden Menschen unabhängig von seinem Tun (v.11), um seine -nun als
einmalig und individuell erfahrene- Existenz auf immer zu vernichten (v.12).

So zerstört er vollständig jeglichen Zusammenhang zwischen Tun und Ergehen
(Kapitel 3).

Die zweite Strophe (v.14-15) zieht aus dieser neuen Weise, den Tod zu erfahren,
die Folgerungen für das Leben: Sie versucht, den eben konstatierten Tod im
Ganzen des Lebens zu situieren, sie fragt nach der Möglichkeit einer Existenz,
die in die Vernichtung mündet, sie sucht den Sinn eines Lebens vor dem Tode
(v.14). Dabei kommt sie zum Schluss, dass sich vor dem Tode gar nicht wirklich leben lässt, denn der Tod stösst schliesslich das ganze Leben ins Nichts
zurück. So ist das Leben des Menschen letztlich nichts als ein einziges Sterben (v.15a-c), das jeden Sinnes entbehrt; denn der einzige, der Sinn stiften
könnte, Gott, ist nicht da, um sich der sterblichen Menschen anzunehmen, was
man daran sieht, dass er Weise wie Toren gleichermassen sterben lässt, obwohl
er die Macht hätte, den Tod überhaupt zu vernichten (v.15d): Der Tod des
Menschen ist der Tod Gottes. Das Ergebnis dieser Ueberlegungen ist der im
Kehrvers (v.13.21) zweimal angemeldete Zweifel an der gottähnlichen Würde
des Menschen (Kapitel 4).

So führt also im Grundpsalm eine neue und radikale Weise, den Tod zu erfahren,
zu einer ausdrücklichen Leugnung der menschlichen Würde und des göttlichen
Da-seins. Der Autor der Erweiterungen konnte offenbar weder diesen Schluss
billigen, noch wollte er die Todeserfahrung, die ihm zugrunde lag, leugnen.
Deshalb ging er daran, beides zu "hinterfragen".

In einer ersten Strophe (v.6-lo) zeigt er, dass in der todlosen Welt, die
v.15d als die beste aller möglichen hinstellte, der Zusammenhang zwischen
Tun und Ergehen ebensowenig gewahrt wäre wie in der Welt des Todes, wo der
Schuldlose stirbt, denn hier würde nun der Schuldige überleben (v.6-7). In
der todlosen Welt wäre der Mensch ein brutaler Kraftprotz und Gott ein erbärmlicher Schwächling (v.7). Erst der Tod erniedrigt den rücksichtslosen
Uebermenschen zum Menschen und erhöht den manipulierbaren Götzen zum Gott
(v.9-lo). Doch wie der Grundpsalm zeigt, den der Autor der Erweiterungen nun
anschliessend zitiert, zerstört scheinbar der Tod auch gleich, was er ermöglicht hat: er erniedrigt den Menschen zum Tier und erhöht Gott zum blasierten Zyniker (Kapitel 5).

Damit ist das in v.5 angekündigte Rätsel gestellt: sei es mit (v.11-15),
sei es ohne Tod (v.6-lo) scheint das menschliche Leben von vornherein sinnlos und unverständlich zu sein. In einem einzigen Satz löst der Autor diese
Aporie, indem er, mit einem Rückgriff auf die alte Vorstellung der "Entrückung", also der "Aufhebung" des menschlichen Lebens durch Gott, auf jene
letzte radikale Erfahrung hinweist, die die menschliche Auflehnung gegen den

Tod erst ermöglicht und die besagt, dass in der Endlichkeit Sinn sein kann,
denn das in Freiheit gesetzte menschliche Leben bleibt, weil Gott es "nimmt",
d.h. seiner Endlichkeit Endgültigkeit verleiht (v.16). Es gibt deshalb allem Anschein zum Trotz durchaus ein Leben vor dem Tode, und zwar für jenen,
der die Hülle des Habens (v.17-18) und des Scheinens (v.19-2o) durchbricht
(Kapitel 6) und dadurch, dass er ganz Mensch ist sich selbst in jener Gottebenbildlichkeit verwirklicht, die allein seinem in jeder (auch zeitlichen)
Hinsicht endlichen Leben Bestand und Sinn zu geben vermag (v.21).
Das ist die stille Zuversicht, für die der zweite Autor von Ps 49 warb,
als er im Kreis der Weisen in die Saiten griff (v.5), um die Erfahrung mit
der Tradition, die Skepsis mit der Hoffnung und das Leben mit dem Tode zu
versöhnen (Kapitel 7).

ANHANG

TEXT UND UEBERSETZUNGEN

A) DEUTSCHE UEBERSETZUNG

1   Vom Chorleiter. Von den Söhnen Korachs. Kunstlied.

2a   Hört dies, ihr Völker alle,
2b   Nehmt es zu Ohren, ihr alle, die ihr im Festen wohnt,

3a   Ihr Menschen alle zusammen, ihr Leute alle zusammen,
3b   Der Reiche und der Arme miteinander:

4a   Mein Mund soll Weisheit reden
4b   Und das Murmeln meines Herzens, das soll Einsicht sein,

5a   Ich will mein Ohr dem Spruche neigen
5b   Und mein Rätsel zur Leier aufschlüsseln.

6a   "Wozu soll ich mich fürchten am Tage des Unheils,
6b   Wenn die Schuld meiner Vergangenheit auf mich zurückfällt?"

7a   (Sagen) die, die auf ihr Vermögen vertrauen,
7b   Und an der Menge ihres Reichtums sich freuen.

8a   Weh! Nicht ein einziger kann 'sich' loskaufen
8b   Keiner kann Gott sein Lösegeld geben,

9a   Auch wenn das Lösemittel für 'sein' Leben wertvoll ist.
9b   Und so hört er auf für immer.

10a   Er sollte in ewiger Fortdauer weiterleben,
      Sollte die Grube nicht sehen?
10b   Gewiss sieht er sie!

11a	Die Weisen - sie sterben auf einen Schlag,
11b	Der Narr und der Tor - sie kommen um,
11c	Und sie lassen andern ihr Vermögen.

12a	'Gräber', das sind ihre Häuser für immer,
12b	Ihre Wohnsitze für Geschlecht und Geschlecht -
12c	Und dabei hatte man sich zu ihnen bekannt auf Erden...

13a	JA; DER MENSCH IN SEINER GROESSE:ER BESTEHT NICHT, ER IST GLEICH WIE DAS TIER, DAS VERSCHWINDET.

14a	Das ist ihr Weg - derer, die Zuversicht hatten
14b	Und über deren Worte man sich nach ihrem Tod noch freut:(SLH)
15a	Wie Vieh sind sie in der Scheol eingepfercht.

15b	Der Tod weidet sie und man unterdrückt sie,
15c	Gefügig (sind sie) am Morgen - und ihr Fels?
15d	(Er soll bereit sein) die Scheol zu zermürben, von der Wohnung aus, die er hat?!

(21a	DER MENSCH IN SEINER GROESSE: JA, ER VERSTEHT NICHT,
21b	ER IST GLEICH WIE DAS TIER, DAS VERSCHWINDET.)

16a	Doch sicherlich erlöst Gott mein Leben Aus der Hand der Scheol:
16b	Gewiss nimmt er mich! (SLH)

17a	Fürchte dich nicht, weil einer reich wird,
17b	Weil die Herrlichkeit seines Hauses wächst,

18a	Denn in seinen Tod kann er das Ganze nicht nehmen,
18b	Seine Herrlichkeit geht nicht hinter ihm hinunter.

19a	Ja, sein Leben lang segnet er seine Seele:
19b	"Man preist Dich, denn Du bist gütig für Dich selbst!"

20a	Und doch geht sie zum Geschlecht seiner Väter,
20b	Die für immer das Licht nicht sehen.

21a	DER MENSCH IN SEINER GROESSE: JA, ER VERSTEHT NICHT, ER IST GLEICH WIE DAS TIER, DAS VERSCHWINDET.

B) MASORETISCHER TEXT

(1) לַמְנַצֵּחַ לִבְנֵי קֹרַח מִזְמוֹר: (2) שִׁמְעוּ־זֹאת כָּל־הָעַמִּים הַאֲזִינוּ כָּל־יֹשְׁבֵי חָלֶד:

(3) גַּם־בְּנֵי אָדָם גַּם־בְּנֵי אִישׁ יַחַד עָשִׁיר וְאֶבְיוֹן: (4) פִּי יְדַבֵּר חָכְמוֹת וְהָגוּת לִבִּי

תְבוּנוֹת: (5) אַטֶּה לְמָשָׁל אָזְנִי אֶפְתַּח בְּכִנּוֹר חִידָתִי: (6) לָמָּה אִירָא בִּימֵי רָע עֲוֹן עֲקֵבַי

יְסוּבֵּנִי: (7) הַבֹּטְחִים עַל־חֵילָם וּבְרֹב עָשְׁרָם יִתְהַלָּלוּ: (8) אָח לֹא־פָדֹה יִפְדֶּה אִישׁ לֹא־יִתֵּן

לֵאלֹהִים כָּפְרוֹ: (9) וְיֵקַר פִּדְיוֹן נַפְשָׁם וְחָדַל לְעוֹלָם: (10) וִיחִי־עוֹד לָנֶצַח לֹא יִרְאֶה

הַשָּׁחַת: (11) כִּי יִרְאֶה חֲכָמִים יָמוּתוּ יַחַד כְּסִיל וָבַעַר יֹאבֵדוּ וְעָזְבוּ לַאֲחֵרִים חֵילָם:

(12) קִרְבָּם בָּתֵּימוֹ לְעוֹלָם מִשְׁכְּנֹתָם לְדֹר וָדֹר קָרְאוּ בִשְׁמוֹתָם עֲלֵי אֲדָמוֹת: (13) וְאָדָם

בִּיקָר בַּל־יָלִין נִמְשַׁל כַּבְּהֵמוֹת נִדְמוּ: (14) זֶה דַרְכָּם כֵּסֶל לָמוֹ וְאַחֲרֵיהֶם בְּפִיהֶם יִרְצוּ

סֶלָה: (15) כַּצֹּאן לִשְׁאוֹל שַׁתּוּ מָוֶת יִרְעֵם וַיִּרְדּוּ בָם יְשָׁרִים לַבֹּקֶר וְצִירָם לְבַלּוֹת שְׁאוֹל

מִזְּבֻל לוֹ: (16) אַךְ־אֱלֹהִים יִפְדֶּה נַפְשִׁי מִיַּד־שְׁאוֹל כִּי יִקָּחֵנִי סֶלָה: (17) אַל־תִּירָא כִּי־

יַעֲשִׁר אִישׁ כִּי־יִרְבֶּה כְּבוֹד בֵּיתוֹ: (18) כִּי לֹא בְמוֹתוֹ יִקַּח הַכֹּל לֹא־יֵרֵד אַחֲרָיו כְּבוֹדוֹ:

(19) כִּי־נַפְשׁוֹ בְּחַיָּיו יְבָרֵךְ וְיוֹדֻךָ כִּי־תֵיטִיב לָךְ: (20) תָּבוֹא עַד־דּוֹר אֲבוֹתָיו עַד־

נֵצַח לֹא יִרְאוּ־אוֹר: (21) אָדָם בִּיקָר וְלֹא יָבִין נִמְשַׁל כַּבְּהֵמוֹת נִדְמוּ:

C) TARGUM

(1) לְשַׁבָּחָא עַל יְדֵיהוֹן דִּבְנֵי קֹרַח תּוּשְׁבַּחְתָּא: (2) שְׁמָעוּ אֲחֵירָתָא דָא כָל עַמְמַיָּא אֲצִיתוּ כָל

דִּירֵי אַרְעָא: (3) אוּף בְּנֵי אָדָם קַדְמָאָה אוּף בְּנוֹי דְּיַעֲקֹב כַּחֲדָא זַכָּאָה וְחַיָּבָא: (4) פּוּמִי יְמַלֵּל חָכְמָתָא וְרָנְנַת לִבָּא בִּינָא: (5) אַצְלִי לְמַתְלָא אֻדְנִי אֲשָׁרֵי לְמִפְתַּח

בְּכִנָּרָא אֻחְדָתִי: (6) מְטוּל מָא אֶדְחַל בְּיוֹם אַסְעָרוּת בִּישָׁא אֱלָהֵן דְּחוֹבַת סוּרְחָנִי בְּסוֹפִי

יַחֲרָנְנִי: (7) וַי לְחַיָּבַיָּא דִּי מִתְרַחֲצִין עַל נִכְסֵיהוֹן וּבִסְנִיאוּת עָתְרֵיהוֹן מִשְׁתַּבְּחִין:

(8) אֲחוּהִי דְּאִשְׁתְּבָא לָא מִפְרַק יִפְרוֹק גְּבַר מִנַּכְסוֹי וְלָא יַהַב לֵאלָהָא פּוּרְקָנֵיהּ: (9) וִיהֵי

יַקִּיר פּוּרְקָנֵיהּ וְיִפְסוֹק בִּישׁוּתֵיהּ וּפוּרְעָנוּתָא לְעָלַם: (10) וִיחֵי תּוּב לְחַיֵּי עָלְמָא לָא

יֶחֱמֵי דִין גֵּיהִנָּם: (11) אֲרוּם יֶחֱמוּן חַכִּימַיָּא רְשִׁיעַיָּא בְּגֵיהִנָּם יִתָּדְנוּן כַּחֲדָא כְּסִילַיָּא

וְשָׁטְיָא יֵיבְדוּן וְיִשְׁבְּקוּן לְצַדִּיקַיָּא מָמוֹנֵהוֹן: (12) בְּבֵית קְבוּרַתְהוֹן יִשְׁרוֹן לְעָלַם וְלָא

יְקוּמוּן מִמַּשְׁכְּנֵיהוֹן לְדָרֵי דָרַיָּא מְטוּל דְּאִתְרַבְרְבוּ וְקָנוּ שׁוּם בִּישׁ עֲלָוֵי אַרְעָא:

(13) וְגַבְרָא חַיָּבָא בִּיקָרָא לָא יְבִית עִם צַדִּיקַיָּא אַמְתִיל הֵיךְ בְּעִירָא אִשְׁתַּוָּא לְלִמָּא: (14)

דֵּין אָרְחַתְהוֹן גָּרַם שְׁטוּתָא לְהוֹן וּבְסוּפְהוֹן בְּפוּמְהוֹן יִתְנוֹן סוּרְחָנְהוֹן לְעָלְמָא

דְּאָתֵי: (15) הֵיךְ עָנָא צַדִּיקַיָּא שַׁוּוּ לְמוֹתָא וְקַטְלוּגַן וְתַבְרוּ צַדִּיקַיָּא וּפָלְחֵי אוֹרַיְתָא

וּתְרֵיצַיָּא אֻלְקוּ מְטוּל הָכִי גּוּפֵיהוֹן יְהוֹן בַּלְיִין בְּגֵיהִנַּם מִן בְּגְלָל דְּאוֹשִׁיטוּ יְדֵיהוֹן וְחַבִּילוּ

בֵּית מְדוֹר שְׁכִנְתֵּיהּ דִּילֵיהּ: (16) אֲמַר דָּוִד בְּרוּחַ נְבוּאָה בְּרַם אֱלָהָא יִפְרוֹק נַפְשִׁי מִן דִּין

גֵּיהִנָּם אֲרוּם יְלַפְּנַנִּי אוֹרַיְתֵיהּ לְעָלְמִין: (17) [עַל קֹרַח וְסִיעָתֵיהּ אִתְנַבִּי וַאֲמַר] לָא תִדְחַל

[מֹשֶׁה] אֲרוּם אִתְעַתַּר [קֹרַח] גַּבְרָא [דִּמְצוּתָא] אֲרוּם יִסְגֵּי אִיקָר בֵּיתֵיהּ: (18) אֲרוּם לָא

בְּמוֹתֵיהּ יִסַּב כּוֹלָא לָא יֵחוֹת בַּתְרוֹי אִיקְרֵיהּ: (19) אֲרוּם נַפְשֵׁיהּ [דְּמֹשֶׁה] בְּחַיּוֹהִי יְבָרֵךְ

לָךְ וִיוֹדוּנָךְ צַדִּיקַיָּא אֲרוּם תֵּיטִיב לְפָלְחִין קֳדָמָךְ: (20) תֵּעוּל דּוּכְרָנְהוֹן דְּצַדִּיקַיָּא עַד

דֵּר אֲבָהָתְהוֹן וְרַשִׁיעַיָּא לְעָלְמֵי עָלְמַיָּא לָא יֶחֱמוּן נְהוֹרָא׃ (21) גַּבְרָא חִיָּבָא בִּזְמַן דְּאִיתוֹהִי
בִּיקָרָא לָא יִתְבִּין וּבְאִסְתַּלְקָת יְקָרֵיה מִנֵּיה אַמְתִיל לִבְעִירָא וְאִשְׁתַּוִי לְלְמָא׃

D) SEPTUAGINTA

(1) Εις το τελος· τοις υιοις Κορε ψαλμος. (2) Ακουσατε ταυτα,
παντα τα εθνη, ενωτισασθε, παντες οι κατοικουντες την οικουμενην, (3) οι τε γηγενεις και οι υιοι των ανθρωπων, επι το αυτο
πλουσιος και πενης. (4) Το στομα μου λαλησει σοφιαν και η μελετη της καρδιας μου συνεσιν· (5) κλινω εις παραβολην το ους
μου, ανοιξω εν ψαλτηριω το προβλημα μου. (6) Ινα τι φοβουμαι
εν ημερα πονερα; η ανομια της πτερνης μου κυκλωσει με. (7) Οι
πεποιθοτες επι τη δυναμει αυτων και επι τω πληθει του πλουτου
αυτων καυχωμενοι, (8) αδελφος ου λυτρωσεται· λυτρωσεται ανθρωπος; ου δωσει τω θεω εξιλασμα αυτου (9) και την τιμην της λυτρωσεως της ψυχης αυτου. (10) Και εκοπασεν εις τον αιωνα και
ζησεται εις τελος, οτι ουκ οψεται καταφθοραν, οταν ιδη σοφους
αποθνησκοντας. (11) Επι το αυτο αφρων και ανους απολουνται και
καταλειψουσιν αλλοτριοις τον πλουτον αυτων, (12) και οι ταφοι
αυτων οικιαι αυτων εις τον αιωνα, σκηνωματα αυτων εις γενεαν
και γενεαν. Επεκαλεσαντο τα ονοματα αυτων επι των γαιων αυτων.
(13) Και ανθρωπος εν τιμη ων ου συνηκεν, παρασυνεβληθη τοις
κτηνεσιν τοις ανοητοις και ωμοιωθη αυτοις. (14) Αυτη η οδος
αυτων σκανδαλον αυτοις, και μετα ταυτα εν τω στοματι αυτων ευδοκησουσιν. Διαψαλμα. (15) Ως προβατα εν αδη εθεντο, θανατος
ποιμαινει αυτους· και κατακυριευσουσιν αυτων οι ευθεις το πρωι,
και βοηθεια αυτων παλαιωθησεται εν τω αδη εκ της δοξης αυτων.
(16) Πλην ο θεος λυτρωσεται την ψυχην μου εκ χειρος αδου, οταν
λαμβανη με. Διαψαλμα. (17) Μη φοβου, οταν πλουτηση ανθρωπος,
και οταν πληθυνθη η δοξα του οικου αυτου· (18) οτι ουκ εν τω
αποθνησκειν αυτον λημψεται τα παντα, ουδε συγκαταβησεται αυτω
η δοξα αυτου. (19) Οτι η ψυχη αυτου εν τη ζωη αυτου ευλογηθη-
σεται· εξομολογησεται σοι, οταν αγαθυνης αυτω. (20) Εισελευσεται εως γενεας πατερων αυτου, εως αιωνος ουκ οψεται φως.
(21) Ανθρωπος εν τιμη ων ου συνηκεν, παρασυνεβληθη τοις κτηνεσιν τοις ανοητοις και ωμοιωθη αυτοις.

E) HEXAPLARISCHE FRAGMENTE

2. Kolumne (εβρ)

(1) Λαμανασση λαβνη· κὸρ μαζμωρ   (2) σιμου· ζωθ χολ· ααμιν σεζινου·
χολ εωσεβ* ολδ   (3) γαμ βνη ἁδαμ γαμ·βνη·ἑίς ιααΔσιρ ουεβιῶν
(4) φι·ιδαββερ ἁχαμωθ· ουαγ*** λεββί θβουνωθ.   (5) αττε λαμεσαλ
οζνι·ἑφθά βχεννωρ ιδαθι   (6) λαμα·ιρα· βιμη·ρα αὼν ακοββαϊ
ισωββουνι   (7) αββωτέειμ αλ·ηλαμ ουεβροβ οσραμ ϊθαλλάλου
(8) αλὼ Φ̄ φαδω ϊεφαε·εισ λὼ ϊεθὲν·ἑλωείμ χοφρω   (9) ουϊκαρ φεδιωμ
νεφσαμ ιεδαλ λωλαμ   (10) ουαϊ¦* ωδλανες λω·ἱερε ασσαδθ (11) χι
ερα·αχαμιμ ιαμουθω ιααδε·χειλ ουβααρ ιοβαδου ούαζβου λαηριμ ηλαμ
(12) καρβαμ βηθαμου λωλαμ μισχνωθαμ αδωρ ουαδωρ κερου βσεβωθαμ
αλη ἁδαμωθ   (13) ο·υ ἁδαμ βακαρ * * λ νεμσάλ χαβημωθ νεδμου
(14) ζεδαρχαμ χεσλ·λαμου ούδαρηεμ βαφιεμ ιαροσου σελ   (15)
χασων·λασωλ σαθου * * υθ ιερημ ουί αρδου βαμ + λαβεκρ ουσουραμ
λαβαλὼθ σωλ... (MERCATI)

3. Kolumne (AQ)

(1) τωι νικοποιω των υιων κορε μελωδημα.   (2) ακουσατε ταυτην
παντες οι λαοι, ενωτισασθε παντες καθημενοι καταδυσιν,   (3) καιγε
υιοι ανθρωπων καιγε υιοι ανδρος, αμα πλουσιος και πτωχος.
(4) στομα μου λαλησει σοφιαν και μελετη καρδιας μου φρονησεις.
(5) κλινω εις παραβολην ους μου, ανοιξω εν κιθαραι αινιγμα μου,
(6) εις τι φοβηθησομ(αι) εν ημεραις πονηρου; ανομια πτερνων μου
κυκλωσει με.   (7) οι πεποιθοτες επι ευπορια αυτ(ων) και εν πληθει
πλουτου αυτων υμνουμενοι   (8) αδελφος ου λυτρουμενο(ς) λυτρωσεται ανηρ ου δωσει τωι θ͞ω͞ι εξιλασμα αυτου   (9) και τιμην λυτρωσεως ψυχης αυτ* και επαυσατο εις αιωνα   (10) και ζησεται ετι εις
νικος· ουκ οψεται την διαφθοραν,   (11) οτι οψεται σοφους αποθνησκοντας. αμα ανοητος και ασυνετος απολουνται και καταλειψουσιν εις ετερους ευποριαν αυτων.   (12) εν μεσωι αυτων οικιαι
αυτων εις αιωνα, σκηνωματα αυτ(ων) εις γενεαν και γενεαν. εκα-
λεσαν εν οωμασιν αυτ(ων) επι χθονας. (και) αν(θρωπ)ος   (13) και
αν(θρωπ)ος εν τιμηι * * * * * παρεβληθη ως κτηνη εξωμοιωθησαν
(14) τουτο οδος αυτ(ων) ανοησια αυτ(οις) και μετ'αυτους εν στοματι αυτ(ων) δραμουνται αει   (15) ως ποιμνι(ον) εις αδην εθεντο

θανατος νεμησει αυτους και επικρατησουσ(ιν) εν αυτοις + εις
πρωιαν και χαρακτηρ αυτ(ων) εις κατατριψαι αιδην... (MERCATI)
...εκ κατοικητηριου αυτων... (18) ουδε συγκαταβησεται οπισω αυτου
δοξα αυτου...(19) [AQ QUINT] οτι την ψυχην αυτου εν τη ζωη αυτου
ευλογησει...(20) [AQ SYM THEOD] ελευση...(20) [AQ THEOD SEXT SEPT] ουκ
οψονται... (FIELD)

4. Kolumne ("SYM")

(1) επινικιον των υιων κορε ασμα (2) ακουσατε τουτο παντα τα
εθνη, ενωτισασθε παντες οι κατοικουντες την εγκατα (3) η τε
ανθρωποτης προσετι δε και υιοι εκαστου ανδρος, ομου πλουσιος και
πενης. (4) το στομα μου λαλησει σοφιαν και μηνυρισει η καρδια
μου συνεσιν. (5) κλινω παραβοληι το ους μου, ανοιξω δια ψαλτηριου το προβλημα μου. (6) δια τι φοβουμαι εν ημεραις κακου; η
ανομια ‹τω›ν ιχν‹εων μου› κυκλωσει με. (7) οι πεποιθοτες τη
δυναμει εαυτ(ων) και επι τω πληθει του πλουτου αυτων αλαζονευ-
ομενοι (8) αδελφος ου λυτρουται ινα λυτρωσηται αωηρ ου δωσει
τωι θω̅ι εξιλασμα υπερ εαυτου (9) ου (δε) τιμην λυτρωσεως ψυχης
εαυτου. αλλα παυσαμενο(ς) των αιωνι τουτωι (10) ζων εις αιωνα
διατελεσει ουκ οψεται την διαφθοραν (11) οτ'αν βλεπη σοφους
αποθνησκοντας. ομου ανοητος και αμαθης απολουνται (και) καταλειψουσιν ετεροις την ισχυν αυτων, (12) τα εντος των οικων
αυτων εις αιωνα, τας κατασκηνωσ(εις) αυτ(ων) εις γενεαν και
γενεαν. ονομσαντες επ'ονομασιν αυτ(ων) ταις γαιαις. (13) αν-
(θρωπ)ος δε εν τιμηι ουκ αλ* παρεικασθη κτηνεσι(ν) ως κτηνη
σιωπηθησονται (14) αυτη η οδος αυτ(ων) ανοιας αυτοις οι δε μετ'
αυτους κατα λογον αυτων ευδοκησουσιν διαψαλμα. (15) ως βοσκη-
ματα αδου εταξαν εαυτους θανατος νεμησετ‹α›ι αυτους και υπο-
ταξουσι(ν) αυτους + εν τωι ορθρω το δε κρατερον αυτ(ων) παλαιωσει
αιδης... (MERCATI)
...απο της οικησεως της εντιμου αυτων...(18) ουδε συγκαταβησεται ακολουθουσα αυτω η δοξα αυτου (19) αλλα την ψυχην αυτου
εν τω ζην αυτον ευλογησει, λεγων εν εαυτω, επαινεσουσι σε εαν
καλως ποιησης σεαυτω (20) ελευση εως γενεας πατερων... (20) ου
βλεποντες... (FIELD)

5. Kolumne ("THEOD")

(1) εις το τελος τοις υιοις κορε ψαλμος (2) ακουσατε ταυτα
παντα τα εθνη, ενωτισασθε παντες οι κατοικουντες την οικουμενην,
(3) οι τε γηγενεις και υιοι των αν(θρωπ)ων, επι το αυτο * πλουσιος και πενης. (4) το στομα μου λαλησει σοφιαν και η μελετη
της καρδιας μου συνεσεις. (5) κλινω εισ παραβολην το ους μου,
ανοιξω εν ψαλτηριωι το προβλημα μου. (6) ινα τι φοβουμαι εν
ημερα πονηρα; η ανομια ⟨της πτερνης μου⟩ κυκλωσει με. (7) οι
πεποιθοτες επι τη δυναμει αυτων και επι τωι πληθει του πλουτου
αυτων καυχωμενοι (8) αδελφος ου λυτρουται λυτρωσεται α̅ν̅ο̅ς̅ ου
δωσει τωι θ̅ω̅ι̅ εξιλασμα αυτου (9) και την τιμην ⟨τ⟩ης λυτρωσεως
της ψυχης αυτου. και εκοπιασεν εις τον αιωνα (10) (και) ζησεται
και ζησεται εις [τελος] τελος οτι ουκ οψεται καταφθοραν (11) οτ'
αν ιδη σοφους αποθνησκοντας. επι το αυτο αφρων και ανους απολουνται και καταλειψουσιν αλλοτριοις ετερ(οις) τον πλουτον αυτων, (12) και οι ταφων αυτων οικιαι αυτων εις τον αιωνα, σκηνωματα αυτ(ων) εις γενεαν και γενεαν. επεκαλεσαντο τα ονοματα
αυτ(ων) επι των γαιων αυτων. (13) και αν(θρωπ)ος εν τιμη ων
⟨ου συνηκεν⟩ παρασυνεβληθη τ(οις) κτηνεσι τ(οις) αωοητ(οις) και
ωμοιωθ(η) αυτοις (14) αυτη η οδος αυτων σκανδαλον αυτοις και
μετα ταυτα εν τω στοματι αυτ(ων) ευδοκησουσιν διαψαλμα (15) ως
προβατα εν αδηι εθεντο θανατος ποιμανει αυτους κατακυριευσουσι(ν)
αυτων + οι ευθεις εις το πρωι (και) η βοηθεια αυτ(ων) παλαιωθησεται εν τωι αιδη... (MERCATI)
...(18) [AQ THEOD QUINT SEXT] ακολουθουσα... (20) [AQ SYM THEOD]
ελευση... (20) [AQ THEOD SEXT SEPT] ουκ οψονται... (FIELD)

6. Kolumne ("QUINT")

(1) τωι νικοποιω τ** υι** κορε ψαλμος. (2) ακουσατε ταυτα παντες
οι λαοι, ενωτισασθε παντες·οι κατοικουντες την καταδυσιν, (3) καιγε
υιοι των αν(θρωπ)ων καιγε υιοι ανδρ(ος), επι το αυτο πλουσιο(ς)
και πενης. (4) το στομα μου λαλησει σοφιαν και η μελετη της καρδιας μου συνεσεις. (5) κλινω εις παραβολην το ους μου, ανοιξω
εν ψαλτηριωι το προβλημα μου. (6) ινα τι φοβηθησομαι εν ημεραι
πονηραι; η ανομια τ*ν πτ⟨ε⟩ρν*ν μου κυκλωσει με: (7) οι πεποιθοτες επι τη δυναμει αυτων και επι τωι πληθει του πλουτου αυτων

καυχωμενοι (8) αδελφος ου: λυτρουται λυτρωσεται ανηρ ου δωσει
τω θω̄ εξιλασμα αυτου (9) (και) την τιμην της λυτρωσεως της ψυχης
εαυτου, (και) εκοπιασεν εις τον αιωνα (10) και ζησεται ετι εις
νικος ετι ουκ οψεται διαφθοραν, (11) οτι οψεται σοφους, αποθνησκοντας. επι το αυτο αφρων και ανους απολουνται (και) καταλειψουσιν ετεροις την δυναμιν αυτων. (12) (και) εν μεσω αυτων οικιαι
αυτων εις τον αιωνα, σκηνωματα αυτ(ων) εις γενεαν και γενεαν.
επεκαλεσαντο τα ονοματα αυτ(ων) επι των γαιων. (13) και αν-
(θρωπ)ος εν τιμηι ων ουκ αυλισθησεται συνεβληθη και τοις κτηνεσιν. ωμοιωθη. (14) αυτη η οδος αυτ(ων) σκανδαλον αυτ(οις) (και)
μετ'αυτους εν (τω) στοματι αυτ(ων) ευδοκησουσιν αει (15) ως
προβατα εις αδην καταχθησονται θανατος ποιμανει αυτους (και)
κατακυριευσωσιν + οι ευθεις εις το πρωι (και) η ισχυς αυτ(ων)
κατατριβησεται εν (τω)ι αιδη... (MERCATI)
...(18) [AQ THEOD QUINT SYM] ακολουθουσα... (19) [AQ QUINT] οτι την
ψυχην αυτου εν τη ζωη αυτου ευλογησει... (20)...ουκ οψεται...
(FIELD)

F) PSALTERIUM GALLICANUM (+ROMANUM)

(1) In finem filiis Core psalmus (2) Audite haec omnes gentes auribus per-
cipite 'omnes' (-) qui habitatis orbem (3) quique terrigenae et filii hominum '' (simul) in unum dives et pauper (4) os meum loquetur sapientiam
et meditatio cordis mei prudentiam (5) inclinabo 'in parabolam' (ad similitudinem) aurem meam aperiam in psalterio propositionem meam (6) 'cur'
(ut quid) timebo in die 'malo' (mala) iniquitas calcanei mei 'circumdabit'
(circumdedit) me (7) qui confidunt in virtute sua 'et in multitudine' (quique in abundantia) divitiarum suarum 'gloriantur' (gloriabuntur) (8) frater
non 'redimit redimet' (redemit redemit) homo non dabit Deo placationem suam
(9) 'et' (nec) pretium redemptionis animae suae et laboravit in aeternum
(10) et vivet '✕adhuc:' (-) in finem '' (quoniam) non videbit interitum
(11) cum viderit sapientes morientes simul insipiens et stultus peribunt et
reliquent alienis divitias suas (12) '✝et:' (et) sepulchra eorum domus
'illorum' (eorum) in aeternum tabernacula eorum 'in progeniem et progeniem
vocaverunt nomina sua in terris suis' (in generatione et progenie invocabunt
nomina eorum in terris ipsorum) (13) et homo cum in honore esset non intellexit conparatus est iumentis insipientibus et similis factus est illis

(14) haec via 'illorum' (eorum) scandalum ipsis et postea in ore suo 'conpla-
cebunt (benedicent) 'diapsalma' (-) (15) sicut oves in inferno positi sunt
'' (et) mors depascet eos et 'dominabuntur eorum' (obtinebunt eos) iusti in
matutino et auxilium eorum veterescet in inferno a gloria 'eorum' (sua ex-
pulsi sunt) (16) verumtamen Deus 'redimet' (liberavit) animam meam de manu
inferi 'cum' (dum) acceperit me (17) ne timueris cum dives factus fuerit
homo et cum multiplicata fuerit gloria domus eius (18) 'quoniam cum inter-
ierit non sumet omnia neque descendet cum eo ✳pone: gloria eius' (quoniam
non cum morietur accipiet haec omnia neque simul descendit cum eo gloria domus eius) (19) 'quia' (quoniam) anima eius in vita ipsius benedicetur ''
(et) confitebitur tibi 'cum' (dum) benefeceris ei (20) '' (et) introibit
usque in 'progenies (progeniem) patrum suorum '' (et) usque in aeternum non
videbit lumen (21) 'homo in honore cum esset' (et homo cum in honore esset)
non intellexit conparatus est iumentis '✛insipientibus:'(insipientibus) et
similis factus est illis.

G) PSALTERIUM IUXTA HEBRAEOS

(1) Victori filiorum Core canticum (2) Audite hoc omnes populi auribus per-
cipite universi habitatores occidentis (3) tam filii Adam quam filii singu-
lorum simul dives et pauper (4) os meum loquitur sapientias et meditatio
cordis mei prudentias (5) inclinabo ad parabulam aurem meam aperiam in citha-
ra enigma meum (6) quare timebo in diebus mali iniquitas calcanei mei circumdabit me (7) qui fiduciam habent in fortitudine sua et in multitudine divitiarum suarum superbiunt (8) fratrem redimens non redimet vir nec dabit Deo
propitiationem pro eo (9) neque pretium redemptionis animae eorum sed quiescet in saeculo (10) et vivet ultra in sempiternum et non videbit interitum
(11) cum viderit sapientes morientes simul insipiens et indoctus peribunt
et derelinquent alienis divitias suas (12) interiora sua domus suas in saeculo tabernacula sua in generatione et generatione vocaverunt nominibus suis
in terras suas (13) et homo in honore non commorabitur adsimilatus est iumentis et exaequeatus est (14) haec est via insipientiae eorum et post eos
iuxta os eorum current SEMPER (15) quasi grex in inferno positi sunt mors
pascet eos et subicient eos recti in matutino et figura eorum contereretur in
inferno post habitaculum suum (16) verumtamen Deus redimet animam meam de
manu inferi cum adsumpserit me SEMPER (17) noli timere cum ditatus fuerit
vir cum multiplicata fuerit gloria domus eius (18) neque enim moriens tollet

omnia nec descendet post eum gloria eius (19) quia animae suae in vita sua
benedicet laudabunt inquient te cum benefeceris tibi (20) intrabit usque ad
generationes patrum suorum usque ad finem non videbut lucem (21) homo cum
in honore esset non intellexit conparavit se iumentis et silebitur.

H) PESHITTO

(1) לבֹנֵי קורח. נביותא על חילתנותא דעֹמֹמא. ומלפנותא דדינא אלהיא. פֹתֹגֹ מֹזֹ.

(2) שמעו הדא כלכון עֹמֹמא. וצותו כל יֹתֹבֹי ארעאֹ. (3) בנֹיֹ ארעא ובנינֹשא. איך
חדא עתירֹא ומסֹכנא. (4) פומי נמלל חכמתא. ורניה דלבי סוכלא. (5) אצלא אֹדֹני
למֹתֹלא. ואמלל בכנרֹא אוחֹדתי. (6) לא דחל אנא ביומֹתא בישֹא עולא דֹבֹעלדבבי כרכני.

(7) כל דתכילין על חילהון. ומשתבהרין בסוגאא דעותרהון. (8) אחא לא פרק. וגברא
לא יהב לאלהא פורקנה. (9) יקיר הו פורקנא דנפשהון. לאי לעלם (10) דתחא לעלם
עלמין. ולא תחזא חבלא. (11) כד תחזא חכֹימא דמיתין. אכחדא סכֹלא וחסיֹלֹי רעינא
דאבדין. ושבקין קנינהון לאחרֹנא. (12) קבֹריֹהון בֹתיהון לעלם. ומעמרהון לדרדרין.
וקרין שמֹהא בארעא. (13) ברנשא באיקרה לא אתבין. אלא אשתלם לבעירא ואתדמי לה.

(14) הנו שבילהון תוקלתא לנפשהון. ואחרית בפומהון נרעון (15) איך ענא. לשיול
נשתלמון ומותא נרעא אנון. ונשתלטון בהון תרֹיצא בצפרא. וצורתהון תכלא שיול. ומן
תשבחתהון נתדחקון. (16) אלהא נפרקיה לנפשי. ומן אידא דשיול נסקני. (17) לא
תדחל מא דעתר גברא וסגא איקרא דביתה. (18) מטול דלא נסב מדם במותה. אף לא נחת
בתרה שובחה. (19) מטל דנפשה הו מברך בחֹיֹוהי. נודא לך כד תטאב לה. (20)
ותמטיוהי עדמא לדרא דאֹבהוהי. עדמא לעלם לא נחזא נוהרא. (21) ברנשא דבאיקרה
לא אתבין. אלא אשתלם לחיותא ואתדמי לה.

LITERATUR

Die hier unter c) angeführten Werke werden im Text mit Namen und Kurztitel zitiert, die unter a) und b) aufgezählten nur mit Namen, wobei für Autoren, die eine Monographie und einen Kommentar verfasst haben, der Kommentar mit K bezeichnet wird.
Für Abkürzungen halte ich mich an SCHWERTNER, Abkürzungsverzeichnis.

a) Monographien zu Ps 49

RUPERTI, G.A., Animadversiones ad quaedam Psalmorum loca: D.I.POTT/G.A. RUPERTI, Sylloge
             commentationum theologicarum, vol.II, Helmstadii 18o1, 274-3oo.
ZSCHIESCHKE, F., Enarratio Psalmi XLIX (FS C.F.A. FRITZSCHE) Leipzig 1826.
TORCZYNER, H., Ein Psalm "über den Tod": WZKM 29(1915) 48-59.
PRAETORIUS, F., Bemerkungen zum 49.Psalm: WZKM 32(1918) 331-337.
PODECHARD, E., Notes sur les Psaumes. Psaume XLIX: RB 31(1922) 5-19.
CALES, J. Les Psaumes des fils de Coré. Psaume XLIX(XLVIII): RSR 14(1924) 273-28o.
VOLZ, P., Psalm 49: ZAW 55(1937) 235-264.
SAMAIN, P., Notes sur le Psaume 48(49): RDT 2(1947) 27-3o.
JELLICOE. S., A Note on Cl mwt (Psalm XLVIII.15): JTS 49(1948) 52-53.
LINDBLOM, J., Die "Eschatologie" des 49.Psalms: Mélanges d'histoire des religions et de
             recherches bibliques (FS J.PEDERSEN) o.O. o.J. (Lund 1949?).
STENZEL, M., Psalm 49,14-16a: ThZ lo(1954) 152-154.
ROSE, A., Le sort du riche et du pauvre: BVC No 37(1961) 53-61.
PLOEG, J. van der, Notes sur le Psaume XLIX: Studies on Psalms, ed. by B.GEMSER a.o.
             (OTS 13) Leiden 1963, 137-172.
PAUTREL, R., La mort est leur pasteur (sur le texte de Ps 49/48 ,14.15): RSR 54(1966)
             53o-536.
TROMP, N., Psalm 49 - Armoede en rijkdom, leven en dood: Ons geestelijk leven 44(1967/68)
             239-251.
BARUCQ, A., O Salmo 49 e o Livro de Qohéleth: Atualidades Biblicas, ed. S. VOIGT/F.VIER
             (FS J.J. PEDREIRA DE CASTRO) Rio de Janeiro 1971,296-3o8.
GROSS, H., Selbst- oder Fremderlösung. Ueberlegungen zu Ps 49,8-lo: Wort, Lied und Gottes-
             spruch, hrsg. von J.SCHREINER (FS J.ZIEGLER) 2 Bde., Würzburg
             1972, Bd. II, 65-7o.
PERDUE, L.G., The Riddles of Psalm 49: JBL 93(1974) 533-542.
MULDER, M.J., Psalm 49,15 en 16. Twee problematische verzen: Loven en geloven (FS N.H.
             RIDDERBOS) Amsterdam 1975, 117-134.
SLOTKI, J.J., Psalm XLIX 13,21 (AV 12,2o): VT 28(1978) 361-362.

b)   Eingesehene Psalmenkommentare

AMAMA, S., zit. nach CRITICI SACRI, III 28o-286.
ANDERSON, A.A., The Book of Psalms I (NCB) London 1972, bes. 373-381.
APOLLINARIS von Laodicea, (Zu Psalm 1 bis 15o): MUEHLENBERG, Psalmenkommentare 1-118,
          bes. 31-33.
AUGUSTINUS, Aurelius, Enarrationes in Psalmos (CChr.SL 38-4o) 3 vol., Turnholti 1956,
          bes. Bd. I, 55o-574.
BAETHGEN, F., Die Psalmen (HK II/2) Göttingen [2]1897, bes. 137-142.
BEAUCAMP, A., Le Psautier 1-72 (Sources Bibliques) Paris 1976, bes. 211-215.
BERTHOLET, A., Das Buch der Psalmen: HSAT Kautzsch, Bd.II 113-276, Tübingen [4]1923, bes.172-74
BEZA, T./BUCHANAN, G., Psalmorum sacrorum Davidis libri quinque duplici poetica metaphrasi...
          Morgiis 1581.
BOEHL, F.M.T./GEMSER, B., De Psalmen (TeU) 3 Bde., Groningen 1946-1949, bes. Bd.II 12-14,
          83-86, 165.
BONKAMP, B., Die Psalmen nach dem hebräischen Grundtext übersetzt, Freiburg 1949, bes. 236-39
BRANDENBURG, H., Der Psalter. Das Gebetsbuch des Volkes Gottes (Das lebendige Wort...12)
          2 Bde, Basel 1967, bes. Bd. I,18o-184.
BRIGGS, E.G., A Critical and Exegetical Commentary on the Book of Psalms (ICC) 2 vol.,
          Edinburgh 19o6-19o7, bes. Bd.I, 4o5-414.
BRUNO, A., Der Rhytmus der alttestamentlichen Dichtung. Eine Untersuchung über die Psal-
          men 1-72, Leipzig 193o, bes. 236-242.
BUDDE, K., Die schönsten Psalmen, Leipzig 1915, bes. 59-6o, 111-112.
BUGENHAGEN, J.P., In Librum Psalmorum Interpretatio, Basel 1524, bes. 118-121.
BUTTENWIESER, M., The Psalms - Chronologically Treated with a New Translation, Chicago
          1938, bes. 644-649.
BUXTORF, J.(jun.), Anticritica seu Vindiciae Veritatis Hebraicae, adversus Ludovici
          Cappelli Criticam quam vocat sacram eiusque defensionem...
          Basel 1653.
CAHEN, S., Tehillim. Psaumes (La Bible...avec des Notes philologiques, géographiques
          et littéraires...13) Paris 1846, bes. 1o7-11o.
CALOV, A., Biblia Testamenti Veteris illustrata...Dresdae 1719, bes. 1o22-1o23,133o.
CAPPELLUS, L., Critica Sacra, sive de variis quae in Sacris Veteris Testamenti Libris occur-
          runtLectionibus libri sex...Lutetiae Parisiorum 165o, passim.
CASSIODOR, Magnus Aurelius, Expositio Psalmorum (CChr.SL 97) 2 vol., Turnholti 1958,
          bes. Bd.I 431-44o.
CASTELLINO, D.G., Libro dei Salmi, Torino 1955, bes. 822-826.
CERONETTI, G., I Salmi, Torino 1967.
CHEYNE, T.K., The Book of Psalms, 2 vol., London [2]19o4, bes. Bd. I, 215-223.
CHOURAQUI, A., Psaumes traduits et présentés, Paris 1956.
CLARIUS, I., zit. nach CRITICI SACRI, Bd. III, 278-279.
CLERICUS, J., Veteris Testamenti Libri Hagiographi (Translatio et Paraphrasis perpetua in
          Vetus Testamentum 3) Amsterdam 1731, bes. 3o7-3o9.
DAHOOD, M., Psalms (AB 16-17A) 3 vol., New York 1965-197o, bes. Bd. I, 295-3o3.
DATHIUS, J.A., Psalmi ex Recensione Textus Hebraici et Versionum Antiquarum latine versi
          Notisque philologicis et criticis illustrati, Halle 1787, bes.16o-63.
DEISSLER, A., Die Psalmen, 3 Bde., Düsseldorf [4]1971+[2]1967+[2]1969, bes. Bd.II, 31-35.
DELITZSCH, F., Biblischer Commentar über die Psalmen (BC IV/1) Leipzig [2]1867, bes. 334-342.
DIDYMUS der Blinde, (Zu Psalm 1 bis 150): MUEHLENBERG, Psalmenkommentare 119-375, bes.356-61.
DIODOR VON TARSUS, Commentarii in Psalmos. I:Commentarii in Psalmos I-L, ed. J.M.OLIVIER
          (CChr.SG 6) Turnholti 1980, bes. 290-300.
DE DIEU, L., Critica Sacra sive Animadversiones in loca quaedam difficiliora Veteris et
          Novi Testamenti. Editio nova..., Amsterdam 1693, bes. 140-141.
DOEDERLEIN, J.C., Scholia in Libros Veteris Testamenti poeticos. Iobum, Psalmos et tres
          Salomonis, Halle 1779, bes. 1o1-1o2.
DOERING, Matthias, zit. nach GLOSSA ORDINARIA.
DUHM, B., Die Psalmen (KHC 14) Tübingen [2]1922, bes. 198-2o4.
EERDMANS, B.D., The hebrew Book of Psalms (OTS 4) Leiden 1947, bes. 258-268.
EHRLICH, A.B., Die Psalmen, Berlin 19o5, bes. 1o9-111.
EMMANUEL, Commentaire juif des Psaumes, Paris 1963, bes. Nr. 147, S. 94-95.
EWALD, G.H.A., Die Psalmen und die Klagelieder (Die Dichter des Alten Bundes 1) Göttingen
          [3]1866, bes. 25o-255.
GEIER, M., Commentarius in Psalmos Davidis...Editio novissima...Amsterdam 1695, bes. 718-38.
GERHOH von Reichersberg, Commentarius aureus in Psalmos et Cantica ferialia: PL 193,619-
          PL 194,1o66, bes. PL 193, 1587-1594.
GLOSSA ORDINARIA, Biblia Sacra cum..., 6 vol. Antwerpen 1617, bes. Bd. III, 781-79o.
GRAETZ, H., Kritischer Commentar zu den Psalmen, 2 Bde., Breslau 1882-1883, bes. 336-343.

GROTIUS, H., Annotationes in Vetus Testamentum, emendatius edidit et brevibus complurium
    locorum dilucidationibus auxit G.VOGEL, 3 vol., Halle 1775-1777,
    bes. Bd. I, 39o.
GUICHOU, P., Les Psaumes commentés par la Bible (L'Esprit liturgique 14-15) 2 vol., Paris
    1963, bes. Bd. I, 279-283.
GUNKEL, H., Die Psalmen, Göttingen [5]1968, bes. 2o8-213.
HALEVY, J., Notes pour l'interprétation des Psaumes: id., Recherches Bibliques vol.III,
    Paris 19o5, 1-365, bes.142-147.
HENFLER, C.G., Bemerkungen über Stellen in den Psalmen und in der Genesis, Hamburg 1791,
    bes. 88-95.
HENGSTENBERG, E.W., Commentar über die Psalmen, 4 Bde., Berlin 1842-1845, bes. Bd. II,458-67.
HERKENNE, H., Das Buch der Psalmen (HSAT Feldmann V/2) Bonn 1936, bes. 181-184.
Ps-HIERONYMUS, Breviarium in Psalmos: PL 26,821-127o, bes. 965-968.
HIRSCH, R.S., Die Psalmen übersetzt und erläutert, Frankfurt 1924, bes. 265-27o.
HITZIG, F., Die Psalmen, 2 Bde, Heidelberg 1863-1865, bes. Bd. I, 267-274.
HOUBIGANT, C.F., Biblia Hebraica cum Notis criticis et Versione latina ad Notas criticas
    factas...4 vol., Lutetiae Parisiorum 1753, bes. Bd. IV, 62-64.
HUPFELD, H., Die Psalmen, bearbeitet von W. NOWACK, 2 Bde., Gotha [3]1888, bes. Bd.I, 657-7o.
IBN ESRA, Abraham ben Meir, zit. nach MIQRAOT GEDOLOT.
JACQUET, L., Les Psaumes et le coeur de l'homme. Etude textuelle, littéraire et doctrinale,
    3 vol., o.O. (Gembloux) 1975-1979, bes. Bd. II, 103-124 .
KALT, E., Die Psalmen (HBK 6) Freiburg [2]1937, bes. 176-18o.
KIRKPATRICK, A.F., The Book of Psalms, Cambridge [4]19o6, bes. 267-275.
KISSANE, E.J., The Book of Psalms Translated from a Critically Revised Hebrew Text with a
    Commentary, Dublin [2]1964, bes. 212-218.
KITTEL, R., Die Psalmen (KAT Sellin 13) Leipzig 1914, bes. 195-198.
KNABENBAUER, J., Commentarius in Psalmos (CSS II/2) Paris 1912, bes. 19o-194.
KNAPP, G.C., Die Psalmen, Halle [2]1782, bes. 99-1o3.
KESSLER, H., Die Psalmen (KK Zöckler A/6) München [2]1899, bes. 1o6-11o.
KOENIG, E., Die Psalmen, Gütersloh 1927, bes. 591-6o2.
KRAUS, H.J., Psalmen (BK 15) 2 Bde., Neukirchen-Vluyn [2]1961, bes. Bd.I, 362-369 ([5]1978).
LAMPARTER, H., Das Buch der Psalmen (BAT 14-15) 2 Bde., Stuttgart [2]1961+1959, bes. Bd.I,
    247-257.
LESETRE, H., Le Livre des Psaumes. Etude sur la poésie hébraïque...(SB Pirot 11) Paris
    1883, bes. 231-237.
LOMBARDUS, Petrus, Commentarius in Psalmos Davidicos: PL 191, 31-1236, bes. 465-474.
LUTHER, M., Dictata super Psalterium 1513-1516 (WA 3) Weimar 1885, bes. 27o-277.
LUZZATTO, S.D., Erläuterungen über einen Theil der Propheten und Hagiographen, Lemberg
    1876, bes. 2o9-212.
McCULLOUGH, W.S. a.o., The Book of Psalms: IntB Bd.IV, 1-763, New York 1955, bes. 254-6o.
MAILLOT,A./LELIEVRE, A., Les Psaumes. Traduction, Notes et Commentaires, 3 vol., Genève
    1961-1969, bes. Bd.I, 292-3oo.
MANNATI, M., Les Psaumes (Cahiers de la Pierre-qui-vire 26-27) 2 vol., Brouges 1966-
    1967, bes. Bd. II, 134-142.
Menahem haMEIRI, Pyrwš lspr thlym...hrsg. von J. HAKOHEN, Jerusalem [2]1971, bes. 1oo-1o2.
MEZUDAT DAVID/MEZUDAT ZION, zit. nach MIQRAOT GEDOLOT.
MICHAELIS, J.H., Adnotationes in Psalmos (Uberiorum Adnotationum Philologico-exegeticarum
    in Hagiographos Veteris Testamenti Libros volumen primum) Halle
    172o, 1-11o4, bes. 32o-33o.
MIDRASH TEHILLIM. Mdrš thlym hmkwnh šwhr twb...hrsg. von S.BUBER, Wilna 1891 (ND Jerusalem
    1977) bes. 277-278.
MINOCCHI, S., I Salmi, Rom [2]19o5, bes. 149-153.
MOLL, C.B., Der Psalter. Theologisch-homiletisch bearbeitet (THBW Lange) Bielefeld 1869,
    bes. 25o-255.
MUELLER, G., Studien zum Text der Psalmen (BFChTh 14/2) Gütersloh 191o, bes. 28-31.
MUENTINGHE, H., Die Psalmen (ins Holländische und aus dem Holländischen ins Deutsche
    übersetzt von J.E.H.SCHOLL) 3 Bde., Halle 1792-1793, bes. Bd.I,
    7o-71, Bd.II, 57-58, Bd.III 78-86.
NACHTIGAL, I.C.C., Gesänge Davids und seiner Zeitgenossen -nach der Zeitfolge geordnet
    und neu bearbeitet, Bd.I Zion, ältestes Drama aus der vorhomerischen
    Urwelt, Leipzig 1796.
NIKLAUS VON LYRA, Postilla super Psalterium, zit. nach GLOSSA ORDINARIA, Bd. III 423-1594.
NOETSCHER, F., Das Buch der Psalmen: Echter-Bibel. Altes Testament Bd. IV, 9-312,
    Würzburg 1959, bes. 1o9-112.
OESTERLEY, W.O.E., The Psalms. Translated with Text-critical and Exegetical Notes,
    2 vol., London 1939, bes. Bd. I, 264-267.
OLSHAUSEN, J., Die Psalmen (KeH 14) Leipzig 1853, bes. 21o-22o.
Ps-ORIGENES, Selecta in Psalmos: PG 12,1o49-1686, bes. 1441-1448.

306

PANNIER, E., Les Psaumes...nouvelle édition par H.RENARD (SB Pirot 5) Paris 195o,bes.284-91.
PAULUS, H.E.G., Philologische Clavis über die Psalmen, Heidelberg [2]1815, bes.248-253.
PAULUS VON BURGOS, zit. nach GLOSSA ORDINARIA.
PELLICANUS, C., Commentaria in Psalmos (Commentaria Bibliorum vol.IV, fol.44B-198B) Zürich 1534, bes. 97B-98B.
PLOEG, J.van der, Psalmen uit de grondtekst vertaald en uitgelegd (De bocken van het oude testament 7) Roermond 1971ff, bes. 3oo-3o6.
PODECHARD, E., Le Psautier. Traduction littérale, explication historique et notes critiques, 2 vol., Lyon 1949-1954, bes. Bd.I/1,217-222, Bd.I/2, 195-2o2.
POLUS, M., Synopsis criticorum aliorumque sacrae scripturae interpretum et commentatorum, 5 vol., Frankfurt/Main 1694, bes. Bd. II, 813-817.
PRINZ MAX, Herzog von Sachsen, Erklärung der Psalmen und Cantica in ihrer liturgischen Verwendung, Regensburg 1914, bes. 2o4-2o5.
QIMHI, David, Hpyrwš hšlm [c]l thlym...hrsg. von A.DAROM, Jerusalem 1974, bes. 343-348.
RASHI, Psalms (Parshandata.The Commentary of Rashi on the Prophets and Hagiographs, ed. ...by I.MAARSEN, vol.III) Jerusalem 1936, bes. 46-48.
REUSS, E., Die hebräische Poesie.Der Psalter, die Klagelieder und das Hohelied (Das Alte Testament übersetzt, eingeleitet und erläutert von E. REUSS...Bd.V) Braunschweig 1893, bes. 137-14o.
ROSENMUELLER, E.F.C., Psalmi (Scholia in Vetus Testamentum pars IV) 3 vol., Leipzig 18o2, bes. Bd. II, lo6o-lo76.
SAADYA Gaon, (Psalmenkommentar) zit. nach EWALD, Sprachgelehrte, oder nach Thlym [c]m trgwm wpyrwš hg'wn rbynw š[c]dyh bn ywšp pywmy zs"l.... ed. J.D.QAFAH, Jerusalem 1965/66, oder nach MS OXFORD, Bodleian Library Poc. 281, in Ps., Mikrofilm (Uebersetzung: D.BARTHELEMY, mündlich).
SABOURIN, L., The Psalms. Their Origin and Meaning, New York [2]1974.
SACHS, M., Die Psalmen, Berlin 1835, bes. 68-71.
ṢALMON BEN YERUḤAM, (Psalmenkommentar), zit. nach L.MARWICK, The Arabic Commentary of Ṣalmon ben Jeruḥam the Karaite on the Book of Psalms, Chapters 42-72, Philadelphia 1956, oder nach MS LENINGRAD, Firkowitsch 555, in Ps 1-89, Mikrofilm (Uebersetzung: D.BARTHELEMY, mündlich).
SCHEGG, P., Die Psalmen übersetzt und erklärt für Verständnis und Betrachtung, 3 Bde., München [2]1857, bes. Bd.II, 29-43.
SCHLOEGL, N., Die Psalmen hebräisch und deutsch, mit einem kurzen wissenschaftlichen Kommentar, Graz 1911, bes. 71-73.
SCHMIDT, H., Die Psalmen (HAT I/15) Tübingen 1934, bes. 93-96.
SCHULTZ, F.W./STRACK,H., Die Psalmen und die Sprüche Salomos (KK Zöckler A/6) Nördlingen 1888, bes. 112-114.
SCHULZ, J.C.F., Scholia in Vetus Testamentum, continuata a G.L.BAUER, Vol.IV Psalmos complectens, Nürnberg 179o, bes. 206-212.
SEILER, G.F., Die Psalmen (Das grössere biblische Erbauungsbuch 4-5) 2 Bde., Erlangen 1788, bes. Bd.I, 269-276.
SFORNO, O., Thlym...[c]m pyrwš...Jerusalem 1973, bes. fol.37B-39A.
SIMONS, O.J., The Book of Psalms.The Hebrew Text and the English Authorized Version with a New Hebrew Commentary, New York 1953, bes. 3o-31.
STAERK, W., Psalmen, Hoheslied und Verwandtes (SAT Gunkel III/1) Göttingen 1911, bes.248f.
STIER, R., Siebzig ausgewählte Psalmen, 2 Bde., Halle 1834-1836, bes. Bd.II, 13o-145.
STUHLMANN, M.H., Die Psalmen aus dem Hebräischen neu übersetzt und erläutert, Hamburg 1812, bes. 135-138.
SWEDENBORG, I., Gedrängte Erklärung des innern Sinnes der Prophetischen Bücher des Alten Testaments und der Psalmen Davids, Tübingen 1852, bes. 112.
THALHOFER, V., Erklärung der Psalmen mit besonderer Rücksicht auf deren liturgischen Gebrauch...,Regensburg [4]188o, bes. 295-3o1.
THEODOR VON MOPSUESTIA: R.DEVREESSE, Le commentaire de Théodore de Mopsueste sur les Psaumes I-LXXX (Studi e Testi 93) Rom 1939, bes. 315-324.
THEODORET VON KYROS, (Interpretatio in Psalmos): PG 8o,857-2oo2, bes. 1217-1228.
THOLUCK, A., Uebersetzung und Auslegung der Psalmen für Geistliche und Laien der christlichen Kirche, Halle 1843, bes. 239-243.
THOMAS VON AQUIN, In Psalmos Davidis Expositio: Expositio in aliquot libros Veteris Testamenti et in Psalmos L (Opera omnia 14) Parma 1863, 148-353, bes.334-39.
UCHELEN, N.A. van, Psalmen. Deel II (41-8o), Nijkerk 1977, bes. 62-71.
WEBER, J.J., Le Psautier, Paris [2]1968, bes. 2oo-2o3.
WEISER, A., Die Psalmen (ATD 14-15) 2 Bde., Göttingen 6[1]1963+5[1]1959, bes. Bd.I 259-264.
WELLHAUSEN, J., Bemerkungen zu den Psalmen: id. Skizzen und Vorarbeiten Bd.VI, Berlin 1899, 163-187.
WETTE, W.M.L., Commentar über die Psalmen, Heidelberg [4]1836, bes. 339-344.
WUTZ, F., Die Psalmen textkritisch untersucht, München 1925, bes. 121-125.

YEFET BEN ELI, (Psalmenkommentar) zit. nach Libri Psalmorum David regis et prophetae.
    Versio a R. Yapheth ben Heli...ed. J.J.L.BARGES, Lutetiae Pari-
    siorum 1861, oder nach MS PARIS, B.N. hebr. 287, in Ps 42-72,
    Mikrofilm (Uebersetzung: D.BARTHELEMY, mündlich).

c) Uebrige zitierte Literatur

ABBOTT, T.K.A., On the Alphabetical Arrangement of Ps IX and X with some other Emendations:
    ZAW 16(1896) 292-294.
ABULWALID Merwan Ibn Ganah (R.Jona), Sepher Haschoraschim. Wurzelbuch der hebräischen
    Sprache. Aus dem Arabischen ins Hebräische übersetzt von Jehuda
    Ibn TIBBON , hrsg. von W. BACHER, Berlin 1896 (ND Jerusalem 1966).
ACKROYD, P.R., The Meaning of Hebrew dwr considered: JSS 13(1968) 3-1o.
ALBRECHT, K., Das Geschlecht der hebräischen Hauptwörter: ZAW 15(1895) 313-325; 16(1896)
    41-121.
The ALEPPO Codex, Provided with Massoretic Notes and Pointed by AARON BEN ASHER, ed. by
    M.H. GOSHEN-GOTTSTEIN, vol.I Plates, Jerusalem 1976.
ALFRINK, B., L'expression škb cm 'bwty w: OTS II, Leiden 1943, 1o6-118.
ARISTOPHANES, Comoediae, hrsg. von F.W. HALL/ W.M. GELDART, 2 Bde., Oxford [2]19o6-o7.
AYUSO MARAZUELA, T., Psalterium Sancti Hieronymi de Hebraica Veritate interpretatum
    (Biblia Polyglotta Matritensia VIII/21) Madrid 196o.
BARNES, W.E., Hebrew Metre and the Text of the Psalms: JTS 33(1922) 374-382.
BARNS, J.W.B./KILPATRICK, G.D., A New Psalm Document (Ps 49,2off; 5o,1-3.17-21): PBA
    43(1957) 229-232.
BARTH, C., Die Errettung vom Tode in den individuellen Klage- und Dankliedern des Alten
    Testamentes, Zollikon 1947.
BARTH, J., Die Nominalbildung in den semitischen Sprachen, Leipzig 1894 (ND Hildesheim 1967).
BARTHELEMY, J.D., Etudes d'histoire de texte de l'Ancien Testament (Orbis Biblicus et
    Orientalis 21) Fribourg 1978.
BARUCQ, A., Ecclésiaste-Qohélet. Traduction et Commentaire (VSal.AT 3) Paris 1968.
BAUER,H./LEANDER, P., Historische Grammatik der hebräischen Sprache des Alten Testamentes,
    Bd.I, Halle 1922.
BECKER, J., Gottesfurcht im Alten Testament (Analecta Biblica 25) Rom 1965.
BECKER, J., Wege der Psalmenexegese (SBS 78) Stuttgart 1975.
BEGRICH, J., Das priesterliche Heilsorakel: ZAW 52(1934) 81-92.
BEYERLIN, W.(Hrsg.), Religionsgeschichtliches Textbuch zum Alten Testament (Grundrisse
    zum AT, ATD Erg.Reihe 1) Göttingen 1975.
BEYERLIN, W., Ps 8. Chancen der Ueberlieferungskritik: ZThK 73(1976) 1-22.
BEYERLIN, W., Innerbiblische Aktualisierungsversuche. Schichten im 44.Psalm: ZThK
    73(1976) 446-46o.
BEYERLIN, W., 'Wir sind wie Träumende". Studien zum 126.Psalm (SBS 89) Stuttgart 1978.
BIBERSTEIN KAZIMIRSKI, A. de, Dictionnaire arabe-français, 2 vol., Paris 186o (ND Beyruth
    o.J.).
BIBLIA HEBRAICA, ed. R. KITTEL e.a., editio tertia...Stuttgart 1937.
BIBLIA HEBRAICA STUTTGARTENSIA,...ed. K.ELLIGER/ W.RUDOLPH, Stuttgart 1967/1977.
BIRKELAND, H., Die Feinde des Individuums in der israelitischen Psalmenliteratur. Ein
    Beitrag zur Kenntnis der semitischen Literatur- und Religions-
    geschichte, Oslo 1933.
BISER, E., Theologische Sprachtheorie und Hermeneutik, München 197o.
BLAN, L., Zur Textkritik der Psalmen: OLZ 32(1929) 726-731.
BOEMER, F. (Hrsg.), P.OVIDIUS NASO, Die Fasten. Herausgegeben, übersetzt und kommentiert,
    2 Bd., Heidelberg 1957-1958.
BOETTCHER, F., De Inferis rebusque post mortem futuris ex hebraeorum et graecorum opini-
    onibus libri duo..., Dresden 1846.
BOETTCHER, F., Neue exegetisch-kritische Aehrenlese zum Alten Testamente, Bd. II,
    Leipzig 1864.
BONNET, H., Reallexikon der ägyptischen Religionsgeschichte, Berlin 1952.
BORGER, R., Babylonisch-assyrische Lesestücke, 3 Bde., Rom 1963.
BOTTERWECK, G.J./RINGGREN, H. u.a. (Hrsg.), Theologisches Wörterbuch zum Alten Testament,
    Stuttgart 197off.
BROCKELMANN, C., Grundriss der vergleichenden Grammatik der semitischen Sprachen, 2 Bde.,
    Berlin 19o8-1913 (ND Hildesheim 1961).
BRUNNER, H., Altägyptische Erziehung, Wiesbaden 1957.
BUDDE, K., Zum Text der Psalmen: ZAW 35(1915) 175-195.
BUECKERS, H., Die Unsterblichkeitslehre des Weisheitsbuches. Ihr Ursprung und ihre Bedeu-
    tung (ATA XIII/4) Münster 1938.
BUEHLMANN, W./ SCHERER, K., Stilfiguren der Bibel. Ein kleines Nachschlagewerk (BiBe 10)
    Fribourg 1973.

CARDENAL, E., Das Buch von der Liebe. Lateinamerikanische Psalmen (GTB 168) Gütersloh 1980.
CHORON, J., La mort et la pensée occidentale, Paris 1969.
CLAVIS PATRUM GRAECORUM qua optimae scriptorum patrum graecorum recensiones a primaevis
          saeculis usque ad octavum commode recluduntur, ed. M. GEERARD,
          vol. II-IV, Turnholti 1974-1980.
CLAVIS PATRUM LATINORUM qua in novum Corpus Christianorum edendum optimas quasque scripto-
          rum recensiones a Tertulliano ad Bedam commode recludit E.DEKKERS,
          Steenbrugis [2]1961.
COUARD, L., Die Behandlung des Problems der Theodizee in den Psalmen 37, 49 und 73:
          ThStKr 74(1901) 110-124.
CRITICI SACRI, sive annotata doctissimorum virorum in Vetus ac Novum Testamentum, quibus
          accedunt tractatus varii theologico-philologici. Editio nova in
          novem tomos distribuita...Amsterdam 1698.
CROSS, F.M./FREEDMAN, N., Early Hebrew Orthography. A Study of the Epigraphic Evidence
          (AOS 36) New Haven 1952.
CROWN, A.D., An Alternative Meaning for 'yš in the Old Testament: VT 24(1974) 110-112.
DEISSLER, A., Dennoch ist der Herr voll Huld! Die Lösungsentwürfe des Leidensproblems in
          den Psalmen 37; 49 und 73: BiKi 20(1965) 13-15.
DELEKAT, L., Zum hebräischen Wörterbuch: VT 14(1964) 7-66.
DELEKAT, L., Probleme der Psalmenüberschriften: ZAW 76(1964) 280-297.
DELITZSCH, F., Commentar über das Buch Jesaia (BC III/1) Leipzig [4]1889.
DEROUSSEAUX, L., La crainte de Dieu dans l'Ancien Testament...(LeDiv 63) Paris 1970.
DEVREESSE, R., Les anciens commentateurs grecs des Psaumes (StT 264) Rom 1970.
DHORME, E., Les religions de Babylonie et d'Assyrie...(Mana I/2) Paris 1949.
DOS SANTOS, E.C., An expanded Hebrew Index for the HATCH-REDPATH Concordance to the
          Septuagint, Jerusalem o.J.
DUHM, B., Das Buch Hiob (KHC 16) Freiburg 1897.
DUHM, B., Das Buch Jesaia (HK III/1) Göttingen [2]1902.
EHRLICH, A.B., Randglossen zur hebräischen Bibel. Textkritisches, sprachliches und sach-
          liches, Bd. VI, Leipzig 1913.
EISSFELDT, O., Der Maschal im Alten Testament. Eine wortgeschichtliche Untersuchung nebst
          einer literargeschichtlichen Untersuchung...(BZAW 24) Giessen 1913.
Pirqe deRabbi ELIEZER. Spr prqy drby 'ly[c]zr...[c]m by'wr mspyq zh smw byt hgdwl...Lemberg
          1870 (ND Tel-Aviv 1963).
Pirqe deRabbi ELIEZER. The Chapters of Rabbi Eliezer the Great...ed. by G. FRIEDLANDER,
          London 1916.
ERMAN, A., Die Literatur der Aegypter. Gedichte, Erzählungen und Lehrbücher aus dem 3. und
          2. Jahrtausend v.Chr., Leipzig 1923.
EURIPIDES. (Oeuvres) Texte établi et traduit par L.MERIDIER e.a.(Collection des Universités
          de France) 6 vol.,   Paris 1925-1961.
EWALD, H., Ueber die arabisch geschriebenen Werke jüdischer Sprachgelehrten...(Beiträge
          zur Geschichte der ältesten Auslegung und Spracherklärung des AT I)
          Stuttgart 1844.
FAULKNER, R.O., The Ancient Egyptian Pyramid Texts. Translated into English, Oxford 1969.
FELDMANN, F., Das Buch der Weisheit (HSAT Feldmann VI/4) Bonn 1926.
FIELD, F., Origenis Hexaplorum quae supersunt, sive veterum Interpretum graecum in totum
          Vetus Testamentum Fragmenta...2 vol., Oxford 1875 (ND Hildesheim
          1964).
FOHRER, G., Das Buch Hiob (KAT 16) Gütersloh 1963.
FOHRER, G. u.a., Exegese des Alten Testaments. Einführung in die Methodik (UTB 267)
          Heidelberg 1973.
FROMM, E., Haben oder Sein. Die seelischen Grundlagen einer neuen Gesellschaft, Stuttgart
          1976.
GALLING, K., Die Ausrufung des Namens als Rechtsakt in Israel: ThLZ 81(1956) 65-70.
GARDINER, A.H., The Eloquent Peasant: JEA 9(1923) 5-25.
GASTER, T.H., Myth, Legend and Custom in the Old Testament. A Comparative Study ...
          London 1969.
GERSON-KIWI, E., Musique (dans la Bible): DBS V, Paris 1957, 1411-1468.
GESE, H., Zur Geschichte der Kultsänger am zweiten Tempel: id., Vom Sinai zum Zion. Alt-
          testamentliche Beiträge zur biblischen Theologie (BEvTh 64)
          München 1974.
GESENIUS, W., Thesaurus philologicus criticus linguae hebraeae et chaldaeae Veteris
          Testamenti, 3 vol., Leipzig [2]1835-[2]1858.
GESENIUS, W., Hebräisches Grammatik, völlig umgearbeitet von E. KAUTZSCH, Leipzig [26]1896.
GESENIUS, W., Hebräisches und Aramäisches Handwörterbuch über das Alte Testament...bearbei-
          tet von F.BUHL, Göttingen [17]1915 (ND 1962).
Das GILGAMESCH-Epos, neu übersetzt und mit Anmerkungen versehen von A.SCHOTT, ergänzt und
          teilweise neu gestaltet von W.von SODEN, Stuttgart 1972.

GINSBURG, C.D., Introduction to the Massoretico-critical Edition of the Hebrew Bible,
	London 1897.
GINZBERG, L., The Legends of the Jews, 7 vol., Philadelphia 1913-1938.
GOLDINGAU, J., Repetition and Variation in the Psalms: JQR 68(1978) 146-152.
GORDIS, R., Studies in Hebrew Roots of Contrasted Meanings: JQR 27(1936/7) 33-58.
GORDON, C.H., Ugaritic Textbook (AnOr 38) 3 vol., Rom 1965 (ND 1967).
GRESSMANN, H., Die literarische Analyse Deuterojesaias: ZAW 34(1914) 254-297.
GRESSMANN, H. (Hrsg.), Altorientalische Texte zum Alten Testament, Berlin ²1926.
GUILDING, A., Some Obscured Rubrics and Lectionary Allusions in the Psalter: JTS
	3(1952) 41-55.
GUNKEL, H., Einleitung in die Psalmen. Die Gattungen der religiösen Lyrik Israels
	(HAT Erg.Bd.) Göttingen 1933.
GYLLENBERG, R., Die Bedeutung des Wortes selah: ZAW 58(194o/41) 153-156.
HARTINER, M., Sur l'interprétation du mot obscur "sélah" (hébr.): World Congress of
	Jewish Studies, Jerusalem 1947.
HEINISCH, P., Das Buch der Weisheit (EHAT 24) Münster 1912.
HEMMERDINGER, B., Selah: JTS 22(1971) 152-153.
HEMPEL, J., Gott, Mensch und Tier im Alten Testament, mit besonderer Berücksichtigung von
	Gen 1-3: id., Apoxysmata. Vorarbeiten zu einer Religionsgeschichte
	und Theologie des Alten Testaments...(BZAW 81) Berlin 1961,198-229.
HENRY, M.L., Das Tier im religiösen Bewusstsein des alttestamentlichen Menschen (GV 22o/
	221) Tübingen 1958.
HERDER, Vom Geist der Ebräischen Poesie. Eine Anleitung für die Liebhaber derselben...:
	Sämmtliche Werke, hrsg. von B.SUPHAN, Bd.XI,213-XII,3o8,Berlin
	1879-188o.
HERMISSON, H.S., Studien zur israelitischen Spruchweisheit (WMANT 28) Neukirchen-Vluyn 1968.
HICKMANN, H., Altägyptische Musik: id./STAUDER, W., Orientalische Musik (HO I,Erg.Bd.IV)
	Leiden 197o, 135-17o.
HIERONYMUS, Epistula ad Sunniam et Fretelam, zit. nach LIBER PSALMORUM, 8-42.
HOMER. L'Odyssée. "Poésie homérique", texte établi et traduit par V.BERARD (Collection des
	Universités de France) 3 vol., Paris 1924.
HOMER. Iliade, texte établi et traduit par R.MAZON e.a. (Collection des Universités de Fran-
	ce) 4 vol.,Paris 1937-1938.
HORAZ. Opera , ed. E.C.WICKHAM, oxford ²1912.
HORST, F., Hiob. 1.Teilband (BK XVI/1) Neukirchen-Vluyn 1968.
ISOKRATES.Discours, texte établi et traduit par G.MATHIEU et E.BREMOND (Collection des
	Universités de France) 4 vol., Paris 1928-1962.
JANSEN, L., Die spätjüdische Psalmendichtung, ihr Entstehungskreis und ihr Sitz im Leben.
	Eine literaturgeschichtlich-soziologische Untersuchung, Oslo 1937.
JELLINEK, A., Bet ha-Midrasch. Sammlung kleiner Midraschim und vermischter Abhandlungen aus
	der älteren jüdischen Literatur, Jerusalem ²1938.
JENKINS, A.K., Three Wisdom Psalms? A Consideration of the Classification "Wisdom Psalms"
	with Particular Reference to Ps 37; 73; 49, London 1968/69.
JENNI, E., Das Wort "ᶜolam" im Alten Testament: ZAW 64(1952) 197-248; 65(1953) 1-35.
JENNI, E., Das hebräische Piᶜel. Syntaktisch-semantische Untersuchung einer Verbalform
	im Alten Testament, Zürich 1968.
JENNI,E. /WESTERMANN,C. (Hrsg), Theologisches Handwörterbuch zum Alten Testament, 2 Bde.,
	München 1971-1976.
JERVELL, J., Imago Dei. Gen 1,26f im Spätjudentum, in der Gnosis und in den paulinischen
	Briefen (FRLANT 76) Göttingen 196o.
JOHNSON, A.J., msl: Wisdom in Israel and in the Ancient Near East (FS H.H.ROWLEY) ed. by
	M.NOTH and D.W.THOMAS (VTS 3) Leiden 1955, 162-169.
JOUON, P., Grammaire de l'hébreu biblique, Rom 1923 (ND 1965).
JOUON, P., Notes de lexicographie hébraique: Bib 6(1925) 311-321.
KAWERAU, P., Geschichte der Alten Kirche, Marburg 1967.
KEEL, O., Feinde und Gottesleugner. Studien zum Image der Widersacher in den Individualpsal-
	men (SBM 7) Stuttgart 1969.
KEEL, O., Die Welt der altorientalischen Bildsymbolik und das Alte Testament. Am Beispiel
	der Psalmen, Zürich 1972.
KEEL, O., Jahwes Entgegnung an Ijob. Eine Deutung von Ijob 38-41 vor dem Hintergrund der
	zeitgenössischen Bildkunst (FRLANT 121) Göttingen 1978.
KENNICOTT, B., Vetus Testamentum Hebraicum cum Variis Lectionibus, 2 vol., Oxford 1776.
KENNICOTT, B., Dissertatio Generalis in Vetus Testamentum Hebraicum...Oxford 178o.
KERKHOFF, E.L., Kleine deutsche Stilistik (Dalp-TB 364) Bern 1962.
KIERKEGAARD, S., Entweder/Oder, 2 Bde. (Gesammelte Werke I/1-3) Düsseldorf 1964+1957
KITTEL, G. u.a.(Hrsg.) Theologisches Wörterbuch zum Neuen Testament, lo Bde., Stuttgart
	1933-1979.
KNUDTZON, J.A., Zur Deutung einiger Bibelstellen: ZAW 33(1913) 192-2oo.

310

KOEHLER, L., Die Offenbarungsformel "Fürchte dich nicht!" im Alten Testament:SThZ
36(1919) 33-39.
KOEHLER, L., Die Grundstelle der Imago-Lehre, Genesis 1,26: ThZ 4(1948) 16-22.
KOEHLER, L./BAUMGARTNER, W., Lexicon in Veteris Testamenti Libros...Leiden 1953.
KOEHLER, L./BAUMGARTNER, W. u.a., Hebräisches und aramäisches Lexikon zum Alten Testament,
Leiden [3]1967ff.
KOENIG, F.E., Historisch-kritisches Lehrgebäude der hebräischen Sprache..., 3 Bde.,
Leipzig 1881-1897 (ND Hildeshiem 1979).
KOENIG, F.E., Stilistik, Rhetorik, Poetik im Bezug auf die Biblische Litteratur kompa-
rativisch dargestellt, Leipzig 19oo.
KOENIG, F.E., Das Buch Jesaia, Gütersloh 1926.
KUEBLER-ROSS, E., Interviews mit Sterbenden (GTB 71) Gütersloh [4]1975.
KUECHER, M., Frühjüdische Weisheitstraditionen. Zum Fortgang weisheitlichen Denkens im
Bereich des frühjüdischen Jahweglaubens (Orbis Biblicus et Orienta-
lis 26) Fribourg 1979.
LAMBERT, W.G., Babylonian Wisdom Literature, Oxford 196o.
LANDSBERG, P.L., Essai sur l'expérience de la mort, Paris 1951.
LANE, E.W., An Arabic-English Lexicon...8 vol., London 1863-1893 (ND Beiruth 1968).
LANG, B., Die weisheitliche Lehrrede. Eine Untersuchung von Sprüche 1-7 (SBS 54) Stutt-
gart 1972.
LANG, B., Frau Weisheit. Deutung einer biblischen Gestalt (ppb) Düsseldorf 1975.
LANG, B., Schule und Unterricht im alten Israel: GILBERT, M.(Hrsg.) La sagesse de l'Ancien
Testament (BEThL 51) Louvain 1979, 186-2ol.
LATTE, K., Römische Religionsgeschichte (Handbuch der Altertumswissenschaft V/4)
München 196o.
LEHMING, S., Versuch zu Num 16: ZAW 74(1962) 291-321.
Codex LENINGRAD B 19A. Pentateuch, Prophets and Hagiographa. The Earliest Complete
Bible Manuscript, with an Introduction by D.LOEWINGER..., 3.vol.,
Jerusalem 197o.
LEVEENS, J., Textual Problems in the Psalms: VT 21(1971) 48-58.
LEWANDOWSKI, T., Linguistisches Wörterbuch, (UTB 200/201/300) 3 Bde. Heidelberg [2]1976.
LIBER PSALMORUM ex recensione Sancti HIERONYMI cum praefationibus et Epistula ad Sunniam et
Fretelam (Biblia Sacra iuxta Latinam Vulgatam Versionem...cura et
studio Monachorum Abbatiae Pontificiae Sancti Hieronymi in urbe...
edita vol.X) Rom 1953.
LINDBLOM, J., Bemerkungen zu den Psalmen I: ZAW 18(1942/43) 1-13.
LOHFINK, G., Die Himmelfahrt Jesu. Untersuchungen zu den Himmelfahrts- und Erhöhungs-
texten bei Lukas (StANT 26) München 1971.
LOHFINK, N., Kohelet (Die Neue Echter Bibel) Stuttgart 198o.
LORETZ, O., Die Analyse der ugaritischen und hebräischen Poesie mittels Stichometrie und
Konsonantenzählung: UF 7(1975) 265-269.
LUKIAN. Opera, ex recognitione C. IACOBITZ, 3 vol., Leipzig 1896-1897.
LUTHER, M., Text des Revisionsprotokolls zum Psalter 1531 (WA.DB 3) Weimar 1911,1-166.
MANNATI, M., Sur le quadruple "avec toi" de Ps LXXIII, 21-26: VT 21(1971) 59-67.
MANDELKERN, S., Veteris Testamenti Concordantiae hebraicae atque chaldaicae...2 vol.,
Berlin [2]1937 (ND Graz 1955).
MARTIN-ACHARD, R., De la mort à la résurrection d'après l'Ancien Testament, Neuchatel 1956.
MARXSEN, W., Die Auferstehung Jesu als historisches und theologisches Problem, Gütersloh
1964 (zit. als "Problem").
MARXSEN, W., Die Auferstehung Jesu von Nazareth, Gütersloh 1968 (zit. als "Auferstehung").
MARXSEN, W., Die Sache Jesu geht weiter (GTB 112) Gütersloh o.J.
MASSEKET GEHINNOM, zit. nach JELLINEK, Sammlung Bd.I, 147-149, vgl. WUENSCHE, Lehrhallen
Bd. III, 69-77.
McCARTHY, C., The Tiqqune Sopherim and Other Theological Corrections in the Masoretic
Text of the Old Testament (Orbis Biblicus et Orientalis 36)
Fribourg/Göttingen 1981.
MECHILTA. Mechilta de-Rabbi Ishmael. A Critical Edition...by J.Z.LAUTERBACH, 3 vol.,
Philadelphia 1933-1935 (ND 1961).
MEISSNER, B., Babylonien und Assyrien (Kulturgeschichtliche Bibliothek I/4) 2 Bde.,
Heidelberg 1920-1925.
MERCATI, I., Psalterii Hexapli Reliquiae, 2 Bde. (Codices ex Ecclesiasticis Italiae
Bybliothecis delecti phototypice expressi...7) Rom 1958-1965.
MEYER, C.F., Sämtliche Werke. Historisch-kritische Ausgabe besorgt von H.ZELLER und A.
ZAECH, Bd.III, Bern 1967.
MICHAELIS, J.D., Deutsche Uebersetzung des Alten Testaments mit Anmerkungen für Ungelehrte,
Bd. VI Die Psalmen, Göttingen [2]1782.
MICHAELIS, J.D., Fortsetzung der Anzeige der Varianten in den Psalmen...: Orientalische
und Exegetische Bibliothek Bd. XII, Frankfurt/Main 1777, 128-194.

MIDRASH Rabba. Mdrš rbh, mpwrš bydy A.A. HALEVY...8 Bde., Tel-Aviv 1956-1963.
MIDRASH Rabba, translated into English with Notes, Glossary and Indices under the Editor-
       ship of H.FREEDMAN and M.SIMON, lo vol., London 1939.
MIQRAOT GEDOLOT. Twrh whmš mgylwt nby'ym wktwbym, Wien 1859 (ND Jerusalem 1976).
MORODER, R.J., Ugaritic and Modern Translation of the Psalter. A Critical Examination
       of "Die Psalmen -ökumenische Uebersetzung": UF 6(1974) 249-264.
MOWINCKEL, S., Psalmenstudien, 6 Bde., Oslo 1921-1924 (ND Amsterdam 1961).
MUEHLENBERG, E., Psalmenkommentare aus der Katenenüberlieferung, Bd. I (PTS 15) Berlin 1975.
MUELLER, D., Der gute Hirte: ZAS 86(1961) 126-144.
MUELLER, H.P., Der Begriff "Rätsel" im Alten Testament: VT 2o(197o) 465-489.
MUNCH, P.A., Das Problem des Reichtums in den Psalmen 37; 49; 73: ZAW 55(1937) 36-45.
MUNCH, P.A., Die jüdischen "Weisheitspsalmen" und ihr Platz im Leben: AcOr 15(1937) 112-14o.
NEUBERG, F.J., An Unrecognized Meaning of Hebrew dwr: JNES 9(195o) 215-217.
NOETSCHER, F., Altorientalischer und alttestamentlicher Auferstehungsglaube, Würzburg
       1926 (ND durchgesehen und mit einem Nachtrag hrsg. von J.SCHARBERT,
       Darmstadt 197o).
NOETSCHER, F., Gotteswege und Menschenwege in der Bibel und in Qumran (BBB 15) Bonn 1958.
NOWACK, W., Lehrbuch der hebräischen Archäologie, 2 Bde., Freiburg 1894.
OVID, (Werke) hrsg. von R.EHWALD, 3 Bde., Leipzig 1884-189o.
PAPYRUS BODMER XXIV. Psaumes XVII-CXVIII, publié par R.KASSER et M.TESTUZ, Genève 1967.
PERDUE, L.G., Wisdom and Cult. A Critical Analysis of the Views of Cult in the Wisdom
       Literatures of Israel and the Ancient Near East (SBL Dissertation
       Series 3o) Missoula, Montana 1975.
PESIQTA RABBATI. Midrasch für den Fest-Cyclus und die ausgezeichneten Sabbathe, hrsg. von
       M.FRIEDMANN..., Wien 188o.
PETERS, N., Das Buch Jesus Sirach oder Ecclesiasticus (EHAT 25) Münster 1913.
PLATO. Oeuvres complètes, texte établi et traduit par M.CROISET e.a. (Collection des
       Universités de France) 14 vol., Paris 1921-1964.
PRIJS, L., Jüdische Tradition in der Septuaginta, Leiden 1948.
PRITCHARD, J.B., Ancient Near Eastern Texts Relating to the Old Testament, Princeton ³1969.
PLOEG, J. van der, L'immortalité de l'homme d'après les textes de la mer morte: VT 2(1952)
       171-175.
PLOEG, J. van der, Rezension von S. MOWINCKEL, The Psalms in Israels Worship: VT 14(1964)
       229-235.
PLUTARCH. Moralia, recognovit G.N.BERNARDAKIS, 7 vol., Leipzig 1888-1896.
PROPERZ. Elégies, texte établi et traduit par D.PAGANELLI (Collection des Universités de
       France) Paris 1929.
QIMHI, D., Spr hšršym. Radicum Liber sive Hebraeum Bibliorum Lexicon cum animadversionibus
       Eliae LEVITAE...ed. J.H.R.BIESENTHAL/F.LEBRECHT, Berlin 1847.
QUELL, R., Die Auffassung des Todes in Israel, Leipzig 1925.
RAD, G.von, Das erste Buch Mose. Genesis,(ATD 2-4) 3 Bde., Göttingen ⁶1961+⁴1961+³1964.
RAD, G.von, Theologie des Alten Testaments, 2 Bde., München ⁶1969+⁵1968.
RAD, G.von, Weisheit in Israel, Neukirchen-Vluyn 197o.
RAHLFS, A. (Hrsg.) Septuaginta, id est Vetus Testamentum Graece iuxta LXX Interpretes,
       Stuttgart ⁸1965.
RAHLFS, A.(Hrsg.), Psalmi cum Odis (Septuaginta..,auctoritate Academiae Litterarum Gottin-
       gensis ed. lo) Göttingen ²1967.
RAHNER, K./VORGRIMMLER, H., Kleines theologisches Wörterbuch (Herder TB lo8/lo9) Freiburg
       1961.
RAHNER, K., Zu einer Theologie des Todes: id., Schriften zur Theologie Bd.X, Zürich 1972,
       18o-199.
RAHNER, K., Jesu Auferstehung: id., Schriften zur Theologie Bd.XII, Zürich 1975, 344-352.
RAHNER, K., Grundkurs des Glaubens. Einführung in den Begriff des Christentums, Freiburg
       1976.
REALLEXIKON FUER ANTIKE UND CHRISTENTUM. Sachwörterbuch zur Auseinandersetzung des Christen-
       tums mit der antiken Welt, hrsg. von T.KLAUSER u.a. Stuttgart 1950ff.
REESE, J.M., Hellenistic Influence on the Book of Wisdom and its Consequences (AnBib 41)
       Rom 1970.
Die RELIGION IN GESCHICHTE UND GEGENWART. Handwörterbuch für Theologie und Religionswissen-
       schaft, hrsg. von K.GALLING, 6 Bde., Tübingen ³1957-1962.
RIDDERBOS, N.H., Die Psalmen. Stilistische Verfahren und Aufbau mit besonderer Berück-
       sichtigung von Ps 1-41 (BZAW 117) Berlin 1972.
ROBERT, A., Littéraires (Genres): DBS vol. V, Paris 1957, 4o5-421.
RONDEAU, M.J., Le commentaire sur les Psaumes d'Evagre le Pontique: OCP 26(196o) 3o7-348.
ROSSI, J.B. de, Variae lectiones Veteris Testamenti...4 vol., Parma 1784-1788.
ROSSI, J.B..de. Scholia critica in Veteris Testamenti libros seu Supplementa ad varias
       sacri textus lectiones, Parma 1798.
SAINTE-MARIE, H. de, Sancti Hieronymi Psalterium iuxta Hebraeos (CBLa 11) Rom 1954.

SARTRE, J.P., L'être et le néant. Essai d'ontologie phénoménologique, Paris 1943.
SCHILLEBEECKX, E., Jesus. Die Geschichte von einem Lebenden, Freiburg 1975.
SCHMID, H.H., Wesen und Geschichte der Weisheit. Eine Untersuchung zur altorientalischen
          und israelitischen Weisheitsliteratur (BZAW lol) Berlin 1966.
SCHMIDT, J., Studien zur Stilistik der alttestamentlichen Spruchliteratur (ATA XIII/1)
          Münster 1936.
SCHMIDT, W.H., Die Schöpfungsgeschichte der Priesterschrift. Zur Ueberlieferungsgeschichte
          von Genesis 1,1-2,4a und 2,4b-3,24 (WMANT 17) Neukirchen-Vluyn ²1967
SCHMITT, A., Entrückung - Aufnahme - Himmelfahrt. Untersuchungen zu einem Vorstellungsbe-
          reich im Alten Testament (Forschungen zur Bibel lo) Stuttgart 1973.
SCHMITT, E., Leben in den Weisheitsbüchern Job, Sprüche und Jesus Sirach, Freiburg 1954.
SCHULZ, A., Psalmen-Fragen...(ATA XIV/1) Münster 194o.
SCHWERTNER, S., Internationales Abkürzungsverzeichnis für Theologie und Grenzgebiete...
          Berlin 1974.
SEDER OLAM RABBA. Midrash Seder Olam. A Photostatic Reproduction of Ber RATNER's Edition
          of the Text...published ...by S.K.MIRSKY, New York 1966.
SEIBERT, I., Hirt - Herde - König. Zur Herausbildung des Königtums in Mesopotamien
          (SSA 53) Berlin 1969.
SENDREY, A., Musik in Alt-Israel, Leipzig 197o.
SIPHRE ad Deuteronomium...ed. L. FINKELSTEIN (Corpus Tannaiticum III/3) Berlin 1939
          (ND New York 1963).
SNAITH, N.H., Selah: VT 2(1952) 43-56.
SODEN, W. von, Akkadisches Handwörterbuch, 3 Bde., Wiesbaden 1965-1981.
SPEIER, S., Sieben Stellen des Psalmentargums in Handschriften und Druckausgaben...:
          Bib 48(1967) 491-5o8.
SPEISER, E.A., The Pronunciation of Hebrew according to the Translations in the Hexapla:
          JQR 16(1925/26) 343-82; 23(1933) 233-265; 24(1934) 9-46.
STAMM, J.J., Die akkadische Namengebung (MVÄG 44) Leipzig 1939 (ND Darmstadt 1968).
STAMM, J.J., Erlösen und Vergeben im Alten Testament. Eine begriffsgeschichtliche Unter-
          suchung, Bern 194o.
STAMM, J.J., Ein Vierteljahrhundert Psalmenforschung: ThR 23(1955) 1-68.
STAMM, J.J., Die Gottebenbildlichkeit des Menschen im Alten Testament (Theologische
          Studien 54) Zollikon 1959.
STAMM. J.J., Zur Frage der Imago Dei im Alten Testament: Humanität und Glaube. Gedenk-
          schrift K.GUGGISBERG, hrsg. von U.NEUENSCHWANDER/ H.DELLSPERGER,
          Bern 1973, 243-253.
STAMM, J.J., Namen rechtlichen Inhalts: Beiträge zur Alttestamentlichen Theologie (FS
          W.ZIMMERLI) Göttingen 1977, 46o-478.
STEPHANUS, H., Thesaurus Linguae Graecae, 8 vol., Paris 1931-1865 (ND Graz 1954).
STIEB, R., Die Versdubletten des Psalters: ZAW 57(1939) 1o2-11o.
SUYS, E., La sagesse d'Ani. Text, traduction et commentaire, Rom 1935.
Der Babylonische TALMUD mit Einschluss der vollständigen Mišnah, hrsg....von L.GOLDSCHMIDT,
          9 Bde., Haag 1933-1935.
(Der Babylonische TALMUD.) Tlmwd bbly ᶜm kl hmpršym...2o vol., Jerusalem 196o.
Le TALMUD de Jérusalem, traduit pour la première fois en français par M.SCHWAB, 11 vol.,
          Paris 1878-189o (ND Paris 1969).
(Der Jerusalemer TALMUD.) Tlmwd yrwšlmy...ᶜm pyrwšym wby'wrym m't g'wny yśr'l hm'wrwt
          hgdwlym zš"l...8 vol., Jerusalem 196o.
(TANḤUMA.) Mdrš tnḥwm' ᶜl ḥmšh ḥwmšy twrh ᶜm šny b'wrym 'ḥwbym wbrwrym hnqr'ym bšm
          ᶜš ywsp...ᶜnq ywsp...Warschau o.J.
(TANḤUMA-BUBER.) Midrasch Tanchuma. Ein agadischer Commentar zum Pentateuch von Rabbi
          TANCHUMA BEN Rabbi ABBA...hrsg. von S. BUBER, Wilna 1885.
THESAURUS LINGUAE LATINAE editus auctoritate et consilio Academiarum quinque Germanica-
          rum Berolensis, Gottingensis, Lipsiensis, Monacensis, Vindobonen-
          sis, Leipzig 19ooff.
THOMAS, D.W., Some Observations on the Hebrew Root ḥdl: Volume du Congrès. Strasbourg
          1956 (VTS 4) Leiden 1957, 8-16.
TOSEPHTA, based on the Erfurt and Vienna Codices, with Parallels and Variants by M.S.ZUCKER-
          MANDEL, with Supplement...Jerusalem 1937.
Die TOSEFTA, Uebersetzung und Erklärung (Rabbinische Texte, hrsg. von K.H.RENGSTORF)
          Stuttgart 1952ff.
TOURNAY, R., Sur quelques rubriques des Psaumes:Mélanges Bibliques rédigés en l'honneur
          de André ROBERT (TICP 4) Paris o.J. (1958).
TROMP, N.J., Primitive Conceptions of Death and the Nether World in the Old Testament
          (BibOr 21) Rom 1969.
TROMP, N.J., The Hebrew Particle bal: Remembering all the Way...(OTS 21) Leiden 1981,277-87.
UGARITICA. Etudes relatives aux découvertes de Ras Shamra, éd. par F.A.SCHAEFFER, J.
          NOUGAYROL e.a., Paris 1939ff.

VENETZ, H.J., Die Quinta des Psalteriums. Ein Beitrag zur Septuaginta- und Hexapla-
      forschung (Collection Massorah I/2) Hildesheim 1974.
VERMEYLEN, J., Du Prophète Isaïe à l'Apocalyptique. Isaïe I-XXXV, miroir d'un demi-
      millénaire d'expérience religieuse en israel (EtB) Paris 1977.
VIGANO, L., Quelques exemples du singulier féminin en -ôt en Ezéchiel:SBFLA 27(1977)
      239-245.
VIROLLEAUD, C., Fragment nouveau du poême de Môt et Aleyn-Baal: Syr 15(1934) 226-243.
WAECHTER, L., Der Tod im Alten Testament (AzTh II/8) Stuttgart 1967.
WALTER, D.M. (Hrsg.), Psalms (Vetus Testamentum Syriace iuxta simplicem Syrorum Versionem...
      ed. Institutum Peshittonianum Leidense II/3) Leiden 1980.
WALTON, E.B., Biblia Sacra Polyglotta, cum textuum et versionum orientalium translatio-
      nibus latinis..6 vol., London 1657.
WEBER, F., Jüdische Theologie auf Grund des Talmud und verwandter Schriften gemeinfasslich
      dargestellt..., nach des Verfassers Tod hrsg. von F. DELITZSCH
      und G.SCHNEDERMANN, Leipzig ²1897.
WEBER, R., Le Psautier romain et les autres anciens psautiers latins. Edition critique
      (CBLa 1o) Rom 1953.
WEBER, R. e.a. (Hrsg.), Biblia Sacra iuxta Vulgatam Versionem, 2 vol., Stuttgart ²1975.
WEHMEIER, G., Der Segen im Alten Testament. Eine semasiologische Untersuchung der Wurzel
      brk, Basel 1970.
WELLHAUSEN, J., Der Text der Bücher Samuelis, Göttingen 1871.
WELLHAUSEN, J., The Book of Psalms. Critical Edition of the Hebrew Text Printed in Colore
      with Notes (SBOT 14) Leipzig 1895.
WELLHAUSEN, J., The Book of Psalms. A New Translation with Explanatory Notes and an
      Appendix...(SBOT 14) Leipzig 19o4.
WESTERMANN, C., Genesis (BK 1) Neukirchen-Vluyn 1966ff.
WIEGAND, A., Der Gottesname ṣwr und seine Deutung in der alten jüdischen Litteratur:
      ZAW 1o(189o) 85-96.
WILDBERGER, H., Das Abbild Gottes, Gen 1,26-3o: ThZ 21(1965) 245-259, 481-5o1.
WILDBERGER, H., Jesaia (BK 1o) Neukirchen-Vluyn 1965ff.
WILHELMI, G., Der Hirt mit dem eisernen Szepter. Ueberlegungen zu Ps 2,9: VT 27(1977)
      196-2o4.
WINTER, U., Die Taube der fernen Götter in Ps 56,1 und die Göttin mit der Taube in der
      vorderasiatischen Ikonographie: KEEL, O., Vögel als Boten...
      (Orbis Biblicus et Orientalis 14) Freiburg 1977.
WOLFF, H.W., Das Zitat im Prophetenspruch. Eine Studie zur prophetischen Verkündigungs-
      weise: id., Gesammelte Studien zum Alten Testament (TB 22)
      München 1964, 36-129.
WOLFF, H.W., Dodekapropheton 1. Hosea (BK XIV/1) Neukirchen-Vluyn 1961.
WOLFF, H.W., Anthropologie des Alten Testaments, München ²1974.
WUENSCHE, A., Aus Israels Lehrhallen. Kleine Midraschim zur späteren legendarischen Litera-
      tur des Alten Testaments, 5 Bde., Leipzig 19o7-191o.
XENOPHON, Erinnerungen an Sokrates. Griechisch-Deutsch, hrsg. von P.JAERISCH, München 1962.
YALQUT MACHIRI. Sammlung halachischer und hagadischer Stellen aus Talmud und Midraschim
      zu den 15o Psalmen von R.MACHIR BEN ABBA MARI...hrsg. von S.BUBER,
      Berdyczew 1899.
YALQUT SHIMᶜONI.'wsp mdršy hz"l lᶜṣrym wᶜrbᶜh spry twrh nby'ym ktwbym...2 vol.,
      Warschau 1876 (ND Jerusalem 196o).
ZABA, Z., Les maximes de Ptahhotep, Prague 1956.
ZELLER, E., Die Philosophie der Griechen in ihrer geschichtlichen Entwicklung, 4 Bde.,
      Leipzig ⁴⁻⁶Leipzig 1879-192o.
ZIEGLER, J., Die Hilfe Gottes "am Morgen": Alttestamentliche Studien (FS F.NOETSCHER)
      hrsg. von H.JÜNKER und J.BOTTERWECK (BBB 1) Bonn 195o.
ZIMMERLI, W., Ezechiel (BK XII/1-2) 2 Bde., Neukirchen-Vluyn 1969.
ZOHAR. Sepher ha-ZOHAR. Le livre de la splendeur. Doctrine ésotérique des Israélites,
      traduit pour la première fois sur le texte chaldaïque et accompagné
      de notes par J.de PAULY, 6 vol., Paris 19o6-1911.
ZORELL, F., Lexicon Hebraicum et Aramaicum Veteris Testamenti, Rom 194off (ND Rom 1968).

ABKUERZUNGEN FUER DIE TEXTZEUGEN

MT	Masoretischer Text	zit. nach BIBLIA HEBRAICA (STUTT-GARTENSIA)
MS(S)	Hebräische Handschrift(en)	zit. nach KENNICOTT, Vetus Testamentum; de ROSSI, Variae Lectiones.
SEPT	Septuaginta	zit. nach RAHLFS, Psalmi; RAHLFS, Septuaginta.
εβρ	Hebraikon (griechische Umschrift)	
AQ	Aquila	
SYM	Symmachos	zit. nach FIELD, Hexapla; MERCATI, Reliquiae.
THEOD	Theodotion	
QUINT	Quinta	
SEXT	Sexta	
ROM	Psalterium Romanum	zit. nach WEBER, Psautier
GAL	Psalterium Gallicanum	zit.nach LIBER PSALMORUM; WEBER, Biblia Sacra.
HEBR	Psalterium iuxta Hebraeos	zit. nach SAINTE-MARIE, Psalterium; AYUSO MARAZUELA, Psalterium; WEBER, Biblia Sacra.
TARG	Targum	zit. nach WALTON, Biblia Sacra; MIQRAOT GEDOLOT.
PESH	Peshitto	zit. nach WALTON, Biblia Sacra; WALTER, Psalms.
SAH	Sahidische Uebersetzung	zit. nach RAHLFS, Psalmi; RAHLFS, Septuaginta.
AETH	Aethiopische Uebersetzung	zit. nach WALTON, Biblia Sacra
ARAB	Arabische Uebersetzungen	

BIBELSTELLEN IN AUSWAHL

ORBIS BIBLICUS ET ORIENTALIS

Bd. 19 MASSÉO CALOZ: *Etude sur la LXX origénienne du Psautier*. Les relations entre les leçons des Psaumes du Manuscrit Coislin 44, les Fragments des Hexaples et le texte du Psautier Gallican. 480 pages. 1978.

Bd. 20 RAPHAEL GIVEON: *The Impact of Egypt on Canaan*. Iconographical and Related Studies. 156 Seiten, 73 Abbildungen. 1978.

Bd. 21 DOMINIQUE BARTHÉLEMY: *Etudes d'histoire du texte de l'Ancien Testament*. XXV - 419 pages. 1978.

Bd. 22/1 CESLAS SPICQ: *Notes de Lexicographie néo-testamentaire*. Tome I: p. 1-524. 1978.

Bd. 22/2 CESLAS SPICQ: *Notes de Lexicographie néo-testamentaire*. Tome II: p. 525-980. 1978.

Bd. 23 BRIAN M. NOLAN: *The royal Son of God*. The Christology of Matthew 1-2 in the Setting of the Gospel. 282 Seiten. 1979.

Bd. 24 KLAUS KIESOW: *Exodustexte im Jesajabuch*. Literarkritische und motivgeschichtliche Analysen. 221 Seiten. 1979.

Bd. 25/1 MICHAEL LATTKE: *Die Oden Salomos in ihrer Bedeutung für Neues Testament und Gnosis*. Band I. Ausführliche Handschriftenbeschreibung. Edition mit deutscher Parallel-Übersetzung. Hermeneutischer Anhang zur gnostischen Interpretation der Oden Salomos in der Pistis Sophia. XI - 237 Seiten. 1979.

Bd. 25/1a MICHAEL LATTKE: *Die Oden Salomos in ihrer Bedeutung für Neues Testament und Gnosis*. Band Ia. Der syrische Text der Edition in Estrangela Faksimile des griechischen Papyrus Bodmer XI. 68 Seiten. 1980.

Bd. 25/2 MICHAEL LATTKE: *Die Oden Salomos in ihrer Bedeutung für Neues Testament und Gnosis*. Band II. Vollständige Wortkonkordanz zur handschriftlichen, griechischen, koptischen, lateinischen und syrischen Überlieferung der Oden Salomos. Mit einem Faksimile des Kodex N. XVI - 201 Seiten. 1979.

Bd. 26 MAX KÜCHLER: *Frühjüdische Weisheitstraditionen*. Zum Fortgang weisheitlichen Denkens im Bereich des frühjüdischen Jahweglaubens. 703 Seiten. 1979.

Bd. 27 JOSEF M. OESCH: *Petucha und Setuma*. Untersuchungen zu einer überlieferten Gliederung im hebräischen Text des Alten Testaments. XX - 394 - 37* Seiten. 1979.

Bd. 28 ERIK HORNUNG / OTHMAR KEEL (Herausgeber): *Studien zu altägyptischen Lebenslehren*. 394 Seiten. 1979.

Bd. 29 HERMANN ALEXANDER SCHLÖGL: *Der Gott Tatenen*. Nach Texten und Bildern des Neuen Reiches. 216 Seiten, 14 Abbildungen. 1980.

Bd. 30 JOHANN JAKOB STAMM: *Beiträge zur Hebräischen und Altorientalischen Namenkunde*. XVI - 264 Seiten. 1980.

Bd. 31 HELMUT UTZSCHNEIDER: *Hosea – Prophet vor dem Ende*. Zum Verhältnis von Geschichte und Institution in der alttestamentlichen Prophetie. 260 Seiten. 1980.

Bd. 32 PETER WEIMAR: *Die Berufung des Mose*. Literaturwissenschaftliche Analyse von Exodus 2,23-5,5. 402 Seiten. 1980.